José Reyes-Durán

Sector asegurador en México: dinámica y reestructuración financiera

José Reyes-Durán

Sector asegurador en México: dinámica y reestructuración financiera

Evolución de los grupos y grandes empresas financieras en el sector asegurador en México

PUBLICIA

Impressum / Aviso legal
Bibliografische Information der Deutschen Nationalbibliothek: Die Deutsche Nationalbibliothek verzeichnet diese Publikation in der Deutschen Nationalbibliografie; detaillierte bibliografische Daten sind im Internet über http://dnb.d-nb.de abrufbar.

Información bibliográfica de la Deutsche Nationalbibliothek: La Deutsche Nationalbibliothek clasifica esta publicación en la Deutsche Nationalbibliografie; los datos bibliográficos detallados están disponibles en internet en http://dnb.d-nb.de.

Coverbild / Imagen de portada: www.ingimage.com

Verlag / Editorial:
PUBLICIA
ist ein Imprint der / es una marca de
OmniScriptum GmbH & Co. KG
Heinrich-Böcking-Str. 6-8, 66121 Saarbrücken, Deutschland / Alemania
Email / Correo Electrónico: info@editorial-publicia.com

Herstellung: siehe letzte Seite /
Publicado en: consulte la última página
ISBN: 978-3-639-64954-3

Zugl. / Aprobado por: México, Universidad Nacional Autónoma de México, Tesis Doctoral, 2008.

SECTOR ASEGURADOR EN MÉXICO:
DINÁMICA Y REESTRUCTURACIÓN FINANCIERA
1980-2005

JOSÉ REYES-DURÁN

A mi amada
Sandra

A mi hijo
Federico

A mis padres
Francisco Javier y María Elena

A mis padrinos
José Ramón y María del Rosario

A mis seres queridos

AGRADECIMIENTOS

Agradezco especialmente a la doctora Alicia Girón, quien dirigió con lucidez mi trabajo de investigación. A las doctoras Alicia Girón y Eugenia Correa sus valiosas aportaciones teóricas, metodológicas y empíricas, que guiaron mi formación en el complejo campo del sistema financiero.

A los doctores Edgar Ortiz y Guadalupe Mántey que me hicieron valiosas aportaciones teóricas y metodológicas, siempre precisas y atinadas, para darle claridad al proceso. A los doctores Raúl Conde, Gregorio Vidal, Arturo Huerta y Miguel Ángel Rivera, que con su amplia experiencia y dominio en el tema de la economía mexicana, me permitieron precisar y enriquecer el objeto de estudio, la hipótesis y en general, la estructura del trabajo.

Finalmente, Marisol Simón Pinero realizó el delicado trabajo de corrección y las señoras Consuelo Licea, Araceli Martínez y Juanita Romero me brindaron su gran apoyo administrativo, para el satisfactorio desarrollo de los cursos del doctorado y la consolidación de las distintas etapas de investigación.

La información que se presenta es responsabilidad exclusiva de su autor.

ÍNDICE

RESUMEN

El trabajo de investigación que se presenta está dirigido a evaluar la dinámica y reestructuración económica y financiera de las corporaciones aseguradoras en México en el periodo 1980-2005. Las transformaciones observadas en el sector asegurador se encuentran asociadas a cambios de magnitudes significativas a nivel internacional y nacional (a nivel macroeconómico) como en la estructura y perfil económico y administrativo seguido por las empresas (a nivel microeconómico). Especial atención reviste el impacto de los grupos financieros en el sector asegurador en México, y de las grandes empresas oligopólicas; fenómeno que se encuentra asociado con la actuación del gran capital nacional y extranjero, en su búsqueda por maximizar la rentabilidad. En este proceso, la estrategia del Estado y la aplicación de las medidas para la integración económica, la desregulación y la privatización han sido centrales porque reproducen el dominio del modelo de acumulación financiera.

Con este propósito, se intentó construir una unidad de análisis teórico y empírico, a nivel microeconómico y macroeconómico, integrada en cuatro capítulos que abordan temas, desde nuestra perspectiva esenciales, para identificar las formas de reproducción de las empresas de seguros, y cuya trayectoria va desde la gestión empresarial y la integración de los conglomerados - uso de técnicas de capital, fuentes de financiamiento, costos, productividad y comercialización – hasta las de índole eminentemente financieras en su papel de inversionistas institucionales, en el entorno de un ciclo económico cada vez más inestable. Todo ello ha tenido repercusiones en la estructura del mercado, la competencia y el nivel de oligopolio; en las formas de organización corporativa; en los procedimientos y sistemas técnicos, y en la propiedad y control del capital, que han consolidado la propiedad extranjera y del gran capital con tendencias a las fusiones y adquisiciones.

favorablemente en los niveles de crecimiento productivo y las utilidades de las corporaciones del sector asegurador, especialmente, en las *aseguradoras grandes independientes* (oligopólicas) (AGI) y en las *aseguradoras de los grupos financieros* (AGF).

Las AGI y las AGF han sido las beneficiadas de la confluencia de varios factores entre los que destacan las oportunidades que les otorgó el Estado mediante las medidas de desregulación, apertura y privatización de empresas que incrementaron sus utilidades al abrir espacios de intermediación anteriormente exclusivos de la banca como los fideicomisos, del Estado en los seguros de pensiones y de seguros de salud o de otros espacios financieras como la administración de riesgos.

La ejecución de estrategias productivas para elevar la rentabilidad y las ganancias de las corporaciones aseguradoras es otro importante factor que las ha beneficiado. Las estrategias productivas aplicadas consisten en la reducción de costos, la reingeniería de procesos, la descapitalización de las empresas, el incremento de la productividad y los procesos de fusiones y adquisiciones (FyA) donde el salario se ha convertido en la variable residual. Esas estrategias se sintetizan en la dirección corporativa enfocada prioritariamente hacia *lo financiero* y su importancia en los mercados financieros.

En el crecimiento del sector asegurador y en los niveles de las utilidades de las empresas tiene un papel destacado la difusión de la cultura del riesgo en la sociedad — como resultado de la volatilidad en los tipos de cambio (desde la ruptura del sistema Bretton Woods), la mayor competencia internacional, la liberalización y desregulación financiera, la inestabilidad de los precios de los bienes y servicios, y las crisis financieras y bancarias y su difusión en crisis sistémicas [Ortiz, 2007] — y la importancia del seguro en la reproducción del capital en el contexto de crisis económica ya que conforme la crisis se profundiza y se asumen estrategias financieras el riesgo es mayor lo que implica contratar los servicios de aseguramiento. Los procesos de concentración y centralización típicos de la fase depresiva efectúan el *trabajo de crisis* para redimensionar a las aseguradoras oligopólicas y reforzar la estructura conglomerada empresarial con los actos de FyA, a pesar de la mayor competencia consecuencia de la apertura del sector al capital extranjero y a la presencia de la banca con los *bancoseguros*.

Específicamente en las AGF un elemento importante para acrecentar las utilidades y la rentabilidad se encuentra en los *mercados internos* al grupo financiero, que se llevan a cabo entre las empresas integrantes del conglomerado que logran abatir costos, negociar con proveedores, simplificar sistemas, acceder a crédito más barato, compartir equipos y personal, y en general todo el conjunto de sinergias administrativas y financieras derivadas de la compleja red establecida entre las empresas integrantes, que incluye clientes, administración de riesgos y mercadotecnia, entre otros importantes aspectos.

Todo ello sitúa a las AGF y a las AGI en una posición privilegiada para la obtención de los mayores márgenes de rentabilidad del sector asegurador derivados de sus ganancias productivas y financieras.

Fundamentos del problema

El estudio de la dinámica y reestructuración del sector asegurador se realiza en el período 1980-2005, en el cual se manifiesta la crisis expresada ésta en dos etapas: la primera, en los años ochenta, de elevada inflación con estancamiento económico y, la segunda, en los años noventa y hasta la presente década, de baja inflación y estancamiento; ambas etapas tuvieron sus efectos específicos en el desenvolvimiento del sector asegurador.

En este período de 25 años, la economía se caracterizó por su bajo crecimiento: el PIB apenas alcanzó 2.5% promedio anual — con tres caídas importantes en los años 1983, 1986 y 1995 —; mientras el sector asegurador creció a un ritmo de 6% anual. Para contrarrestar el menor ritmo de crecimiento del producto asegurador de los últimos años y, sobre todo, la caída de la utilidad operativa, las corporaciones recurrieron a los mercados financieros y se aplicaron en los distintos instrumentos de este tipo.

La actividad productiva de aseguramiento es importante en el proceso de valorización del capital porque a los empresarios aseguradores les ha permitido incrementar sus ganancias — las utilidades netas del sector asegurador en el período 1980-2005 crecieron en promedio anual 29%, en términos reales, y tan sólo en los últimos seis años ese promedio se elevó a 75% entre 2000 y 2005 — lo que muestra que el proceso de valorización del capital en el mercado de seguros ha sido muy rentable de allí que éste sea un *espacio de significativa atracción para el capital extranjero y nacional*; también porque su actividad ha sido esencial para engarzar los circuitos financieros del país con los circuitos financieros internacionales.

Primordialmente, la participación de las aseguradoras transnacionales (AT) de origen estadounidense en el país corresponden al dominio de los Estados Unidos (EU) en los mercados financieros resultante de su papel hegemónico en el sistema financiero internacional: en el año 2000, ese país concentra 49% del total mundial del mercado de capitales (en 1990 era de 33%); 49% del mercado de obligaciones (anteriormente 47%); 58% del mercado de derivados (contra 56% en 1990) y, finalmente, 35% del mercado mundial de seguros (en 1990 concentraba 36%).

En el año 2005, el mercado mundial de seguros apenas creció 2.5%, con respecto al año 2004. En el caso de México, para el año 2005, el bajo ritmo de crecimiento de la economía fue determinante para la caída del sector asegurador mexicano que registró un disminución de -2.7%, mientras el mercado de seguros estadounidense decreció -0.3%; mientras el de Europa Occidental creció 4.6% y el de Japón apenas lo hizo 0.7 por ciento.

En el mismo año de 2005, la participación de México en el mercado mundial de seguros, fue tan sólo de 0.37%, que lo sitúa en el lugar 66 en escala internacional, mientras EU participa con 34%, Japón con 14% y Europa Occidental tiene 36% de participación en el total. Estados Unidos y Japón ocupan el primer y segundo lugares en todo el orbe y, en conjunto, concentran 48% del mercado total, casi la mitad.

En México, a pesar de que el sistema asegurador apenas participa con poco menos de 2% del PIB, su papel como intermediario financiero y en los mercados financieros es considerable, aunque no llega a los niveles de otros países como Reino Unido y EU en donde es el intermediario financiero principal y desplaza incluso a la banca tradicional. Así, las aseguradoras conjuntamente con las instituciones crediticias se sitúan en el núcleo de la intermediación financiera internacional.

En el sector asegurador en el nivel mundial operan tres tendencias: la primera corresponde a la globalización, desregulación, y apertura del mercado de seguros; la segunda, a la concentración del mercado de seguros en los países industrializados con fuerte orientación hacia la centralización: fusiones y adquisiciones, y la tercera, a la utilización de nuevas tecnologías de la información (el detalle de estas fuerzas se presenta en el anexo II).

La política económica ejecutada entre los años 1980 y 2005 ha implicado cambios estratégicos en la conducción de las empresas: la transferencia de su control y propiedad y la aplicación de estrategias dirigidas hacia los mercados financieros ante la contracción del mercado de aseguramiento. La *extranjerización* del mercado y de las corporaciones operantes, anteriormente en manos nacionales (paraestatales y privadas), expresan las medidas de apertura, el reposicionamiento del núcleo oligopólico y el dominio de los grupos financieros.

En el período de estudio, las principales transformaciones del sector asegurador en México se dan en el contexto de la depresión económica que se manifiesta en fuertes procesos de concentración y centralización de capitales que conducen a las fusiones, adquisiciones y al posicionamiento estratégico de los conglomerados.

En la década de los años ochenta destacan tres aspectos. En primer lugar, el estancamiento con fuerte inflación fundamentalmente en los años 1983, 1987 y 1988; en segundo lugar, la crisis de deuda con implicaciones de largo plazo, en un contexto de privatización de la banca, después de su nacionalización en 1982; y en tercer lugar, la aplicación de medidas para la apertura económica y la contracción del gasto público.

Estas medidas de carácter *neoliberal* son promovidas por el Fondo Monetario Internacional (FMI) y el Banco Mundial (BM) e implican la apertura, desregulación y privatización de empresas en un contexto de apertura del comercio y de la cuenta de capitales que conducen a la libre entrada de la inversión extranjera con la anuencia de la clase política operante.

En la década de los noventa, en el nivel internacional, maniobran diversos fenómenos que repercuten en la economía del país: la desregulación financiera aplicada en gran cantidad de países *emergentes,* con efectos sociales sin precedente, implica problemas para la colocación de todo tipo de productos tanto en las economías ricas como en las pobres; el reposicionamiento de la inversión de cartera que con frecuencia desestabiliza la economía; y las crisis financieras, bancarias y monetarias, constituyen elementos recurrentes en los últimos años y se han traducido, entre otras cosas, en rescates bancarios con los consiguientes costos financieros, sociales y políticos.

Entre los años 2000 a 2005, el proceso de reproducción económica manifestó bajos niveles de crecimiento y de inversión, inestabilidad, contracción de los márgenes de ganancia, caída de la demanda y apertura económica. Todo ello condujo a profundas transformaciones en las relaciones comerciales, en el perfil de la balanza de pagos especialmente en la cuenta de capitales, y en las relaciones financieras con Estados Unidos.

Mutaciones del sector asegurador

Los procesos económicos y financieros del mercado y corporaciones aseguradores expresan las mutaciones [3] de su gestión económica y financiera. Originalmente, y todavía hasta finales de la década de los años ochenta, las empresas aseguradoras eran dirigidas por el Estado que regulaba su funcionamiento — incluida su participación directa con empresas paraestatales. Sin embargo, desde inicios de los años noventa, la conducción del sector asegurador fue transferida a las grandes corporaciones aseguradoras y a los consorcios financieros internacionales, apoyados en los mecanismos de mercado, con el objetivo de elevar sus ganancias financieras.

En el contexto donde las *aseguradoras grandes independientes (*AGI*)* y las *aseguradoras de grupos financieros* (AGF) parecen ser las

[3] El término mutación es empleado por Joseph Schumpeter [1911] en su *Teoría del desenvolvimiento económico* al referirse a los cambios en el desarrollo económico y por Marcos Kaplan [1994] en *Crisis y futuro de la empresa pública* (véase la bibliografía) para reconocer las transformaciones en las empresas y en el Estado. En este trabajo, empleamos el término mutación para hacer referencia al cambio y transformación de las corporaciones aseguradoras en su estructura de organización, propiedad, control, así como en los mercados asegurador y financiero en general.

protagonistas de la nueva estructura corporativa del sector asegurador, en cuyo interior el capital extranjero es importante, la reestructuración del sector puede describirse de la siguiente manera.

La desregulación y la apertura del mercado de seguros elevaron la competencia y devaluaron a las empresas locales, lo que desató acelerados procesos de fusiones y adquisiciones. Por un lado, las aseguradoras transnacionales (AT) de los países industrializados, principalmente de EU y Japón, han estado emigrando a los llamados *mercados emergentes* porque los de origen de esas empresas se encuentran saturados, lo que se suma a la competencia de los precios, la eliminación de empresas (monopolio) y los elevados riesgos que tienen que enfrentar por la cultura de juicios y demandas de los países desarrollados. Esas corporaciones *compiten* abiertamente con las aseguradoras locales, ya que las AT y las AGF son capaces de asumir riesgos que superan la capacidad financiera y de mercado del resto de las otras compañías. Por su parte, las aseguradoras grandes independientes (AGI), cuentan con la ventaja de aprovechar sus conocimientos técnicos sobre gamas de productos, tarifas y gestión de riesgos y de brindar productos integrales. Simultáneamente, la desregulación y el retiro del Estado de la actividad de aseguramiento significaron, primero, la privatización de empresas y, posteriormente, la creación de otras para ofrecer los nuevos seguros de pensiones y de salud, anteriormente restringidos al ámbito estatal.

Las fusiones de empresas de seguros de propiedad nacional, la participación de capital privado en empresas mexicanas establecidas, la constitución de nuevas compañías extranjeras en el sector y, la compra de empresas mexicanas por compañías aseguradoras transnacionales constituyen elementos que explican la reasignación del control del capital de las corporaciones aseguradoras durante los últimos años. El resultado parece haber sido la integración, paulatina al principio y acelerada posteriormente, del sector asegurador nacional a los circuitos internacionales del sector asegurador y financiero.

Así, las corporaciones aseguradoras han sido objeto de profundas mutaciones. En el año de 1980 habían 37 aseguradoras, en 1990 su número aumentó a 43 (seis más) y para el año 2005 el número asciende a 86 (49 más que en 1980).

Para los años ochenta y principios de los años noventa prácticamente son inexistentes las empresas aseguradoras propiedad de capital extranjero. Es en 1994 cuando se presenta la primera filial; en 1995, hay 13 aseguradoras bajo control externo, 12 filiales independientes y una aseguradora integrada a grupo financiero; en el año 2000, las aseguradoras extranjeras son 30, 28 empresas independientes y dos integradas y, finalmente, en 2005 controlan 46 empresas, 39 empresas independientes y siete pertenecientes a grupos financieros.

Como se observa la participación extranjera en el control de la propiedad de las aseguradoras va en ascenso: en 1995 participan con 23% de las empresas, en el 2000 controlan 43% y en el 2005 su control es de 53%. Si se considera que nueve empresas más son de capital mixto, entonces en 55 hay presencia extranjera, lo que significa 64% del total de las 86 empresas del sector asegurador. En especial, el dominio del capital estadounidense en el sector asegurador y, más generalmente, en el sistema financiero reproduce las tendencias hegemónicas internacionales, como se estudia en este trabajo.

Otro aspecto medular para las transformaciones de estos años es la presencia de las aseguradoras de grupos financieros (AGF) cuyo desarrollo económico y financiero constituye uno de los aspectos esenciales del objeto de estudio de la presente investigación: mientras en el año 1980 se registraron cuatro aseguradoras propiedad de grupos financieros; en 1991 son cinco y todas nacionales; para 1995 habían 14 aseguradoras integradas, una extranjera y 13 nacionales; en el año 2000 el número de AGF fue de 15 empresas, dos extranjeras y 13 de origen nacional, hasta este año el predominio todavía es nacional, pero para el año 2005, aunque el número de empresas integradas se mantenía en 15 aseguradoras, fueron siete extranjeras, contra seis nacionales, con lo que las empresas extranjeras llegan a ser las dominantes; es decir, hay un comportamiento inverso entre la propiedad nacional y la extranjera en las aseguradoras integradas.

La entrada de capital extranjero — en la forma de inversión extranjera directa (IED) y apoyada en la inversión de cartera (especulativa) de corto plazo para la adquisición de filiales —, todo ello, reproduce el carácter oligopólico del sector. La penetración del capital foráneo no sólo tiene relevancia por su participación en las corporaciones aseguradoras transnacionales, sino en la manera como los grupos financieros extranjeros extienden sus redes estratégicas para posicionarse en negocios clave, como el aseguramiento, para elevar sus niveles de utilidad y rentabilidad.

La extraordinaria transformación de la propiedad de las corporaciones aseguradoras y de los grupos financieros que intervienen en este mercado tuvo repercusiones diversas, esencialmente en los niveles de rentabilidad, en el tipo de estrategia administrativa ejecutada, en el valor de las empresas (capital, activos y pasivos); en la forma de lograr la productividad y su efecto en los salarios; en la estructura de mercado oligopólico, así como en la manera como las aseguradoras se integraron a los mercados financieros, entre otros importantes aspectos — estos fenómenos se investigaron a detalle en los distintos capítulos de la presente investigación.

Las corporaciones aseguradoras se han convertido en agentes fundamentales de la intermediación financiera, por su papel de *deudoras* de los bancos, y de *acreedoras* o inversionistas en el mercado de valores; asimismo, se han constituido en extractoras de excedentes al concentrar ingresos de los agentes económicos — familias, empresas y gobierno.

En todo este proceso de transformación se observa que el elemento residual de las finanzas empresariales, que anteriormente lo eran las utilidades, ahora lo son los salarios, descontada la rentabilidad de los accionistas, tal y como lo establece el paradigma de la *teoría del gobierno corporativo con prioridad hacia lo financiero*[4] (véase el inciso 3.1). En otras palabras, a los ingresos se les descontaban los gastos, las reservas, la depreciación y los impuestos y el restante era la utilidad. Con la nueva estrategia se fija primero la utilidad y a partir de allí se consideran los

[4] Por *gobierno corporativo con preferencia hacia lo financiero* entendemos a la estrategia de la empresa que se perfila hacia la disminución de costos y el logro de la rentabilidad accionaria como los objetivos centrales de la gestión y se caracteriza por la introducción de indicadores para elevar la rentabilidad tales como el EVA, la reducción de costos operativos y de administración en general, reingeniería de procesos, aplicación de técnicas *benchmarking* y *outsourcing*, la acelerada depreciación, la práctica de fusiones y adquisiciones, la descapitalización de la institución, entre otros aspectos.

ingresos y los egresos para que el residual quede establecido en los sueldos y salarios.

Con este propósito, en las empresas se introdujeron indicadores para determinar ese valor en los procesos productivos para elevarlo en ese espacio y en los mercados financieros, lo que las precipitó a ejecutar enérgicas estrategias para elevar las utilidades en un contexto de depresión económica.

Las corporaciones aseguradoras, para la ejecución de sus cambios estructurales, se apoyaron en las políticas y acciones del Estado. Este agente económico y político ha desempeñado el papel central en el proceso de reestructuración del sistema financiero y del propio sector asegurador, al aplicar una serie de normas para la desregulación, privatización y liberalización del mercado de seguros (anexo III) que lo vincula al escenario mundial con las medidas de apertura y su retiro en la participación directa en el mercado con la venta de las paraestatales de seguros y el acceso al capital privado para ofrecer seguros de pensiones y de salud.

Las reformas del Estado en el sector asegurador se han dirigido hacia la conformación de una estructura donde Los principales agentes económicos involucrados parecen ser, por un lado, los aseguradores transnacionales (AT), los aseguradores oligopólicos independientes (AGI), los propietarios de los grupos financieros con aseguradora (AGF), los aseguradores medianos y pequeños (AMP) y el grupo tecnócrata–gubernamental, y por otro lado, los trabajadores asalariados. Las aseguradoras oligopólicas,[5] independientes e integradas, parecen lograr los mayores márgenes de rentabilidad debido a su posición estratégica en el proceso de producción de seguros, de su comercialización y en los mercados financieros.

Los factores que condujeron a profundizar los cambios en la propiedad y control de las empresas aseguradoras son la firma del Tratado

[5] Consideramos que las aseguradoras dominantes por su nivel de ventas, activos y, en general, por su peso en los balances financieros en el mercado de seguros son cinco de un total de 86 aseguradoras, Met Life, Grupo Nacional Provincial, ING Seguros (Comercial América), Seguros Inbursa y Monterrey New York Life. De estas aseguradoras, una pertenece a grupo financiero Seguros Inbursa. Las aseguradoras integradas a grupos financieros han aumentado su presencia en el sector asegurador y su nivel de rentabilidad es el más importante.

de Libre Comercio de América del Norte (TLCAN),[6] las reformas financieras y aseguradoras para la integración de grupos, y las enmiendas a las leyes del sistema de pensiones, de seguridad social y del sector salud.

Las corporaciones aseguradoras han contribuido en la transformación de los sistemas de pensiones tradicionales y de seguridad social, tradicionalmente en manos del Estado, al allegarse algunas de sus funciones como es el caso de la operación de seguros privados de pensiones, o al constituir las Administradoras de Fondos para el Retiro (Afores) y las Sociedades de Inversión de los Fondos de Ahorro para el Retiro (Siefores). De esta forma, se atienden más los propósitos de rendimiento financiero, de control de la propiedad y de mercado que los de carácter social.[7]

Otros cambios en la composición del sector asegurador se manifiestan de manera contradictoria: por un lado, el proceso de desconcentración del sector debido a la apertura del sector que se refleja en la mayor competencia de empresas por la mayor presencia de firmas en el mercado, fenómeno asociado a la tendencia a la descapitalización de las empresas existentes y, por otro, la perpetuación del proceso de concentración oligopólica de las utilidades en las empresas aseguradoras más importantes y en las corporaciones integradas al conglomerado debido a su nivel tecnológico y su posición estratégica en el mercado.

Un fenómeno contradictorio cobra relevancia: mientras las cinco más grandes empresas parecen haber disminuido su poder de oligopolio, de acuerdo a sus importes en las primas, siniestros, activo, pasivo y capital (ya

[6] En el capítulo XIV denominado servicios financieros, el Tratado de Libre Comercio de América del Norte hace referencia a los esquemas de coinversión, el establecimiento de filiales extranjeras y al requerimiento bruto de solvencia para el sector financiero y, por ende, las implicaciones para el sector asegurador. Por su parte, el anexo VII del propio TLCAN en la lista de México, sección A, sector: servicios financieros; subsector: instituciones de seguros, se refiere a la participación del capital pagado extranjero, y a la limitación de los gobiernos y empresas estatales a invertir en seguros en el país; y la sección B hace referencia al establecimiento y operación de instituciones financieras (aseguradoras) específicamente al capital individual mexicano y a la intervención del capital extranjero en las empresas de seguros del gobierno mexicano.

[7] El anexo V presenta de manera sintética cómo operan las Afores, Siefores y los seguros de pensiones. Específicamente, el efecto en los ingresos y las utilidades totales del sector procedente de las aseguradoras que administran seguros de pensiones se analiza en el capítulo 3, tema 3.5.

que eran mayores en los años ochenta y noventa que en la época actual) registrando un *proceso de desconcentración; se identifica un proceso de concentración en los niveles de obtención de utilidades y de productos financieros* en el año 2005, los más elevados de los últimos veinticinco años, que constituyen la esencia y razón de ser de las corporaciones.

En suma, en los últimos 25 años, y específicamente en la década de los años noventa y lo que va del presente siglo, se ha presentado una transformación integral en el sector, en las corporaciones que lo conforman y en el reparto del producto entre los agentes económicos participantes.

Perfil financiero de las corporaciones aseguradoras

Un fenómeno de gran relevancia en las transformaciones del sector asegurador ha sido la prioridad que han tenido las corporaciones para situarse en los mercados financieros lo que ha modificado su proceso de acumulación: enfatizan más del espacio financiero, que del productivo característico de su actividad de aseguramiento. Esto ha sido impulsado también por el retiro de la conducción económica del Estado para su manejo mediante las empresas privadas: *la economía corporativa.*

Las corporaciones aseguradoras se encuentran cada vez más ubicadas en un perfil que las sitúa en una situación donde han convertido sus activos y su capital en instrumentos financieros de corto plazo de alta liquidez para poder invertirlos y retirarlos, continuamente y con facilidad, de los distintos instrumentos financieros en un afán de especulación que logre incrementar la acumulación financiera y las ganancias en los mercados de capitales, lo que ha afectado integralmente al mercado asegurador y a las empresas que lo comprenden. El capital que se valoriza en el sector asegurador bajo la forma de inversión financiera, que no deja de estar vinculado al proceso productivo para lograr la utilidad empresarial, aparece como la fracción dominante del capital al marcar la pauta de la forma y el ritmo de reproducción económica, en cuyo centro se sitúan los mercados financieros y cuyas contradicciones parecen generar, en el mercado de seguros, un sistema de reproducción económica *cada vez más inestable.*

Con ello las aseguradoras fortalecen su importancia institucional en la intermediación, y en la concentración del excedente económico. Si bien, en los años de crisis, las corporaciones aseguradoras han manifestado incrementos en sus utilidades, éstas parecen derivarse más de las ganancias financieras logradas en los mercados financieros que de las ganancias productivas obtenidas en el mercado asegurador, propiamente dicho.

La orientación de las empresas hacia el espacio financiero parece sustentar la estrategia del *gobierno corporativo que privilegia el espacio financiero* y su aplicación que, sin ser nueva, ha redimensionado a las empresas aseguradoras con el propósito de incrementar el valor del accionista (*shareholder value*) y las sitúa en el corazón del ámbito financiero, cuando antes la estructura financiera estaba dirigida a la relativa distribución del excedente entre los accionistas, los acreedores, clientes, proveedores, empleados (*stakeholder*)

Hay evidencias empíricas para demostrar que las corporaciones aseguradoras han llevado a la práctica diversas políticas, aplicadas simultáneamente, hacia las fusiones y adquisiciones, el retorno a las actividades básicas, la reingeniería de procesos, la reducción de capital (la *descapitalización*), que incrementa la rentabilidad del capital de las empresas. Esta última, la disminución del ritmo de crecimiento del capital, parece llevarse a cabo mediante la retención de utilidades (sin reinvertirlas), la contracción de las aportaciones de los socios o su retiro, o con la reducción de la cantidad de títulos en los que el propio capital se concreta; evidentemente, la dirección de la estrategia parece enfocarse a la generación de ganancias financieras más que a la creación de la infraestructura que repercuta en la producción de seguros, la venta de esos productos, el volumen de primas de seguros y, derivado de todo ello, las ganancias productivas.

El efecto del cambio en la prioridad de las aseguradoras, *hacia lo financiero*, *destaca la ganancia financiera*, antes era la utilidad operativa basada en la venta de seguros y conduce a los administradores de la empresa a contar con más recursos para invertirlos no de manera productiva para la expansión corporativa propiamente dicha, sino en la inversión especulativa: los propietarios de las corporaciones han forzado a su personal técnico y directivo para que ejecuten todas sus funciones orientadas a elevar la productividad, incrementar el valor, aplicar los mejores métodos de organización y los sistemas productivos para acrecentar el valor, el *plusvalor*. A los empresarios les está resultando más rentable arriesgar menos capital de largo plazo que *invertir el de corto plazo en los mercados financieros,* ante la crisis económica, la caída del mercado asegurador y la disminución de las expectativas de inversión por la elevada competencia.

Las corporaciones aseguradoras parecen contar con una posición estratégica para generar valor: en el proceso de producción de seguros, en cuyo interior se crean excedentes, como en cualquier otra corporación empresarial; en el mercado de seguros, espacio donde se realiza y cristaliza el valor generado para apropiárselo y donde se obtienen los ingresos por primas (de las familias, empresas y del gobierno) a cambio de cubrirse del riesgo, y en los mercados financieros que les permite obtener ganancias financieras dado su papel central en la intermediación: como *deudoras* de las instituciones bancarias (son clientes de éstas) y de la colectividad asegurada, y como *acreedoras* del gobierno y las empresas privadas, por la posesión de bonos y títulos, de estos dos agentes económicos, que les generan ganancias financieras resultantes de la diferencia entre el valor de adquisición de esos instrumentos y el valor de venta, conocida como inflación financiera.

En el contexto de crisis económica, diversos sectores económicos, y las empresas que los integran, sufrieron pérdidas como resultado de la contracción del mercado, la caída del poder adquisitivo, la restricción del crédito de largo plazo, la falta de expectativas de inversión productiva y la apertura de la economía. Estos factores, que en conjunto son expresión de la etapa recesiva, afectan al sector asegurador, al grado de que en los últimos 15 años no han podido obtener utilidades operativas resultantes de la actividad sustantiva de aseguramiento, a pesar de que el ritmo de crecimiento del producto asegurador se ubicó tres veces por arriba del crecimiento económico, *aunque sus utilidades netas no disminuyeron*. ¿Entonces, de qué manera las corporaciones aseguradoras lograron utilidades netas o resultados financieros positivos?

La respuesta parece encontrarse en la estrategia corporativa dirigida hacia el ámbito financiero: las empresas de seguros parecen organizarse para alcanzar ganancias financieras en los mercados de capitales, con el sustento del proceso productivo de aseguramiento porque es allí donde se obtiene el valor que deviene en los ingresos por prima por la venta de seguros, que después se integran como reservas técnicas y, posteriormente, se invierten como inversiones financieras en los mercados.

Situación económica y financiera

En relación con la situación económica y financiera de las corporaciones de seguros es importante tener presentes tres cuestiones: en primer lugar, las corporaciones aseguradoras no estuvieron autorizadas a *emitir acciones o títulos de deuda como formas de financiamiento* sino hasta 2003[8]. Esta actividad es diferente a la que frecuentemente han llevado a cabo las corporaciones aseguradoras que es la de *negociar acciones y títulos de deuda de otras empresas o del gobierno (la inversión financiera).*

En ese año las autoridades aseguradoras reformaron las disposiciones para el tratamiento del capital social de las instituciones; solo algunas aseguradoras registraron operaciones accionarias en los mercados antes de esa fecha, lo que implica que las corporaciones no pudieron acceder al mercado accionario para capitalizarse. En segundo lugar y una vez autorizado el acceso, únicamente las grandes empresas oligopólicas (AGI y AGF) tienen fácil acceso al mercado accionario y al crédito; las aseguradoras pequeñas y medianas no lo tienen: ambos factores impactan negativamente la rentabilidad de las acciones y la situación corporativa general de las empresas medianas y pequeñas en el país. En tercer lugar, los títulos de deuda gubernamental y privados donde se invierten las reservas técnicas y de capital tienen una tasa determinada — por ejemplo la tasa de

[8] El 18 de marzo de 2003 la Secretaría de Hacienda y Crédito Público (SHCP) por conducto de la Comisión Nacional de Seguros y Fianzas (CNSF) emite las *reglas a las que deberán sujetarse las instituciones de seguros e instituciones de fianzas en la emisión de obligaciones subordinadas y otros títulos de crédito*. Con esta norma, se permite a las compañías de seguros contar con formas alternativas de financiamiento con la emisión de acciones y colocación de títulos de deuda de las corporaciones, con el fin de profundizar e impulsar el papel del sector asegurador en la economía.

Cetes a 28 días ha oscilado entre 6 y 7% anual — lo que beneficia a las grandes empresas porque poseen más recursos financieros, mientras las medianas y pequeñas tienen reservas más reducidas. *Todo ello explica porque las corporaciones oligopólicas tienen mayores niveles de rentabilidad, como lo evidencian algunos estudios de la teoría del banco principal en el grupo financiero y el estudio empírico cuyos resultados presentamos más adelante.*

Todos los factores, tendencias y elementos analizados tuvieron distintos efectos en cada una de las empresas de seguros, ya se trate de las *aseguradoras de grupos financieros* (AGF), de las *aseguradoras grandes independientes* (AGI) o de las *aseguradoras medianas y pequeñas* (AMP). El análisis teórico y empírico llevado a cabo en esta investigación parece comprobar que las ganadoras del proceso de transformación que estudiamos en su etapa de crisis — con características de apertura y desregulación económica — son las aseguradoras de grupos financieros (AGF) porque tienen bajos costos de adquisición (o costos de ventas) ya que sus empleados promueven los productos mediante la amplia red de sucursales del sistema bancario, lo que reduce sus gastos de comercialización. Por su parte, sus costos operativos son reducidos porque emplean técnicas intensivas en capital. A pesar de que significa un mayor costo para este grupo de empresas, las AGF pagan elevados márgenes de siniestralidad porque su estructura financiera les permite ofrecer productos con mejores sumas aseguradas (coberturas) a los clientes, al otorgarles seguros integrales —de vida, de accidentes, de gastos médicos, seguros de auto, y de daños para las empresas — lo cual se refleja en las elevadas sumas aseguradas, generalmente mayores que en el mercado para productos similares.

Las AGF logran compensar esta siniestralidad elevada con los menores costos operativos. Al igual que las empresas oligopólicas, en las AGF los márgenes de ingresos con respecto a los costos totales también son más reducidos que en el resto de las empresas porque hacen uso de técnicas intensivas en capital. También son empresas muy apalancadas debido a que sus pasivos constituyen esencialmente las reservas técnicas para pagar los seguros, aunque no hay claras evidencias de que paguen bajos costos por el financiamiento. El peso de su capital contable respecto de sus pasivos es mayor que en las AMP, lo que significa que su carga de compromisos es reducida en comparación al conjunto de las empresas aseguradoras. Todos esos factores: menores costos de adquisición y de operación, reducidos montos de capital, altos márgenes financieros procedentes de la excelente administración financiera de sus recursos, apoyados en las otras instituciones financieras del grupo constituyen factores que inciden en el logro de los mayores niveles de utilidad y en que la rentabilidad lograda sea la mayor del mercado.

Efectivamente, las AGF utilizan una compleja estrategia corporativa como resultado del perfil de acumulación financiera que han asumido, y dado su papel en la intermediación y en las formas y mecanismos de extracción del excedente económico. Para consolidar este papel, estas aseguradoras hacen uso de un intrincado conjunto de elementos que logran combinar para cumplir su propósito: aplican principios del *gobierno corporativo enfocado al espacio financiero*, emplean técnicas intensivas en capital, son más productivas, obtienen mayores fuentes de financiamiento, cuentan con una amplia oferta de productos y con sistemas de distribución integrales y, en los mercados financieros, logran las mayores ganancias financieras porque son las empresas mas *financiarizadas* — tienen la más elevada participación de inversiones financieras en el total de los activos. Todo ello, hace posible que estas empresas incrementen el valor del conglomerado, le den acceso a mayores recursos, garanticen sus utilidades, disminuyan su riesgo y contribuyan en la alineación de los desajustes técnicos y financieros del consorcio financiero.

Específicamente, una fuente importante de ganancias de las aseguradoras integradas a los grupos financieros procede de los mercados internos al grupo financiero a que pertenecen. Con volúmenes reducidos de capital y bajas reservas patrimoniales constituidas, las AGF obtienen el control de la propiedad y, por ende, de las utilidades que son la razón de ser esencial de la integración, porque como veremos en los capítulos tercero y cuarto las AGF son las empresas que tienen el menor capital constituido en relación a los activos totales lo que implica bajos niveles de capital invertido y sin embargo logran los mayores niveles de utilidades. La transferencia de recursos (reservas y capital) entre las empresas del grupo es un factor importante que debe ser regulado para evitar la exposición al riesgo de las empresas integradas y las que no lo están al grupo financiero.

Por su parte, las aseguradoras más grandes (AGI), las oligopólicas independientes, se aplican en estrategias administrativas específicas para aumentar su productividad y utilidades. Al igual que las AGF, aquellas empresas se apoyan en el empleo de técnicas intensivas en capital, son muy productivas, tienen bajos niveles de costos de adquisición, obtienen importantes fuentes de financiamiento, cuentan con una amplia oferta de productos y con sistemas de distribución integrales, lo que incide para que en períodos de depresión y crisis económica su nivel de ingresos y utilidades disminuya menos que en el resto de las empresas.

Los costos de adquisición y siniestralidad de las AGI son mayores que los del resto de las empresas, porque tienen una colectividad asegurada (clientes) mayor que el de otras empresas, lo que requiere contar con una enorme fuerza de ventas para colocar todo tipo de productos. Sus costos de operación son los más bajos del mercado y por ello su margen de ingresos con respecto a sus costos totales, es menor que el de las APM, debido a que son empresas muy grandes cuyos costos por unidad son reducidos al emplear técnicas intensivas en capital; sin embargo, su nivel de apalancamiento es elevado, lo que se refleja en su estructura financiera (pasivo/capital) que es mayor que el conjunto de empresas del mercado. Todo ello ha significado que su rentabilidad sea más baja que la de AGF, pero más alta que la de las AMP, en estos años de crisis. Un aspecto que no debe soslayarse se refiere a que como son empresas establecidas desde hace muchos años, cuentan con reconocida marca en sus productos; nichos de mercado, casi *cautivos* consolidados a lo largo de los años; poder de mercado por su carácter oligopólico, lo que implicó que en los últimos años a pesar de la apertura económica, incrementaran el ritmo de crecimiento de sus utilidades.

Por último, las empresas medianas y pequeñas (AMP) fueron las menos beneficiadas por la apertura económica y las medidas de desregulación, lo que desencadenó en ellas procesos de fusiones y adquisiciones importantes con empresas nacionales, su venta al capital extranjero o su desaparición. Las corporaciones medianas y pequeñas se enfrentan a una encrucijada: ni tienen acceso al mercado de capitales, ni los créditos bancarios les permiten cubrir su flujo de efectivo y su crecimiento en el largo plazo, lo que las ubica, a varias de ellas, en una situación de elevada fragilidad financiera.

Los costos de adquisición de estas empresas son bajos y no emplean una fuerza de ventas considerable porque únicamente venden productos especializados, generalmente promovidos mediante la mercadotecnia y anuncios en los medios masivos de comunicación. A pesar de que sus productos son especializados, sus costos operativos son elevados porque su escala de producción es baja; emplean técnicas menos intensivas en capital con respecto a las empresas grandes o a las integradas a grupos financieros, tiene bajos niveles de apalancamiento porque es muy costoso para ellas, y por eso su estructura de capital a pasivos es menor, es decir, el nivel de su capital en comparación con los pasivos es el más bajo del mercado. Todo ello repercute en que logren los menores márgenes de rentabilidad del mercado asegurador.

Hipótesis

El sector asegurador y las corporaciones aseguradoras que lo integran experimentaron cambios significativos en su dinámica y fueron objeto de una profunda reestructuración económica y financiera, en un contexto de crisis de larga duración, como resultado de la competencia empresarial, nacional e internacional, por mantener o acrecentar sus niveles de utilidad y rentabilidad, en un mercado asegurador que representa ganancias, potenciales y reales. Las aseguradoras de los grupos financieros AGF han sido las ganadoras porque poseen los máximos niveles de utilidad y rentabilidad.

Los factores macro y microeconómicos que incidieron en esta transformación son los siguientes:

En el nivel macroeconómico

1. El Estado tuvo un papel central en la apertura, desregulación y privatización de empresas, y su retiro de la actividad de seguros significó el control del sector por el capital privado.
2. La apertura, la desregulación y la privatización del sector asegurador han acelerado la competencia, promueven el dominio del capital extranjero — ante las excelentes oportunidades que se le presentan — y conllevan al desarrollo de la estructura conglomerada y el dominio del mercado por los grupos financieros.
3. La estructura que presenta el sector asegurador parece obedecer al carácter del proceso de acumulación de capital en su etapa de crisis que conduce a las corporaciones aseguradoras a la centralización y concentración de capital.
4. El proceso de apertura y desregulación del sector asegurador tuvo tres efectos determinantes en el desarrollo de las aseguradoras: aceleró la competencia lo que disminuyó el valor de las empresas; profundizó los procesos de fusiones y adquisiciones hostiles y, ambos aspectos facilitaron la aplicación del proyecto privatizador con el retiro del Estado tanto en la regulación del sector como en su intervención directa, mediante las empresas paraestatales.
5. Las corporaciones aseguradoras se vieron impactadas por la aplicación de tasas de interés elevadas y el manejo de un tipo de cambio sobrevaluado. Las altas tasas de interés influyeron significativamente en la dirección corporativa hacia la descapitalización y a la administración de recursos líquidos cada vez en mayores niveles e incremento de manera importante los márgenes de ganancia financiera de las corporaciones. Las elevadas tasas de interés no sólo restringen la inversión productiva, también estimulan la inversión especulativa nacional o internacional y perpetúan la crisis de acumulación económica. Los estímulos del gobierno federal a la inversión extranjera en el sector asegurador constituyen elementos importantes para la toma de decisiones; las medidas de desregulación, privatización y apertura, así como las expectativas de ganancias productivas en el mercado de seguros son importantes para la inversión

extranjera: Por su parte, la *sobre devaluación* del tipo de cambio implicó contraer la actividad económica y redujo el mercado interno, por lo que los seguros no pudieron colocarse (venderse) en las magnitudes en que se vinieron comercializando antes de la crisis.

6. El objetivo esencial de toda empresa capitalista se encuentra en la creación de utilidades y, derivadas de allí, de los mayores márgenes de rentabilidad. Por su parte, la creación de utilidades de operación permite observar si existe o no negocio en la actividad de cualquier empresa, y en el sector asegurador sólo se creó en la década de los ochenta, pero en los últimos quince años no ha sido el caso: no hay negocio de aseguramiento. Esta posición puede ser engañosa porque las aseguradoras han venido incrementando significativamente sus reservas, lo que disminuye sus utilidades operativas, a cambio de incrementar sus utilidades netas por los productos financieros generados en los mercados de capitales. Entre 1990 y 2005 las empresas de seguros se han dirigido a la actividad esencialmente financiera por los factores analizados en este trabajo, que en conjunto han deprimido el mercado de seguros.

En el nivel microeconómico

1. La crisis económica y la desregulación de los mercados financieros condujeron a las empresas a asumir un perfil fundamentalmente financiero, aunque basado en la producción de seguros, apoyado en las estrategias del gobierno corporativo que dan prioridad a los espacios financieros; lo que fortaleció su importancia institucional en la intermediación, y en la concentración del excedente económico

2. El enfoque de las *aseguradoras de los grupos financieros* (AGF) dirigido a la obtención de los mayores márgenes de ganancia financiera — sin descuidar el ámbito productivo y, por encima de su expansión en el mercado de seguros —, lo comprueban tres elementos: el mínimo crecimiento de su producto, su pequeño nivel de capitalización, y su elevada *financiarización* — sus activos totales están constituidos esencialmente por inversiones financieras de corto plazo.

3. El control de la propiedad de las aseguradoras de grupos financieros AGF parece darse con la intención de posicionarse en condiciones de menor riesgo al invertir menos capital en el largo plazo — en instalaciones y en creación de aseguradoras nuevas, salvo en el caso en que su establecimiento represente enormes utilidades como en los seguros de pensiones — con el fin de obtener las máximas utilidades.
4. El control de la propiedad de una aseguradora y su posición privilegiada en los mercados asegurador y de capitales le permiten al grupo financiero incrementar su valor, obtener mayores recursos financieros y expandir al grupo, aumentar sus ganancias financieras, disminuir su riesgo y alinear los desajustes entre las selecciones técnicas y financieras del conglomerado. La crisis parece beneficiarlas más porque su posición en los mercados financieros les otorga la capacidad de desdoblar el capital y moverlo sin problemas para invertirlo y retirarlo con menor riesgo, respecto a las AGI y las AMP que tienen mayores niveles de inversión de largo plazo.
5. Las *aseguradoras grandes independientes* AGI tienen un carácter oligopólico y una orientación más productiva que las AGF, aunque en los últimos años han estado aplicando una política agresiva de incremento en sus reservas que disminuye sus utilidades pero que acrecienta sus ganancias financieras. Las empresas grandes independientes (oligopólicas independientes) parecen buscar la expansión en el mercado de seguros, porque son expertas en el negocio de los seguros llevado a cabo durante décadas — independientemente de que hayan sido vendidas al capital extranjero o fusionado con otras empresas — y logran ganancias productivas aunque buscan aprovechar las ventajas que les otorgan los mercados financieros ante la elevada competencia y el bajo ritmo de crecimiento del producto asegurador. Las AGI, con base en el poder oligopólico que detentan, y con la presencia de las aseguradoras de los grupos financieros, controlan y dirigen el mercado asegurador como cualquier otro mercado, aunque también son susceptibles a las caídas del proceso de acumulación.
6. Las *aseguradoras medianas y pequeñas* AMP son más eficientes económicamente que las aseguradoras integradas y las independientes oligopólicas, pero menos eficientes financieramente que aquellas. Las

empresas medianas y pequeñas parecen haber sido las menos beneficiadas del proceso de crisis, apertura y desregulación ejecutada por el Estado: son las corporaciones vulnerables a los problemas de la economía y de los mercados financieros, y dependen para su funcionamiento sustantivo, tanto de la venta especializada de seguros, así como del accionar de los dos grupos de empresas anteriores, y de los apoyos gubernamentales.

Instrumental teórico

El estudio de las corporaciones de seguros está dirigido al análisis del proceso de acumulación, el papel del Estado y el perfil de la reproducción económica llevado a cabo con el marco teórico marxista. En otro nivel, este enfoque permite analizar críticamente, la instauración del llamado *gobierno corporativo que privilegia lo financiero* o *teoría de la agencia (anglosajona)* en las corporaciones. El conocimiento del control y propiedad de las instituciones de seguros, y el análisis del efecto del ciclo económico en la ganancia financiera y sus fuentes generadoras son estudiadas con esa teoría y también con las herramientas de la teoría de Keynes y de Minsky sobre todo con lo relacionado a la inestabilidad financiera de las corporaciones aseguradoras. El enfoque marxista también nos es de utilidad para tratar de esclarecer los mecanismos de la penetración del capital extranjero en las corporaciones y su dominio en el sector, el conocimiento de la operación de los grupos financieros con aseguradora integrada a ellos y, en especial, nos ayuda a conocer el papel de las aseguradoras en la creación de valor del conglomerado, el suministro de recursos financieros y su expansión.

El estudio de la aseguradora integrante del grupo financiero y la definición de su papel en el riesgo del grupo y en la *alineación* de los desajustes entre las selecciones técnicas y financieras del conglomerado es analizada con el marco teórico marxista; también nos parece de gran utilidad para definir los procesos de concentración y centralización del capital y el carácter oligopólico del mercado, tema este último que se analiza también desde el punto de vista de la teoría keynesiana. La teoría de la regulación, por su parte, es importante en cuanto al planteamiento de la crisis de larga duración.

El conocimiento de las características de las aseguradoras pertenecientes al grupo financiero en lo tocante a su papel de deudoras de los bancos e inversionistas en los mercados de capitales; las técnicas productivas; el nivel de productividad y su repercusión en los márgenes de utilidad y rentabilidad nos permite entenderlas mejor con el marco teórico keynesiano, poskeynesiano y minskyano. Todo ello en comparación con las aseguradoras grandes independientes y con las medianas y pequeñas. Con este marco teórico también se abordan la teoría de la inversión y las expectativas — la del banco principal en los grupos financieros, y la teoría de la información asimétrica aunque de manera más superficial.

Alcances de la investigación

El tema de investigación y las vertientes de estudio que aquí se presentan, se eligieron para conocer, teórica y empíricamente, el funcionamiento económico y financiero de las corporaciones aseguradoras en México, en una perspectiva de largo plazo (1980-2005) hasta el momento inexistente. No se cuenta con trabajos de investigación sobre el sector asegurador mexicano que analicen los procesos de transnacionalización, capitalización, y centralización y tampoco con estudios que incorporen los enfoques teóricos de la economía al análisis de los elementos y factores causales y resultantes del comportamiento de las variables financieras de las corporaciones de seguros en el país para que, mediante un estudio concreto, como es el sector asegurador, se aprecien los grandes cambios del sistema financiero en su conjunto.

El trabajo de investigación será de utilidad si logra comprobar teórica y empíricamente la hipótesis planteada. La investigación de la dinámica y reestructuración de las corporaciones aseguradoras y del mercado en que se desarrollan es relevante porque constituye una forma de abordar el complejo conocimiento del sistema financiero en su conjunto. También el análisis de las empresas de seguros con hincapié en los conglomerados financieros es importante porque su dinámica y reestructuración ejemplifica, con bastante claridad los procesos de desenvolvimiento económico, la centralización y la relevancia de los mercados financieros en la economía mexicana.

Por lo pronto, la presente investigación no cuenta con un análisis comparativo entre el sector asegurador y otros sectores financieros como el bancario o las casas de bolsa, lo cual hubiera sido interesante para distinguir el peso y papel específico de las empresas aseguradoras como intermediarias financieras; únicamente se describen, comparativamente, características generales entre el sector bancario y el asegurador. Tampoco se incluye un modelo econométrico que trate de fundamentar teórica y empíricamente el trabajo que presentamos. Esta tarea será desarrollada en una próxima investigación.

Contenido de los capítulos

El título de la investigación la denominamos Sector asegurador en México: dinámica y reestructuración financiera, 1980-2005, se desarrolla en cuatro capítulos: los dos primeros corresponden a la vertiente macroeconomía de los seguros, el del contexto internacional de aseguramiento y de la economía mexicana, y los dos últimos se sitúan en la vertiente microeconómica, es decir, en el estudio de las transformaciones dentro de las empresas aseguradoras.

El primer nivel de la vertiente *macroeconómica* estudia los siguientes aspectos: el proceso de acumulación internacional donde las empresas de seguros han tenido una orientación eminentemente financiera, sin desconocer su labor en la producción de seguros; los efectos de la apertura económica en la competencia, el nivel de desarrollo tecnológico y el grado de oligopolio del sector asegurador; el papel de mercado de seguros en escala mundial y sus principales tendencias internacionales, el efecto del atentado del 11 de septiembre de 2001 en Nueva York en el funcionamiento del sector; el dominio del capital extranjero y la presencia de las aseguradoras transnacionales (AT) que significaron el cambio de propiedad de empresas estatales y nacionales a las extranjeras; y el carácter deudor y acreedor de las aseguradoras por su situación clave en la intermediación financiera.

El segundo nivel macroeconómico sitúa al sector asegurador en el contexto de las transformaciones de la economía mexicana y del sistema financiero. Se investiga el comportamiento del producto nacional y su relación con la elaboración de los seguros; el papel que tuvo la inflación, las tasas de interés y el tipo de cambio en la generación de los productos financieros y la composición de las corporaciones aseguradoras; el nivel de inversión y capitalización; la influencia de la apertura económica, el Tratado de Libre Comercio de América del Norte (TLCAN); y la privatización de empresas en el mercado de seguros. La apertura de la cuenta de capitales (inversión extranjera directa e inversión de cartera) seguramente tuvo un papel destacado en las transformaciones de las corporaciones aseguradoras. Especial atención se presta a la crisis de los años 1994-1996 y a la manera como el sector asegurador la enfrentó. Todos estos elementos debieron haber tenido su efecto en el nivel de competencia, la estructura oligopólica y en el desarrollo de las fusiones y adquisiciones de empresas, en el empleo y productividad y sobre todo en las variables clave de las empresas aseguradoras: el nivel de utilidades y rentabilidad.

En el tercer capítulo, en el nivel *microeconómico* se investigan las principales diferencias económicas y financieras entre las aseguradoras integradas a los grupos financieros y las empresas independientes oligopólicas y medianas y pequeñas, en el contexto del redimensionamiento del gobierno corporativo para enfocar a la empresa hacia los mercados financieros y su efecto en los gastos operativos, el nivel de capitalización, la reingeniería de procesos y, sobre todo, en los mecanismos de adquisición y fusión de empresas en el sector asegurador. Se investiga que el empleo de técnicas intensivas en capital es central para el carácter oligopólico, la productividad y la generación de ineficiencias económicas; el nivel de utilidades y rentabilidad por tipo de empresas; el comportamiento de las variables financieras más importantes en función de la etapa del ciclo económico. Se pone especial atención en los tipos de productos vendidos por cada aseguradora y, desde aquí, se investiga cómo se crean las utilidades y su magnitud. Un aspecto interesante en la creación de las utilidades netas o resultados financieros es el efecto de la utilidad operativa y de los productos financieros en la generación de esos resultados financieros. Por último, se identifican las corporaciones que tienen una oferta diversificada o especializada, así como sus sistemas de distribución de productos que seguramente inciden en la venta y generación de ganancias. Todo lo anterior nos permite comprender las principales transformaciones económicas y financieras de cada empresa participante en el sector asegurador, así como su composición donde se reconocen empresas oligopólicas, empresas integradas a grupos financieros e independientes medianas y pequeñas. La composición económica y financiera de cada empresa depende del origen de su capital — nacional, mixto o extranjero (filiales) — del nivel de capital invertido, de la escala de producción, de la oferta de productos y su cobertura y del nivel de integración del mercado, entre otros aspectos.

El cuarto capitulo se encuentra dirigido a determinar el funcionamiento específico de los grupos financieros en el sector asegurador. Su importancia en él parece central por su capacidad de reposicionamiento en la apropiación de las utilidades productivas y las ganancias financieras. Para ello, se investigan los motivos que llevan a un gran conglomerado para adquirir una corporación aseguradora. La respuesta parece encontrarse en que las aseguradoras les permiten incrementar su valor, obtener mayores recursos financieros y expandir al grupo, aumentar sus ganancias financieras, disminuir su riesgo y *alinear* los desajustes entre las selecciones técnicas y financieras del conglomerado.

El trabajo de investigación también está situado en un plano *histórico–temporal* determinante para comprender los fenómenos y elementos que condujeron a la transformación del sector asegurador. Si bien el objeto de estudio abarca un período breve en el devenir de la historia económica y del seguro (1980-2005), nos parece que es un lapso suficiente para comprender los profundos mecanismos de funcionamiento que están operando en la dinámica del sistema asegurador. Se trata de un período de 25 años situado en torno a un proceso de intensa crisis que no ha sido superada y que desempeña un papel determinante, el *trabajo de crisis*, en la recomposición de la estructura y funcionamiento de los capitales y del proceso de acumulación económica actuante en el sector. Cada fenómeno, cada hecho, cada dato otorgan información para dar cuenta de la complejidad del sector asegurador en el entorno del sistema económico y financiero.

CAPÍTULO PRIMERO

CORPORACIONES DE SEGUROS Y ACUMULACIÓN FINANCIERA

CORPORACIONES DE SEGUROS Y ACUMULACIÓN FINANCIERA

Resumen

Se presenta el papel de las corporaciones aseguradoras en la acumulación financiera, el desempeño del sector asegurador en el mercado mundial de seguros, los efectos de la apertura económica, y la importancia de la penetración del capital externo y de las aseguradoras transnacionales (AT) en los cambios del control y propiedad de las aseguradoras.

Introducción

> [...] el aseguramiento de las profesiones dedicadas a los negocios sustituye a lo que hasta entonces parecía quedar exclusivamente en manos de Dios. Esto concierne, sobre todo, a la precaución frente a las consecuencias de cambios imprevisibles del destino. Rezar es bueno, asegurarse es mejor: de esta convicción surge la primera tecnología de inmunidad, pragmáticamente implantada, de la modernidad [Sloterdijk, 2007: 111].

El primer tema de análisis teórico y empírico de este trabajo se refiere al estudio del proceso de acumulación económica y financiera de las corporaciones aseguradoras cuya orientación fortalece el papel de esas instituciones en la intermediación y en la extracción del excedente económico. Esta orientación se da desde el ámbito productivo de seguros hacia el espacio financiero, en un contexto de crisis. También se estudia el mercado mundial de seguros, sus principales tendencias y la repercusión del evento de 11 de septiembre de 2001 en Nueva York en las coberturas de riesgo y en las perspectivas del sector en el nivel internacional, y su influencia en el desarrollo operativo y financiero de las corporaciones en el espacio nacional. Asimismo, se analiza el efecto de la apertura económica en los niveles de competencia, desarrollo tecnológico y el grado de oligopolio del mercado de seguros. La investigación comprueba los cambios en el control y propiedad de estas instituciones y la acentuación del carácter oligopólico del sector esencialmente en las utilidades y la rentabilidad. También el trabajo identifica que el papel de esas empresas ha sido importante como prestamistas e inversionistas en los mercados de crédito y capitales. Todo ello conforma el marco de las transformaciones del sector asegurador que privilegian el liderazgo de los grupos financieros y de las grandes aseguradoras oligopólicas con predominio del capital externo.

1.1 Corporaciones aseguradoras y acumulación financiera

Las corporaciones del sector asegurador han tenido una fuerte orientación financiera ante la incapacidad para generar utilidades mediante su actividad sustantiva en el ámbito de la producción y comercialización de seguros (las utilidades operativas), y se han apoyado en los mercados de capitales como espacio para mantener, o incluso acrecentar, sus utilidades y margen de rentabilidad. Así, las corporaciones de seguros se perfilan hacia el proceso de acumulación *financiarizado* [Chesnais *et al.*, 2001 y Lordon, 2000] en el entorno de una *nueva estructura financiera* [Correa, 2002],

> [que] tiene como eje a las finanzas, la liquidez, los mercados de títulos emitidos por el gobierno y las empresas, el ahorro colectivo como forma institucional de los acuerdos institucionales — salariales y empresariales — y la tesis del *gobierno de la empresa* [cursivas mías] como el núcleo del sistema [Orléan, 1999].

> [...] Bajo este esquema, el desarrollo de los mercados de capitales garantizan al capital financiero los privilegios de su gran poder económico y social [poder que ha incidido en las mutaciones del sector asegurador] [Orléan, 1999]

Con esta orientación financiera y ante la caída de las utilidades operativas (ventas menos costos y gastos básicamente), la variable fundamental es la *utilidad por acción* (UPA). Para su logro, los inversionistas institucionales en su calidad de accionistas, participan activamente en la gestión de las empresas y las presionan para lograr un manejo eficaz de las inversiones financieras. Estas inversiones se encuentran basadas en las nuevas tecnologías de la información y las comunicaciones, para facilitar las reestructuraciones corporativas que disminuyen los costos salariales y los activos físicos. Las utilidades creadas de esta forma permiten distribuir dividendos y sostener al alza las cotizaciones bursátiles en favor de los accionistas.

Como veremos en el capítulo 3, el énfasis corporativo en el espacio financiero se introdujo en las empresas por medio de la teoría y prácticas del *gobierno corporativo*[9], estrategia que no es nueva pero que se ha redimensionado con enorme importancia en las empresas aseguradoras. Esto es así, porque al orientar a la empresa hacia la satisfacción del accionista exclusivamente se aplican diversas medidas que van desde las fusiones y adquisiciones, la reducción acelerada de costos, la contracción del capital invertido, entre otras medidas.

Un factor fundamental en la orientación financiera de acumulación lo constituyen las políticas de liberalización, desregulación y privatización aplicadas por los gobiernos de los países, que debilitaron el ámbito institucional regulador e hicieron factible la plena libertad de maniobra del movimiento del capital; sin embargo, como lo evidencian los

[9] La teoría del gobierno corporativo (*corporate gouvernance)* o teoría de la agencia (*agency theory*) está dirigida a la aplicación de políticas y estrategias empresariales enfocadas al ahorro empresarial y la emisión accionaria, como formas de financiamiento tales como las fusiones y adquisiciones, la reingeniería de procesos, la disminución del capital corporativo, y la reducción de costos operativos y administrativos en general. Las características de esta teoría se detallan en el capítulo tercero, inciso 3.1.

acontecimientos económicos y financieros, el proceso de reproducción económica, y de acumulación, no puede auto equilibrarse de manera espontánea únicamente mediante fenómenos de mercado y de competencia; las instituciones, los agentes económicos operantes y las formas estructurales de funcionamiento son determinantes para su dominio.

Así, las reformas financieras influyeron en la dirección del sistema financiero, que se encuentra basado en una política dirigida a atender varios aspectos: la titulación y bursatilización del crédito, el mercado cambiario, la inversión de portafolio y las concesiones a la inversión extranjera directa (IED), entre otros aspectos. En un marco de competencia hostil y a escala internacional la política anterior ha conducido a las fusiones y adquisiciones, acuerdos *joint ventures*, establecimiento de franquicias, subcontrataciones subsidiarias, alianzas estratégicas y tecnológicas, acuerdos intrafirma de abasto y distribución y una nueva gestión financiera corporativa, con una carga fuertemente especulativa. Así planteado, se conforma el mosaico instrumental de funcionamiento del sistema económico-financiero.

En efecto, uno de los componentes clave de este sistema está integrado por las fusiones y adquisiciones (FyA) las cuales crecieron rápidamente (capítulo 3, inciso 3.1.5). Específicamente, en el ámbito financiero y de servicios, las mayores FyA se efectuaron en el sector bancario, telecomunicaciones y asegurador, este último sector es el que nos ocupa.

Para la empresa aseguradora del país receptor, es decir de nuestro país con respecto al capital extranjero (como aseguradora transnacional adquiriente o fusionante) la FyA significa utilidades que dependen de la estrategia de la corporación, fundamentalmente extranjera, porque estas operaciones implican un cambio de propietario o accionista. Pero lo más importante es la posesión de redes de distribución o proveedores, a pesar de que ello no se traduce regularmente en un aumento en las reservas de capital o en la capacidad de producción: a diferencia de la inversión en instalaciones y equipo nuevo, las fusiones y adquisiciones significan, por lo general, transferencias de propiedad o de asociación.

Las corporaciones aseguradoras transnacionales (AT) y las aseguradoras adscritas a los grupos financieros (AGF) persiguen la máxima rentabilidad y han aprovechado las medidas de desregulación comercial de los años ochenta, y financieras de los años noventa, para expandir su dominio. Como contraparte de esta ampliación financiera se refleja el gigantesco endeudamiento de los países en desarrollo: la deuda se sitúa como el mecanismo que ha permitido, por un lado, profundizar las medidas de desregulación, privatización y apertura financiera del sector asegurador y, por otro, transferir la propiedad de manos nacionales a extranjeras. La renegociación de la deuda y el acceso a nuevas fuentes de financiamiento han estado condicionados a la apertura de sectores como el asegurador al capital extranjero.

En este contexto, el *Consenso de Washington* [Williamson, J., 1990b] tiene como objetivo esencial la expansión y predominio de las grandes corporaciones, mediante el llamado a la *libertad financiera*. Así, la desregulación ha sido asociada al establecimiento de dos mecanismos monetarios: la fijación de tasas de interés elevadas con respecto a las tasas internacionales para atraer flujos de capital externos y el establecimiento de un tipo de cambio sobrevaluado, que estimula las importaciones y constituye un dique a la capacidad exportadora del país (como se detalla en el capítulo 2, inciso 2.2). Ambas variables, sin encontrarse sujetas a las fuerzas del mercado (libres), han desempeñado un papel central en la política de apertura y desregulación económica y constituyen elementos de gran importancia para el movimiento de capitales, la promoción de todo tipo de prácticas especulativas y la generación de diversas clases de instrumentos financieros, es decir las innovaciones financieras, fundamentalmente los productos derivados (*forwards, futures, options, swaps y depository receipts*), que se ha reflejado en la gestión de las compañías aseguradoras.

La *teoría de las finanzas* cobra aquí relevancia. Este punto de vista concibe a las finanzas como la *fuerza autónoma* [Williamson, O. 1970 y 1991; Williamson y Winter, 1991], construida sobre la institución de la liquidez. Los mercados financieros conforman la piedra angular de esta institución cuya creación es fundamentalmente estadounidense, y la han proyectado rápidamente hacia todo el mundo. Ahora, los mercados financieros se enfrentan entre sí, y de manera directa, después de haber intentado eludir los peligros asociados a esa búsqueda de *efectivo*, porque compiten por los espacios financieros territoriales o por las innovaciones financieras.

La llamada globalización financiera — a partir del acuerdo Reagan-Tatcher establecido en los inicios de los años ochenta — privilegia el espacio financiero y convierte a Estados Unidos en el epicentro de las crisis económicas y financieras[10] en un contexto donde el sistema *dolar céntrico* parece encontrarse en la crisis más profunda de su historia.

El sector asegurador se encuentra inmerso en la dinámica y reestructuración de las finanzas internacionales caracterizadas por la ampliación y permanencia del riesgo y la incertidumbre; la globalización del financiamiento de las corporaciones y de la inversión de cartera; el fortalecimiento y redespliegue de los mercados bursátiles de los intermediarios financieros monetarios (banca comercial) y no monetarios (todas las instituciones financieras no bancarias)a escala mundial; el desarrollo de las innovaciones financieras (por ejemplo los productos derivados); las fusiones y adquisiciones características del proceso de centralización de capitales; los *cracks* bursátiles y bancarios y sus efectos regionales e internacionales; la unificación de las monedas en una sola como *el euro*, o la dolarización de las economías; el impulso teórico de la economía financiera y sus expresiones en la ingeniería financiera y la aplicación de sofisticados paquetes de *software* para disminuir el riesgo y optimizar los rendimientos financieros [Ortiz, 2007]. A estos factores cabría agregar tres adicionales: el perfil financiero adoptado por las empresas, y como contraparte, el retiro del Estado de las actividades

---

[10] La crisis bursátil mundial, de julio y agosto de 2007, provocada por la caída de los precios de los títulos de deuda hipotecaria en Estados Unidos denominados *subprime* — préstamos hipotecarios de alto riesgo frecuentemente concedidos a personas con bajas calificaciones crediticias — significó la caída de las principales bolsas financieras del mundo. Para enfrentarla, los gobiernos de los principales países industrializados han tenido que inyectar recursos económicos, mediante sus bancos centrales, que ascienden a más de 323.3 mil millones de dólares a fin de evitar la profundización del *crack bursátil internacional*, monto muy superior a la inyección de liquidez realizada por la Reserva Federal de los Estados Unidos (FED por sus siglas en inglés) por 38 mil millones de dólares, cuando se produjo el atentado del 11 de septiembre de 2001 en las Torres Gemelas de Nueva York.

financieras para ceder su control a las corporaciones y, finalmente, la creación, implantación y diseminación a escala internacional de las plataformas informáticas y de telecomunicaciones para contar con información *al instante.*

A partir de ese acuerdo se ha hecho obligatoria la adhesión de los países, tanto *de facto* como *de jure,* a esta dinámica global, con el apoyo del Grupo de los Siete (G-7), del Fondo Monetario Internacional (FMI), del Banco Mundial (BM) (que son los creadores del *consenso*), de instituciones como la Organización Mundial de Comercio (OMC) y del Tratado de Libre Comercio de América del Norte (TLCAN). Las políticas de ajuste estructural han hecho el resto al reducir al mínimo el margen de acción de los países en cuanto a las formas de su *inserción internacional*, y los hace cada vez más dependientes de las decisiones de localización de las empresas transnacionales cuya penetración en el mercado asegurador mexicano ha sido significativa.

En efecto, desde la segunda mitad de los años ochenta el *capital financiero* ha adquirido una trascendencia que le permite influir en el nivel y orientación de las inversiones, estructura y distribución de los ingresos de las corporaciones aseguradoras. El perfil corporativo hacia la acumulación financiera posibilita que las compañías de seguros se posicionen con cierta distancia respecto de su función sustantiva, que es la venta de seguros, para fijar su atención en el núcleo de los mercados financieros con una actitud especulativa. Tradicionalmente las aseguradoras gestionaban su administración para atender esencialmente el mercado de seguros con la venta de los diversos productos de aseguramiento; ahora ante la apertura del sector, la competencia, y la desregulación y retiro del Estado de la actividad *nos encontramos en presencia de una nueva estructura de funcionamiento del sector asegurador y de las empresas que lo integran, donde las AGF y las AGI tienen el control y dirección y conducen a las corporaciones hacia el espacio eminentemente financiero donde la actividad de aseguramiento ha pasado a un segundo nivel, aunque las corporaciones no descuidan la administración de seguros, el espacio financiero y sus mercados son más rentable.*

Con todo, *el capital* que se valoriza en el sector asegurador bajo la forma de inversión financiera, en un primer nivel, y se combina con la utilidad empresarial (real) de la venta de seguros, en un segundo nivel, aparece como la fracción dominante del capital al marcar la pauta de la forma y el ritmo de reproducción económica, en cuyo centro se sitúan los mercados financieros y cuyas contradicciones parecen generar un sistema de reproducción económica inestable en el mercado de seguros.

En el sector asegurador, como en general en todos los sectores y ramas de la actividad económica, pueden observarse tres mecanismos de acumulación interrelacionados y contradictorios, que incluso pueden superponerse y que, como veremos, han venido modificando la composición del mercado asegurador mexicano: la disminución de la inversión en los medios productivos y en la capacidad instalada de la actividad aseguradora – en muy pocas aseguradoras se ha dado el incremento en el número de éstas en los últimos años, salvo en el ramo de pensiones, la expropiación de productores de seguros *nacionales* y su integración a la esfera del mercado mundial, y la apropiación y centralización de importantes fracciones de valor y excedentes generados desde países en desarrollo y de empresas aseguradoras subcontratadas, hacia centros de acumulación más fuertes en la actividad de aseguramiento. Al considerar los últimos dos mecanismos puede haber, y de hecho hay, acumulación sin inversión, es decir, sin creación de nuevas capacidades.

La actual organización empresarial de las aseguradoras puede garantizar la existencia de acumulación privilegiada por lo financiero con base en el poder oligopólico y el monopsonio, combinado con las *innovaciones financieras* (los productos derivados, entre otros). El proceso de construcción del dominio del espacio financiero se ha llevado a cabo en el seno de una estructura institucional que pretende reformar el espacio de las corporaciones de seguros, mediante mecanismos encaminados a darle viabilidad a escala internacional [Boyer, 2000: 111].

En otro nivel, el sector de seguros expresa cuatro tendencias del sistema financiero en su conjunto: a) la organización de la producción y de las relaciones con los empleados ha sufrido transformaciones que han tenido consecuencias desfavorables para éstos; b) la mayor participación de las corporaciones aseguradoras en los mercados financieros, como inversionistas institucionales, no sólo marca la pauta sino que refuerza los ámbitos de valorización del capital en función del criterio de la maximización del valor de las acciones: la *creación de valor*; c) la nueva configuración del reparto del valor determinada por el poder de los prestamistas o acreedores financieros, donde las aseguradoras son protagonistas, impide la reproducción del resto de los agentes económicos e influye en su *marginación* y *exclusión*, porque como veremos en el siguiente capítulo, la economía nacional y otros sectores económicos se han rezagado en su crecimiento mientras el sector asegurador ha estado creciendo, y d) la caída del *Estado benefactor* y la emergencia del *Estado liberal* que transfiere al mercado la determinación de la composición de la demanda social que asumía antes y que se refleja con gran nitidez en el sector asegurador: son los Estados-nación y sus economías los que han constituido el marco político-institucional de la fase de crisis y del enfoque de financiamiento de los negocios. Todos estos fenómenos afectan la configuración de la distribución del producto en el sector asegurador, y el nivel y contenido de la demanda de productos de aseguramiento y, en general, de la oferta de productos y servicios financieros.

La innovación tecnológica y su impacto en la productividad y en los mecanismos de reparto del producto han desempeñado un papel central en el mercado de seguros.

Los mecanismos de acumulación, las tendencias básicas y los factores económicos a que hemos hecho referencia configuran (como se verá a lo largo de esta investigación) el enfoque financiero de las corporaciones aseguradoras que hace poco factible su reproducción estable; más bien la inestabilidad parece ser su norma, e incluso su situación financiera puede manifestar un carácter crónico en determinadas coyunturas, por la fragilidad financiera sistémica originada en la mundialización del espacio financiero: inestabilidad *endógena* inherente a la constitución y al funcionamiento de los mercados financieros.

Por otro lado, la dinámica de la empresa multinacional y, por ende, de las aseguradoras transnacionales (AT) tiene el propósito de incrementar el valor de sus activos físicos y financieros, lo cual se logra mediante el diferencial de la tasa de interés de los activos de la corporación en el país de origen con respecto a la tasa de interés de los activos de las subsidiarias o filiales en el país receptor — la tasa de interés debe ser mayor en el país receptor. Para que se desplace el capital debe garantizarse en el país receptor "[...] un mayor valor que en el país donde opera la matriz" [Akhigbe y Madura, 2001:490]. Esto es así porque la mayor tasa de interés en México que en los países donde opera la matriz le permite al capital transnacional obtener ganancias financieras en los mercados de capitales locales, y éstos le otorga recursos financieros para expandirse, crear una nueva corporación o especular en la bolsa negociando acciones.

Lo anterior supone que los mercados de bienes y de capitales permitan reducir costos al interiorizar las transacciones: vender sus productos a un precio menor que el de los productos de las empresas domésticas.

Así, la estructura financiera internacional se caracteriza por su carácter *sui generis* al expresar desinterés, la falta de acuerdos, y sobre todo la incapacidad política para poder efectuar reformas profundas que conlleven al crecimiento y el desarrollo económico, bajo una estructura de carácter oligopólica comandada por los grandes conglomerados financieros y apoyada en la *regulación de mercado* que compromete no sólo los recursos públicos y sus objetivos sociales sino que reproduce la actual estructura dominante conglomerada [Correa, 2002].

La acumulación financiera que efectúan las aseguradoras es indudable y, como indicamos anteriormente, con frecuencia no se constituye en el acrecentamiento del capital productivo, sino que esos recursos financieros son acaudalados como renta o como reservas técnicas y de capital para una potencial y futura capitalización, o para hacer frente a compromisos con asegurados y/o acreedores, o para aumentar su ganancia financiera. De esa forma, las aseguradoras se ubican en un eslabón multirramal de la compleja cadena de relaciones económico-financieras donde el sector asegurador y sus corporaciones han contribuido a que el sistema financiero se haya convertido en un espacio económico muy importante.

1.2 Efectos de la apertura económica en la competencia, el nivel de desarrollo tecnológico y el grado de oligopolio

La apertura económica en el sector asegurador ha afectado a las empresas de seguros de distinta manera y ha configurado una estructura corporativa diferente en la actualidad con respecto a la que operaba en la década de los años setenta y ochenta:

A] Las empresas más grandes (AGI) y las aseguradoras de los grupos financieros (AGF) son las beneficiadas por la caída de las barreras normativas, porque sus niveles técnicos y su poder de oligopolio las protege de las amenazas externas; aunque no se encuentran exentas de los procesos de fusiones y adquisiciones, más bien parecen reproducirlos y aprovecharse de ellos y del impacto de la competencia de otras grandes aseguradoras de origen externo. Como veremos, el nivel de su rentabilidad ha sido más elevado que el del mercado en su conjunto y su nivel de participación manifestó algunos cambios.

B] Las empresas medianas y pequeñas fueron las más afectadas por la apertura económica, lo que desencadenó en ellas procesos de fusiones y adquisiciones importantes con empresas nacionales, su venta al capital extranjero o su desaparición.

C] También se observa la creación de empresas de seguros de pensiones y de salud, lo que es congruente con la apertura de esos ramos a las corporaciones privadas, anteriormente tarea exclusiva del Estado.

En los últimos años, las corporaciones aseguradoras observaron diversas transformaciones producto de su orientación financiera y la del propio Estado, lo que repercutió en la inflación de los mercados de capitales: la participación del Estado como propietario de aseguradoras se restringió, lo que disminuyó su peso en la conducción (regulación) económica del mercado asegurador, y en los objetivos y gestión empresarial de estas compañías — el papel de la capitalización de las utilidades en los mercados financieros para cumplir los objetivos de los accionistas se convirtió en esencial con cargo a los sueldos, salarios y la productividad del trabajo. La orientación financiera de las corporaciones también se reflejó en el tránsito de un mercado *suave* a uno *duro*; y en la transformación de una competencia *negociada* entre las empresas a una competencia *hostil*.

1. La participación del Estado fue dejando su lugar a las corporaciones aseguradoras[11] ante el descenso de la utilidad operativa, la apertura y desregulación del sector y la caída de los márgenes de ganancia de las corporaciones de seguros.

   Las corporaciones tomaron el control de la conducción de los procesos económicos y financieros a fin de elevar su nivel de ganancia, rentabilidad y competencia.
2. Hasta el final de la década de los ochenta, el propósito financiero esencial de las corporaciones aseguradoras era la obtención de la utilidad neta como elemento residual, es decir, como el resultado de deducirle los gastos a los ingresos.

   A partir de la década de los noventa, la utilidad es fijada de antemano (10%, 15% o más respecto de las ventas) y entonces la estructura de la organización se tiene que conformar de tal forma que permita obtener esa utilidad previamente fijada (*ex ante* al ejercicio fiscal); de esa forma el objetivo central de las corporaciones se convirtió en la maximización de la ganancia financiera — y la variable residual deja de ser la utilidad para convertirse en el *salario*. El mercado se vuelve inestable bajo este esquema. El mercado laboral es esencial en el sistema capitalista, donde la lucha no se lleva a cabo de manera horizontal, como lo piensan los neoclásicos al contemplar a todos los agentes económicos en *armonía* (las asimetrías deben ajustarse linealmente); sino que, en realidad, su carácter es vertical y represivo: existe la necesidad de que en el perfil de

[11] La actividad de aseguramiento se lleva a cabo en una institución financiera que hace uso de una compleja administración: desde la comercialización de los productos y el cálculo técnico para la adecuada selección del riesgo, hasta la emisión de las pólizas, la cobranza, los registros contables de la operación, la concentración de los recursos financieros y su administración financiera eficiente, ejercida por la tesorería de las empresas para la conformación de óptimos portafolios financieros y la inversión de recursos en los mercados financieros. Estas actividades implican enormes gastos de comercialización (ventas) y de administración, propios de la gestión económico–financiera de las corporaciones de seguros. Esta intrincada red se refleja en la contabilidad de seguros que es una de las más densas por la naturaleza de los productos de aseguramiento y porque tiene que cumplir con una serie de disposiciones normativas y contables para reportar sus estados financieros.

acumulación la masa salarial y el nivel de empleo aparezcan como las principales *variables de ajuste del sistema* [Lordon, 1999].

El objetivo esencial de maximización de la ganancia financiera se logra mediante tres vías: la primera, inmediata, con la capitalización de las utilidades netas o ganancia real de las aseguradoras en los mercados financieros, esto es, al traer a valor presente neto — como sabemos VPN = □ flujo de efectivo / (costo de capital) a la “n” menos Inversión — las necesidades futuras de recursos del flujo de efectivo, que determina el valor de la empresa y los activos en el mercado [Minsky, Mántey, Hancock *et al.*, entre otros]; la segunda, con las fusiones o adquisiciones que están modificando la estructura del sistema económico y, específicamente, del sector asegurador: la oferta de la participación accionaria de la corporación como resultado de una fusión, una venta o la simple adquisición a bajo precio, y la tercera, la integración de una aseguradora en un grupo financiero. Las ventajas de este tipo de integración son significativas y se presentan en detalle más adelante en los capítulos 3 y 4.

3. Hasta finales de los años ochenta, las aseguradoras participaban en un *mercado suave* caracterizado por la competencia *regulada* de primas, precios y coberturas, aceptadas por los aseguradores y asegurados; sin embargo, desde inicios de los noventa, hasta la actualidad, interactúan en un *mercado duro* distinguido por elevadas primas y la restricción de la cobertura en un marco económico dominado por grandes aseguradores, lo cual representó problemas en diversas empresas para mantenerse en el mercado. El más infame ejemplo del mercado duro se observó en la crisis de los seguros de responsabilidad a mediados de los años ochenta, y recientemente se ha endurecido en los ramos de responsabilidad comercial y de accidentes, sobre todo a raíz de los acontecimientos del 11 de septiembre de 2001 [Harrington, 2004]; a su vez, los seguros de responsabilidad general y por *malas prácticas médicas* son más rígidos en la actualidad. [Herring y Litan, 2004: x-xi].
4. En los años setenta, el régimen corporativo asegurador se caracterizó por la *cooperación* de empresas oligopólicas que observaban limites competitivos internos e internacionales que hacían factible acumular el

capital generador de considerables excedentes para los empresarios y rentistas; el crecimiento de los salarios, en una relación de cierto equilibrio entre el trabajo y el capital, sobre la base de un contrato social que aseguraba el empleo y el mantenimiento de un adecuado nivel salarial, y su reflejo en la demanda efectiva. En los años ochenta, y desde entonces hasta ahora, el régimen corporativo se encuentra dominado por la *competencia coercitiva* y destructiva [Crotty, 2000 y 2002ª] donde los agentes financieros toman el excedente, la inversión es obsoleta prematuramente, se propicia la reducción de costos, del tamaño de las organizaciones y el aumento de la productividad sobre la base de la caída del empleo y la aplicación de tecnologías en un régimen de anarquía.

Antes de los años ochenta, las aseguradoras se enfrentaban a una baja competencia y a elevados niveles de utilidad. En los noventa la competencia aumentó y las utilidades bajaron, efectuaron fusiones y crearon los *bancoseguros*. No obstante que la desregulación y la llamada *globalización* incrementaron la competencia y redujeron los márgenes de utilidad, en las aseguradoras independientes oligopólicas y en las integrantes de grupos financieros (AGF), los márgenes de utilidad han crecido. La competencia en la industria se manifiesta no sólo porque las fronteras entre los bancos y las aseguradoras son cada vez más borrosas sino, sobre todo, porque la *conciencia del valor* se ha incrementado en la economía como un todo, fenómeno acrecentado porque los aseguradores tienden a enfocarse menos en relaciones económicas de largo plazo, que en la obtención de un mejor valor del dinero.

5. El tránsito de un esquema caracterizado por *finanzas pacientes* basado en la búsqueda del crecimiento económico, hacia un esquema soportado en los mercados *financieros impacientes* que elevaron las tasas de interés reales, basado en el crecimiento bursátil. Esta situación obligó a las corporaciones a destinar una parte creciente de su flujo de efectivo a los agentes financieros, por la vía de los incentivos gerenciales y el acortamiento de los horizontes de planeación de las empresas. A diferencia de la *empresa chandleriana* de integración organizacional —

vinculada a los objetivos de largo plazo de la empresa frente al carácter de incertidumbre de la innovación —, se pasó a una empresa con concepción *financiera* o *rentista* basada en carteras de componentes líquidos, donde un administrador o gerente, desde su escritorio, puede continuamente maximizar el precio de la acción en cualquier punto del tiempo: "[...] el mercado accionario [...] se convirtió, por primera vez desde la etapa de la posguerra, en un mecanismo de mercado para el control corporativo" [Crotty, 2002-b: 239-240].

6. Tradicionalmente, las medidas reguladoras del sector asegurador con frecuencia protegían a las corporaciones nacionales más fuertes, los campeones nacionales [Herring y Litan, 2004: xv]. Con la desregulación, las empresas aseguradoras pertenecientes a los grupos financieros (AGF) y a las grandes empresas de seguros transnacionales (AT) han sido las ganadoras — sin perder de vista que las únicas grandes aseguradoras nacionales que no fueron vendidas o fusionadas al capital extranjero consolidaron su poder oligopólico. En efecto, en la década de los noventa se asiste a un sector asegurador que expresa las distintas formas de dominio de la propiedad corporativa: por un lado se encuentran grandes, medianas y pequeñas empresas y grupos financieros nativos, y por otro, grandes corporaciones y grupos financieros extranjeros que se enfrentan por mantener sus nichos de mercado y sus márgenes de utilidad. En torno a esta composición de la estructura corporativa se desarrolla el sector asegurador.
7. A partir de 2002, la administración del volumen de seguros llegó a ser inapropiada como forma del manejo del valor. Los aseguradores habían vendido coberturas de seguros a un menor precio — aunque a raíz de los acontecimientos del 11 de septiembre de 2001 el precio de las primas a nivel mundial aumentó — y habían sido menos precavidos en la suscripción de pólizas con objeto de proteger e incrementar el valor de mercado de las acciones. Antes de este suceso los precios se habían reducido tanto que la industria fue registrando pérdidas en términos económicos.[12]

[12] El 16 de enero de 1999 *The Economist* describe al sector asegurador como *una industria en terribles aprietos*. El riesgo estuvo presentándose en la suscripción por la oferta de seguros a la

8. En este contexto, el sector asegurador fue conducido a dos tipos de situaciones que implicaron reorientar su desempeño: cambios de carácter endógeno — propios de las corporaciones aseguradoras en su situación administrativa — y cambios de carácter exógeno — como resultado de las regulaciones financieras, las transformaciones económicas del país y las mutaciones del sistema financiero en el nivel mundial. De esta forma, las aseguradoras dejaron de ser esencialmente vendedoras de protección en el largo plazo, para convertirse en aseguradoras que se adaptan a las condiciones del mercado financiero emitiendo acciones, adquiriendo bonos y en ocasiones capitalizan a los propios bancos porque ellos se encargan de canalizar los recursos de las aseguradoras en los mercados de capitales, especialmente cuando son integrantes de grupos financieros. Como sabemos, este proceso es causa y efecto de la transformación de los bancos: de ser prestamistas, a ser emisores de bonos y acciones, lo que condujo a la *burbuja económica* [Aoki y Hugh, 1994: 4]
9. El sector asegurador se introduce en la década de los noventa alrededor de un complejo sistema que agudiza la competencia, lo que ha impactado a las corporaciones aseguradoras en diferentes niveles: en la puesta en práctica de movimientos de *fusiones, alianzas y adquisiciones;* en la reducción de las tasas de utilidad y el creciente endeudamiento de la mayoría de las empresas y del gobierno, por la adquisición de las aseguradoras de bonos privados y gubernamentales y su control sobre las acciones; en la revisión al alza de los precios, la mejora en la calidad del producto, la oferta de productos complementarios, descrédito de la calidad de los productos de otras empresas y obstrucción de las operaciones del competidor; en el control de sistemas de comercialización; en el acceso a mercados especializados y sistematización en la operación; en la oferta de productos de aseguramiento que otorgan nuevas coberturas de renta variable y

---

mitad de precio, con respecto al existente pocos años antes. La seriedad de la situación fue parcialmente enmascarada por las estrategias *cosméticas* de la práctica *contable*, tales como la liberación de reservas acumuladas en el pasado; sin embargo, las reservas no eran inagotables y el verdadero estado económico comenzó a mostrarse: la industria llegó a vender sus productos por debajo de los *costos de producción, lo que destruyó el valor del accionista*.

derivados, pólizas integrales, seguros de ventanilla en los ramos de incendios y accidentes; en el desarrollo de modalidades multirriesgos con base en la legislación que los autoriza; en el movimiento hacia una concepción que ofrece *todos los ramos* con cada vez más aseguradores de riesgos de vida promueven coberturas de accidentes e incendios, y viceversa, y en general, en el fortalecimiento del capital, la eficiencia de los costos y el logro de una mejor posición en el mercado donde el tamaño y el alcance importan cada vez más.

También la competencia ha venido impactando el crecimiento de la demanda de clientes corporativos transnacionales para trabajar con grandes aseguradoras protagonistas en escala continental e internacional; y la creación de minoristas y supermercados que entran a la contienda: competidores no industriales que están siendo enrolados en el negocio de seguros de vida.

La *Web* o red es una herramienta que significa enormes oportunidades de mercadotecnia para la industria aseguradora, a pesar de que la penetración por este medio es aún baja. Las nuevas aplicaciones interactivas de *Internet* afectan el comportamiento de los asegurados y los *prepara* en negocios de seguros de vida y pensiones, aunque los consumidores están preocupados por la privacidad de los datos porque *Internet* no es objeto de regulación. La red probablemente sea ya el canal más importante para suscribir líneas personales estandarizadas de seguros y servicios financieros en general, a pesar de su baja penetración.

En síntesis, todas estas mutaciones de las corporaciones de seguros están inscritas, por un lado, en los procesos de concentración y centralización del capital que mantiene el nivel oligopólico de las grandes empresas y de las integradas a grupos financieros, mientras las pequeñas son marginadas; y por otro, en la racionalización sistemática de la producción y de la dirección de la empresa mediante métodos científicos aplicados a la tecnología, a la organización, al cálculo y al control: conformación monopólica y acumulación científica del trabajo y la producción.

En las corporaciones aseguradoras, la marcha de la acumulación de capital se identifica en un movimiento contradictorio entre los elementos técnico-productivos y las condiciones bajo las cuales se efectúan las relaciones entre los agentes económicos que intervienen en su funcionamiento, ya sea desde el punto de vista del capital productivo (aseguradoras oligopólicas estructuralmente integradas para la administración de seguros y otros productos financieros) o desde el ángulo del capital monetario (vinculación con los bancos y el crédito, sociedades anónimas y los mercados financieros). Ambas vertientes constituyen un nexo indisoluble: para que la acumulación de capital se lleve a cabo, ninguna mercancía puede ser puesta en valor si no se zambulle en la producción.

1.3 El papel del sector asegurador en el mercado mundial de seguros

En 2005, el crecimiento real de la economía mundial, 3.4%, y de la economía estadounidense, 3.5%, se reflejaron en el mercado mundial de seguros, 2.5%, al pasar de 3 264 158 millones de dólares en 2004 a 3 425 714 millones en 2005 (véase el cuadro 13, anexo). Por su parte, la economía mexicana creció en 2005 2.8%, mientras el mercado de seguros del país registró una caída de -2.7%; el mercado de seguros estadounidense disminuyó -0.3%, el de Europa Occidental creció 4.6% y el de Japón lo hizo 0.7.

Cuadro 1.1

MERCADO MUNDIAL DE SEGUROS, 2000-2005

		TOTAL			EU			Japón			Europa Occidental			México		
País o región	*unidad de medida*	*2000*	*2001*	*2005*	*2000*	*2001*	*2005*	*2000*	*2001*	*2005*	*2000*	*2001*	*2005*	*2000*	*2001*	*2005*
ECONOMIA																
producto interno bruto	miles mil. dólares	31,161	30,773	44,453	9,873	10,082	12,487	4,616	127	4,521	nd	nd	nd	575	617	768
crecimiento real anual	%	3.8	1	3.4	4.1	0.3	3.5	1	-0.6	2.7	nd	nd	nd	6.6	-0.2	2.8
PRIMAS TOTALES	millones dólares	2,443,673	2,408,252	3,425,714	865,327	904,021	1,142,912	504,005	400,993	476,481	762,631	739,665	1,241,107	9,866	11,176	12,780
crecimiento real anual	%	6.6	1	2.5	4.8	2.3	-0.3	0.6	0.8	0.7	11.8	-2.4	4.6	22.1	-5.67	-2.7
cuota de mercado	%	100	100	100	35.41	37.54	33.36	20.62	18.51	13.91	31.21	30.71	36.23	0.4	0.46	0.37
prima % PIB	%	7.8	7.83	7.52	8.8	8.9	9.15	10.9	9.9	10.54	8.66	8.31	8.44	1.72	1.8	1.66
primas per capita	dólares	404.90	393.30	518.50	3,152.10	3,266.00	3,875.20	3,973.30	3,507.50	3,746.70	1,606.50	1,542.40	2,482.80	101.20	112.60	121.30
PRIMAS DE VIDA	millones dólares	1,521,253	1,439,177	1,973,703	436,378	443,413	517,074	400,993	356,731	375,968	493,304	455,565	758,846	4,477	5,283	5,257
crecimiento real anual	%	9.1	-1.8	3.9	7.6	-1.2	-0.4	1.1	1.3	0.8	16.8	-7	7.5	12.6	9.6	-6.4
cuota de mercado	%	100	100	100	29.08	30.8	26.2	26.39	24.7	19.05	32.43	31.65	38.45	0.33	0.37	0.27
prima % PIB	%	4.9	4.68	4.34	4.4	4.4	4.14	8.6	8.8	8.32	5.71	5.25	5.21	0.86	0.85	0.68
primas per capita	dólares	252	236	300	1,611	1,602	1,753	3,165	2,806	2,956	1,059	974	1,533	51	53	50
PRIMAS NO VIDA	millones dólares	922,420	969,074	1,452,011	422,954	460,608	625,838	102,521	89,114	100,523	269,327	284,099	482,261	4,910	5,893	7,524
crecimiento real anual	%	2.7	5.4	0.6	1.9	5.9	-0.3	-1.1	-1.2	0.2	3.7	6	0.6	4.7	9.6	-1.1
cuota de mercado	%	100	100	100	45.85	47.5	43.1	11.11	9.2	6.92	29.2	29.32	33.21	0.53	0.6	0.52
prima % PIB	%	2.9	3.15	3.18	4.2	4.5	5.01	2.2	2.2	2.22	2.95	3.06	3.23	0.85	0.95	0.98
primas per capita	dólares	152.80	158.20	219.00	1,540.70	1,664.00	2,122.00	808.20	701.10	790.40	547.50	568.30	949.40	50.40	59.40	71.40

FUENTE: Elaboración propia con base en Reaseguradora Swiss Re, *Revista Sigma*, Números 6, 2001; 6, 2002 y 5, 2006, Suiza.

En 2005, del volumen total de primas mundial, 1 973 703 millones de dólares corresponden al seguro de vida y 1 452 011 al seguro de no vida, y su crecimiento real fue de 3.9% y 0.6%, respectivamente. El crecimiento real fue mayor en los seguros de vida que en los de no vida, aunque la tendencia al crecimiento de los primeros podría estar influida por diversos factores entre los que se encuentran la expectativa de privatización de los sistemas estatales de previsión de la vejez como un importante motor de crecimiento de los seguros privados de vida pues su demanda es muy sensible a los cambios en las condiciones económicas e institucionales; la crisis económica y financiera de Asia, sobre todo en Japón, lo que ha hecho disminuir la demanda de los seguros de daños; la desregulación del control de estos seguros ha dado lugar, en Europa Occidental y Japón, a notables disminuciones en sus precios; la etapa de su reducción de precios entre 1994 y 1999 causada por el flujo de capitales hacia el sector asegurador y el auge bursátil en Estados Unidos y Europa Occidental afectó a la baja el precio actual de los seguros de no vida, especialmente en los dirigidos al sector industrial.

En cuanto a la participación de México en el mercado mundial de seguros, en 2005 fue de 0.37%, ocupando el lugar 66, mientras Estados Unidos participa con 34%, Japón 14% y Europa Occidental 36% del total; los dos primeros países ocupan el primer y segundo lugares en todo el orbe. En conjunto, Estados Unidos y Japón concentran 48% del mercado total, casi la mitad.

El cuadro 1.2 nos muestra la evolución de los distintos mercados financieros (capitales-valores, obligaciones, derivados y seguros) por orden de importancia. Como se puede apreciar, en 1990 el mercado de capitales ascendió a 9.4 mil millones de dólares (mmd) para crecer en el año 2000 a 31 mmd; el de obligaciones creció de 15.7 a 29.7 mmd, el de derivados de 2.3 a 14.3 mmd y el de seguros de 1.4 a 2.4 mmd. Evidentemente, los crecimientos más importantes se dan en el mercado de capitales y en el de derivados. El sector asegurador, como se comentó, registró un incremento de 1 mmd en el período.

Especialmente destaca la significativa importancia que Estados Unidos tiene en los mercados financieros: en el año 2000, concentra 49%

del mercado de capitales (en 1990, 33%); 49% del mercado de obligaciones (anteriormente 47%) en el mercado de derivados concentra 58% (contra el 56% en 1990) y, finalmente, en el mercado de seguros participa con el 35% del mercado mundial (en 1990 concentraba el 36%). Después de este país los dos más importantes son Japón y Reino Unido. Los tres países en las tres sedes más importantes del mercado de capitales (US S&P 500 Index, London FTSE 100 Index y Promedio Nikkei de Tokio) concentran 67% de este tipo de operaciones a nivel mundial y 66% del mercado mundial de seguros.

Cuadro 1.2
MERCADOS FINANCIEROS, 1990-2000
(En el nivel mundial)

	capitales		*obligaciones*		*derivados*		*seguros*	
países	*2000*	*1990*	*2000*	*1990*	*2000*	*1990*	*2000*	*1990*
(miles de millones de dólares)	*31*	*9.4*	*29.7*	*15.7*	*14.3*	*2.3*	*2.4*	*1.4*
	%	*%*	*%*	*%*	*%*	*%*	*%*	*%*
EE. UU (Nueva York)	49	33	49	47	58	56	35	36
Asia (sin Japón)	6	6	3	3	11	24	6	4
Europa (sin Reino Unido)	22	16	21	28	29	20	22	21
Japón (Tokio)	10	31	20	17	-	-	21	25
Reino Unido (Londres)	8	9	3	3	-	-	10	7
Resto del Mundo	6	5	4	3	2	-1	6	6
TOTAL	**100**	**100**	**100**	**100**	**100**	**100**	**100**	**100**

Fuente: Elaboración propia con base en información de Compañía Suiza de Reaseguros, Swiss Re, *Revista Sigma*, núm. 7/2001, Zurich, Suiza, 1 de septiembre de 2001.

Las aseguradoras recolectan capital (individual o corporativo), lo acumulan en la forma de ahorro contratado, y lo invierten en los mercados. Las corporaciones de seguros transforman un pequeño monto pagado por el asegurado individual en grandes capitales, y el capital de riesgo de corta duración en capital de largo plazo (seguros, préstamos corporativos, préstamos del gobierno, hipotecas). Esta transformación es vital para canalizar los recursos en la economía.

En el mercado financiero de Estados Unidos la relevancia de los mercados de capitales, en contraposición con la presencia de los bancos comerciales se observa en el cuadro 1.3.

Cuadro 1.3
INTERMEDIARIOS FINANCIEROS DENTRO DE LAS 500 CORPORACIONES MÁS GRANDES
EN ESTADOS UNIDOS: ASEGURADORAS Y BANCOS
2005

	miles de dólares		
industria	*ingresos*	*utilidades*	*utilidades como % de ingresos*
1. Aseguradoras	1,001,500	81,163	8.1
* Vida/salud	459,324	33,807	7.4
* Daños y Responsabilidad Civil	542,176	47,356	8.7
2. Bancos	520,268	91,672	17.6
3. Productos derivados	256,104	29,656	11.6
4. Acciones	209,928	23,951	11.4
5. Instituciones de ahorro	33,319	5,8958	17.7
4. Servicios de datos financieros	265,918	3,378	12.5
TOTAL	2,048,037	235,715	11.5

FUENTE: Elaboración propia con base en datos de la *Revista Global Fortune. 500,* junio 2

Para el año 2005, los principales intermediarios por su nivel de ingresos son las corporaciones aseguradoras seguidas de los bancos comerciales; ambos se encuentran por arriba también de las empresas operadoras de productos derivados y de valores. Sin embargo, la rentabilidad de los bancos es la más elevada, 17.6%, contra el nivel alcanzado por las instituciones de seguros, 8.1%. Ambos niveles son altamente atractivos, pero la rentabilidad bancaria supera por más del doble la de seguros. No obstante, el dominio financiero de los mercados de capitales es significativo, los márgenes de rentabilidad de los productos derivados es de 11.6%, el accionario 11.4% y de servicios de bases y datos financieros 12.5 por ciento.

1.3.1 Principales tendencias internacionales y el efecto del atentado del 11 de septiembre de 2001

Las tendencias más importantes del sector asegurador en el nivel mundial se están presentando, fundamentalmente, en los siguientes aspectos:

a) Tendencia a la globalización, desregulación, apertura e internacionalización del mercado de seguros,
b) Tendencia a la concentración del mercado de seguros en los países industrializados y a la centralización: fusiones y adquisiciones, y
c) Tendencia a la utilización de nuevas tecnologías de la información.

El detalle de estas fuerzas se presenta en el anexo II.

Efecto en el sector asegurador del acontecimiento del 11 de septiembre de 2001 en el World Trade Center (WTC)

Los acontecimientos del 11 de septiembre de 2001, que destruyeron las *Torres Gemelas* de Nueva York, culminaron con las peores pérdidas de la historia del sector asegurador, calculadas en 40 mil millones de dólares [Achleitner, Biebel y Wichels, 2002], e incluso existen estimaciones en las que se calcula que pudieron haber llegado a los 60 mil millones de dólares [De Mey, 2003], los sucesos significaron un parte aguas para el desenvolvimiento futuro del sector. Ante la incapacidad para hacer frente a la caída de los valores de los balances de los mercados financieros, los gobiernos vieron con buenos ojos la posibilidad del *aseguramiento de último recurso*, que en muchos casos fue la única solución de largo plazo.

Cuadro 1.4

SECTOR ASEGURADOR

LAS MAYORES CATÁSTROFES (NATURALES Y HUMANAS)

evento	*año*	*lugar*	*pérdida asegurada (miles de millones de dólares)*
World Trade Center	2001	Nueva York, EU	40.0
Huracán Andrew	1992	Florida, EU	19.6
Terremoto Northridge	1994	Los Angeles, EU	16.3
Tifón Mireille	1991	Japón	7.1
Terremoto Gran Hanshin	1995	Kobe, Japón	2.8

Fuente: Elaboración propia con base en información de Paul M Achleitner, Jörg H. Biebel y Daniel Wichels (2002), "Does WTC Matter for the Investment Policy of P/C Insurance Companies?", en *Geneva Papers on Risk of Insurance*, Vol. 27, núm. 2 abril de 2002, pp. 275-282.

En la semana siguiente a los atentados, el mercado accionario internacional presentó pérdidas de 12 puntos porcentuales, especialmente en las compañías de aviación y en las aseguradoras. El efecto en las cinco principales reaseguradoras ha sido estimado en 11.5 mil millones de dólares.

Cuadro 1.5

EXPOSICIÓN DE LAS REASEGURADORAS CON BASE

EN ESTIMACIONES DE LAS COMPAÑÍAS , 2003

(miles de millones de dólares)

reaseguradora:	*mmd*
Lloyds	2.9
Munich Re	2.7
Swiss Re	2.3
Berkshire Hathaway	2.3
Allianz	1.3
TOTAL	11.5

Fuente: Elaboración propia con base en información de Jozef De Mey (2003), "The aftermath of September 11: The Impact on and Systemic Risk to The Insurance Industry", en The *Geneva Papers on Risk and Insurance*, vol. 28, núm. 1, enero.

Además del costo millonario, los acontecimientos afectaron al sector en otras importantes cuestiones. La destrucción de valor en el mercado accionario redujo dramáticamente los valores de sus balances financieros, altamente engranados con las acciones. Por ello, desde el día de los acontecimientos, la atención ha estado puesta en los pasivos financieros de las compañías aseguradoras. Las compañías de seguros han tenido que revisar sus estimaciones para la emisión de nuevas pólizas y han previsto que la suscripción se encuentre mejor cubierta ante los riesgos. Otra consecuencia de los sucesos de septiembre de 2001 fue la caída de los portafolios de inversión de los mercados financieros y de las aseguradoras constituidos con las reservas técnicas y de capital. En el mercado de acciones se redujo enormemente el valor de las reservas de seguros.

El impacto simultáneo en los activos y en los pasivos de las compañías aseguradoras mostró una degradación en la correlación entre la inversión y la suscripción del riesgo. Lo anterior implicó que varias empresas calificadoras como *Standard & Poor's* disminuyeran la calificación de las aseguradoras en promedio desde *A+* hacia *A*.

1.4 Capital externo y aseguradoras transnacionales

Hemos visto que el sector asegurador se abrió al mercado internacional, que estrechó sus vínculos con los mercados financieros, y desarrolló sus esquemas de operación con tendencia a los mercados de bonos y acciones.

Ahora analizaremos los cambios en el control y propiedad de las corporaciones aseguradoras. Tratamos de demostrar que la propiedad de las aseguradoras cambió su carácter de estatal y privada nacional a extranjera, que se desarrolló un acelerado proceso de descapitalización de los grupos financieros y de las empresas más grandes para elevar sus utilidades y que se fortalecieron con las reformas económicas, financieras y de aseguramiento con tendencias a la internacionalización. La transformación en la propiedad y la presencia del capital extranjero en el sector asegurador se da en el contexto de la crisis económica y el fuerte efecto de la apertura de la economía, como se verá a continuación.

Desde fines de los años ochenta, las aseguradoras transnacionales (AT) adoptaron una estrategia de crecimiento basada en las *fusiones y adquisiciones* (capítulo 2) con la finalidad de aumentar el valor del accionista, y reforzar su presencia tanto en el mercado de origen como en el internacional para profundizar su capacidad de competencia y mantener sus niveles de rentabilidad. Paralelamente, las AT efectuaron significativos recortes en sus costos de operación, redujeron el número de sucursales, disminuyeron el personal empleado y el número de oficinas en sus redes locales. Como identificamos en párrafos anteriores, al terminar los ochenta la competencia en el sistema asegurador comenzó a adquirir niveles importantes, aunque de manera diferenciada, dadas las características de cada aseguradora, y de su estrategia corporativa.

En los noventa, la relocalización de las aseguradoras transnacionales se dio porque contaban con excedentes de capital, estaban sometidas a intensas presiones para reducir sus costos y afrontaban la contracción de sus márgenes de rentabilidad, por lo que comenzaron a desarrollar un importante proceso de expansión internacional por etapas, aunque de manera acelerada: en una primera etapa, se verificó un aumento de las fusiones y acuerdos de colaboración con otras aseguradoras en los países industrializados; en la segunda se inició una rápida y agresiva estrategia de expansión hacia los principales mercados latinoamericanos, como el mexicano, con el propósito de consolidar un activo proceso de internacionalización.[13]

Durante los años noventa, el mercado asegurador llegó a su saturación competitiva. Esto obligó a las aseguradoras transnacionales a la redefinición de sus estrategias para enfocarse a la satisfacción de las demandas y necesidades de sus clientes (personas, empresas e instituciones), con lo que el sistema de seguros transitó de un esquema dirigido a los productos a otro de atención a los clientes. Se trata de un

---

[13] La expansión de las aseguradoras transnacionales en América Latina, y en especial en México, se basó en cuatro vertientes: la diversificación adecuada del riesgo ajustada a la rentabilidad; la búsqueda de tamaño y competitividad; la entrada a mercados en expansión, con el consecuente desplazamiento de mercados maduros (de los países industrializados); y la explotación global de recursos, capacidades organizativas y tecnológicas.

proceso caracterizado por la *innovación financiera de seguros* en el nivel internacional, fenómeno que hemos denominado así para identificar el otorgamiento de coberturas de aseguramiento integrales y de otros servicios financieros complementarios como la administración de riesgos.

En México, las AT han buscado alcanzar una dimensión que permita mejorar su desempeño con respecto a los mercados maduros, la baja rentabilidad y la aplicación de estrategias hacia la globalización. Así planteado el problema, la compra de activos y el consecuente aumento del tamaño permitieron que las AT enfrentar mejor el proceso de competencia internacional, defendiéndose de una posible compra *hostil* en el país desarrollado de origen (por parte de algún competidor), diversificar riesgos y aumentar su rentabilidad. Por otro lado, las mayores y mejores instituciones aseguradoras del país percibieron tiempos difíciles con la nueva competencia extranjera, lo que las llevó a establecer alianzas con las AT, o entre ellas mismas, antes que desaparecer.

El mercado mexicano de aseguramiento presenta características atractivas para el capital externo, interesado en incursionar en él debido a la apertura y desregulación combinada con bajos niveles de aseguramiento, elevados márgenes de intermediación y altas rentabilidades potenciales, que ofrecen importantes oportunidades para nuevos negocios; precios muy ventajosos provocados por el proceso de privatizaciones, fenómeno adicional a la adquisición de empresas aseguradoras, y a las carencias de capital y de nuevos productos en el mercado de seguros para satisfacer la creciente demanda de productos financieros y de aseguramiento.

Todos estos fenómenos confluyeron en un panorama donde el gobierno mexicano evaluó positivamente la llegada de socios extranjeros como una fórmula para superar las limitaciones de financiamiento y modernizar al sector asegurador local. En este escenario, las aseguradoras transnacionales fueron ganando presencia mediante una agresiva estrategia de expansión y de diversificación — con la inversión en el mercado de seguros, en la administración de los fondos de pensiones y en la banca de inversión, los *bancoseguros*.

El fuerte dominio de las aseguradoras estadounidenses en los mercados de seguros de las mayores economías (México, Brasil y

Argentina) empezó a ser contrarrestado por la masiva llegada de aseguradoras europeas: la compra de activos físicos es la modalidad más utilizada por los inversionistas mediante el proceso de privatizaciones y la adquisición de aseguradoras locales, más que la creación de nuevas.

Las AT, a fin de lograr su rápida presencia, pusieron en práctica diversas estrategias: adquirir totalmente la aseguradora nativa, en empresas grandes o medianas para posicionarse de manera oligopólica en el mercado; controlar el capital en las aseguradoras líderes y establecer acuerdos con socios locales que, aunque no garantizan la propiedad, se ven obligados a que la gestión estratégica de las empresas la ejecute la entidad extranjera; adquirir paquetes mayoritarios de acciones en aseguradoras locales aunque sin establecer acuerdos con ellas, pero que comprometen la propiedad y la gestión, y participar de manera mayoritaria en asociación con un socio estratégico que deje la gestión a la aseguradora local con base en una supervisión a distancia.

Las AT han desarrollado una agresiva estrategia de expansión para estar presentes en el mercado de seguros nacional, situándose en el núcleo del sistema de aseguramiento: en primer lugar, con el control de las empresas oligopólicas independientes; en segundo, extendiendo su dominio mediante los grupos financieros extranjeros (cuadro 1.6) y, en tercer lugar, con aseguradoras medianas que apoyan sus mecanismos de comercialización. De esta manera, las principales aseguradoras extranjeras controlan aseguradoras tanto diversificadas (que ofrecen varios seguros) como especializadas (en un solo producto) y, muy especialmente, destaca su participación en la administración de fondos de pensiones.

Otro de los objetivos de las aseguradoras transnacionales ha sido la *revalorización de sus acciones* que superaron la media de sus principales competidores: "La capitalización de las utilidades se da por la capitalización bursátil" [Calderón y Casilda, 1999: 21 y 35].

No obstante, las operaciones de las principales AT han generado preocupación como resultado de la vulnerabilidad evidenciada por la economía ante las turbulencias de los mercados financieros internacionales: ya indicamos que con el transcurrir de los años noventa, las agencias calificadoras del riesgo (*J. P. Morgan, Moodys, Standard & Poor's)* redujeron sus pronósticos para las aseguradoras debido a su sobre exposición, y más aún, después del atentado en Nueva York.

Con todo, las corporaciones aseguradoras transnacionales, junto con las aseguradoras integrantes de los grupos financieros oligopólicos, constituyen el referente esencial de las transformaciones económicas y financieras del sector asegurador. El entorno financiero internacional, caracterizado por la enorme liquidez en manos de las corporaciones financieras y, por ende, aseguradoras, tiene su origen en el déficit del presupuesto estadounidense y el endeudamiento corporativo y público de los principales países desarrollados que generó el crecimiento explosivo de los activos y pasivos financieros en el nivel internacional, pero también, como señalamos, en la contracción de los ritmos de inversión productiva y de largo plazo que aumentó los recursos financieros.

El capital extranjero, mediante las corporaciones aseguradoras que lo representan, con una mano hace uso de la inversión extranjera directa (IED) para la adquisición de algunas empresas aseguradoras a fin de ampliar su dominio, principalmente mediante la firma de contratos con empresas aseguradoras ya existentes (operaciones de fusiones y adquisiciones); y con la otra, más ávida e impaciente, se introduce en los linderos de la inversión de corto plazo en busca de ganancias financieras. El poder de esta otra mano, paulatina pero inexorablemente, podría ir envolviendo a la productiva, por lo que el régimen de inversión es objeto de cuidadoso seguimiento para evitar la crisis de ambas.

Hasta aquí podemos concluir que las grandes masas de recursos financieros que concentran las corporaciones aseguradoras nacen como *ahorro*, en forma de primas por la contratación de los seguros, o de ganancias financieras por los rendimientos obtenidos. Estas corporaciones centralizan *ahorro* el cual experimenta un cambio en su naturaleza: puede convertirse en capital productivo al ser acumulado e invertido y de este modo contribuye a la modificación de las relaciones económicas y políticas entre trabajo y capital, a favor del segundo; o bien, refuerza el ámbito financiero: el peso de la inversión financiera y de los mercados para la especulación, y de esta manera, imprime su toque específico en la relación empresario–inversionista financiero–accionista. Mediante los mercados de seguros y de obligaciones (bonos) públicas y privadas, la gestión del ahorro se convierte en una poderosa palanca de acumulación y centralización financieras.

La presencia del capital corporativo internacional en el sector asegurador se expresa en un doble proceso: a) mediante la IED (de largo plazo) las instituciones privadas con mayor propiedad de recursos financieros celebran fusiones o llevan a cabo adquisiciones, sin crear empresas nuevas salvo en los sectores anteriormente reservados al Estado y b) mediante la inversión de cartera de corto plazo (ICP), las grandes empresas y conglomerados utilizan los mercados de capitales y de dinero para especular y canalizar las cuantiosas reservas técnicas (en los bancos serían los depósitos de los cuenta habientes) y de capital. En un nivel más profundo, el proceso de reorganización de la corporación aseguradora capitalista es resultado de las relaciones siempre cambiantes entre la ciencia y la tecnología, la competencia, las mutaciones del sistema financiero y las nuevas formas de expresión del capital externo y las aseguradoras transnacionales.

Cuadro 1.6
SECTOR ASEGURADOR
PENETRACIÓN Y CONTROL DEL CAPITAL EXTRANJERO
1994-2005

		1994	*2001*	*2005*
Filiales de aseguradoras extranjeras	Aseguradoras	1	33	46
Aseguradoras con participación mayoritaria	Aseguradoras	0	0	0
Aseguradoras participación minoritaria	Aseguradoras	13	10	9
TOTAL EXTRANJERA	Aseguradoras	**14**	**43**	**55**
TOTAL SECTOR ASEGURADOR		**48**	**70**	**86**
PARTICIPACIÓN	%	**29**	**61**	**64**
Aseguradoras integradas a grupos financieros	Aseguradoras	0	2	7
Aseguradoras independientes	Aseguradoras	14	41	48
ESTADOS FINANCIEROS		Participación en el total del sector		
Prima emitida	%	7.35	37.86	72.68
Costo adquisición	%	5.15	42.69	70.29

Costo de siniestros	%	3.96	35.00	74.58
Gastos operación	%	4.48	41.67	73.80
Utilidad operación	%	3.13	35.24	53.43
Productos financieros	%	1.29	12.94	69.84
Utilidad neta	%	2.64	-245.67	74.03
Activos	%	3.71	34.66	69.03
Inversiones totales	%	4.07	28.37	71.14
Inversiones en valores	%	3.15	29.36	71.45
Inversiones inmobiliarias	%	2.49	44.05	71.26
Pasivo	%	3.56	34.02	68.34
Reservas técnicas	%	3.69	29.87	69.53
Capital	%	4.29	36.19	73.54
Capital social	%	6.61	39.80	69.76
Reservas de capital	%	1.98	57.16	71.87

Fuente: Elaboración propia con base en información de la Comisión Nacional de Seguros y Fianzas, *Estructura del mercado, Compañías aseguradoras con participación extranjera (1990 a 2005)* y *Actualidad en seguros y finanzas*, 1994, 2001 y 2005.

El planteamiento anterior fortalece una de las características esenciales del proceso de expansión del capital corporativo a escala mundial, del que el sector asegurador no es ajeno: "[...] la centralidad de la producción de los conocimientos y la descentralización de los procesos productivos particulares, automatización flexible, diferentes niveles de organización empresarial y métodos toyotistas de producción" [Morera, 2000b: 312-313].

El cuadro 1.6 permite evaluar la presencia del capital extranjero en el mercado asegurador mexicano. En ese proceso destaca el crecimiento en el número de esas empresas desde 1994, que ascendió a 14, en 2001 ya son 43, y en 2005 la cifra alcanza las 55 empresas de seguros. El sector asegurador en su conjunto aumenta de 48 empresas, a 70 en 2001 y a 86 en 2005. El mismo cuadro permite identificar que en 1994 las AT concentran 7.3% de las ventas, 2.6% de las utilidades y 3.7% de los activos del sector asegurador en su conjunto. En 2005, su presencia se transformó radicalmente: concentran 72.6% de las ventas, 74% de las utilidades generadas y 69% de los activos de las empresas participantes en el sector.

1.4.1 Cambios en el control y propiedad de las instituciones de seguros y oligopolio

Durante la década de los años setenta, dos medidas de política económica fueron importantes para modificar la estructura del proceso de desarrollo de las corporaciones en los años siguientes. Por un lado, la ley que permite la integración de la banca múltiple; y por otro, la ley que regula la inversión extranjera y la transferencia de la tecnología. A partir de la promulgación de estas leyes, las corporaciones modificaron su estructura organizativa para apoyar sus procesos de concentración (consolidación), mientras de manera simultánea desencadenaban, con fortaleza, procesos de centralización. Como veremos más adelante, estas medidas se complementan con las disposiciones efectuadas en los años noventa dirigidas a la integración de grupos eminentemente financieros, y con las reformas a la Ley General de Instituciones y Sociedades Mutualistas de Seguros y a la Seguridad Social que fueron centrales para institucionalizar la presencia de los grupos financieros en el sector asegurador y el dominio del capital externo en el mercado de seguros. Todas estas reformas cobran una nueva dimensión con la firma del Tratado de Libre Comercio de América del Norte (TLCAN).

En vigor a partir de enero de 1994, el TLCAN antecede la crisis económica más profunda de los últimos treinta años y coincide con el levantamiento zapatista. Dicho acuerdo constituye un parte aguas en el proceso de reestructuración del sector asegurador. En un primer momento, entre 1991 y 1993 se efectuó su negociación y, posteriormente, su formalización con su firma y puesta en operación.

El TLCAN elimina las restricciones sobre inversiones extranjeras y las barreras que impiden a las compañías de servicios financieros y de seguros operar allende las fronteras de cada país firmante, establece que la inversión extranjera en las compañías de seguros no debe ser mayor al 50% del capital pagado, y autoriza que las inversiones de filiales financieras extranjeras alcancen el 100%. En 2005 su monto asciende a 69.7 por ciento.[14]

El mismo Acuerdo precisa que la suma total del capital contable de todas las filiales de seguros extranjeras en el sector asegurador mexicano, en proporción con la suma de capitales de todas las instituciones de seguros que operan en México, no podrá ser mayor al porcentaje indicado a continuación:

CUADRO 1.7
PARTICIPACIÓN DEL CAPITAL DE LAS FILIALES EN EL CAPITAL TOTAL DEL SECTOR ASEGURADOR

fecha	%
1º de enero de 1994	6
1º de enero de 1995	8
1º de enero de 1996	9
1º de enero de 1997	10
1º de enero de 1998	11
1º de enero de 1999	12

Fuente: Elaboración propia con base en información proporcionada por la Secretaría de Hacienda y Crédito Público (SHCP), *Tratado de Libre Comercio de América del Norte*, sector financiero, capitulo seguros.

A partir de 2000, el TLCAN no establece límites de participación: para 2005 el capital extranjero participa ya con 73% del capital contable total del sector (véase el cuadro 1.6).

El Acuerdo también señala que otro procedimiento para invertir en México es la participación accionaria creciente en una institución mexicana de seguros, ya establecida o por constituirse eximiéndola así de los límites de capital. La evolución de la participación en este caso es la siguiente:

[14] Véase el TLCAN, el capítulo XIV denominado servicios financieros, y su anexo VII secciones A y B.

Cuadro 1.8
PARTICIPACIÓN DEL CAPITAL NACIONAL Y EXTRANJERO (FILIALES) EN EL CAPITAL TOTAL DEL SECTOR ASEGURADOR

fecha	*participación mexicana (%)*	*participación extranjera (%)*
1° de enero de 1994	70	30
1° de enero de 1995	65	35
1° de enero de 1996	60	40
1° de enero de 1997	55	45
1° de enero de 1998	49	51
1° de enero de 1999	25	75

Fuente: Elaboración propia con base en información proporcionada por Secretaría de Hacienda y Crédito Público (SHCP), Tratado de Libre Comercio de América del Norte, sector financiero, seguros.

El TLCAN contemplaba que las operaciones y actividades de los programas existentes del gobierno mexicano llevados a cabo por las aseguradoras del Estado:

> [...] están excluidas de los Artículos 1403, "Derecho de establecimiento de instituciones financieras", 1404, "Comercio Transfronterizo" y 1405 "Trato Nacional" por el tiempo que las empresas se encuentren bajo control del gobierno mexicano y durante un plazo comercial razonable posterior al cese de dicho control (anexo VI, punto 15 del TLCAN).

Sin embargo, a mediados de los noventa, Aseguradora Mexicana (Asemex) fue privatizada y adquirida por Comercial América, y en 2003, Aseguradora Hidalgo fue vendida a Met Life (cuadro 8, anexo).

El 23 de mayo de 1996 se da otro paso importante para ampliar el control del capital corporativo en el sistema financiero, mediante la publicación de la Ley de los Sistemas de Ahorros para el Retiro y las consecuentes reformas y adiciones a las leyes General de Instituciones y Sociedades Mutualistas de Seguros y del Seguro Social. La primera crea la

Comisión Nacional de los Sistemas de Ahorro para el Retiro (Consar), las Administradoras de Fondos para el Retiro (Afores) y las Sociedades de Inversión Especializadas de Fondos para el Retiro (Siefores). Las reformas y adiciones a la segunda Ley se ajustan a los requerimientos de la primera y al propio TLCAN para operar los fondos mediante las aseguradoras de pensiones (véase anexo V).

La Ley del Sistema de Ahorro para el Retiro establece que los fondos para el retiro están regulados por las leyes de la seguridad social y prevén que las aportaciones de los trabajadores, patrones y del Estado sean manejadas mediante cuentas individuales *propiedad de los trabajadores*, con el fin de acumular saldos, mismos que se aplicarán para fines de previsión social o para la obtención de pensiones o como complemento de estas. Se contempla, además, que los recursos serán invertidos en instrumentos financieros *sin riesgo*; sin embargo, en 2005 las autoridades de la hacienda pública autorizaron que los recursos de las Siefores sean invertidos en la Bolsa Mexicana de Valores, lo que los expone a un elevado riesgo y a su volatilidad.

En el caso específico de las instituciones de seguros autorizadas para operar los seguros de pensiones, se establece que:

> [...] tratándose de seguros relacionados con contratos de seguros que tengan como base planes de pensiones o de supervivencia derivados de las leyes de la seguridad social [...] las autorizaciones se otorgarán sólo a instituciones de seguros que practiquen en forma exclusiva, sin que a las mismas se les pueda autorizar cualquier otra operación.

Como señalamos, en el artículo 8 de la Ley General de Instituciones y Sociedades Mutualistas de Seguros se adiciona, dentro de las operaciones de vida, la del seguro de pensiones. Los contratos de seguros que tengan como base planes de pensiones o de supervivencia relacionados con la edad, jubilación o retiro de personas, ya sea bajo esquemas privados, o derivados de las leyes de la seguridad social, pueden ser operados por instituciones aseguradoras privadas.

Con base en esa normatividad financiera, se configura el marco jurídico y se sientan las bases para que las aseguradoras intervengan en el manejo y administración de los seguros de pensiones y salud, anteriormente restringida su operación a la intervención exclusiva del Estado (véase anexo V).

En cuanto a la integración de grupos financieros, el artículo 34, inciso XIV bis, de la Ley General de Instituciones y Sociedades Mutualistas de Seguros, ordena las distintas operaciones en que podrán invertir las compañías de seguros, incluida la llevada a cabo en el capital de las Afores y Siefores.

El artículo 70 a la letra instaura que:

> [...] Las instituciones de seguros podrán invertir en el capital social de otras instituciones de seguros o de fianzas, del país o del extranjero, de sociedades de inversión o de sociedades operadoras de éstas últimas, de administradoras de fondos para el retiro y de sociedades de inversión especializadas de fondos para el retiro. Además, cuando las instituciones de seguros no formen parte de grupos financieros, podrán invertir en el capital social de cualquier otro intermediario o entidad financiera que las leyes aplicables autoricen [...].

Obsérvese cómo la Ley General de Instituciones y Sociedades Mutualistas de Seguros también permite la inversión en el espacio asegurador de otras compañías financieras y, viceversa, de la compañía aseguradora en otras empresas de carácter financiero.

Tanto en países asiáticos como en América Latina, y en México en particular, las empresas extranjeras y los grupos financieros buscan fusiones y adquisiciones de empresas eficientemente administradas, o bien aquéllas que presentan en ocasiones reducidos niveles de rentabilidad; o también empresas pequeñas con problemas de endeudamiento, bajas cotizaciones en sus acciones y necesidades de capital, es decir, devaluadas pero con potencial de crecimiento; todo ello a fin de adquirirlas a bajo precio, con el apoyo del gobierno federal.

Particularmente en los años noventa, las transformaciones experimentadas en las corporaciones de seguros y en el sector asegurador en el último cuarto de siglo se efectúan en un contexto de reestructuración económica llevada a cabo por la contracción de la actividad económica del Estado en la economía, y el viraje de sus políticas monetarias y fiscales, tendientes a la desregulación, liberalización y privatización de las empresas.

De manera simultánea, la globalización financiera se apoya en los movimientos de capital y reproduce mediante la deuda, la inversión de cartera y la inversión extranjera directa (IED). También en los años noventa, el movimiento de entrada del capital fue acompañado por su correspondiente salida: la exportación de capital (excedentes hacia países desarrollados), con destino a Estados Unidos, Canadá o Europa, efectuada por los conglomerados aseguradores o por las filiales extranjeras asentadas en el país. Este es un tema importante que será estudiado en una próxima investigación.

De esta forma, la penetración de las empresas de capital extranjero ha sido muy importante lo que se verifica en su papel en las primas directas del sector, las cuales pasaron de 7.5% en 1994, a 12.9% en 1995, 51.9% en 2002 y 73% en 2005.

Entre 1990 y 2005, la forma como el capital extranjero ha penetrado en el sector asegurador es la siguiente:

A] En empresas ya existentes, la IED en el sector asegurador se expresó en la compra o adquisición de 16 instituciones aseguradoras (véase el cuadro 1.10 y cuadro 8, anexo). Del total de estas empresas, nueve son de origen estadounidense, dos de origen alemán, dos españoles y dos suizo, y una de capital holandés.

Cuadro 1.9
PENETRACIÓN DEL CAPITAL EXTRANJERO EN LAS PRIMAS DIRECTAS DEL SECTOR ASEGURADOR
1994-2005

	% del total
1994	7.5
1995	12.9
1996	16.0
1997	16.6
1998	17.5
1999	18.7
2000	22.6
2001	44.9
2002	51.9
2004	61.5
2005	72.6

Fuente: Elaboración propia con base en información proporcionada por la Comisión Nacional de Seguros y Fianzas *Anuario Estadístico de Seguros y Fianzas*, años 1995, 1996, 1997, 1998, 1999, 2000, 2001 y 2002. México

Nota: Incluye filiales, empresas mixtas y grupos financieros con capital extranjero.

B] Las filiales nuevas (cuadro 9, anexo), es decir, empresas recientemente creadas, no adquiridas o compradas, son 20: ocho de origen estadounidense, cuatro de origen alemán y japonés, dos para cada uno; seis distribuidas en seis países: de origen italiano, inglés, holandés, sueco, suizo y panameño, y en el caso de las dos restantes, no está precisado el origen de la nacionalidad del capital.

C] De capital mixto (nacional y extranjero) se encuentran ocho empresas aseguradoras: en cinco aseguradoras se comparte el capital nacional con el español, y en las tres restantes existe participación de capital alemán, suizo e italiano (cuadro 10, anexo).

Cuadro 1.10

FUSIONES MÁS IMPORTANTES LLEVADAS A CABO ENTRE 1990 Y 2005

nombre actual	*nombres anteriores*	
1. SEGUROS COMERCIAL AMÉRICA, S.A. DE C.V. (16 NOVIEMBRE DE 1993)	ING COMERCIAL AMERICA Y ASEGURADORA MEXICANA	SEGUROS COMERCIAL AMÉRICA
2. CUMBRE CÍA. DE SEGUROS (18 DE OCTUBRE DE 2000)	KEMPER DE MEXICO	SEGUROS LA TERRITORIAL
3. MAPFRE TEPEYAC (20 SEPTIEMBRE DE 2002)	SEGUROS TEPEYAC	SEGUROS TEPEYAC
4. SEGUROS DEL CENTRO, S.A. DE C.V. (18 DE MARZO DE 2002)	COMPAÑÍA MEXICANA DE SEGUROS DEL CENTRO	COLONIAL PENN DE MÉXICO
5. SEGUROS MONTERREY NEW YORK LIFE, S.A. DE C.V. (2 JUNIO DE 2002)	SEGUROS MONTERREY AETNA	GEO NEW YORK LIFE
6. ASEGURADORA INTERACCIONES (15 DE MARZO DE 2003)	SEGUROS LA REPUBLICA	SEGUROS LA REPÚBLICA
7. MET LIFE (30 DE MAYO DE 2003)	ASEGURADORA HIDALGO SEGUROS GÉNESIS	ASEGURADORA HIDALGO LA IBEROMEXICANA
8. SEGUROS BANORTE GENERALI (16 DE JUNIO DE 2004)	ANGLOMEXICANA DE SEGUROS	ASEGURADORA OBRERA
9. SEGUROS INBURSA (2 DE AGOSTO DE 2004)	SEGUROS DE MÉXICO	MEXICANA BANCOMER

Fuente: Cuadro elaborado con base en información proporcionada por la Comisión Nacional de Seguros y Fianzas, *Actualidad en Seguros y Fianzas*, años 1991 a 2005, México.

A continuación se tratarán de mostrar, empíricamente, los cambios en la propiedad y control de las corporaciones aseguradoras que llevaron al fenómeno de extranjerización y transnacionalización del sector asegurador.

La dinámica del patrón de acumulación de capital que actualmente privilegia el ámbito financiero es resultado de la elevada competencia, la caída en los márgenes de utilidad, las tendencias a la internacionalización, las políticas gubernamentales de desregulación y de la gestión empresarial enfocada al mercado. La determinación de las causas de este proceso es una tarea compleja. En el período de estudio, la propiedad de las aseguradoras se transformó de nacional a extranjera y varias fueron integradas a grupos financieros. También, las empresas aseguradoras de propiedad estatal fueron vendidas y actualmente se encuentran en manos de capital externo. Todo ello define los procesos de extranjerización y transnacionalización del sector asegurador.

Cuadro 1.11
EVOLUCIÓN DE LAS CORPORACIONES ASEGURADORAS
1980 – 2005

	1980	*1985*	*1990*	*1995*	*2000*	*2005*
Paraestatales	1	3	3	2	2	1
Privadas	34	34	36	49	62	82
Mutualistas (1)	2	2	2	3	3	1
Reaseguradoras	n.d.	n.d.	2	2	3	2
TOTAL	37	39	43	56	70	86
Filiales	-	-	-	12	28	39
Grupos financieros	-	2	n.d.	1	2	7
Filiales Grupos Financieros	4	2	5	13	13	6
Nacionales	33	23	29	18	17	25
Inversión extranjera Minoritaria	-	12	9	12	10	9

FUENTE: Elaboración propia con base en información proporcionada por la Comisión Nacional de Seguros y Fianzas (CNSF) *Estructura del sector asegurador* y Asociación Mexicana de Instituciones de Seguros (AMIS), *El seguro mexicano.*

(1) Mutualista es el régimen de asociación entre los miembros de una mutualidad Constituida para el otorgamiento de prestaciones entre sus miembros.

n. d. No disponible.

Las transformaciones económicas y financieras efectuadas en el sector asegurador pueden ilustrarse con el análisis del cuadro 1.11, del cual se infiere:

1. El crecimiento explosivo de las aseguradoras a partir de 1990, desde 43 hasta llegar a las 86 corporaciones operantes en la actualidad.
2. El retiro de las empresas de control estatal. De tres empresas paraestatales de seguros existentes a principios de los noventa, actualmente sólo opera una pequeña empresa (Agroasemex) para proteger riesgos de actividades agroindustriales.
3. El crecimiento de las empresas privadas (extranjeras, nacionales y mixtas) sin incluir mutualistas, reaseguradoras y la empresa paraestatal, desde 36 en 1990 a 82 en 2005.

Para ese año, en el mercado asegurador mexicano parecen coexistir distintos tipos de propiedad en las empresas de seguros (segunda parte del cuadro 1.11):

A] Empresas filiales de matriz extranjera (39). La matriz de estas aseguradoras puede emplear en su país de origen el mercado de capitales como forma de financiamiento o de inversión. También las filiales envían sus utilidades a la matriz y si el mercado de capitales es rentable, en el espacio nacional, invierten sus utilidades en los mercados de capitales nativos así como los productos financieros (y rendimientos) de las inversiones financieras.

B] Empresas integradas a grupos financieros nacionales y extranjeros (13 empresas, siete extranjeras y seis nacionales). Son las empresas integrantes del grupo en cuyo interior el banco principal es el actor dominante y define las políticas estratégicas de la aseguradora y del conglomerado en su conjunto.

C] Empresas aseguradoras independientes nacionales (25). Se trata de corporaciones que no se integran a grupo alguno, donde el banco es el acreedor más importante sin descartar a los proveedores que apoyan a la empresa con crédito comercial.

D] Empresas independientes mixtas de capital nacional y extranjero (9) que pueden allegarse recursos de los bancos o de los mercados de capitales internacionales.

Así, vemos que la apertura y desregulación del sector asegurador tuvo cuatro efectos en el desarrollo posterior de las aseguradoras. En primer lugar, la apertura aceleró la competencia entre las aseguradoras, lo que disminuyó su valor para hacer asequible su adquisición con menores niveles de desembolso de capital. En este sentido, es muy importante observar que a pesar de la mayor competencia, las grandes empresas oligopólicas, específicamente las integrantes de grupos financieros, aumentaron sus niveles de rentabilidad (como veremos en los capítulos 3 y 4). Simultáneamente, la presencia de los grupos financieros en el mercado de seguros creció como una modalidad clave de control y apropiación en esta etapa de desenvolvimiento del sistema económico y financiero internacionalmente. En segundo lugar, la competencia profundizó los procesos de fusiones y adquisiciones hostiles. En tercer lugar, el proyecto privatizador se consolidó e implicó el retiro de las empresas del Estado del mercado de seguros. En cuarto lugar, la apertura y desregulación del sector asegurador permitió que el capital internacional se apropiara de las empresas aseguradoras locales o que creara subsidiarias en el mercado mexicano.

1.5 Corporaciones aseguradoras: prestatarias del banco y prestamistas en el mercado de capitales

Las corporaciones de seguros pueden obtener distintas fuentes de financiamiento: recurrir al autofinanciamiento, al crédito corriente con el banco (financiamiento de mediano y largo plazos), al mercado de capitales (acciones y bonos) y al sistema fiscal (al buscar exenciones o acelerar la depreciación) con el propósito de alcanzar, simultáneamente, la regulación del flujo de efectivo y de utilidades, la extensión del capital, el desarrollo de nuevas actividades y la *alineación* del ámbito operativo-productivo de las empresas con la esfera financiera a efecto de que se garantice el cumplimiento de los objetivos empresariales. Las fuentes de financiamiento de las corporaciones comprenden la recaudación de todo tipo de *rentas* que los bancos transforman en capitales: las gubernamentales (impuestos), las provenientes de los productos financieros, la valorización de los activos y el capital, y las concentradas por la propia aseguradora mediante la venta de seguros.

En México, el tradicional dominio del crédito bancario como fuente de financiamiento de las empresas parece reducirse conforme aumenta el poder de los intermediarios financieros no bancarios.

Lo que nos parece importante destacar ahora de las corporaciones aseguradoras es su papel como *deudoras* de las instituciones bancarias y su profundidad e importancia como inversionistas en los mercados de capitales, como *acreedoras*, tanto en las corporaciones integrantes de grupos financieros (AGF) como en las aseguradoras independientes.

Teóricamente, el banco principal es el acreedor más importante de las AGF, aunque con frecuencia la institución crediticia lo es también de la aseguradora independiente. Adicionalmente, la institución crediticia también es la principal accionista de la AGF y tratará de influir en la corporación de seguros para que renuncie a ciertos riesgos que no le puedan significar proyectos con valor presente neto (VPN) positivo para los accionistas. Las aseguradoras integradas tienen más fácil acceso a fondos internos al grupo — préstamos bancarios, transferencias o autofinanciamiento surgido de la reinversión de utilidades — y externos (acciones y bonos) medidos por su flujo de efectivo; mientras las empresas independientes medianas y pequeñas, enfrentan dificultades para obtener recursos crediticios y para colocar sus acciones y bonos en los mercados.

Todo ello puede conducir a que las AGF logren mayores utilidades y márgenes de rentabilidad, que las aseguradoras independientes (sobre todo con respecto a las pequeñas) como lo muestran las evidencias empíricas que se presentan en los capítulos 3 y 4.

Con el fin esencial de lograr el mayor nivel de utilidades y de rentabilidad, las corporaciones aseguradoras emplean una o varias formas de financiamiento en función de la composición de su capital (se trate de empresas integradas o independientes), de la estrategia corporativa y del origen de la propiedad de que hacen uso. Algunas corporaciones adoptan estrategias conservadoras para, simplemente, mantener su nivel de crecimiento; otras toman medidas riesgosas al llevar a cabo proyectos ambiciosos de expansión o de inversión en los mercados accionarios; otras más se integran a grupos financieros, o se fusionan con aseguradoras en el mismo sector, son privatizadas o cerradas. También, las aseguradoras pueden logran acuerdos para enfrentar los conflictos de interés entre los propietarios de la institución y los administradores, los acreedores u otras instituciones financieras.

La elección del esquema de financiamiento depende de la etapa de evolución del sistema financiero en que se inscribe la corporación, del nivel de su integración, del desarrollo económico y, sobre todo, del interés de los inversionistas y propietarios de la corporación, entre otros aspectos.

Las aseguradoras independientes (AGI y AMP) y las integradas a grupos financieros (AGF) han experimentado cambios importantes en la manera como se vinculan con los mercados de crédito y de capitales, en especial en cómo *obtienen* las fuentes de financiamiento y a la forma como invierten los recursos y su capital líquido en los mercados. Ambos aspectos fortalecen su calidad y figura de intermediarios financieros. Además, pueden aprovechar un fenómeno adicional: la inflación de los recursos financieros. La inflación del crédito y la inflación del mercado de capitales constituyen dos instrumentos sobre los cuales las corporaciones aseguradoras y los conglomerados han sustentado sus operaciones. En relación con estos temas haremos referencia enseguida.

A pesar de que en los últimos 15 años observamos una tendencia creciente hacia el reposicionamiento de las corporaciones de seguros en torno al núcleo bancario de los conglomerados debido a la mayor presencia de éstos en el sector — los recursos de la AGF se invierten con la intermediación de la institución crediticia localizada en el grupo para su destino al mercado de capitales —; con la orientación financiera de las empresas y la mayor presencia de las aseguradoras independientes extranjeras, cuyo capital es de origen anglosajón (Estados Unidos y Reino Unido), se hace un mayor uso de los mercados de capitales y derivados como la principal forma de financiamiento y de inversión, más claramente, que del crédito bancario para capitalizarse.

1.5.1 Corporaciones aseguradoras: su papel de prestatarias

Las empresas aseguradoras integradas a grupos financieros AGF, o las aseguradoras más grandes (oligopólicas) AGI, tienen acceso a más capital con la misma estructura de costos [Weinstein y Yafeh, 1998: 366] y logran márgenes de utilidad que se encuentran por arriba de los obtenidos por aseguradoras no integradas medianas y pequeñas, porque el banco les otorga financiamiento mayor y más barato, y compiten con más fuerza que las aseguradoras medianas y pequeñas independientes [Weinstein y Yafeh, 1998: 371].

La aseguradora del grupo puede endeudarse más porque su costo y dificultad de financiamiento es menor, al encontrarse más capacitada para explotar sus ventajas impositivas y de financiamiento: la empresa con vínculos cercanos al banco recibe concesiones en las tasas de interés, lo que disminuye su costo de capital [Suzuki y Wright, 1985]. También, la aseguradora del grupo que necesita aumentar su capital puede hacerlo emitiendo deuda en lugar de acciones, porque la emisión accionaria tiende a deprimir el precio de estas últimas [Meyrs y Majluf, 1984; Asquit y Mullins, 1986]. Aun cuando la empresa no se encuentre en dificultades financieras, la aseguradora del grupo reduce los costos de financiamiento lo cual facilita su inversión y relaja la contracción de liquidez [Hoshi, Kashyap y Scharfstein, 1990b: 70].

Al propiciar que las empresas de los grupos tengan un desarrollo más estable, y que pidan prestado más que las empresas independientes [Nakatani, 1984], las corporaciones del grupo financiero tienden a estar menos restringidas en la liquidez que los no miembros, puesto que usan la *Q* de *Tobin* [15] para controlar los prospectos de inversión de las aseguradoras, que es menor que en las independientes [Flath, 1991].

Las condiciones de poder económico imperantes en el mercado de seguros implican que las aseguradoras pequeñas y no integradas a grupos financieros necesiten incurrir en costos de monitoreo bancario para obtener crédito, porque no pueden generar fuentes de financiamiento en los mercados de capitales, ni tienen una buena reputación en ellos.

---

[15] La *Q* de *Tobin* es el valor de mercado de los activos / valor de reemplazo de los activos. Una razón de *Q* mayor que 1 indica que la empresa se ha desempeñado muy bien en lo que respecta a sus decisiones de inversión. Por su parte, la *financiarización* puede medirse por la sobre valorización de las empresas que cotizan en los mercados financieros, al comparar la cantidad de dinero que la corporación podría obtener de la venta de acciones en relación al dinero necesario para remplazar los activos físicos y financieros. Si el primero es mayor que el segundo entonces $Q > 1$, y si las dos montos son iguales $Q = 1$.

Una aseguradora con *dificultades financieras*, regularmente si es una pequeña corporación, tiene erogaciones costosas por los problemas de *información asimétrica* y la presencia de tomadores (*free-riders*) que le dificultan renegociar con sus acreedores en tiempos difíciles.

En el caso de que las aseguradoras tengan estrecha relación con un banco (y con sus proveedores o clientes) invierten y venden más después de la dificultad financiera, que las aseguradoras no miembros de un grupo. Aún más, las aseguradoras no miembros de grupos financieros, pero con fuertes vínculos con un banco, también parecen invertir y vender más que las aseguradoras no vinculadas. Es importante destacar que un espacio importante para la colocación de los productos se encuentra en el propio mercado interno al conglomerado.

El planteamiento teórico tradicional del dominio del banco principal en el grupo financiero establece que la aseguradora integrante no bancaria tiene una elevada carga financiera y mayores costos administrativos de sus empleados (con respecto a las aseguradoras independientes), menor presencia de los accionistas en la toma de decisiones de las empresas integradas, y sobrecapitalización derivada del acceso a mayores fuentes de financiamiento constituyen elementos que pueden conducir a la reducción de los márgenes de utilidad. Sin embargo, hay fuertes evidencias empíricas, según precisaremos en el capítulo 3 que nos llevan a concluir que en realidad lo que se observa son *elevados niveles de rentabilidad en las corporaciones aseguradoras integradas a grupos financieros*. Lo anterior parece tener su explicación en las siguientes cuestiones, algunas de las cuales han sido señaladas:

A] Las aseguradoras del grupo aprovechan los procesos de monitoreo bancario *ex-ante*, actual y *ex-post* de los proyectos estratégicos de la corporación. Con ello, pueden efectuar la selección de proyectos menos riesgosos y rentables al contar con información privilegiada que otorga el grupo financiero mediante su cartera de clientes, a fin de ofrecerles productos integrales (créditos, seguros, administración de riesgos, entre otros), o al compartir carteras incluso con empresas ajenas al grupo.

B] Las aseguradoras del grupo hacen uso eficiente del capital y de esa forma colaboran para lograr y mantener las condiciones para el funcionamiento de los proyectos [McGuire, 2000]. Lo anterior es congruente con la teoría del banco principal.

C] Las AGF obtienen fácil acceso a fondos de inversión, cuentan con un prestamista de último recurso ante problemas y dificultades financieras, pueden disfrutar del apoyo del grupo que las representa (sinergias, mercados cautivos para los productos) acceden a técnicas más intensivas en capital (*K*) [Mántey, 1982 y 1994] derivadas de este mayor financiamiento y, por ende, con niveles de producción mayores con el propósito de hacer frente a los requerimientos de maximización, tanto de los accionistas como del banco. Este argumento también es congruente con la teoría del banco principal.[16]

D] Los ingresos extraídos por los bancos de las aseguradoras del grupo por el servicio de la deuda (interés) y por las comisiones de los servicios prestados (monitoreo, auditoria y supervisión), se ven más que compensados por los elevados niveles de financiamiento y la baja carga crediticia, el apoyo integral del grupo financiero, y el acceso a los mercados de capitales en muy buenas condiciones, lo que afecta favorablemente tanto el elevado nivel de utilidades como el ritmo de crecimiento de las aseguradoras (ventas y activos).

E] Los mercados internos al grupo representan enormes ventajas tanto para el conglomerado como para cada una de las empresas integrantes (los negocios realizados entre las empresas del mismo conglomerado) que obtienen servicios y sistemas más baratos, que adquirirlos fuera del grupo.

También las AGF cuentan con otras ventajas:

F] El ahorro extraordinario en los costos administrativos y la elevada productividad de los empleados por unidad de producto (póliza emitida).

---

[16] En términos de la teoría de la regulación, el banco sería la institución clave que permite regular las relaciones empresariales con la sociedad y los distintos agentes económicos.

G] El aprovechamiento de todos los sistemas y mecanismos de inversión en poder del banco y las casas de bolsa integrantes del conglomerado.

H] Los productos financieros obtenidos por las aseguradoras son más elevados porque se encuentran en posesión de los bancos y los invierte más eficientemente.

I] Las altas comisiones de instituciones crediticias por servicios otorgados a las empresas independientes no son erogadas por la aseguradora integrante, o lo son pero en menores montos.

J] La descapitalización llevada a cabo en el sector, y en las AGF no es la excepción, disminuye el riesgo y el costo del capital invertido.

K] La desregulación aumentó la capacidad de los grupos financieros; de hecho, en el sector asegurador mexicano mejoró su presencia tanto en el número como en su peso específico en el mercado y, por su puesto, las medidas financieras y de aseguramiento promovieron la vinculación del grupo financiero con la aseguradora.

Como podemos constatar, en la aseguradora del grupo financiero destaca la importancia de la institución de crédito (el banco) que desempeña un papel central para fungir como *accionista* propietario y como *acreedor* para financiarla. Ambos aspectos requieren la elevada participación y supervisión del banco en las actividades de inversión y de financiamiento de las empresa de seguros y justifica su función de monitoreo — seguimiento, control y evaluación al momento de la canalización y otorgamiento de los recursos — ; la participación bancaria como intermediario financiero al operar los bonos y acciones de la aseguradora en los mercados de crédito y de capitales; y su papel en el grupo financiero, donde la aseguradora puede tener más fácil acceso a fuentes de capital, disminuir su riesgo, posibilitar su crecimiento sostenido y elevar las utilidades.

Por todo lo anterior, las AGF ofrecen mayores márgenes de rentabilidad esperados para el accionista con respecto a las aseguradoras independientes, lo cual puede elevar las propias ganancias financieras de las compañías que el grupo mantiene como recursos no pagados (retenidos), en comparación con los márgenes solicitados en una aseguradora más pequeña, debido a que la aseguradora integrada garantiza esos márgenes en el futuro, mientras las menores no y, por tanto, tienen que recurrir a proyectos más riesgosos para atraer esas inversiones, por lo que las empresas del grupo financiero tienden a exhibir mayor estabilidad en sus ritmos de crecimiento que las no integradas: su crecimiento tiende a ser más lento que el de las independientes pero más estable [Nakatani, 1984].

Es interesante destacar que las corporaciones aseguradoras grandes ofrecen sus productos con una elasticidad precio de la demanda baja que obedece a su carácter oligopólico. Adicionalmente, las compras de las aseguradoras integradas al grupo tienden a ser menores en sectores donde la participación del grupo es más elevada que en las empresas no integradas al grupo, porque aprovechan las sinergias y los mercados internos de las empresas integrantes (véase el punto 4.3.2). Dado el nivel de oligopolio, las aseguradoras integradas, internas o externas, venderán más en un mercado donde los márgenes tienden a aumentar porque las aseguradoras maximizan sus utilidades.

En el mercado mexicano de seguros se puede constatar que la tendencia a la competencia ha llevado a las aseguradoras a disminuir sus costos y a buscar la rentabilidad. El principal objetivo de las aseguradoras estadounidenses e inglesas parece ser optimizar el precio de las acciones y maximizar las utilidades corporativas.[17] La participación accionaria total en la propiedad de las aseguradoras, como es el caso de las aseguradoras inglesas y estadounidenses, tiene el propósito de obtener el control absoluto de la aseguradora para atender el objetivo esencial de maximizar las utilidades mediante la capitalización que optimice el precio de las acciones.

Muchas aseguradoras, fundamentalmente las medianas y pequeñas, sufren de márgenes importantes de endeudamiento al contener elevadas cargas de pasivos (capítulo 4, incisos 4.5.1 y 4.5.4) que han venido arrastrando desde el pasado. Para ellas, la emisión de acciones no es un vehículo financiero adecuado porque el valor residual del prospecto es

[17] La diferencia esencial entre las aseguradoras japonesas integradas en torno al *keiretsu* y las estadounidenses parece ser que las primeras tienen como su primera meta mejorar el bienestar y garantizar el empleo de por vida de sus trabajadores; mientras las segundas, y demás corporaciones anglosajonas, buscan la obtención de utilidades y ganancias financieras como el objetivo esencial.

reducido, es decir, el valor presente neto (VPN) se ve disminuido por la carga de endeudamiento que su flujo de efectivo tiene que afrontar [Mántey y Minsky]. Tampoco es adecuada la emisión de bonos porque su cotización fácilmente puede caer. Como las corporaciones medianas y pequeñas son poco reconocidas, no pueden tener fácil acceso al mercado accionario y, debido a su exposición a elevadas cargas de compromisos (pasivos) difícilmente, al crédito bancario, salvo aquellas aseguradoras que forman parte integrante de los grupos financieros.

Para comprender los cambios en la participación de las aseguradoras como deudoras de los bancos, un tema imprescindible es la inestabilidad financiera, que se analiza a continuación.

La inestabilidad financiera

Los conceptos de *fragilidad*, *inestabilidad* y *crisis financiera*, utilizados ampliamente por Minsky (véase la bibliografía), resultan oportunos al interpretar el desarrollo de las corporaciones aseguradoras.

Para Minsky, la fragilidad financiera se encuentra fuertemente asociada con el *sobre-endeudamiento* [Minsky 1992; Fisher 1933]. Ese autor reconoce que no hay *estructura financiera verdaderamente óptima a priori*, todo depende de los acuerdos que prevalecen en el sistema económico para conducir la práctica de actividades económicas óptimas.

La robustez/fragilidad de la economía es definida de la manera siguiente:

> El lugar de una economía en una escala financiera de robustez-fragilidad está determinado por: 1) el peso de las unidades económicas con finanzas cubiertas, especulativas, y Ponzi; 2) la buena voluntad y la capacidad de las autoridades de financiar nuevas unidades en términos de concesiones cuando las tasas de mercado actuales transforman a las unidades, en unidades Ponzi; y 3) el poder de las autoridades de sostener las utilidades agregadas (flujos de liquidez del negocio) y los salarios agregados cuando las tasas de mercado actuales transforman una

gran cantidad de unidades en unidades de financiamiento Ponzi y cuando el flujo de utilidades y de salarios puede retrasarse [Minsky, 1993].

Una compañía aseguradora con fuerte carga de deuda bancaria ve afectado su nivel de rentabilidad porque es más frágil financieramente al disminuir su margen de utilidades por los compromisos financieros.

En el sector asegurador podemos encontrar los tres tipos de empresas que Minsky describe, de acuerdo con su estructura financiera [Minsky, 1982a]: aseguradoras solventes (cubiertas) que no requieren financiamiento externo y cuyas necesidades de flujo de efectivo se encuentran suficientemente atendidas; compañías de seguros especulativas que solicitan préstamos cuyo flujo de efectivo les permite cubrir las cargas financieras y obtener utilidades, y las empresas *Ponzi*, que solicitan préstamos para pagar los suyos, porque su flujo de efectivo no les alcanza para cubrir sus cargas financieras; sin embargo, una mala administración financiera de la aseguradora solvente, o factores de riesgo sistémico, pueden llevarla a ser especulativa y a esta a ser empresa *Ponzi*. Evidentemente, la reducción de las tasas de interés implica menores desembolsos de capital para pagar los préstamos [Minsky, 1982ª; Kindleberger, 1990].

En los noventa y los primeros años de este siglo, las políticas gubernamentales de regulación han estado ausentes en el sector asegurador y han dejado la conducción del sector a las grandes corporaciones, apoyadas en los instrumentos y agentes que operan en los mercados financieros y, como consecuencia de lo anterior, las aseguradoras son más proclives a la inestabilidad financiera.

Así, la robustez o fragilidad de la economía, vinculadas a su inestabilidad, se relacionan con la estructura financiera de las aseguradoras y con la existencia de los *estabilizadores incorporados* [Minsky, 1964] que son los factores endógenos y exógenos que afectan el dominio de la estabilidad de la economía [Minsky, 1972].

Una corporación aseguradora es *inestable financieramente* si su flujo de efectivo no es suficiente para cubrir sus compromisos financieros; en otras palabras, si sus ingresos son menores que sus egresos, de forma tal que la empresa se encuentra con problemas financieros.

Desde un punto de vista técnico, la estabilidad o inestabilidad financiera pueden medirse de distintas formas pero emplearemos solo dos de ellas. La primera refiere si la utilidad operativa (UO) es positiva como resultado de descontarle a las primas emitidas (Yp) los gastos totales (Gt) – – incluidos los recursos destinados a los gastos de adquisición y operación, al pago de siniestros y al incremento de las reservas técnicas —, entonces consideramos que hay negocio de seguros y la empresa se encuentra en una situación de *estabilidad operativa.* Por el contrario, si la UO es negativa, cuando los gastos totales Gt son mayores que las Yp, entonces decimos que la aseguradora se encuentra en una situación de *inestabilidad operativa*. En este escenario, la corporación aseguradora depende del espacio financiero para lograr resultados positivos o ganancias, más que del ámbito sustantivo de aseguramiento, lo que la hace altamente vulnerable.

$UO > Yp - Gt$ estabilidad operativa

$UO < Yp - Gt$ inestabilidad operativa

La segunda forma mediante la cual podemos medir la estabilidad o inestabilidad financiera de las corporaciones de seguros es con base en la situación de la utilidad neta (UN) que es resultado de la suma entre la UO y Pf, considerando el pago de impuestos y el reparto de utilidades. Todos estos datos se reflejan en los estados de resultados financieros.

$UN > UO + Pf$ estabilidad financiera

$UN < UO + Pf$ inestabilidad financiera

En el cuadro 1.12 se presentan los datos de este importante tema.

Inflación del crédito

En las corporaciones aseguradoras, el incremento del crédito tiene dos efectos inmediatos: primero, la inflación en la economía, porque la mayor carga financiera de las empresas impulsa a trasladar ese costo a los precios, de no ser así la mayor carga financiera puede disminuir la utilidad y la rentabilidad de las empresas, y segundo, la inflación de la economía, lejos de contrarrestar la concentración de capital en las aseguradoras la fortalece, especialmente en los grupos financieros porque les suministra capital circulante necesario para la rentabilidad de los capitales y, así, constituye un factor importante de inflación general. *La inflación de crédito,* como inflación monetaria tomada en sentido general, resulta de la *contra tendencia* al descenso de la tasa de utilidad: los conglomerados pueden sacar partido dado a que la inflación no afecta de manera homogénea a todos los capitales.

Como ha sido señalado en otros trabajos:

> La inflación financiera surge cuando la producción de mercancías (la producción de bienes y servicios para intercambio más que para consumo inmediato), llega a ser medida por crédito, más que por dinero-mercancía tal como el oro [...].
> [...] La inflación financiera ocurre cuando el crédito se expande, se da un aumento en el volumen de operaciones en los mercados financieros, así como en el precio de los activos que allí se negocian [Toporovsky, 2004: 141].

En otro nivel, la inflación financiera puede repercutir seriamente en el estado de las expectativas y el nivel de crecimiento de las corporaciones aseguradoras.

Como se puede constatar, la relación entre la inflación financiera y la de la economía va más allá de ser un simple referente que establece los niveles de endeudamiento y de los precios de los productos:

> Si la *tasa de inflación financiera* se presenta a una tasa más acelerada que la *tasa general de inflación*, entonces la inflación de la deuda hace que se contraiga el gasto en la economía. Si la tasa general de inflación es más acelerada que la inflación financiera, entonces los ingresos de las empresas se elevan más rápido que sus costos financieros y pueden así

expandir sus gastos en producción y con ello poner a trabajar el capital [Toporovsky, 2004: 156].

Este último argumento parece contradecir el planteamiento según el cual el incremento del crédito tiene los efectos de impulsar la inflación en la economía y la mayor carga financiera, al disminuir la utilidad y la rentabilidad de las corporaciones aseguradoras. Precisemos lo anterior. La *inflación general de precios*, en el nivel moderado no *hiperinflacionaria*, genera expectativas para la inversión productiva en las aseguradoras o para llevar a cabo otros proyectos con la esperanza de lograr utilidades (con valor presente neto positivo). Así, la inflación en los precios estimula la inversión de largo plazo, hace posible la capitalización de las aseguradoras y puede influir en la creación de nuevas firmas de seguros, por la expectativa de utilidades con niveles de precios que se encuentran por arriba de los costos de la deuda. Por el contrario, si tanto la tasa de interés crediticia como los rendimientos que ofrecen los instrumentos financieros (bonos gubernamentales y privados) son más elevados que la tasa esperada de ganancia del propietario asegurador al invertir en el largo plazo, en la aseguradora o en otro proyecto productivo, es decir, si hay *inflación financiera*, entonces no invertirá productivamente y lo hará en los mercados de capitales. De esta manera podrían operar las decisiones del inversionista.

Cabe destacar que si las tasas de interés se encuentran por arriba del incremento general de precios, se estimula la inversión especulativa en detrimento de la inversión productiva. A lo largo de la investigación, especialmente en el capítulo 2, se comenta que ha disminuido el ritmo de crecimiento del capital del sector asegurador, especialmente en las aseguradoras oligopólicas independientes y en las integradas a grupos financieros que no son de reciente creación, mientras que el nivel de sus inversiones financieras es cada vez más importante como generadora de ganancias financieras.

Por último, si se mantiene constante el crecimiento de la inflación para los dos sectores (integrado e independiente):

Podrían fluir más recursos reales por unidad real de producto al sector integrado mediante los préstamos del banco. Si el crédito para pagar el nuevo equipo necesario, la depreciación, es el mismo para ambos sectores, entonces en el sector oligopólico el producto en términos reales podría crecer menos que en el sector no integrado, debido a los altos precios de los productos que por ser más elevados contraen su demanda e impactan el producto a la baja [Mántey, 1982: 156].

[También,...] la inflación (pr) y el crecimiento de la tasa de interés (i) pueden afectar el crecimiento de cada sector de diferente manera; aunque el comercio entre los sectores integrado e independiente llega a ser favorable para este último: *el sector independiente podría verse más afectado que el integrado por su pesada carga financiera proveniente del endeudamiento* [cursivas mías] por lo que un incremento en la tasa de interés, debido a una presión inflacionaria, podría afectar adversamente sus beneficios; ambos aspectos, los beneficios y la carga de la deuda son impactados por la reducción relativa en la ganancia especulativa resultante de la apreciación de bonos y la menor ganancia de la apreciación de los valores (*stocks*) [Mántey, 1982: 157].

En los años ochenta, las empresas aseguradoras recurrieron al crédito bancario como fuente de financiamiento complementaria a la reinversión de utilidades y la depreciación, en un marco donde el control y propiedad de las instituciones de seguros era fundamentalmente nacional.

Ahora veamos los datos de la estabilidad/inestabilidad operativa y financiera en el sector asegurador.

Cuadro 1.12
ESTABILIDAD–INESTABILIDAD OPERATIVA Y FINANCIERA
DEL SECTOR ASEGURADOR
1980-2005

(miles de pesos constantes 2002=100)

año	*utilidad neta (UN)*	*productos financieros (Pf)*	*utilidad operativa (UO)*	*Estabilidad / inestabilidad financiera (Yp/Pf)) %*	*ingresos (prima emitida) (Yp)*	*egresos operativos (Gt)*	*estabilidad / inestabilidad operativa UO = Yp – Gt*
1980	1,412,349	5,185,843	-2,514,759	Estable	37,205422	39,720,181	Inestable
1990	6,331,900	17,815,146	-6,767736	Muy Estable	49,403,106	56,170,842	Muy inestable
2000	-2,577,253	4,557,876	-6,193,635	Inestable	120,201,080	126,394,715	Muy Inestable
2005	6,762,754	14,411,721	-5,117,473	Muy estable	125,252,764	130,370,237	Inestable

Fuente: Elaboración propia con base en información proporcionada por la Comisión Nacional de Seguros y Fianzas, *Anuario estadístico de seguros y fianzas*, años 1991 a 2005, México.

Lo primero que salta a la vista es la adecuada *estabilidad financiera* de las aseguradoras prácticamente en todo el período estudiado: en 1980, las corporaciones registran moderada estabilidad; mejora en 1990; empeora en 2000 al ser inestable, y se restablece significativamente para el 2005. Todo ello medido a través de la ecuación UN = UO + Pf. Lo contrario sucede si se mide con la relación UO = Yp - Gt que arroja la estabilidad o inestabilidad operativa. De acuerdo con este indicador, en todos los años seleccionados el sector asegurador ha sido *inestable*, especialmente en 1990 y 2000, lo que significa que el negocio de aseguramiento no existe. Esta situación es difícil de creer. Lo que parece estar sucediendo es que las corporaciones aseguradoras estén incrementando reservas técnicas como flujo, derivadas de la venta de seguros, para invertirlas como *stocks* en los mercados de capitales a fin de obtener rendimientos financieros. Esto nos otorga otra lectura de las cosas: más que pensar propiamente en la pérdida operativa de las corporaciones de seguros, lo que aparentemente estamos presenciando es el perfil financiero de las corporaciones aseguradoras. En efecto, en el período 1981–2005 el incremento de las reservas técnicas como *flujo* creció a un ritmo anual de 17.5% (reservas de riesgos en curso), mientras las ventas lo hicieron en 5.5%, las utilidades netas en 28.8% y las inversiones financieras 10.5 por ciento.

Lo que ha sucedido es que el incremento neto de las reservas técnicas ha sido muy importante y esas reservas van a parar a los mercados financieros, por eso los productos financieros que éstas generan son significativos, lo que influye en la utilidad neta del sector.

Elevados niveles de financiamiento

No contamos con información detallada sobre las fuentes de financiamiento de las corporaciones del sector asegurador. Sin embargo, podemos tener un acercamiento sobre ellas con el estudio de las cifras de los acreedores, en las empresas seleccionadas.

Como podemos constatar en los estados financieros (cuadro 1, anexo) en la columna *Acreedores*, este rubro presenta para todo el periodo 1981-2005 crecimiento promedio anual de 7.3%, en los años ochenta 5.7%, en los noventa 5.9% y entre 2000 y 2005, 12%, es decir, el nivel de endeudamiento del sector en su conjunto se incrementó en esas proporciones.

También podemos observar que la participación de los acreedores en el pasivo total ha venido disminuyendo a partir de la crisis de 1994-1996: desde un 8.1% de participación en 1994, hasta 3.8% en 2005. En la medida en que las corporaciones aseguradoras se endeudan menos, profundizan su participación en el mercado de capitales.

Cuadro 1.13
SECTOR ASEGURADOR
PARTICIPACIÓN DE LOS ACREEDORES
EN EL PASIVO TOTAL

año	*%*
1980	5.4
1985	6.2
1990	6.8
1994	8.1
2000	3.9
2005	3.8

Fuente: Elaboración propia con base en información de la Comisión Nacional de Seguros y Fianzas, *Anuario Estadístico de Seguros y Fianzas* y *Resultados de 25 años del sector asegurador mexicano* para los años 1980-1999.

Por último, las empresas integradas a los grupos financieros se endeudan más porque los bancos del propio grupo les canalizan financiamiento más barato que a las otras empresas. Lo anterior también parece estar vinculado con el hecho de que estas empresas tienen menos costos generales (de adquisición y operativos), mayores niveles de liquidez, logran mayores ganancias financieras y pagan menos rendimientos a los accionistas.

Los niveles de rentabilidad de las empresas integradas AGF son mayores que los de empresas independientes porque los recursos financieros son colocados en las propias empresas financieras del conglomerado y obtienen de ellas mayores niveles de ganancia financiera que las que no pertenecen a algún grupo, ni cuentan con poder de oligopolio.

También es evidente que la participación de los bancos como accionistas en las empresas integradas a grupos es relevante. La empresa controladora del grupo financiero es la que se encuentra registrada como propietaria accionista y con frecuencia alguna otra aseguradora del grupo puede controlar a otra aseguradora más pequeña, por ejemplo, HSBC Pensiones tiene como accionistas a HSBC Seguros Grupo Financiero con 100% del capital accionario.

Si bien los datos anteriores nos ayudan para comprender mejor la estructura financiera de las corporaciones aseguradoras, desconocemos si las empresas integradas a los grupos financieros tienen mayores o menores niveles de *retención de utilidades* como forma de financiamiento que las empresas pequeñas, aunque sí sabemos que los niveles de endeudamiento son mayores en las empresas del grupo.

1.5.2 Corporaciones aseguradoras: inversionistas institucionales

El otro aspecto fundamental de las corporaciones aseguradoras es que invierten los enormes recursos financieros, con mucha eficiencia, en los mercados de capitales, lo que las convierte en *acreedoras financieras.*

En México, la cada vez mayor coexistencia entre el sistema bancario y el de mercado, y su posible integración, parece haber fortalecido el papel de las aseguradoras como inversionistas institucionales, por la conjunción de varios elementos:

A). La emisión de bonos gubernamentales para obtener financiamiento inmediato (emisión de Cetes), en sustitución del financiamiento *oneroso* de los bancos y restringido de origen externo, transformó el esquema de regulación donde sólo se emitían bonos totalmente asegurados. El relajamiento de las normas para la emisión de bonos no asegurados está reflejado por las innovaciones financieras altamente volátiles y en poder del gobierno. Simultáneamente, los bancos respondieron con el alza de las tasas de interés, mientras el Banco Central dejó de recomprar emisiones bancarias.

B). En las aseguradoras, el aumento de la confianza y popularidad en los instrumentos de manejo de precios (de mercado) significó la aceptación de la nueva ortodoxia *neoliberal*, que conlleva la utilización de nuevos instrumentos financieros como los *swaps* de tasas de interés y los *futuros de stocks* que otorgan rendimientos más elevados y eliminan la intermediación onerosa.

C). El tránsito desde un sistema financiero especializado y segmentado, a un *sistema financiero múltiple* y de mercado repercute en la *emisión de las acciones.* Este esquema significó para las corporaciones moverse desde un sistema de emisión de acciones a la par y de reinversión de dividendos, hacia un sistema de distribución de dividendos entre los accionistas con emisión de acciones mayores que a la par, con objeto de alcanzar un dividendo mínimo previamente estipulado.

La aseguradora que entra al mercado de valores como fuente de inversión impulsa el principio según el cual el desempeño de la empresa emisora es valorado por el mercado de acuerdo con su habilidad para producir rendimientos, con la consecuencia de generar un desempeño inestable. En el caso de las AGF, la institucionalización de la sociedad anónima (*joint-stock company*) es indispensable para identificar la ganancia financiera resultante de los rendimientos accionarios.

Las aseguradoras independientes, sobre todo las medianas y pequeñas, encuentran restringido su acceso al mercado de capitales y por definición son dependientes del sistema bancario. Así, los bancos pueden ser efectivos monitores de las corporaciones, o facilitar el uso eficiente del capital y ayudar a que las aseguradoras logren mantener condiciones para la inversión [McGuire, 2000], aunque el control de los altos costos significa pagar una prima por el financiamiento del banco. Peor aún, los bancos pueden gozar del monopolio de información, o del poder de mercado por sus controles sobre el capital, lo que les permite extraer las rentas financieras mediante altas tasas de interés, demandar colaterales (garantías de préstamo), o compensaciones para cumplir con los requisitos de sus balances financieros. Los bancos pueden haber sido capaces de capitalizarse, con base en su poder de mercado, a expensas de las aseguradoras incapaces de emitir instrumentos financieros. Por lo anterior, no existen claras evidencias de que los vínculos del banco con las empresas independientes hayan significado utilidades netas para estas últimas. De esta forma, las corporaciones medianas y pequeñas se enfrentan a una encrucijada: ni tienen acceso al mercado de capitales, ni los créditos bancarios les permiten cubrir su flujo de efectivo suficientemente para su crecimiento en el largo plazo, por lo que hay fuertes estímulos para pensar que las aseguradoras traten de desligarse de las instituciones bancarias.

Las aseguradoras, en su función de *inversionistas financieros,* administran las reservas técnicas (pasivos), y las canalizan al mercado de capitales en la forma de inversiones financieras (activos). Ello origina contratos financieros denominados *pólizas de aseguramiento*, al emplear los mercados financieros como puente para llenar el hueco entre las primas de hoy y las reclamaciones futuras.

Las empresas de aseguramiento piden prestado dinero (primas) para emitir deuda en la forma de pólizas de seguros que pagan al prestamista financiero (el asegurado) para compensarlo en el futuro en caso de que ocurra un suceso incierto (siniestros). Para ello, las aseguradoras generan un grupo (*pool)* de contratos no correlacionados perfectamente, lo que permite que las pérdidas asociadas a esos contratos sean más predecibles. Como parte de la inversión de las primas, las aseguradoras reciben *activos financieros*, de tal forma que son capaces de generar el futuro flujo de efectivo *(cash flow*) necesario para pagar las reclamaciones.

Así, las aseguradoras se constituyen en gestoras del ahorro colectivo, configuración que han consolidado institucionalmente como protagonistas del sistema financiero. Sin embargo, es necesario no olvidar que el sistema financiero: "[...] reforma los encadenamientos del circuito económico global, sin que esto implique su expansión sostenida" [Lordon, 1999].

Las instituciones de aseguramiento, como inversionistas financieras, se han convertido en enormes *acreedoras* y una parte del producto social, tanto en los países altamente desarrollados con una *cultura al riesgo* extendida, como en países en desarrollo, va a parar a sus manos por la venta de seguros y por la apropiación de márgenes creados por los productos financieros en el mercado de capitales en la forma de *ganancias financieras*.

La cultura del riesgo y la incertidumbre se ha extendido como resultado de la volatilidad en los tipos de cambio (desde la ruptura del sistema Bretton Woods), la mayor competencia internacional y la liberalización y desregulación financiera. La mayor presencia de las crisis financieras y bancarias y su difusión en crisis sistémicas también han jugado su papel [Ortíz, 2007].

Las aseguradoras son acreedoras financieras porque compran bonos gubernamentales y privados, casi en su totalidad de corto plazo, así como acciones de otras empresas — aunque estas últimas en menor medida — lo que las convierte en un importante motor de especulación.

Las corporaciones de seguros pueden invertir en los instrumentos financieros de mercado, o bien acceder a él para financiarse de manera *directa*, sin incurrir en los enormes costos de intermediación bancaria, mediante la colocación de acciones y bonos (deuda) en el mercado de capitales. Este último, como identificamos anteriormente, es el caso típico del mercado financiero estadounidense y anglosajón: los mercados accionarios y de títulos tienen el papel central, en la actividad empresarial de estos países, de financiar proyectos que cumplan sus metas de inversión financiera ya sea especulativa o productiva, esquema financiero que se ha venido extendiendo mundialmente; aunque este esquema ha sido fuertemente criticado porque de manera recurrente genera escenarios de inestabilidad y elevada incertidumbre.

Los recursos logrados mediante los mayores precios de la acción y del bono son fuentes de financiamiento de diversas corporaciones, aunque tienen un comportamiento inverso. Si el precio del bono aumenta, cae el de la acción y si disminuye la cotización del bono sube el precio de la acción. El mayor endeudamiento de una empresa mediante la emisión de deuda corporativa en bonos, cuyos títulos han sido comprados por la institución de seguros, implica para ésta la posibilidad de que disminuyan las ganancias financieras de las acciones de la empresa emisora por su mayor carga de endeudamiento lo que disminuye su valor de mercado; y viceversa, su menor endeudamiento tendrá mejores expectativas para los accionistas. Incluso, los accionistas (aseguradoras) desearán invertir su dinero en acciones de bajo riesgo, emitidas por empresas de gran tamaño, antes que en acciones más riesgosas suscritas por pequeñas compañías y sólo lo harán en éstas a cambio de mayores niveles de rendimiento que les cubra el riesgo de tal inversión. Este argumento es consistente con la teoría del banco principal en los grupos financieros por el hecho de que las grandes corporaciones enfrentan menos riesgo ya que están mejor *informadas* que las pequeñas y, por lo tanto, estas últimas tienen *información asimétrica*.

Los mercados de capitales posibilitan la emisión directa de bonos y acciones (sin intermediación) para capitalizar las utilidades. También, en el caso de las empresas filiales, los mercados hacen posible transferir rápidamente los recursos financieros de los mercados internos a los países de origen, y extraer las ganancias financieras para canalizarlas al mercado internacional.

Para una aseguradora que privilegia las fuentes de inversión en el mercado de valores (monedas, acciones, bonos y otros instrumentos financieros) el mercado es lo relevante.

Como ya se comentó, las calificadoras, las corredurías y otros agentes financieros, además de los accionistas, presionan de manera importante a las aseguradoras para impulsar su nivel de utilidades, lo cual implica elevar la productividad, hacer mejor uso de los recursos, perfeccionar los sistemas de producción y de organización; en fin, poner en funcionamiento todas las estrategias para que el *gobierno corporativo* (inciso 3.1) pueda garantizar cada vez mayores niveles de rentabilidad financiera, lo que es típico de las aseguradoras como inversionistas en los mercados, a diferencia de las AGF que parecen privilegiar el esquema crediticio.

También la corporación aseguradora es acreedora del banco porque hacia él van a parar los recursos financieros que logra captar de la emisión de las pólizas de seguros. La posición estratégica de la aseguradora integrante del conglomerado le otorga ventajas en los dos sistemas: se beneficia del esquema bancario porque se apoya en él para la colocación más eficiente de los recursos, y se favorece del esquema de mercado porque cuenta con todos los instrumentos financieros al alcance del conglomerado para lograr la máxima ganancia financiera procedente del mercado de capitales. Mientras los supuestos neoclásicos de mercado (anglosajón) se basan en la información perfecta y en el mercado completo, la realidad es mucho más compleja, y en ella reina la información imperfecta y los mercados incompletos donde los beneficiarios son los que cuentan con el mayor poder económico, la información privilegiada para la especulación y hasta con la relación política para aprovechar todo tipo de circunstancias que los ubiquen en la mejor posición. Los países que postulan los principios del mercado, con una mano presionan para su aplicación y con la otra demandan la oportuna participación del Estado ante los conflictos sociales que el mercado desencadena por el acto libre de la conducción económica por las corporaciones.

Inflación del mercado de capitales

Se ha encontrado que ésta es un motor de la inflación de los distintos mercados financieros generadora de especulación [Toporovsky, 2004]. Las aseguradoras tienen un papel importante en esta inflación por su penetración en ese mercado. La gestión del *ahorro colectivo* posee gran dependencia de un mercado *alcista* que debe ser mantenido en estado de burbuja financiera *permanente* si se quiere que los circuitos macroeconómicos se equilibren.

La inflación del mercado de capitales es un proceso especulativo que frena claramente la inserción del capital en la esfera de la producción; aun en la fase en la que las tasas de utilidad son elevadas, cantidades crecientes de valores financieros se sustraen del mercado de seguros para canalizarse a los mercados de capitales, mientras el crédito paulatinamente es más costoso para las empresas.

El margen de maniobra entre el control de la inflación (principio esencial de la política de austeridad, acompañada del cerco al crédito) y el logro de utilidades de los monopolios, cada vez es más estrecho.[18]

Si las corporaciones aseguradoras dan prioridad a los mercados presionan a los distintos agentes financieros para provocar el incremento de la inflación financiera[19] lo que es típico de la economía capitalista. De esta

[18] Los monopolios bancarios llegan a conseguir, por efecto de la relación de fuerza con los monopolios industriales, tasas de acumulación iguales o superiores a la tasa de los negocios industriales. El carácter especulativo del capital monetario (dependiente del capital real) se acentúa bruscamente.

[19] La inflación financiera se describe como el incremento del valor del sector financiero de la economía en relación con el valor del resto de la economía, y surge cuando la producción de mercancías llega a ser medida por el crédito — más que por el dinero-mercancía [Toporovsky, 2004].

manera, la inflación de los mercados financieros ocurre cuando aumenta tanto el volumen de las operaciones que se negocian, como el precio de esos activos.

A partir de la segunda mitad del siglo XX, con el sistema Bretton Woods de posguerra, los sistemas financieros fueron estabilizados; sin embargo, en los años setenta, la salida extraordinaria de dólares al mundo en los mercados sin regulación (*off-shore markets*), o mercados del eurodólar, colapsó paulatinamente el sistema financiero provocando la *inestabilidad financiera*[20] a que hemos hecho referencia en el tema anterior. Como señalamos la inestabilidad financiera es alimentada por el crecimiento indefinido del crédito bancario y por la inflación financiera del mercado de valores.

Lo anterior constituye una situación en extremo peligrosa porque la *depreciación* de los valores provoca que los mercados financieros se colapsen, con terribles consecuencias para las empresas no financieras, y hasta financieras como las aseguradoras, sobre todo en países donde el mercado de capitales desempeña un papel importante.

En el caso de los países en desarrollo, la entrada de capital extranjero mediante los mercados financieros conduce a una inflación financiera mucho más acelerada que en los mercados más grandes de los países industrializados debido a las elevadas tasas de interés. La salida repentina del capital financiero lleva a la depreciación catastrófica de los mercados, con consecuencias desastrosas y la generación de crisis como ha sido el caso de México, Rusia, los países de Asia del Este y Argentina [Girón y Correa, 2004].

En este contexto, la valuación de los activos financieros es una preocupación constante de los accionistas y administradores de las corporaciones aseguradoras; sin embargo, como señaló Keynes, el verdadero valor de los activos financieros no se puede conocer, porque el flujo futuro de ingresos de los mismos, descontado hasta llegar a su valor

---

[20] En los últimos meses podemos observar indicadores importantes sobre la falta de estabilidad del sistema *dolar céntrico*: por un lado, los países desarrollados y algunos en desarrollo han transformado sus reservas internacionales de dólares a euros y, por otro, cada vez más países exportadores de petróleo están solicitando a los países compradores el pago en la moneda europea.

presente, no puede ser calculado con precisión: los operadores (corredurías, gestores o casas de bolsa) compran activos en los mercados para tener ganancias de capital, pues ello les proporciona una ganancia inmediata con respecto a los ingresos futuros esperados en la forma de intereses o dividendos. Esta inversión es especulativa, de corto plazo, y se distingue claramente de la utilidad empresarial producto de la inversión de largo plazo en busca de ingresos futuros.[21]

La teoría de la inflación en el mercado de capitales (acciones y bonos) no parte de la noción del equilibrio como postulan los neoclásicos porque el valor actual del mercado de capitales se determina por la entrada de fondos en ese mercado. La mayor parte de los recursos que invierten las empresas en los mercados de capitales es utilizada por el gobierno para financiarse mediante la emisión de títulos (bonos) gubernamentales; y la otra parte, la restante, es invertida en obligaciones emitidas por diversas empresas y ofrecen, generalmente, tasas de interés más elevadas que las logradas a través de otros instrumentos financieros.

Las aseguradoras adquieren bonos gubernamentales y obligaciones de las empresas lo que las convierte en inversionistas (acreedoras) especulativos. El plazo al que las corporaciones aseguradoras invierten (prestan) es esencialmente de corto plazo - a un mes o tres meses, y menos frecuentemente a seis o 12 meses. El saldo es un exceso neto de entradas de fondos, que conforma la liquidez del mercado hasta el momento en que es sacado por una nueva emisión de títulos.

Lo que es importante destacar es que en un período de inflación del mercado de capitales, las compañías con acceso a este mercado pueden crecer sustentadas en la inflación de los valores comerciados en ese espacio, y no por la vía del desarrollo *orgánico* o sustantivo (esto es, construir más oficinas o sucursales y ofrecer más y mejores servicios a sus clientes), lo que implica que las empresas de seguros permuten sus actividades *productivas en financieras* y enfaticen su carácter de *rentistas*;

---

[21] En el capítulo 2 se muestra que las aseguradoras han apoyado el financiamiento de corto plazo, especulativo, y han diminuido su inversión de largo plazo para el crecimiento, como lo evidencia la disminución en el ritmo de crecimiento del capital del sector.

sin embargo, el crecimiento de las empresas tiene límites precisos impuestos por su capacidad de generar valor agregado.

Para Keynes se demanda dinero con tres propósitos: transacciones, precaución y especulación (esencialmente liquidez). Esta última forma es la que opera de manera muy importante en los mercado de capitales (que negocia acciones y bonos), ya que ha dejado de ser un medio para apoyar las actividades empresariales como mecanismo de financiamiento y regulación de la liquidez de las empresas, y se ha convertido en un instrumento de absorción de la liquidez y enormemente especulativo que genera inestabilidad y destruye "[...] la conexión entre los precios de las acciones en el mercado y cualquier ingreso en dinero o ganancia supuesta o esperada, derivada de cualesquiera activos de capital productivo subyacente" [Toporovsky, 2004, 160].

El incremento del precio de los valores en los mercados financieros provocado por el flujo permanente y masivo de capital hacia estos mercados, no anuncia de ninguna manera la llegada de un *régimen patrimonial estable*: este escenario aparentemente se efectúa bajo una coyuntura económica específica donde interactúan la potencia hegemónica de la posguerra fría y la *mundialización* financiera. La *burbuja* se ha convertido en un rasgo permanente de la *orientación financiera de las corporaciones* [Lordon, 1999, 80].

Desde el punto de vista empírico, en México, las aseguradoras en su papel de inversionistas financieras (acreedoras), aumentaron el monto de recursos invertidos en bonos y valores gubernamentales y privados. A partir del 2003, el papel de acreedoras de las corporaciones de seguros se ha visto reforzado porque se encuentran autorizadas para emitir acciones (capital) y bonos de deuda (pasivos) en los mercados de capitales. Los grupos financieros probablemente podían evadir esa restricción antes de su instauración, sobre todo por la enorme especulación registrada en la Bolsa Mexicana de Valores desde los años ochenta hasta nuestros días (inciso 2.7) debido a que la economía no crece como lo hace el mercado accionario, a pesar de las crisis bursátiles registradas.

Efectivamente, entre 1980 y 2005, las inversiones financieras (en valores) — sin incluir las inversiones de tipo inmobiliaria que las aseguradoras llevaron a cabo — tuvieron un crecimiento de 986%, en términos reales, al pasar de 19 205 millones de pesos en 1980 a 208 587 millones de pesos en 2005, (cuadro 1, anexo) con un promedio anual de crecimiento de 10.5% como se muestra en el cuadro 1.14.

Cuadro 1.14
INVERSIONES FINANCIERAS DEL SECTOR ASEGURADOR
1991-2005

	(crecimiento promedio anual)
1991	17.0
1992	18.6
1993	15.9
1994	3.1
1995	-5.3
1996	3.3
1997	11.9
1998	14.6
1999	27.0
2000	11.4
2001	22.2
2002	17.0
2003	17.5
2004	15.3
2005	3.5
1981-2005	10.5
1981-1989	7.1
1990-1999	11.3
2000-2005	14.5

Fuente: Elaboración propia con base en información de la Comisión Nacional de Seguros y Fianzas (1990 a 2005), *Actualidad en seguros y fianzas* y *Resultados de 25 años del sector asegurador mexicano. Año 2000: del siglo XX al tercer milenio*, México.

Debido a la profunda crisis económica y financiera que afectó al país, entre 1994 y 1995 se registró el más bajo nivel de crecimiento de las inversiones financieras, tan sólo 3.1% de crecimiento en términos reales en 1994 y -5.3% en 1995, en ambos años se contrajo la economía y el mercado asegurador reflejó una importante caída.

Obsérvese que mientras en el período 1981-1989 las inversiones financieras crecieron a un promedio anual de 7.1% en términos reales, para el período 1990-1999 lo hicieron a una tasa de 11.3%, cuatro puntos porcentuales por arriba de la registrada en la década de los ochenta, y 14.5% entre 2000 y 2005, siete puntos porcentuales más que en los años ochenta, el doble.

El carácter especulativo y de inversionista financiero de las corporaciones es vital en el comportamiento financiero de la economía, donde las aseguradoras desempeñaron su papel pues se convirtieron en importantes prestamistas del gobierno federal y de la iniciativa privada al comprar bonos, esencialmente de corto plazo, con tasas muchas veces por arriba de la inflación, lo cual reproduce y profundiza el papel de las aseguradoras en la acumulación financiera. En las inversiones financieras destaca la participación de las gubernamentales; mientras las privadas disminuyen su presencia y, en éstas, las de tasa fija son las más significativas, como se puede apreciar en el cuadro 1.15.

Específicamente, la participación de los instrumentos financieros emitidos por el gobierno federal muestra un comportamiento *cíclico*: en 1980, de los valores en poder de las aseguradoras 45% fueron promovidos por el gobierno federal; ese nivel disminuye en los años noventa hasta alcanzar el mínimo histórico del período, en 1993, con 15% de participación; para, a partir de allí, proyectarse hasta alcanzar el máximo nivel, en 2005, con 72% de participación.

Cuadro 1.15
COMPOSICIÓN DE LAS INVERSIONES EN VALORES
DEL SECTOR ASEGURADOR
1980-2005
(participación porcentual)

	inversiones en valores total	*instrumentos del gobierno federal*	*instrumentos del sector privado*		
			total	*tasa fija*	*tasa variable*
1980	100	45	54	8	46
1990	100	39	37	17	20
1991	100	37	34	18	16
1992	100	39	38	22	16
1993	100	15	52	38	14

1994	100	17	54	38	16
1995	100	17	52	34	18
1996	100	22	52	34	18
1997	100	41	49	31	18
1998	100	57	38	25	13
1999	100	60	34	21	13
2000	100	64	32	21	11
2001	100	70	26	18	8
2002	100	71	24	20	4
2003	100	71	22	17	5
2004	100	70	22	17	5
2005	100	72	21	18	3

Fuente: Elaboración propia con base en información de la Comisión Nacional de Seguros y Fianzas (1990 a 2005) *Actualidad en Seguros y Fianzas* y *Resultados de 25 años del sector asegurador mexicano. Año 2000: del Siglo XX al Tercer Milenio*, México.

Por su parte, en los ochenta, las empresas privadas fueron financiadas fuertemente por las aseguradoras, particularmente en 1980 se registró su nivel más alto, 54% de participación; desciende en los años subsiguientes y recupera ese nivel hasta el máximo en 1994 al lograr 54% de penetración. A partir de este año, su presencia disminuye hasta llegar al mínimo histórico en 21% en 2005. En las inversiones privadas, los instrumentos de renta fija son los dominantes a partir de 1991, y presentan un comportamiento similar en ocasiones y, en otras, inverso a las inversiones en renta variable. Conforme avanzan los años, estas inversiones llegan a tener un peso marginal, en atención a la normatividad que regula las inversiones financieras, que no permiten hasta el 2003 la inversión en valores bursátiles y en bonos de deuda de manera importante.

Conclusión

De lo presentado hasta aquí podemos concluir que la gestión de las corporaciones aseguradoras tiene una orientación hacia el espacio financiero, lo que fortaleció su importancia institucional en la intermediación, y en la concentración del excedente económico. Sin embargo, este desempeño corporativo de acumulación sólo parece ser *eficiente económicamente* en los Estados Unidos, pero no en México, porque no han sido desarrollados todos los mecanismos institucionales que le den viabilidad, ni la tradición para utilizar los mercados financieros que permitan financiar las actividades económico-productivas por ese medio; más bien ha sido el crédito — ya sea mediante la deuda externa y en menor medida el otorgado por las instituciones bancarias — el que ha desempeñado el papel del crecimiento económico, al menos así lo parece hasta que se presenta la crisis de larga duración. En este contexto, si bien las corporaciones aseguradoras han manifestado incrementos en sus utilidades, estas parecen derivarse más de las ganancias financieras logradas en los mercados financieros que de las ganancias productivas obtenidas en el mercado asegurador, propiamente dicho; y su comportamiento es cada vez más inestable.

Con base en los datos e información empírica presentada con antelación, otro rasgo económico que destacamos se refiere al cambio en la propiedad de las aseguradoras, de nacional a extranjera, debido a la apertura económica, la elevada competencia, los altos márgenes potenciales y reales de utilidad que ofrece el sector al capital extranjero, las tendencias a la internacionalización, las políticas gubernamentales y la gestión empresarial aplicada en el sector. El proceso de apertura y desregulación del sector asegurador tuvo tres efectos determinantes en el desarrollo de las aseguradoras: aceleró la competencia lo que disminuyó el valor de las empresas; profundizó los procesos de fusiones y adquisiciones hostiles y, ambos aspectos facilitaron la aplicación del proyecto privatizador con el retiro del Estado tanto en la regulación del sector como en su intervención directa, mediante las empresas paraestatales. Además, la presencia de los grupos financieros creció en el mercado de seguros, para constituirse en agente económico clave en esta etapa de desenvolvimiento del sistema económico y financiero en los niveles internacional y nacional. Este fenómeno se estudia con detalle en los capítulos 3 y 4 de este trabajo.

Los acuerdos del TLCAN y otras reformas financieras en materia de aseguramiento han sido aplicados al pie de la letra, cuando menos en tres aspectos: a) se han cumplido los porcentajes de participación del capital extranjero respecto al capital total del sector; b) se atendió el retiro de la participación estatal no sólo en el mercado asegurador sino que legó su capacidad de organización, coordinación y dirección económica a las corporaciones de seguros, fundamentalmente en áreas exclusivas como en los seguros de pensiones y salud, anteriormente espacios exclusivos del Estado donde la participación de capital externo y privado se encontraba suprimido y c) las aseguradoras han fortalecido sus funciones de intermediación financiera y control de capital de riesgo. Probablemente hasta la crisis de 1994–1995, estas instituciones tuvieron un peso importante como deudoras de los bancos, el máximo nivel de los acreedores se presentó en 1994; pero a partir de allí su importancia crece como inversionistas del mercado de capitales.

Cabe destacar que el papel de los bancos como acreedores es importante tanto en las aseguradoras de grupos financieros (AGF) como en las empresas medianas y pequeñas porque, como sabemos, son la única fuente de recursos externos de estas empresas. Con respecto al mercado de capitales, las corporaciones aseguradoras han consolidado su nivel de inversionistas: de ser vendedoras de protección en el largo plazo, también se convirtieron en arrendadoras de corto plazo y se adaptan a las condiciones del mercado financiero ya que emiten acciones, adquieren bonos y en ocasiones prestan recursos como institución bancaria, para capitalizar a los propios bancos, en el caso de ser integrantes de grupos financieros. Las corporaciones aseguradoras, en sucesos catastróficos de magnitudes significativas, se han convertido en *prestamistas de último recurso*, como lo evidencia el 11 de septiembre de 2001 en Nueva York.

En la década de los noventa, con la apertura económica, la desregulación y la integración de grupos financieros, las aseguradoras experimentaron transformaciones en la integración y control de su propiedad. Las empresas extranjeras, fundamentalmente estadounidenses, presionaron al gobierno mexicano para la consolidación de los mercados de capitales con varios propósitos: facilitar su entrada a éstos, apoyar las transferencias electrónicas de los recursos, acceder a la especulación y, probablemente, para financiarse desde la BMV la adquisición de empresas aseguradoras.

Los datos presentados en este capítulo comprueban la hipótesis debido a que entre 1980 y 2005, en un contexto de crisis de larga duración, el sector asegurador fue objeto de profundas transformaciones económicas y financieras como resultado de la competencia empresarial, nacional e internacional por mantener o acrecentar sus niveles de utilidad y rentabilidad, en un mercado asegurador que representa ganancias potenciales y reales. En este proceso, el Estado tuvo un papel central en la apertura, desregulación y privatización de empresas y su retiro de la actividad de aseguramiento significó el control del sector asegurador por el capital privado. La crisis económica y la desregulación de los mercados financieros condujeron a las empresas a asumir un perfil fundamentalmente financiero apoyado en las estrategias del gobierno corporativo, aunque basado en la producción de seguros.

También constatamos que las empresas grandes y las integradas a los grupos financieros cuentan con mayores fuentes de financiamiento porque son más baratas (para ellos la tasa de interés es menor), parece ser que más bajos que para empresas aseguradoras no integradas, los costos por unidad son reducidos, obtienen elevadas ganancias financieras en los mercados de capitales y, por ello, logran más utilidades, lo que puede significar pagar más rendimientos a los accionistas: los niveles de rentabilidad de las empresas incorporadas al gran conglomerado financiero fueron mayores, en los años de estudio, que los de empresas individuales o más pequeñas, lo cual se confirmará en los próximos capítulos. Esto se debe a que las empresas integradas pueden colocar en sus propias empresas financieras los recursos y obtener de ellos mayores niveles de ganancia financiera que las que no pertenecen a algún grupo, entre otros factores.

Hay una tendencia hacia el uso del mercado de capitales, sobre la base del desarrollo de la intermediación no bancaria; aunque la presencia de los grupos financieros con los bancos como las instituciones líderes de éstos ha acrecentado su penetración. Más que una disputa entre el sistema financiero de mercado y el sistema financiero bancario lo que se observa es que las instituciones aseguradoras aprovechan todos los instrumentos y medios a su alcance para acrecentar la rentabilidad: si la etapa de crisis les otorga la oportunidad de incursionar en los mercados financieros la aprovecharán, como también las AGF utilizarán todo el poder económico y financiero del conglomerado para posicionarse en el mercado asegurador y en los mercados financieros.

El perfil financiero adoptado por las corporaciones de seguros, conjuntamente con la apertura económica y la desregulación del sector asegurador, constituyen factores determinantes en esta etapa de crisis para reestructurar al sector asegurador en su conjunto: en la propiedad y en el control de las compañías, así como en sus sistemas y procedimientos de operación.

CAPÍTULO SEGUNDO

SECTOR ASEGURADOR Y ECONOMÍA MEXICANA

SECTOR ASEGURADOR Y ECONOMÍA MEXICANA

Resumen

En este capítulo se intenta contextualizar al sector asegurador en el entorno de los cambios de la economía mexicana y considerar los principales fenómenos desencadenados en la etapa de crisis y su efecto en el sector asegurador.

Introducción

La presente investigación se ubica en el núcleo de la crisis estructural de la economía nacional; en su configuración han confluido un conjunto de factores internos y externos que profundizan sus raíces, particularmente, los fenómenos que destacan son la caída en el crecimiento de la tasa de ganancia que se manifiesta con crudeza en la crisis de deuda (1982-1983) y la crisis financiera (1994-1996) esta última estrechamente vinculada con la política gubernamental dirigida a la apertura y desregulación de la economía que profundizaron el estancamiento económico y la contracción de la inflación. En otro nivel, la esfera política y social, la crisis es expresión de la relación fincada (desde antes de los setenta) entre el Estado (la tecnocracia) y un pequeño grupo de empresarios mexicanos que han capitalizado sus operaciones financieras y especulativas, con apoyo (rescates) del gobierno federal en diversos momentos y con cargo al erario público.

La política económica ejecutada entre 1980 y 2005 ha implicado cambios estratégicos en la conducción de las empresas: la transformación de la orientación corporativa hacia lo financiero, la transferencia en su control y propiedad, la extranjerización del sector, el dominio de los grupos financieros y de las grandes aseguradoras independientes oligopólicas, y el retiro del Estado en la conducción del sector constituyen algunos de los rasgos centrales de la transformación del sector y del funcionamiento actual de las corporaciones de seguros.

Todos estos cambios de la economía mexicana tuvieron una influencia determinante en la transformación de la dinámica y reestructuración del sector asegurador. La nueva composición del mercado asegurador no puede ser comprendida sin evaluar el efecto de la economía en su funcionamiento.

Como veremos, el comportamiento del producto nacional repercutió en el desempeño del sector, especialmente en lo años de crisis. Las tasas de inflación y de interés, y el tipo de cambio tuvieron un papel central para consolidar la apertura económica, elevar la rentabilidad de las corporaciones, impulsar la entrada de capital externo en el sector asegurador y frenar el aparato productivo nacional a la vez que alientan las importaciones.

El Estado fortalece la apertura, privilegia al capital extranjero — se trate de inversión directa o de cartera en la Bolsa Mexicana de Valores — y estrecha los vínculos de los espacios económicos y financieros con la economía y mercados financieros internacionales.

Todos estos cambios fueron promovidos mediante reformas económicas, financieras y aseguradoras de desregulación, apertura y privatización. La firma del TLCAN y la venta de empresas paraestatales de aseguramiento son parte de la estrategia comercial y financiera del gobierno estadounidense para extranjerizar la economía y desencadenar los procesos privatizadores en todo tipo de sectores especialmente en el financiero (bancario y asegurador), las telecomunicaciones y el industrial, proyecto que auto limita el accionar del Estado en la economía y desmantela todo el aparato económico que se construyó durante medio siglo para tomar la decisión de renunciar a la consolidación de un proyecto nacional de desarrollo económico de largo plazo.

La mayor presencia de las corporaciones aseguradoras y el retiro económico del Estado son causa y consecuencia de la caída del proceso de acumulación económico expresado en la crisis de larga duración, que reorientó la estrategia económica hacia el perfil financiero corporativo en donde los mercados de capitales, cambiario, de derivados y asegurador se reposicionaron en la intermediación financiera no bancaria. De esta forma, se privilegia la centralización económica y desarrolla el proyecto *corporacionista*, que soslaya el espacio productivo, con consecuencias en la inestabilidad e incertidumbre de la economía y del mercado asegurador.

Todo este complejo proceso trastocó al sector asegurador en su nivel de competencia y grado de oligopolio y desencadenó acelerados procesos de fusiones y adquisiciones. También, la orientación financiera de las corporaciones conjugada con la crisis y la contracción del mercado tuvieron importantes repercusiones en el funcionamiento administrativo de las empresas que disminuyeron los niveles de empleo y salarios, y elevaron la productividad con el propósito esencial de incrementar la *rentabilidad del sector asegurador*.

La *extranjerización* de varias corporaciones, anteriormente en manos nacionales (paraestatales y privadas) y ahora en poder del capital extranjero, es expresión del reposicionamiento del núcleo oligopólico, con dominio de empresas extranjeras y grupos financieros.

La inserción acelerada de México a los circuitos productivos y financieros internacionales se ha llevado a cabo sin una estrategia que permita consolidar un proyecto de crecimiento apoyado sobre una base tecnológica que haga posible, a las empresas del país, exportar y competir internacionalmente. Los acuerdos bilaterales firmados con Estados Unidos, la firma del TLCAN, los convenios y acuerdos signados con el FMI y el BM, y los préstamos externos para enfrentar las crisis de devaluación del tipo de cambio, de deuda, monetarias y crediticias han significado condicionar la recepción de recursos financieros para solventar eventualmente la crisis sin resolverla, a cambio de someter el accionar del Estado en áreas de seguridad social, educación y salud y en la administración de los recursos nacionales como el petróleo, la electricidad, entre otros — a los intereses de las grandes corporaciones que operan en el país y en el extranjero, fundamentalmente estadounidense.

Desde los ochenta, en el sector asegurador se configura una nueva estructura de funcionamiento integral, para adecuarla a los requerimientos del gran capital, principalmente internacional. En efecto, en las últimas dos y media décadas, somos testigos de importantes transformaciones económicas que han afectado al sector asegurador como veremos enseguida.

El sector asegurador se desenvuelve en el contexto de la crisis de la economía mexicana, producida por el agotamiento de los soportes técnicos, organizacionales y sociales que le permitieron su despliegue durante los años cincuenta y sesenta. La nueva configuración del proceso de acumulación económica trata de engranarse a partir del proyecto *neoliberal* que sustenta la supremacía del mercado frente al Estado fungiendo como mecanismo *de funcionamiento* de la economía, en deterioro de las condiciones de vida de la población [Mariña, 2003: 139].

La crisis se hace manifiesta desde inicios de la década de los setenta, y en la década de los ochenta se agudiza como expresión de una profunda transformación que va más allá del escenario económico y abarca el político y la *estructura de poder* [Vidal, 2002: 24]. Son los años en los que se establecen nuevas relaciones de fuerza con la economía estadounidense y el capital que la representa.

Concretamente, en la década de los ochenta, tres elementos tienen un papel destacado. En primer lugar, el estancamiento de la economía mexicana que tuvo manifestaciones de fuerte inflación fundamentalmente en 1983, 1987 y 1988; en segundo lugar, la crisis de largo plazo se reflejó en la de deuda, en un contexto de privatización de la banca después de su nacionalización en 1982 y, en tercer lugar, las medidas de apertura económica y de contracción del gasto público constituyen prácticas de carácter *neoliberal,* promovidas por el FMI y el BM y asumidas por el gobierno mexicano.

Lo anterior implica aceptar la apertura, desregulación y privatización de empresas en un contexto de apertura comercial y de la cuenta de capitales para la libre entrada de inversión extranjera con apoyo de la clase política y los grupos financieros operantes [Mariña, 2003: 147-148].

Al iniciar la década de los noventa, en la economía internacional tienen lugar diversos fenómenos que repercuten en la economía del país: la desregulación financiera aplicada en gran cantidad de países *emergentes* significa problemas para la colocación de productos tangibles tanto en las economías ricas como en las pobres, con efectos sociales sin precedente; el reposicionamiento de la inversión de cartera desestabiliza la economía; y las recurrentes crisis financieras, bancarias y monetarias[22] se han traducido en rescates bancarios con enormes costos financieros, sociales y políticos en los últimos años [Álvarez, 2002: 375-376].

En la década actual, el proceso de reproducción económica continúa manifestando bajos niveles de crecimiento y de inversión, inestabilidad, contracción de los márgenes de ganancia, caída de la demanda y apertura económica. Todo ello ha conducido a profundas transformaciones en las relaciones comerciales, en el perfil de la balanza de pagos, especialmente en la cuenta de capitales, y en las relaciones financieras con Estados Unidos.

El crecimiento económico estable y de largo plazo se encuentra ausente porque la economía no cuenta con una estructura productiva poderosa y tecnificada que permita competir en el exterior. Además, no hay una estructura financiera sólida sustentada en la plataforma productiva que genere las divisas necesarias para financiar el desarrollo, ni se posee un sistema bancario que canalice los recursos financieros suficientes y a bajas tasas de interés en las áreas productivas y en los circuitos productivos y financieros que soporten y solventen a las empresas. Tampoco se dispone de un *núcleo tecnológico propio* debido a que no se han tomado las medidas para la constitución de un proyecto industrial que vincule al capital extranjero con el nacional, a efecto de desarrollar y diseminar de manera integral la tecnología en poder del capital externo.

Así posicionada la estrategia de gobierno, las condiciones de crecimiento dependen de manera determinante de la entrada de capitales. Para garantizar su ingreso, el gobierno mexicano aplica políticas de tipo de cambio sobrevaluado, emite títulos gubernamentales que ofrecen alta

---

[22] El FMI sostiene que la *crisis monetaria* ocurre cuando hay un ataque especulativo sobre una moneda lo que resulta en una abrupta devaluación o fuerza a la autoridad a defender la moneda con el uso de grandes volúmenes de las reservas internacionales y una brusca elevación de la tasa de interés. La *crisis bancaria* se refiere a una situación en la que hay o puede producirse una corrida bancaria o una declaración de suspensión de pagos de los bancos, lo que induce a los gobiernos a intervenir para evitar que el proceso se extienda. De acuerdo con el FMI hay también *crisis financieras sistémicas* y *crisis de la deuda externa*. En relación con el tema véase el documento: IMF, "*Currency and banking crisis: Characteristics and indicators of vulnerability*", World Economic Outlook, Washington, mayo, 1998, pp. 110-142.

rentabilidad, lleva a cabo exenciones fiscales a la IED, impulsa las privatizaciones de empresas estratégicas que aún quedan en el ámbito estatal ofreciendo sus activos por debajo de su valor real, y efectúa reformas de *facto* y de *jure* para favorecer, sin restricciones, el desempeño del gran capital.

2.1 PIB, servicios financieros y producto asegurador

Entre 1980 y 2005, el PIB apenas creció 2.6% promedio anual; sin embargo, esta situación parece no haber afectado seriamente al sector asegurador, ya que a pesar de ello logró que sus primas directas se incrementaran a un ritmo de 6.0% en promedio, poco más del doble que el crecimiento económico.

Los servicios financieros, por su parte, observan un crecimiento de apenas 2.7% en promedio, tan sólo una décima de punto por arriba del crecimiento económico. Sin embargo, las caídas del producto asegurador son más pronunciadas que las del PIB y evidencian la inestabilidad del sector, fundamentalmente en las décadas de los noventa y 2000.

El período de 1981 a 1989 se caracteriza por el *estancamiento inflacionario*, el desarrollo del sector asegurador es casi ininterrumpido, a excepción del año de 1983 cuando la crisis de deuda afectó la economía (el producto nacional declinó en -3.4%) al tiempo que las primas de seguros sufrieron una depresión de -13.2%, la caída de la actividad aseguradora fue 3.8 veces mayor que aquella. En esos años, la economía apenas creció 2.3% promedio anual y el sector servicios financieros 1.8%.

Si consideramos únicamente el sexenio de Miguel de la Madrid (1983-1988) el aumento económico fue apenas de 0.3% en cada año. Por su parte, el desempeño del sector asegurador tampoco es significativo: para el primer período crece 4.4% promedio anual, mientras que en el sexenio de Miguel de la Madrid tiene un mínimo crecimiento de 1.7 por ciento.

Cuadro 2.1
PIB, SECTOR FINANCIERO Y SEGUROS
VARIACIONES EN EL CRECIMIENTO REAL ANUAL
1980-2005

periodo	*pib norteamérico*	*pib México*	*servicios financieros*	*producto asegurador*
1980-2005	3.0	2.6	2.7	6.0
1980-1989	3.0	2.3	1.8	4.4
1990-1999	3.1	3.4	3.2	8.2
2000-2005	2.7	2.6	3.4	4.8

Fuente: Elaboración propia con base en información del Banco de México, *Informes anuales*, diversos años, Instituto Nacional de Estadística, Geografía e Informática, INEGI: *Sistema Nacional de Cuentas* para el PIB de EUA y México y Comisión Nacional de Seguros y Fianzas, *Anuario estadístico de seguros y fianzas*, 2005, México, para las información del sector asegurador.

Gráfica 2.1
PIB VERSUS PRODUCTO ASEGURADOR
(CRECIMIENTO PROMEDIO ANUAL)
1980-2005

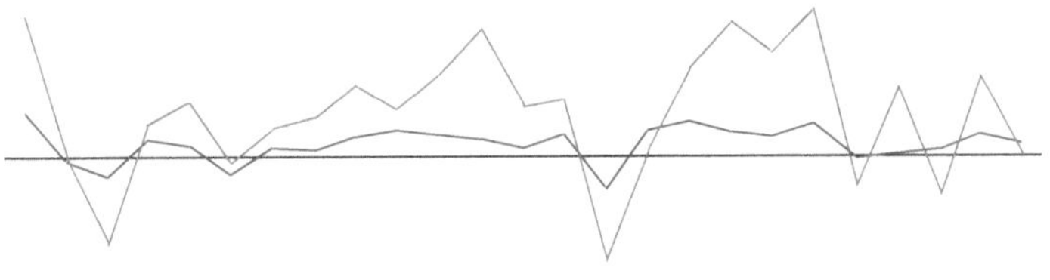

	1981	1982	1983	1984	1985	1986	1987	1988	1989	1990	1991	1992	1993	1994	1995	1996	1997	1998	1999	2000	2001	2002	2003	2004	2005
SEGUROS	18.8	0.45	-13.2	3.13	8.43	2.04	3.94	6.40	10.0	4.37	11.72	21.3	7.74	6.67	-13.8	-3.8	10.4	21.13	16.6	22.1	-5.6	12.9	-8.9	11.37	
PIB	8.55	-0.4	-3.4	3.42	2.18	-3.0	1.75	1.27	4.13	5.16	4.20	3.57	1.94	4.45	-6.17	5.19	6.77	4.96	3.90	6.60	-0.2	0.77	1.44	4.24	2.80

Fuente: Centro de Estudios de las Finanzas Públicas de la H. Cámara de Diputados, con datos del INEGI, *México: producto interno bruto, 1980-2006, México,* y Comisión Nacional de Seguros y Fianzas, *Anuario estadístico de seguros y fianzas*, varios años, México.

La década de los noventa refleja la etapa de *crisis deflacionaria*, es decir, la etapa de estancamiento económico con bajos niveles de inflación: el crecimiento de los precios no registra los niveles de tres dígitos de la década de los ochenta. De 1991 a 1999 el PIB creció 3.4% en promedio anual, frente al registrado de 2.3% de la década anterior; por su parte, el sector asegurador incrementó su producción anual en 8.2%, es decir, 2.4 veces más que el crecimiento de la economía, y casi el doble de crecimiento de los años ochenta, que fue de 4.4% anual.

En el período 1990–1999, la crisis se mantiene y subsiste el problema de la *incapacidad endógena para financiar el crecimiento* [Vidal, 2002: 176]. Además, otros fenómenos ya presentes con anterioridad, toman un nuevo impulso: la carga permanente de endeudamiento interno y externo y el servicio de éste, tanto del gobierno federal como de las empresas; la incapacidad del proceso económico para la exportación y la competitividad que permitan contar con las divisas necesarias para el financiamiento del aparato productivo y el impulso del *núcleo tecnológico endógeno* [Rivera, 2000: 163]; la mayores importaciones de artículos de consumo, y el desplazamiento creciente de la inversión extranjera en las colocaciones de los mercados bursátiles y de deuda pública; también, la IED crece en promedio a un ritmo anual de 23%, mientras la inversión extranjera de cartera lo hace 27.5% sin considerar el año 1996 que da un salto significativo (véase el inciso 2.7). De esta manera, el nuevo centro para financiar la acumulación se encuentra en el exterior.

En el sector asegurador, los factores que llevaron a la mayor presencia del capital extranjero procedieron de las atractivas oportunidades potenciales que se presentan en el sector asegurador para lograr utilidades significativas, la baja tasa de ganancia en el mercado de seguros en los países industrializados y las medidas de apertura y desregulación enormemente favorables significaron el aumento de la IED en el sector asegurador que se reflejó en la operación de compañías aseguradoras nuevas y su presencia en las ya existentes: las corporaciones que operan en el mercado aumentan de 43 instituciones en 1990, a 68 en 1999, es decir, 25 aseguradoras más.

Otro factor que impulsó los cambios del sector, es la presencia de las filiales: en 1990 son prácticamente inexistentes; mientras en 1999 ascienden a 27, incluyendo grupos financieros. Asimismo, influyó el crecimiento de los productos financieros; tan sólo en 1990 la tasa de interés de los Cetes a 28 días era de 41.2% nominal anual, y real de 9.2%; para 1995, fue de 61.9% (real de 6.4%) y baja para 1999 a 23% (y real 10.1%); en la década de los noventa el promedio fue de 28.2%, 6.7% en términos reales.

Con ello, se incrementaron significativamente las ganancias financieras de las aseguradoras porque aumentaron la utilización de los productos financieros que sirvieron de complemento a la producción aseguradora (venta de seguros) que aumenta 9.7% en esos años. Un elemento más para la reestructuración del sector es la descapitalización de muchas empresas operantes — para hacer frente a la competencia internacional — y recurrir a la extracción del excedente económico mediante la baja de sueldos, la disminución del personal, y la racionalización de los gastos administrativos que elevaron la productividad. El riesgo del capital invertido baja y con ello impulsa las utilidades y la rentabilidad del capital. El ritmo de crecimiento del capital contable transitó de 16.9% de crecimiento promedio anual en los años ochenta, a la tercera parte en los años noventa: 5.3%. Es la era de la aplicación de las políticas de austeridad y cambio estructural en la economía y el sector asegurador no se encuentra ajeno a este proceso.

La década de los noventa evidencia la inestabilidad. Desde 1992, pero especialmente a partir de 1994 (con la firma del TLCAN), las caídas del sector asegurador son más frecuentes: en 1995 (-13%), y 1996 (-3.8%). Por su parte, el PIB únicamente muestra caídas en 1995 (-6.1%) y 2001 (-0.2%), pero con frecuentes alzas y descensos en su ritmo, como resultado de la aplicación de medidas de desregulación, privatización y apertura de la economía y del sector financiero y asegurador en particular.

De 2000 a 2005, los descensos en el producto asegurador son recurrentes y más profundos que los registrados en el PIB, lo que es un elemento causal de la baja penetración del sector asegurador en la economía nacional: en 2005 el sector asegurador se encuentra en el mismo nivel que en 1999, 1.6% de participación, a pesar de que el crecimiento del sector es mayor que el ritmo de crecimiento económico, y de que la penetración del sector llegó a representar casi 2% del PIB en 2002. Lo anterior parece obedecer a las pronunciadas retracciones en el mercado de seguros debido a la caída del poder adquisitivo y al estancamiento de los sectores industrial y agropecuario que se reflejaron en la venta de seguros para esos sectores, principalmente en los años 2001, 2003 y 2005 lo que afectó seriamente la participación del sector en la economía.

Cuadro 2.2
PENETRACIÓN DEL SECTOR ASEGURADOR EN LA ECONOMÍA
%

199	199	199	199	199	199	199	199	199	199	200	200	200	200	200	200
0	1	2	3	4	5	6	7	8	9	0	1	2	3	4	5
1.0	1.1	1.3	1.4	1.4	1.3	1.2	1.2	1.5	1.6	1.9	1.8	1.9	1.7	1.8	1.6
8	4	5	3	5	0	3	4	1	3	0	1	9	2	0	7

FUENTE: Elaboración propia con base en datos del Banco de México, *Informes anuales*; y Comisión Nacional de Seguros y Fianzas, *Anuario estadístico de seguros y fianzas*, varios años.

En el período de 2000 a 2005 la economía nacional creció en promedio anual 2.6% frente al nivel de los ochenta que fue de 2.3% y de los noventa que se ubicó en 3.4% en promedio anual (véase cuadro 2.1).

La economía mexicana ha crecido a un menor ritmo debido a la aplicación de medidas de ajuste dirigidas a disminuir la inflación lo que provoca la contracción de la demanda mediante la restricción del gasto público, el bajo crecimiento de la formación bruta de capital — en 1994 su participación en el PIB era de 19.3%; en el 2000 se reduce a 17.4%, y en el 2005 a 16.9% — y el fuerte endeudamiento del sector público y de la banca comercial.

Buena parte del menor crecimiento de la formación bruta de capital se explica por la contracción del gasto público. El *gasto neto devengado presupuestario* del sector público que mantuvo su participación en el PIB en 23.5% entre 1990 y 1999; mientras en la década de los ochenta su participación en la economía fue de 37.4%, 13.9 puntos porcentuales menos, es decir, una contracción cercana a 37%. En otras palabras, de cada peso gastado en los años ochenta, en la década de los noventa únicamente se erogan 67 centavos. Como veremos esta tendencia continuará en la década siguiente.

En el período 1994 a 2005, la relación tanto del gasto público respecto del PIB, como de la captación tributaria se mantienen en bajos niveles. La primera relación del gasto respecto al PIB prácticamente no ha variado: en los noventa fue, como dijimos, de 23.5% y entre 2000 a 2005 su participación se mantuvo en 23.4%. La participación de la captación tributaria en el PIB tampoco ha variado mucho: en 1990 la participación ascendió a 26.1%; para 1995, disminuye a 22.8%, menor en cerca de cinco puntos porcentuales con respecto a 1990; en 2000 disminuye todavía más a 21.5% y en 2005 la participación se mantiene en el mismo nivel, 21.5%. La diferencia entre las participaciones de ambas variables, muestra un reducido déficit público como proporción del PIB: -2.5, -0.5, -1.1 y -2.1%, respectivamente para los cuatro quinquenios comentados. La política gubernamental sigue la lógica según la cual *se gasta lo que ingresa*, cuando en realidad es el mayor gasto presupuestario lo que conduce al aumento del ingreso público [Huerta, 2006: 45]. Es el gasto lo que incrementa más que proporcionalmente los ingresos y no a la inversa. Lo importante a destacar es que las participaciones, tanto de los ingresos como del gasto público, han disminuido como proporción del PIB y en los últimos 11 años se encuentran sujetas a un preciso control, su peso en el PIB prácticamente no ha variado.

La política fiscal restrictiva y la disciplina fiscal contraen el mercado interno, lo que afecta las ventas de seguros (los ingresos por primas de las aseguradoras); también dificultan la cobertura del endeudamiento, lo que impide que los agentes aseguradores medianos y pequeños, que representan la mayoría, tengan acceso al crédito de la banca comercial, desalentando la inversión.

La estrategia del gobierno de bajar la inflación con la contracción del gasto tiene un costo muy elevado: restringe la actividad económica; aumenta el déficit comercial; incrementa el desempleo por las menores expectativas de inversión que implica la estrechez del mercado interno y, por ende, disminuye el flujo de inversión. Todo esto se traduce en la menor capacidad adquisitiva de los trabajadores — el salario mínimo real ha descendido: desde 13.66 pesos en 1990, a 10.99 pesos en 2000 y a 10.70 pesos en 2005 [Huerta, 2006: 47].

2.2 Inflación, tasa de interés, productos financieros y tipo de cambio

El período de 1980-2005 de nuestra investigación se encuentra inscrito en una crisis de larga duración (1970-2006). En los últimos 25 años se distinguen dos etapas: la primera, en los años ochenta de *elevada inflación con estancamiento económico* y, la segunda, desde inicios de los años noventa hasta la actualidad caracterizada por *baja inflación y estancamiento*.[23]

Gráfica 2.2
TASA DE CRECIMIENTO DE LA INFLACIÓN
1981-2005

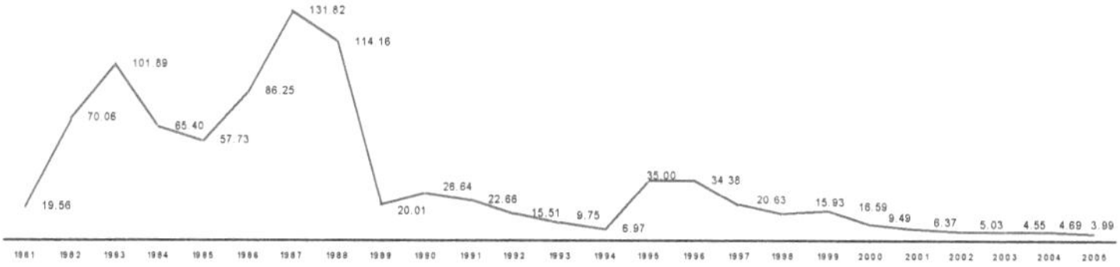

Fuente: Instituto Nacional de Estadística, Geografía e Informática, *Boletín de información* Económica, abril de 2006, México.

En la década de los ochenta, la inflación crece a un ritmo anual de 69%, destaca en los años 1983, con inflación de 101%; 1987, con crecimiento de precios de 131%, y 1988, con 114%, los tres años registraron índices de tres dígitos.

[23] Sabemos que el fenómeno inflacionario impulsa a la economía, siempre y cuando se encuentre en márgenes razonables, ya que distribuye el ingreso a favor del capital al generar expectativas para la inversión y el logro de la utilidad. Sin embargo, frente a escenarios *hiperinflacionarios* como los presentados en la década de los ochenta, y ante la contracción del gasto público, no hay incentivos suficientes para impulsar la inversión privada en el sector asegurador, salvo en los nuevos sectores. Peor aún, en el proceso económico el sector empresarial oligopólico es cobijado fuertemente por el Estado.

Cuadro 2.3
INFLACIÓN, TASA DE INTERÉS Y PRODUCTOS FINANCIEROS
1980-2005
tasas de crecimiento (%)

	inflación tasa de crecimiento	*tasas de interés en EU libor a 3 meses real*	*tasa de interés anual Cetes 28 días*	*productos financieros del sector asegurador tasa de crecimiento real*
1980	26.4	n.d.	n.d.	n.d.
1981	27.9	n.d.	n.d.	36.5
1982	58.9	n.d.	-24.8	9.9
1983	101.8	n.d.	-6.8	21.9
1984	65.4	n.d.	n.d.	21.2
1985	57.7	n.d.	15.7	30.8
1986	86.2	n.d.	14.2	36.1
1987	131.8	*7.86*	-1.6	32.6
1988	114.6	*9.42*	30.5	-33.9
1989	20.0	*8.51*	30.5	-4.3
1990	26.5	*7.92*	9.2	3.6
1991	22.6	4.61	2.1	-2.3
1992	15.5	3.64	4.4	-9.8
1993	9.7	3.37	7.4	21.9
1994	6.9	6.38	7.5	-26.6
1995	35.0	5.77	6.4	70.7
1996	34.3	5.55	7.0	-28.9
1997	20.6	5.91	5.2	-12.9
1998	15.9	5.24	7.9	-12.8
1999	16.5	6.14	10.1	-31.4
2000	9.49	6.55	6.82	-48.60
2001	6.37	1.92	7.34	105.55
2002	5.03	1.41	1.58	2.74
2003	4.55	1.17	2.40	25.65
2004	4.69	2.50	1.82	-16.63
2005	3.99	4.49	6.13	42.93
1980-1989	*69.05*	*8.59 (1)*	*8.25*	*16.78*
1990-1999	*20.40*	*5.45*	*6.78*	*-7.7*
2000-2005	*5.69*	*3.00*	*4.35*	*18.61*
1980-2005	*35.71*	*5.17*	*6.32*	*9.37*

FUENTE: Elaboración propia con base en datos de la Cámara de Diputados, *Indicadores económicos básicos*, 1990-2006, Banco de México, *Informes Anuales* y Comisión Nacional de Seguros y Fianzas, *Anuario Estadístico de Seguros y Fianzas*, diverso años.
(1) Considera el período 1987-2005

El cuadro anterior nos muestra con claridad la política gubernamental aplicada para atraer la inversión externa que repercute favorablemente en el perfil financiero de la gestión de las aseguradoras. Entre 1988 y 2005 la tasa real anual de Cetes a 28 días se encuentra generalmente por arriba de la tasa Libor a tres meses que maneja Estados Unidos, lo que desencadena tres fenómenos: el aumento de los compromisos de las autoridades al capital externo por adquirir los Cetes, la emisión de esos bonos de deuda incrementan la deuda interna; el encarecimiento del crédito, porque estas tasas presionan a las activas de financiamiento y, por último, la política de tasas de interés se traduce en la mayor presencia de la inversión extranjera de cartera especulativa con elevados costos para el país. Para el sector asegurador las elevadas tasas de los bonos le significan ganancias financieras: entre 1980 y 2005 crecieron a un ritmo anual de 9.3%, una dinámica impresionante.

Los elevados niveles de inflación de la primera mitad de los ochenta expresan el estrangulamiento del proceso productivo y la caída de la demanda, características de la etapa de *crisis inflacionaria*. "En términos estrictamente financieros, el riesgo financiero inflacionario (temporal o estructural) se refiere al riesgo de que incrementos de la tasa de inflación disminuyan el rendimiento real de los activos financieros y que a su vez incrementen desmedidamente el costo de los pasivos" [Ortiz, capítulo 2: 63].

Ante la caída de los niveles productivos, las empresas mantienen sus ganancias por la vía del incremento de los precios.

Al final de la década de los ochenta, la inflación se logra reducir por la aplicación de los pactos signados en el gobierno de Salinas de Gortari con los distintos actores económicos.

En esa década, el fenómeno inflacionario va acompañado por el crecimiento de las tasas de interés — en el período 1980-1989 su crecimiento fue de 8.2% en promedio anual — fundamentalmente en los últimos años de la década, cuando las tasas de Cetes a 28 días alcanzan niveles de 30.5% en 1988 y 1989.

Ambos fenómenos, el inflacionario y el aumento de las tasas de interés, se encuentran frecuentemente asociados con el acrecentamiento de ganancias financieras obtenidos por el sector asegurador. Entre 1980-1989, los productos financieros aumentaron 16.7% en promedio anual en términos reales. Este impulso incide para que el nivel de utilidades del sector asegurador registre un promedio de crecimiento de 31.4% en este período. Esta situación se detalla en el inciso 2.10.

En la década de los años noventa diversas reformas económicas y financieras se ponen en práctica (véase el anexo III) entre las que destacan la autonomía del Banco Central desligado de la política fiscal y debilitado en su aplicación de la política monetaria; disciplina fiscal; equilibrio en el gasto público y, por tanto, su restricción para alcanzar el superávit, acompañado por la supresión de los subsidios; simplificación tributaria; liberalización financiera (anulación de topes a las tasas de interés); fijación de niveles reales positivos de las tasas de interés; reducción o supresión del encaje legal; eliminación de los créditos dirigidos y modernización de la legislación bancaria (del mercado de capitales y la supervisión de las instituciones financieras); fijación del tipo de cambio competitivo; aplicación de la liberalización comercial, puesta en operación de los aranceles y su reducción sistemática; liberalización de la entrada y salida de los flujos financieros y evitar la imposición o control de los mercados de dinero; privatización de las empresas públicas; avanzar en la desregulación y, finalmente, asegurar los derechos de propiedad.

Durante los años noventa, con base en la doctrina neoliberal y sustentada en las recomendaciones del BM y el FMI se profundizan las reformas estructurales y las políticas de contracción de la demanda a fin de profundizar la apertura de la economía para atraer los capitales a los mercados financieros del país — provocadas por las altas tasas de interés.

En la década de los noventa, la inflación disminuye sensiblemente a 20% en promedio anual — aunque en el año de 1995 se incrementa a 35% (cuadro 2.3) — como resultado de las medidas de austeridad, ajuste y cambio estructural adoptadas por los gobiernos de Salinas de Gortari y Zedillo. Más adelante veremos lo que sucedió con las principales variables económicas en la crisis financiera de 1994-1995, donde el crecimiento de los precios tiene un nuevo impulso; pero señalemos, por lo pronto, que la menor tasa de inflación permite un mayor control sobre las expectativas de inversión del capital externo y es apoyada por la contención del gasto gubernamental. La caída de la tasa de inflación es resultado, entre otros factores, de las políticas de austeridad en el gasto público y por los menores ritmos de crecimiento de las tasas de interés (medida por los Cetes a 28 días) que descendió de 8.2% en promedio real anual en los ochenta, a 6.7% en los noventa.

En los años noventa, la reactivación del ingreso nacional en 3.4% en promedio se debió a la mayor inversión productiva — la formación bruta de capital fijo aumentó 6.7% en promedio — que se tradujo en mejores niveles de consumo: el consumo total registró un leve impulso, de 2.9%, al tiempo que el público creció 2.3%, y el privado 3.0%.

Todos estos factores repercutieron positivamente las ventas del sector asegurador para alcanzar 9.7% de crecimiento, aunque de manera insuficiente para generar utilidades pues estas cayeron -21% en promedio anual en la década debido a la baja de los productos financieros que, como se observa en el cuadro 2.2, experimentaron descensos prácticamente en todos los años para promediar -7.7% en el período.

El comportamiento del tipo de cambio, la tasa de interés, la inflación y los productos financieros del sector en el periodo 2000-2005 se muestra enseguida. Como lo evidencian los datos de los agregados económicos el tipo de cambio no está sujeto a las fuerzas del mercado como estipulan las autoridades, en realidad el tipo de cambio se encuentra sobrevaluado,[24] fijo.

El tipo de cambio tiene efectos contradictorios en el sector asegurador e impulsa el enfoque financiero: por un lado el tipo de cambio fijo aprecia las tasas de interés para atraer capitales del exterior, las tasas de interés impulsan las ganancias financieras de las corporaciones aseguradoras, cuyos recursos se encuentran fundamentalmente en forma

---

[24] [Recordemos que] [...] hasta 1971, el sistema de Bretton Woods había privilegiado el régimen de estabilidad del tipo de cambio, el cual se había alcanzado — en la mayoría de los países en vías de desarrollo — por las condiciones de crecimiento de la productividad existentes, la entrada de inversión extranjera directa (IED) y el control del movimiento del capital financiero, todo lo cual frenaba las prácticas especulativas en contra de la moneda".
"En cambio, la estabilidad del tipo de cambio nominal — en el sentido de una variación por debajo del diferencial de precios internos *versus* externos — lograda en nuestro país desde diciembre de 1987 hasta el presente (a excepción de 1994 y principios de 1995), no se ha sustentado en el crecimiento de la productividad, ni en una balanza de comercio exterior holgada" [Huerta, 2006: 8].

líquida[25]. Por otro lado, al mantener un tipo de cambio por arriba de su valor real es que subsidia las importaciones, encarece las exportaciones y frena los estímulos para la inversión productiva; esta situación disminuye las ventas del sector asegurador, y en las aseguradoras con endeudamiento disminuye sus flujos de efectivo lo que afecta sus utilidades. La alternativa de las empresas es *financiarizarse*, es decir, enfocar la administración hacia la obtención de ganancias financieras para cubrir sus pérdidas productivas.

De acuerdo con un estudio,[26] la paridad del peso en relación con el dólar estadounidense tiene una apreciación de 30.1% a diciembre de 2006 con la desventaja en la competencia de los productos nacionales en relación con los extranjeros. El gobierno federal con el propósito de mantener estable, convertible y sobrevaluada la moneda por un lado, sostiene elevadas reservas internacionales con la aplicación de políticas fiscales y monetarias restrictivas que apoyan al capital externo y, por otro, emite bonos y activos financieros en los mercados de capitales internacionales cuya colocación tienen como consecuencia de la extranjerización de la economía [Huerta, 2006: 15].

Cuadro 2.4
PARTICIPACIÓN DE LAS INVERSIONES FINANCIERAS DE LAS ASEGURADORAS
EN VALORES EMITIDOS POR EL SECTOR PÚBLICO
1990-2005

(millones de pesos constantes, 2002 = 100)

	colocación de deuda pública interna en valores	*inversiones en valores públicos del sector asegurador*	*participación %*
1990	161,433	13,710	8.4
1991	171,654	15,392	8.9
1992	134,755	18,952	14.1
1993	138,318	8,757	6.3
1994	228,885	9,862	4.3

[25] Si un asegurador invierte 1 mil dólares al tipo de cambio de 10 pesos por dólar, significaría 10 000 dólares a una tasa de interés del 15% su capital al final del período ascendería a 115 000 pesos; sin embargo, con una de depreciación del 15% la situación sería de 115 000 / 0.15 =
[26] Centro de Estudios de las Finanzas Públicas de la H. Cámara de Diputados, "México: sobre o subdevaluación del peso, 1980-2007", con datos del Banco de México y de la Federal Reserve Bank of St. Louis, EU.

1995	136,000	9,667	7.1
1996	161,572	12,312	7.6
1997	272,210	26,410	9.7
1998	353,240	42,123	11.9
1999	546,324	56,064	10.2
2000	716,839	66,824	9.3
2001	762,838	88,566	11.6
2002	875,640	104,752	11.9
2003	1,024,457	124,539	12.1
2004	1,084,463	140,868	12.9
2005	1,259,775	151,171	12.0
promedio			*9.8*

Fuente: Elaboración propia con base en datos del Banco de México, *Informes Anuales*, diversos años, y Comisión Nacional de Seguros y Fianzas, *Anuario estadístico de seguros y fianzas* años de 1990 a 2005 y México.

El papel del sector asegurador y sus empresas como poseedoras de los bonos emitidos por el gobierno se ha profundizado: desde una participación de 8.4% en 1990 hasta la más alta de 12.9% en 2005, en promedio de 9.8% (cuadro 2.4).

La estabilidad del tipo de cambio y su sobrevaluación tienen importantes efectos sobre la inversión productiva al contraer la oferta de productos, el empleo, los salarios y la demanda económica. Por su parte, la tasa de interés elevada incrementa el costo financiero de las empresas y su servicio; también impulsa la rentabilidad del capital financiero, pues el dólar resulta más barato al salir del país que cuando ingresó. Con todo, el gobierno pierde el manejo de la política fiscal para impulsar el crecimiento al ceder el control sobre la moneda: la fuente de financiamiento del gobierno se ubica en los impuestos, la emisión de deuda (bonos), la venta de activos (privatizaciones) y la apertura de sectores estratégicos al capital privado [Huerta, 2006: 48].

La mayor tasa de interés interna, en relación con la tasa de interés externa (cuadro 2.3), significa que el costo de la deuda pública interna, y su monto, crezca más que el costo de la deuda externa; pero también implica el ingreso de capitales por los mayores rendimientos que se ofrecen: el alza en la tasa de interés busca promover la demanda de bonos públicos por parte de los inversionistas financieros internacionales a fin de mantener estable el tipo de cambio y alcanzar su meta de baja inflación [Huerta,

2006: 14]. Complementariamente, el banco central para evita la *monetización* de la deuda pública y de las divisas — lo cual presiona a la baja la tasa de interés — opta por colocar bonos gubernamentales.

El aumento de la tasa de interés obliga a disminuir el gasto público para evitar el *déficit fiscal, lo cuál reduce la participación del Estado en la economía, a cambio de abrirle al sector privado espacios de inversión en los distintos sectores económicos. De esta* manera, el capital financiero aumenta su participación en el reparto del ingreso nacional, con el efecto de la acumulación para el crecimiento económico [Huerta, 2006: 15-17]. Las elevadas tasas de interés llevan a disminuir el gasto público lo que disminuye la inflación y el déficit fiscal.

Otra lectura de los fenómenos anteriores es que la baja inflación y las elevadas tasas de interés entre el país y Estados Unidos *favorecen al capital financiero.* Una de las fuentes fundamentales de las utilidades de las corporaciones aseguradoras se encuentra, como hemos visto, en los productos financieros que obtienen en los mercados financieros por la inversión de las reservas técnicas y de capital. Estas corporaciones buscan invertir en los instrumentos que les otorguen las mayores tasas de rentabilidad para lograr los márgenes financieros que impulsen sus ganancias financieras, sobre todo en un marco económico de contracción del mercado interno. De allí la relevancia que tienen las tasas de interés y la sobrevaluación del peso para lograr esas ganancias.

En las corporaciones de seguros, el incremento de las tasas de interés puede tener un doble efecto que puede ser contradictorio: como hemos visto, el incremento de las tasas de interés aumenta los productos financieros de las corporaciones; pero por otro lado, la subida de las tasas de interés "disminuyen el valor de una empresa [...] con una brecha de financiamiento negativa [aumenta el endeudamiento]. Al contrario una disminución en las tasa de interés incrementa su valor y disminuye el valor de una empresa con una brecha de financiamiento positiva" [Ortiz, capítulo 2: 59].

Entre 2000 y 2005, los productos financieros tuvieron un comportamiento muy inestable presentando alzas y bajas en sus ritmos de crecimiento y más pronunciadas que en décadas previas (véase cuadro 2.3);

aunque en los últimos años lograron los ritmos de crecimiento más altos, 18.6% en promedio anual, casi dos puntos porcentuales por arriba del registrado en la década de los ochenta, 16.7%, y muy por encima de los presentados en los noventa, -7.7%.

Esto resulta de que las tasas de interés real de los mercados se mantuvo elevada: entre 2000 y 2005 la tasa real de Cetes a 28 días se mantuvo en un nivel de 4.3% anual. Sin embargo, las altas tasas de interés restringen el crecimiento de la actividad económica y del mercado interno por lo que la venta de seguros enfrenta escenarios complicados. A pesar de ello, de 2000 a 2005 el mercado asegurador logró crecer a una tasa media anual de 4.8%, superior a la tasa del PIB (véase el cuadro 2.1).

2.3 Formación bruta de capital fijo nacional, inversiones financieras e inmobiliarias del sector asegurador

Otro fenómeno que comienza a operar en los años ochenta y continuará en los noventa y 2000 es la caída en el ritmo de capitalización de las empresas públicas y privadas en el país y su repercusión en el sector asegurador (inciso 3.1.4): la formación bruta de capital fijo total (FBCF) de la economía disminuyó -20.3% en los años ochenta, al pasar de 215.4 mil millones de pesos a 171.6 mil millones, específicamente en 1983, la FBCF desciende -28.3%. Esta situación no afectó significativamente al sector asegurador en esos años: su rentabilidad creció en promedio anual en 14.2% (véase el cuadro 2.17 inciso 2.10) y se correspondió con el incremento del capital contable en 17%, las inversiones financieras en 7.1% y las inversiones inmobiliarias en 29% (véase el cuadro 2.5). En otras palabras, en la década de los ochenta mientras la economía en su conjunto se encontraba deprimida y la inversión total se retraía, el sector asegurador creció, aumentó su capitalización, así como sus inversiones financieras e inmobiliarias, lo que repercutió en la rentabilidad.

En el sector asegurador, cada vez son más significativos los Certificados de la Tesorería (Cetes) al interior de las inversiones financieras, de hecho constituyen los principales instrumentos financieros de los mercados, comandados por las casas de bolsa en su colocación. El número de estas instituciones aumentó al grado de que en 1988 captaron más recursos que la propia banca privada [Vidal, 2002: 142-143]

En los años noventa, se hace presente un mayor dinamismo de la FBCF, de 1990 a 1999 crece 54.4% y en promedio anual 6.7%, destaca el impulso de la inversión privada que, entre 1994 y 1999, aumentó 7.3% anual.

La dinámica anterior se refleja en el sector asegurador fundamentalmente por la inversión de capital externo; no obstante, a pesar de la mayor presencia de la propiedad externa no logra impulsar los niveles de capitalización para alcanzar los registrados en los ochenta: entre 1990 y 1999 el capital contable crece en promedio anual 5.3%, mientras que la rentabilidad aumenta en estos años 8.9% en promedio; es decir, parece que la desaceleración de la inversión no se correspondió con la menor rentabilidad, por lo que las políticas ejecutadas no tienen efectos adversos en las utilidades empresariales [Vidal, 2002, 86].

La dinámica del sector asegurador se refleja tanto en sus inversiones financieras como en las inmobiliarias: entre 1990-1999, las primeras crecen en promedio anual 11.3% y las segundas 4.8 por ciento.

Son notorias dos etapas: la primera, de 1990 a 1993, cuando las variables muestran un comportamiento acelerado; y la segunda, de 1994 a 1998 cuando la crisis afecta negativamente el nivel de crecimiento de la inversión pública — la FBCF pública se contrae significativamente en 1995 en -31.2%, 1996 en -14.7% y 1998 en -7.4%. En el sector asegurador el capital contable cae en 1994 en -0.7%, 1995 en -8.5%, 1996 en -1.9% y 1998 en -14.6%; las inversiones financieras crecen en promedio anual 14.5% entre 1990 y 1994, y disminuyen su ritmo a 6.1% entre 1995 y 1998; por último, las inversiones inmobiliarias se reducen en 1994 en -0.4%, en 1995 -25.7%, en 1996 -16.0%, en 1997 -4.4% y en 1998 -6.0%, en promedio decrecen -10.5% de 1995 a 1998.

La tendencia al menor crecimiento del capital en la economía, se refleja en el sector asegurador: a diferencia de la década de los ochenta donde el capital contable aumenta a un ritmo de 17% anual, en los noventa es mucho menor, 5.3% anual; lo mismo sucede con las inversiones inmobiliarias: su crecimiento era de 29% anual y en los noventa disminuye a 4.8% anual.

Cuadro 2.5
FORMACIÓN BRUTA DE CAPITAL FIJO Y CAPITAL CONTABLE, INVERSIONES FINANCIERAS E INMOBILIARIAS DEL SECTOR ASEGURADOR
1990-2005

(tasa de crecimiento real promedio anual)

	economía			*sector asegurador*		
	formación bruta de capital fijo			*capital contable*	*inversiones financieras (en valores)*	*inversiones inmobiliarias*
	total	*pública*	*privada*			
1980	14.9	n.d.	n.d.			
1981	16.2	n.d.	n.d.	68.2	12.2	204.1
1982	-16.8	n.d.	n.d.	-22.6	-11.7	-22.6
1983	-28.3	n.d.	n.d.	1.6	0.2	-12.2
1984	6.4	n.d.	n.d.	38.7	17.2	-5.9
1985	7.9	n.d.	n.d.	12.8	-6.3	14.1
1986	-11.8	n.d.	n.d.	14.6	10.4	-8.6
1987	0.4	n.d.	n.d.	12.1	-1.8	38.2
1988	5.8	n.d.	n.d.	-11.5	3.1	31.5
1989	5.8	n.d.	n.d.	38.8	41.0	23.1
1990	13.1	n.d.	n.d.	5.7	6.6	46.3
1991	10.9	n.d.	n.d.	26.7	17.0	27.3
1992	10.8	n.d.	n.d.	7.7	18.6	4.0
1993	-2.5	n.d.	n.d.	17.1	15.9	12.7
1994	8.3	37.2	1.0	-0.7	3.1	-0.4
1995	-29.0	-31.2	-28.2	-8.5	-5.3	-25.7
1996	16.3	-14.7	26.7	-1.9	3.3	-16.0
1997	21.0	10.1	23.4	0.8	11.9	-4.4

1998	10.2	-7.4	13.8	-14.6	14.6	-6.0
1999	7.7	10.7	7.22	21.5	27.0	10.1
2000	11.3	25.22	9.05	-7.1	11.4	-3.2
2001	-5.6	-4.24	-5.90	2.3	22.2	-9.4
2002	-0.6	16.96	-4.06	19.8	17.0	-4.4
2003	0.37	8.46	-1.55	39.4	17.5	-0.4
2004	7.5	2.49	8.81	18.3	15.3	-8.0
2005	7.6	-0.53	9.63	-20.0	3.5	7.7
1980-2005	*3.4*	*n.d.*	*n.d.*	*10.3*	*10.5*	*11.6*
1980-1989	*0.1*	*n.d.*	*n.d.*	*16.9*	*7.1*	*29.0*
1990-1999	*6.7*	*n.d.*	*n.d.*	*5.3*	*11.3*	*4.8*
2000-2005	*3.4*	*8.06*	*2.66*	*8.7*	*14.5*	*-2.9*

Fuente: Elaboración propia con base en datos de la Comisión Nacional de Seguros y Fianzas, *Anuario estadístico de seguros y fianzas*, años 1980-2005 y Banco de México, *Informes Anuales* para los datos de la formación bruta de capital fijo.

Proceso de desindustrialización económica y menor ritmo de capitalización de las corporaciones de seguros

Un elemento esencial de la crisis ha sido el proceso de desindustrialización de la economía mexicana. Desde los años ochenta, el sector industrial y en especial el sector manufacturero pierden importancia a consecuencia de la aplicación de políticas restrictivas y de apertura comercial, como se percibe en el cuadro siguiente.

Cuadro 2.6
PARTICIPACIÓN DE LA INDUSTRIA MANUFACTURERA EN EL PIB
MÉXICO
1950 – 2005

	1950	*1960*	*1970*	*1980*	*1990*	*2000*	*2004*	*2005*
Participación (%)	18.5	19.2	22.8	23	21	20	18	16

Fuente: Elaborado por Arturo Huerta (2006) *Por qué no crece la economía mexicana,* con base en datos de Banco de México e INEGI.

Esta situación se refleja en el sector asegurador ya que, como hemos visto, disminuye sus ventas al sector manufacturero y se ve afectado por esa dinámica al mantener baja su penetración en el PIB, en 1.6%, en 2005.

Un hecho interesante es el comportamiento del capital social (o capital pagado) de las compañías aseguradoras, es decir, el ritmo de crecimiento de la propiedad accionaria de las corporaciones. En la década de los ochenta alcanzó 2.4%, mientras en la de los noventa aumenta en promedio a 36% y disminuye su ritmo de crecimiento en el periodo de 2000 a 2005, a sólo 3.9 por ciento.

Cuadro 2.7
SECTOR ASEGURADOR
COMPORTAMIENTO DEL CAPITAL, RESERVAS DE CAPITAL Y UTILIDADES ASEGURADORAS
EN COMPARACIÓN CON LA FBCF DE LA ECONOMÍA
1980-2005

	fbcf	*capital contable*	*capital social*	*reservas de capital*	*utilidades netas*
	variaciones promedio anual real				
1980-1989	0.05	16.9	2.4	4.5	31.4
1990-1999	6.72	5.3	36.5	32.0	-21.5
2000-2005	3.4	8.7	3.9	4.8	75.7
1980-2005	3.4	10.3	16.4	15.6	28.8

Fuente: Elaboración propia con base en datos de la Comisión Nacional de Seguros y Fianzas, *Anuario Estadístico de Seguros y Finazas*, años 1980-2005 y Banco de México, *Informes Anuales* para los datos de la formación bruta de capital fijo del sector asegurador.

Como podemos constatar, la actuación del capital social es similar a la formación bruta de capital fijo: se mantiene en pequeños ritmos de crecimiento en la década de los ochenta, sube en la de los noventa, y vuelve a descender en los dos mil.

La situación de la propiedad accionaria (o capital social) influye en el capital contable (el patrimonio total) porque es uno de sus componentes. El patrimonio total de los dueños de las corporaciones de seguros (capital contable) desciende en la década de los noventa y se mantiene por arriba de ese límite en los dos mil, aún sin recuperar el nivel de la de los años ochenta. También la actividad del capital contable se encuentra asociada a la actuación de las reservas de capital y, fundamentalmente, de las utilidades. De la década de los noventa a la actual, las primeras bajan su ritmo de crecimiento, mientras que las utilidades lo incrementan significativamente, lo cual influye en los niveles de rentabilidad, aspecto que se analiza más adelante.

Lo que es importante destacar aquí es que los procesos de adquisiciones, fusiones, privatización de empresas y creación de corporaciones en nuevos ramos de aseguramiento, efectuados esencialmente en la década de los noventa (en un entorno de profunda crisis) rinden sus frutos en los años dos mil, cuando el gran capital, nacional y extranjero, se encuentra reposicionado en el núcleo de la actividad productiva y financiera (con la posesión de bonos, deuda, derivados, y efectivo) y con el control de la propiedad de las aseguradoras.

El menor crecimiento de la formación bruta de capital en los sectores agrícola e industrial[27] contrae la venta de seguros dirigida a estos sectores, especialmente los seguros de daños que se encuentran vinculados a los riesgos productivos, en un entorno donde las empresas nacionales son desplazadas por el capital extranjero o por las importaciones.

En el proceso de *desindustrialización* del país, el destino de la IED ha desempeñado un papel relevante. Hasta los años setenta, las políticas proteccionistas y de crecimiento del mercado interno le garantizaban niveles atractivos de rentabilidad. Al dejar de existir tales condiciones, se frena su flujo. La inversión extranjera directa se ha dado sobre todo en el sector comercio y de servicios y, al interior de éste, en el asegurador.

Otro importante factor en el proceso de desindustrialización ha sido la contracción del crédito, tanto público como privado. En 1994 el crédito total como proporción del PIB era de 43%, disminuye en 1998 a 23.9%, en 2000 es de 17.5% y en 2005 es menor: 13%. La caída es más significativa

---

[27] Mientras la inversión nacional se va contrayendo, la participación de la inversión privada total en Pidiregas dentro de la inversión realizada en Pemex y CFE ha aumentado: en Pemex pasó de 10.9% en 1997, a 53.3% en 2000 y a 83.2% en 2005; por su parte, en CFE la inversión privada para esos mismos años fue de 13.3, 42.2 y 66.6%, respectivamente (cuadro 13, Huerta, 2006: 52).

en el crédito del sector privado, ya que su participación desciende en esos años de 39.5% a 21.7, 13.4 y 9.6%, respectivamente.

Entre los años 2000 y 2005, el capital contable refleja la inversión privada nacional y extranjera efectuada en el sector en la década de los noventa, no obstante los menores ritmos de crecimiento del capital social y de las inversiones inmobiliarias del sector asegurador (véanse los cuadros 2.5 y 2.7). Tanto el estímulo del mercado asegurador, en estos años, como las elevadas tasas de interés, incrementan las inversiones financieras de las corporaciones aseguradoras. La política corporativa que se sigue es disminuir la inversión en capital (capital social y en inmuebles), acelerar la depreciación y mantener los recursos líquidos para aprovechar las oportunidades que brindan los mercados financieros.

2.4 Reformas económicas, financieras y aseguradoras

El detalle de las reformas económicas, financieras y las aplicadas específicamente en el sector asegurador entre 1980 y 2005 se presentan en el anexo III. Únicamente señalemos aquí que la normatividad en materia de seguros trabaja en cinco niveles: el primero para adecuar rápidamente las disposiciones normativas a las directrices de aseguramiento de los países más desarrollados, especialmente de Estados Unidos; el segundo, para ampliar la intervención de los intermediarios financieros, y de las aseguradoras en nuestro caso, así como impulsar los productos e instrumentos financieros; el tercero para consolidar el dominio del capital externo en el sector; el cuarto, para inducir el perfil financiero de las corporaciones y fortalecer el papel de la acumulación financiera, y el quinto se refiere a la conglomeración, el nuevo resorte para la integración de los grupos financieros con la incorporación de las aseguradoras en su espacio de dominio.

2.5 Apertura económica, TLCAN y privatización de empresas

a) Apertura de la economía y fortalecimiento de los grupos empresariales del país

La apertura de la economía mexicana y su fuerte vinculación con el exterior se reflejan en el redespliegue de la balanza de pagos, comandado por el Estado al modificar los términos de los acuerdos financieros y comerciales, del gasto, la inversión pública, la deuda externa[28] y la aplicación de programas de ajuste.

En este proceso, el gobierno estadounidense desempeñó un papel central. Ante los límites que representó el GATT para Estados Unidos, su estrategia económica y comercial se dirigió a la firma de acuerdos bilaterales con Canadá y México. El propósito era *amarrar* las reformas estructurales aplicadas en nuestro país, y enviar el mensaje de *exclusión* más claro que jamás hayan recibido los países miembros del sistema comercial multilateral acordado entonces por el GATT: si querían participar en el mercado estadounidense debían formalizarlo en los términos del TLCAN [Álvarez, 2002: 380].

En la década de los noventa la estrategia gubernamental se dirigió a reforzar ciertos grupos empresariales, en el marco del proceso de privatización iniciado desde los ochenta. La política económica fomenta la inversión extranjera, pero también busca que "[...] el grupo que maneje la

---

[28] La presencia de financiamiento externo (deuda externa) puede provocar dos fuentes de riesgo: el *riesgo del tipo de cambio* que eleva el costo del financiamiento externo de las compañías aseguradoras locales en términos de la moneda interna (peso) si dicha moneda se deprecia en relación con la moneda a que se obtiene el financiamiento (dólar); y *el riesgo inherente a una creciente inflación* y la inestabilidad del mercado local de capitales. De manera más precisa se puede indicar que:

> [...] el financiamiento externo de los países emergentes *como en México* [cursivas mías] ha sufrido cambios sustanciales en su origen y en su canalización, transformando las estructuras financieras nacionales en una estructura financiera global e integrada. El financiamiento al desarrollo dependía principalmente de la deuda externa, cuyo origen estaba financiado por los organismos financieros internacionales y la banca internacional hasta antes de la década de los años noventa; sin embargo, el financiamiento ha pasado a depender de los flujos de capital privado manifestando un alto grado de inestabilidad y vulnerabilidad [Girón, 2004: 189].

firma, *los poseedores del paquete de control*, esté integrado por empresarios del país" [Vidal, 2001: 138]. Esto fue así hasta el momento en que la crisis de los años 1994-1995 estalla: una de las condiciones para su resolución fue la apertura de la economía al capital extranjero.

A inicios de la década de los noventa la coalición tecnocrática-gran capital operó bajo la perspectiva de ajustar el diseño específico de las reformas e intereses de los agentes y grupos que la integraban. Más tarde la crisis financiera desarticuló esta coalición al activar las reformas de apertura del sistema financiero. En suma, la nueva relación tiene "[...] efectos reestructuradores sobre la dinámica de la acumulación y las relaciones de poder económico" [Vidal, 2001: 19].

La vinculación de la economía con el exterior se ejemplifica en la estructura de la balanza de pagos (cuadro 7, anexo). Desde la segunda mitad de los años ochenta y hasta 1998, la balanza de pagos muestra la vulnerabilidad del proceso macroeconómico: el creciente déficit en cuenta corriente, fundamentalmente el comercial, se compensa con el superávit en la cuenta de capital, en donde el endeudamiento de las empresas privadas es altamente significativo. En esos años, el crecimiento del país, cuando esporádicamente se da, es únicamente financiable con fondos del exterior.

b) El Tratado de Libre Comercio de América del Norte

Mención especial requiere el programa de apertura de la economía que se cristaliza en el TLCAN. En 1994 se firma el acuerdo comercial y simultáneamente se lleva a cabo la incorporación de México a la Organización de Cooperación y Desarrollo Económico (OCDE). En particular, el tratado sirvió como un extraordinario marco de regulación para amarrar las reformas económicas y financieras e incrementar las exportaciones mediante el mayor flujo de capital externo por medio de la IED. Ambas medidas se conocen como el *efecto TLCAN* [Rivera, 2000: 177-178]. Sin embargo, estos factores no han desarrollado el potencial productivo para el crecimiento sostenido, y sí han aumentado la dependencia de la economía nacional de la economía de Estados Unidos [Huerta, 2006: 79].

Para México, la relación con ese país significa la imposición de los programas de ajuste mediante los organismos financieros internacionales, los acuerdos y convenios bilaterales sobre comercio e inversión, firmados desde los años ochenta, y la firma del TLCAN.

La historia de las relaciones México–Estados Unidos nos muestra con claridad que en los momentos más críticos el gobierno estadounidense ha presionado para fincar concesiones en las más diversas materias, especialmente en los sectores petrolero, agrícola y de inversión extranjera [Álvarez, 2002: 377]. Además de afectar estas tres áreas, ese país presiona para concretar la reforma energética, y la presencia del capital externo en materia de educación superior y seguridad social.

c) Privatizaciones

La privatización de empresas públicas constituye uno de los hechos más importantes en los años recientes, especialmente en el periodo de deflación económica iniciado a principios de los años ochenta. De esta forma "[...] se observa que conforme avanza la década de los noventa las privatizaciones se mantienen y la participación en ellas de los capitales del exterior es cada vez mayor" [Vidal, 2001: 129].

La privatización de empresas constituye un factor esencial para el desarrollo de los mercados bursátiles y se inscribe en el circuito del financiamiento a nivel mundial, lo que representa nuevos fenómenos de fusiones y compras forzadas, colocaciones de títulos públicos y venta de empresas estatales.

También la privatización de las corporaciones aseguradoras estatales se inscribe en los programas de ajuste y cambio estructural impuestos por el llamado *Consenso de Washington,* cuyo portavoz es el Banco Mundial. Lo importante de estos procesos es que, en el marco de la *doctrina de la austeridad*

> La venta se realiza subvaluando las acciones [...] a favor de los compradores [...] con cargo a los contribuyentes.

> [...] El proceso constituye un componente clave en las reestructuraciones de las empresas que avanza en el curso de los últimos quince años [...] Las privatizaciones han dado origen a importantes consorcios privados.
> [...] Después de la crisis de la deuda muchas empresas estatales estaban descapitalizadas y en una situación de creciente obsolescencia. Varias de estas firmas tomaron cuantiosos créditos en los mercados privados internacionales que no necesariamente se utilizaron en inversiones de las firmas [...] con esta óptica frente a la crisis de la deuda externa será posible entender cómo surge la era de la austeridad y cómo la privatización, la apertura en la cuenta de capitales, la concentración económica y el traslado de la propiedad de los activos son un proceso único [Vidal, 2001: 8, 12, 13].

Lo anterior se traduce en los cambios de propiedad y control de las aseguradoras: en un primer momento, se efectúa la privatización de las aseguradoras del Estado; en un segundo momento se lleva a cabo "[...] el traslado de la propiedad de activos desde grupos privados nacionales a las firmas extranjeras" [Vidal, 2001: 130].

La privatización de las aseguradoras estatales se enmarca en procesos más amplios caracterizados por la centralización y concentración, la internacionalización del sector seguros y la reforma del Estado. Esto último implica una nueva gestión estatal y de modernización del Estado donde su acción se modifica pero no se suprime, ya que lo que se busca es *desestructurar* la gestión estatal construida hasta los años setenta [Vidal, 2001, 14]

Sin embargo, la reestructuración del Estado y la reorientación de sus acciones "[...] pueden llevar a trastocar elementos constitutivos del acuerdo social que en algunos de los países del área se construyó desde la posguerra o aun antes" [Vidal, 2001: 96].

El contexto de esta reforma es que la reestructuración de la producción, la incorporación tecnológica y la fuerza de ciertos grandes capitales extranjeros y grupos financieros en el sector asegurador "[...]

están delimitando los espacios de acumulación o creando nuevos ámbitos de competencia" [Vidal, 2001, 96]. De manera simultánea opera el proceso dirigido a

> [...] La reducción en el tamaño del Estado [...] está llevando adelante una activa política en el terreno de la distribución de la fuerza y las posiciones entre las grandes empresas. Es también responsable del sentido y ritmo que toman la apertura, la liberalización y la desregulación de la economía [Vidal, 2001: 196].

Las privatizaciones ejecutadas en los años noventa son parte de los procesos de apertura y desregulación que acentuaron la competencia, del traslado de la propiedad de las empresas, y del proceso de concentración económica Las privatizaciones se caracterizan, por un lado, por la entrada de capitales (IED) y la creación de filiales — las firmas más activas que se reposicionaron en el sector asegurador en México tienen sus matrices en Estados Unidos y en la Unión Europea — y, por otro, por el traslado a empresas privadas de diversas actividades que antes estaban en manos del Estado.

"A finales de 1992 y principios de 1993, las privatizaciones de la banca y de algunas grandes empresas estatales se habían consumado" [Vidal, 2002: 171], en distintos sectores de la actividad económica. No obstante, en el sector asegurador las redes de la privatización apenas comenzaban. En él, las privatizaciones inician en 1993, con la venta de Aseguradora Mexicana (Asemex) que brindaba la cobertura a los bienes del sector público a Seguros Comercial América, misma que será vendida más tarde a la aseguradora ING de capital holandés. Diez años después, en mayo de 2003, Aseguradora Hidalgo (Ahisa) la empresa paraestatal que protegía a los servidores públicos, es vendida a Met Life (de capital estadounidense).

En 1993 se coronó el proceso de privatización y extranjerización con la expedición de la nueva Ley de Inversiones Extranjeras [Álvarez, 2002:

378]. Entre 1990 y 1998 los ingresos por privatizaciones ascienden a 31 458 millones de dólares:

Cuadro 2.8
INGRESOS POR PRIVATIZACIONES

	millones de dólares
1990	3,160
1991	11,289
1992	6,924
1993	2,131
1994	766
1995	167
1996	1,526
1997	4,496
1998	999
Total 1990-1998	*31,458*

Fuente: Elaboración propia con base en datos de Gregorio Vidal (2001) *Privatizaciones, fusiones y adquisiciones. Las grandes empresas en América Latina*, cuadro 5.1, p. 124

En el caso específico de Pemex, se lleva a cabo una reestructuración corporativa que apoya a los capitales privados (Pidiregas) y la venta de las petroquímicas.[29]

Para el cumplimiento de los acuerdos de apertura económica se encuentra considerado el sector eléctrico y la eliminación de restricciones al capital extranjero en el sistema financiero [Vidal, 2001: 18]. De hecho, en 1999 el gobierno de Zedillo presentó una iniciativa de ley para modificar la norma que permitiera "[...] privatizar los activos de la Comisión Federal de Electricidad y otras empresas estatales productoras y distribuidoras de energía eléctrica" [Vidal, 2001: 130].

[29] De acuerdo con datos de la Revista *Fortuna* de mayo de 2005 (véase Flores [2005] en la bibliografía), la inversión total de Petróleos Mexicanos, destinada a los Proyectos de Infraestructura con Impacto Diferido en el Registro del Gasto (Pidiregas) ascendió a un billón 197 357 millones de pesos — 109.9 mil millones de dólares al tipo de cambio de 2005 que fue de 10.89 pesos por dólar —, monto que supera la deuda interna del país estimada por el Banco de México en un billón 125 877 millones de pesos.

En síntesis, los hechos del proceso de apertura económica durante los años noventa son la inestabilidad macroeconómica, fuertes contracciones del producto, de la inversión y del empleo asociadas con periodos en que los niveles reales de las tasas de interés son sumamente altos. Todo ello significa el traslado del núcleo de la propiedad y las decisiones hacia el extranjero y la profundización de la desigualdad social [Vidal, 2001: 191].

2.6 La crisis de la economía mexicana, 1994-1995

A] Crisis bancaria y monetaria

Desde los años ochenta, la aplicación de la doctrina *neoliberal* es resultado del fracaso de las políticas de intervencionismo estatal, los crecientes déficit presupuestales y los límites de la industrialización sustitutiva que llevaron al estancamiento económico. Sin embargo, la aplicación de ese modelo no solucionó la crisis económico-financiera de largo plazo, la cual sufre profundas manifestaciones entre 1994 y 1995.

Los principales factores que la provocaron fueron el agotamiento del proceso de acumulación económica que tiene causas estructurales derivadas de la incapacidad de crecimiento del aparato productivo,[30] la estabilidad del tipo de cambio — lo que evidentemente tiende a su sobrevaluación por la mayor inflación de la economía respecto a la estadounidense — encarece los productos de exportación y protege a los importados, restringe la competitividad, y provoca un fuerte endeudamiento de las empresas ante la incapacidad de que su producción pueda colocarse ante una demanda restringida, lo que las convierte en insolventes, con el consiguiente crecimiento de la cartera vencida de los

[30] Este fenómeno se encuentra vinculado con el patrón de *crecimiento* implantado en las últimas dos décadas caracterizado por la apertura de la economía que lo hace depender del capital externo a fin de darle estabilidad a los agregados macroeconómicos, pero que en el fondo beneficia fundamentalmente a los grupos financieros y a las elites industriales y financieras que operan en el país, con capital de origen tanto interno, como externo.

bancos,[31] la posesión de valores del gobierno en poder de extranjeros, los tesobonos gubernamentales,[32] la presencia de capital especulativo,[33] y el endeudamiento privado, que incluye el de empresas y familias, en niveles elevados.

En particular, la deuda externa privada, a partir de 1990, se fue incrementando desde los 20.1 mil millones de dólares hasta llegar en 1994 a 52.9 mil millones y, a pesar de la crisis, mantiene su nivel hasta 1998. En el año 2005 la deuda externa privada ascendía a 92.4 mil millones de dólares. El creciente endeudamiento del sector privado puede tener consecuencias negativas en la inversión privada debido a la creciente carga de la deuda tanto externa como interna. La única forma de corregir el déficit del sector privado, en un ambiente de crecimiento de la economía y de finanzas públicas *sanas*, consiste precisamente en eliminar el déficit en cuenta corriente con el exterior por la vía del crecimiento en la capacidad productiva y la mejora en los niveles de competitividad. El otro camino, que es el que ha seguido México, es el estancamiento.

---

[31] Tan sólo entre 1991 y 1995 "[...] el coeficiente de cartera vencida menos provisiones entre capital contable, que mide la fragilidad de los bancos para asumir sus compromisos con los ahorradores subió de 22.6% en 1991 a 66% en 1994 y a 97% en 1995" [Álvarez, 2002: 382].

[32] "Los Tesobonos mexicanos explicaron en gran parte la operación de rescate que llevó adelante el gobierno estadounidense. Un destinatario final de los créditos facilitados al gobierno de México fueron los *inversionistas institucionales* cuyas oficinas matrices están en los propios Estados Unidos".

"[...] Según información del Banco de México, al final de 1994 los residentes en el extranjero tenían en sus manos un total de 17 mil millones de dólares en Tesobonos, lo que representa 85% del total de los valores gubernamentales en poder de residentes extranjeros [...] Esta cifra, siempre según información del Banco Central, equivale a la casi totalidad de los Tesobonos que existían en el mercado. Al final de 1994 el saldo de los Tesobonos y Pagafes era de 109 mmp y los Tesobonos en manos de residentes extranjeros pagados al tipo de cambio para obligaciones en moneda extranjera sumaban algo más de 91 mmp. Un año después la situación era radicalmente diferente, los valores gubernamentales en poder de residentes en el extranjero sumaban 3 000 millones de dólares, de los que 76% eran Cetes" [Vidal, 2001: 117-118].

[33] De acuerdo con información del Banco de México (véase cuadro 7, anexo, balanza de pagos), en 1994 se da un superávit en la cuenta de capitales por 14 584 millones de dólares, donde la inversión extranjera asciende a 19 519 millones, de los que 8 547 millones son inversión de cartera y 10 972 millones son IED. Pero lo que resulta aleccionador es el contraste con los datos de 1995: si bien el superávit en la cuenta de capital para este año aumenta a 15 112 millones de dólares, uno de sus componentes, la inversión extranjera total registra números negativos (-189 millones), de los que 9 526 millones son IED (que presentó cifras positivas) menos que compensados por la caída de la inversión de cartera en -9 715 millones de dólares, una franca *salida neta de capital especulativo del país impulsando la crisis.*

Todos estos hechos se conjugan en la crisis financiera (bancaria y monetaria) de 1994-1995. El año 1994 concluye con la abrupta devaluación del peso: en 1993 el tipo de cambio era de 3.12 pesos por dólar, en 1994 fue de 3.38 pesos, y para 1996 era de 6.42 pesos. Finalmente, en 2005 el nivel del tipo de cambio era de 10.89 pesos por dólar.

Para hacerle frente a la crisis, el papel del gobierno de Estados Unidos fue central, ya que se encargó de configurar un programa de rescate pactado con el gobierno federal a cambio de *condicionar* la producción de petróleo[34] para fortalecer sus reservas estratégicas y la continuidad de las políticas de austeridad.

La corrección económica y financiera implantada en ese año,

> Constituyó un intento limitado de superar las fallas provocadas por la sobreexplotación de los grupos inclinados a las actividades especulativas, de la que surge una nueva gestión del tipo de cambio (flotación controlada) y la apertura del sistema financiero a la inversión extranjera. Los avances para mejorar la capacidad de coordinación estatal [...] son casi nulos, por lo que se pierde la oportunidad de apoyarse en el debilitamiento de los grupos de interés especiales para impulsar una nueva relación Estado-mercado [...] A pesar de la gran potencialidad planteada por la firma del TLCAN, no logró fortalecerse el *núcleo tecnológico endógeno* más allá de lo que había avanzado con la reestructuración de la industria automotriz y electrónica [Rivera, 2000: 179-180].

---

[34] "En la crisis de 1994-1995, en la medida en que el monto de los recursos movilizados para el rescate representaban para el gobierno de Estados Unidos un aporte en términos reales tres veces mayor que el que utilizó en 1982, [...] y justo sobre la experiencia anterior, no solo se endurecieron las exigencias de manejo de la política macroeconómica, sino que se cargaron a México los costos, honorarios y gastos de todos los estudios e informes necesarios, pero sobre todo, de nueva cuenta aunque en versión corregida y aumentada, *apareció la voracidad sobre el petróleo* [cursivas propias] al imponer un embargo precautorio sobre los ingresos generados por las exportaciones de petróleo que debieron ser manejadas mediante una cuenta rotatoria del Banco de la Reserva Federal de Nueva York. [...] Y por si fuera poco, el gobierno se comprometió a entregar toda la información confidencial de Pemex" [Álvarez, 2002: 378-379].

b) La crisis en el sector asegurador

Probablemente ninguna de las aseguradoras estaba preparada para enfrentar la magnitud de la crisis de 1994–1995. El sector asegurador, y por supuesto las corporaciones de seguros, utilizaron todos los medios a su alcance para reposicionarse, e incluso en el caso de algunas empresas para evitar su desaparición: desde medidas financieras drásticas hasta la implantación de estrategias administrativas para hacer más eficiente el aparato productivo-administrativo.

La crisis mexicana de 1994–1995 y la internacional de 1997 no impactaron de manera significativa la expansión de las aseguradoras transnacionales: más bien parecen haberse beneficiado. Las AT europeas, estadounidenses y asiáticas tuvieron una mayor presencia porque aprovecharon la caída en el valor bursátil de las acciones de las empresas. Posteriormente, las AT como propietarias intensificaron sus programas de saneamiento y mejoraron la competitividad de sus sucursales.

El rasgo distintivo es que la crisis financiera reformuló los acuerdos y modificó las relaciones de interés en el sector asegurador. Este sector se había recompuesto a favor de los grandes empresarios nacionales en el gobierno de Salinas de Gortari; sin embargo, en la crisis, la recomposición se modificó con la apertura del sector asegurador al capital extranjero, se acentuó la privatización y se desregularon muchas actividades de aseguramiento para permitir su integración con otras funciones bancarias y financieras. Todo ello fortaleció al capital financiero.

La situación anterior se puede apreciar con nitidez a partir de la devaluación y la crisis para pagar los tesobonos en manos de extranjeros, en 1994. A partir de 1995, la presencia del capital extranjero es mucho mayor:

Cuadro 2.9

PARTICIPACIÓN DEL CAPITAL EXTRANJERO EN LA PROPIEDAD DE LAS CORPORACIONES ASEGURADORAS

1990-2005

	1990	*1991*	*1992*	*1993*	*1994*	*1995*	*1996*	*1997*	*1998*	*1999*
FILIALES	**0**	**0**	**0**	**0**	**1**	**13**	**18**	**23**	**25**	**27**
Independientes	0	0	0	0	1	12	17	22	23	25
Integradas a grupos financieros	0	0	0	0	0	1	1	1	2	2
RESTO DE EMPRESAS (nacionales o mixtas)	43	43	43	44	47	43	43	47	43	41
TOTAL	**43**	**43**	**43**	**44**	**48**	**56**	**61**	**70**	**68**	**68**

	2000	2001	2002	2003	2004	2005
FILIALES	**30**	**33**	**40**	**40**	**45**	**46**
Independientes	28	31	36	35	38	39
Integradas a grupos financieros	2	2	4	5	7	7
RESTO DE EMPRESAS (nacionales o mixtas)	40	37	41	45	42	40
TOTAL	***70***	***70***	***81***	***85***	***87***	***86***

FUENTE: Elaboración propia con base en datos de la Comisión Nacional de Seguros y Fianzas, *Estructura del Mercado, 1990-2005*, México.

Las empresas con capital totalmente extranjero (filiales) crecieron abruptamente a partir de 1995, hasta alcanzar el control de 27 empresas en 1999; mientras que el resto de las empresas, sin considerar las AGF, se mantiene prácticamente inalterado, en 43, e incluso son 41 en 1999: aparentemente, la política de las autoridades hacendarias está dirigida a impedir la modificación de las aseguradoras de capital nacional y mixto.

En el período 1990-993, anterior a la crisis, todas las aseguradoras parecen ser de origen nacional — aunque se tienen evidencias de que el capital extranjero ya participaba en el sector desde los años ochenta, pero de manera implícita.

La crisis abre el sector asegurador al capital extranjero: en 1994 hace su aparición la primera filial, para 1995 son 13; en 1997 el número asciende a 23 empresas y para 1999 las corporaciones extranjeras en el sector suman 27. También destaca que en 1998 únicamente dos aseguradoras pertenecen a grupos financieros extranjeros. Esta situación cambiará en los años dos mil. En el año 2000 hay 30 filiales, 40 en 2003 y

46 en 2005; las AGF extranjeras ascienden de 2 en el 2000, a 5 en el 2003 y a 7 en 2005.

Los cambios cualitativos y cuantitativos del mercado asegurador configuran una dinámica y reestructuración financiera *sui generis* como producto de la nueva forma de acumulación económica aplicada en el sector asegurador y en las corporaciones participantes que implicaron modificaciones en su propiedad y control, en la reconfiguración de los circuitos financieros en que intervienen — ligados ahora más fuertemente a los del país de origen (de la matriz) para apropiarse del *excedente económico* generado en el proceso productivo y financiero del espacio asegurador nacional.

Ante la crisis, las corporaciones aseguradoras existentes recurrieron a la adopción de una o varias de las siguientes medidas: la venta de las aseguradoras a capital existente de otro sector intersectorialmente, es decir, una *adquisición interna* efectuada por otros capitalistas poseedores de otra aseguradora nacional; la venta de la aseguradora para integrarse a grupos financieros, *adquisición grupal o conglomerada*; la venta de la aseguradora a capital extranjero, es decir *adquisición externa*; la asociación con una empresa aseguradora nacional, *fusión interna*; la asociación con una empresa aseguradora extranjera, *fusión mixta*; la entrada de capital extranjero en nuevas empresas, *nueva filial*; la adquisición de empresas estatales por capital nacional, *privatización interna* y, finalmente, la adquisición de empresas por capital extranjero, *privatización a extranjeros*.

La propia crisis conjuntamente con los acuerdos firmados en el TLCAN llevó a la negociación de los sectores de pensiones y salud. Con ello se generan aseguradoras independientes que operan los seguros de pensiones de la seguridad social y la creación de la estructura operativa para los seguros de salud.

Otras medidas aplicadas por las corporaciones para hacer frente a la crisis están dirigidas a mejorar la eficiencia de la estructura administrativa: reducción de costos, simplificación de procesos, aumento de la productividad, aplicación del *Economic Value Added* (que fija *a priori* la utilidad a obtener, previamente al inicio del ejercicio fiscal), entre otras medidas, dirigidas todas a incrementar las utilidades, disminuir las contrataciones y prestaciones del personal, elevar la productividad por trabajador y situar a la rentabilidad de las corporaciones en los mejores niveles (véase el inciso 3.1).

La crisis significó una excelente oportunidad para los grupos financieros y para el capital extranjero para reposicionarse en el mercado de seguros.

2.7 Inversión extranjera (IED e inversión de cartera en la BMV)

En el período 1982-1989 la inversión extranjera total (directa y de cartera) registró un incremento de 46.3% promedio anual por el impacto positivo de la inversión de cartera que aumentó 237% en promedio y de la IED en 20.6%. También, entre 1983 y 1985 la salida de capitales especulativos es significativa, y entre 1986 y 1988, lo es su entrada. Por su parte, entre 1982 y 1985, la IED contrae su crecimiento; pero a partir de 1986 las medidas de apertura y privatización de empresas públicas incrementan las expectativas y los volúmenes de inversión extranjera directa, lo cual se refleja en su incremento real de 20.6% promedio anual para el periodo de 1981-1989.

Los años 1986 y 1987 constituyen los momentos en los que la Bolsa Mexicana de Valores (BMV) muestra su mayor dinamismo histórico — el índice de precios y cotizaciones sube en estos años 320 y 124%, respectivamente, para comenzar a descender en los años siguientes. La IED también parece financiarse mediante la BMV (véase el cuadro 2.10).

Efectivamente, la BMV pudo haber permitido el financiamiento de la IED pero también la del capital nacional — en mayor magnitud de las grandes empresas y grupos financieros nacionales, que la del capital extranjero. La IED desempeña un papel central en la adquisición de empresas y tiene un peso importante en la cuenta de capitales – que permite financiar el déficit en la cuenta corriente de la balanza de pagos.

Cuadro 2.10
INVERSIÓN EXTRANJERA Y BOLSA DE VALORES
1982-2005
(tasa de crecimiento real)

	inversión extranjera total	*ied*	*inversión de cartera*	*bolsa mexicana de valores (índice de precios y cotizaciones) 1978 = 100*
1982	-30.0	-41.6	8.9	n.d.
1983	-107.4	-72.1	-170.9	n.d.
1984	-57.2	-15.4	-5.9	64.8
1985	21.8	-25.9	-5.0	177.2
1986	244.0	210.1	2.2	320.5
1987	251.0	113.2	44.1	124.3
1988	84.9	-20.1	774.3	100.1
1989	-36.7	17	-88.8	98.0
1990	81.1	-13.3	1043.79	50.0
1991	189.9	80.8	274.15	127.65
1992	28.0	-7.7	41.4	22.9
1993	48.0	-0.1	59.7	47.9
1994	-41.2	150.0	-70.3	8.7
1995	-100.9	-13.1	-213.6	16.9
1996	12,139.1	-3.5	239.6	20.9
1997	-21.4	39.6	-62.8	55.5
1998	-24.5	-2.9	-79.6	-24.2
1999	88.9	8.1	1,068.9	80.0
2000	-35.4	30.6	-109.4	-20.7
2001	88.6	54.3	442.2	12.7
2002	-43.1	-32.6	-116.2	-3.8
2003	2.3	-22.3	711.3	43.5
2004	36.4	31.6	53.8	46.8
2005	14.7	-3.3	71.4	37.8
1981-2005	89.6	19.2	69.8	64.0
1981-1989	46.3	20.6	237.9	147.5
1990-1999	1,238.7	23.7	230.1	40.6
2000-2005	10.5	9.7	175.5	19.4

FUENTE: Elaboración propia con base en datos de la Cámara de Diputados, Centro de Estudios de las Finanzas Públicas, México: *Balanza de Pagos, 1980-2006.*
(1)Considera el período de los años 1982-2005.
(2)Considera el período de los años 1982-1989

El gobierno de Miguel de la Madrid parece haberse enfocado a continuar la política de sustitución de importaciones en sectores seleccionados, atender el desequilibrio de la cuenta de capitales, aumentar la competitividad de algunos bienes y servicios y conseguir la tecnología que modernizara la estructura industrial [Rivera, 2000: 169], pero su impacto en el producto no se reflejó.

El crecimiento de las actividades bursátiles es reflejo de la actividad especulativa de las grandes *empresas nacionales* que fueron apoyadas con fuertes cantidades en dólares y que se convierten en las usureras de la Bolsa Mexicana de Valores, a pesar de las medidas adoptadas para sanear las finanzas públicas, dinamizar la entrada de capitales y continuar con la desregulación del sistema comercial. Las empresas rescatadas con el Ficorca concentraron capitales especulativos en la BMV y precipitaron la *crisis bursátil* de 1987 y son las mismas que fortalecerán su capacidad para conformar los grupos financieros que dominan la economía en los años noventa, y cuyas manifestaciones concretas en el sector asegurador estarán presentes desde estos años y de manera acelerada a partir de la segunda mitad de esa década.

A excepción de 1994, en toda la década de los años noventa el saldo negativo de la cuenta corriente fue más que compensado por el superávit en la cuenta de capitales, donde la inversión extranjera directa y la inversión externa de cartera fueron los elementos protagonistas que influyeron en el crecimiento de las reservas internacionales de 10 168.3 en 1990, a 30 733.4 millones de dólares en 1999 (cuadro 7, anexo). Esta situación hizo posible que el tipo de cambio no se devaluara sino por el contrario, implicó que se sobrevaluara para reproducir el ciclo de la inversión externa: inversión externa-saldo favorable-incremento de reservas-sobrevaluación del peso.

En el sector asegurador, la IED fue muy vigorosa y su presencia cada vez mayor. Como señalamos en el tema anterior, su papel fue muy importante en la transformación de la propiedad y el control de las aseguradoras.

Cuadro 2.11

EVOLUCIÓN DE ASEGURADORAS EXTRANJERAS (FILIALES)

	1991	*1992*	*1993*	*1994*	*1995*	*1996*	*1997*	*1998*	*1999*	*2000*	*2001*	*2002*	*2003*	*2004*	*2005*
NUEVA CREACIÓN	-	-	-	1	8	10	12	11	12	12	14	18	20	24	25
ADQUISICIONES	-	-	-	-	5	8	10	14	15	18	19	22	20	21	21
EXTRANJERAS	-	-	-	*1*	*13*	*18*	*23*	*25*	*27*	*30*	*33*	*40*	*40*	*45*	*46*
MERCADO TOTAL	**43**	**43**	**44**	**48**	**56**	**61**	**70**	**68**	**68**	**70**	**70**	**81**	**85**	**87**	**86**
PARTICIPACIÓN (%)	*0.0*	*0.0*	*0.0*	*2.0*	*23.2*	*29.5*	*32.8*	*36.7*	*39.7*	*42.8*	*47.1*	*49.3*	*47.0*	*51.7*	*53.4*

Fuente: Elaboración propia con base en datos de la Comisión Nacional de Seguros y Fianzas, *Estructura del mercado, compañías aseguradoras integradas a grupos financieros, 1991-2005.*

En 1995 el capital externo controla 13 aseguradoras, 7 empresas son de nueva creación que se suma a la existente en el año anterior, para un total de 8, y 5 son adquisiciones. Las aseguradoras de *nueva creación* tienen un comportamiento ascendente casi en todo el período: en 1994 es creada una, para el siguiente, de crisis, son ya 8, en 2000 ascienden a 12 y para 2005 el total de empresas creadas es de 25. Sorprendente. Por su parte las *adquisiciones* de empresas van teniendo un papel cada vez más importante: en 1995, cinco aseguradoras fueron adquiridas, mientras que en 2000 son 18 y para 2005 ascienden a 21.

En 1993, la participación de las empresas de capital externo era nula. En 1995 participa con 23%; en 2000 concentra 42% del total de empresas del sector y en 2005 su control llega al máximo con 53% En este proceso destacan dos hechos: la integración de aseguradoras en grupos financieros extranjeros y la participación constante de empresas nacionales o mixtas: el número de empresas en el año 2000 es el mismo que se registra en 2005. En otras palabras, mientras el número de empresas nacionales se mantiene en 40, las nuevas empresas son extranjeras y llegará a 46.

También es interesante observar la profundidad del capital extranjero en cuanto al poder de los grupos financieros.

Como ya señalamos, el gobierno de Carlos Salinas protegió la integración de los grupos financieros nacionales; sin embargo, en el gobierno de Zedillo la dinámica corporativa se modifica a favor del capital externo: conforme la crisis avanza la presencia de conglomerados financieros externos va en aumento. Entre 1995 y 1997 sólo existe una aseguradora integrada, Royal & Sun Allianz (véase el cuadro 2.12). En el período 1998-2001 se le suma Seguros Santander Mexicano (esta última empresa se convertirá en Seguros Santander Serfin en el año 2002). A partir de 2000, ya en el sexenio de Vicente Fox, la presencia de los grupos financieros externos en el sector se incrementa: en 2002 las aseguradoras integradas son cuatro; en 2003, son cinco y en 2004 ascienden a siete, número que se mantiene para 2005.

En 2005 las AGF extranjeras son las dominantes dentro del total de empresas integradas a grupos financieros, lo cual es inversamente proporcional al papel de los conglomerados nacionales. En 1991, estos conglomerados controlan cinco empresas; en 1994, son dueñas de 14 y para el año 1998 ascienden a 16. A partir de este año su presencia comienza a disminuir: en 2000 las aseguradoras incorporadas a los grupos financieros nacionales ascienden a 13; en 2002, bajan a 11, y para 2005 tan sólo son seis.

Cuadro 2.12
ASEGURADORAS INTEGRADAS A GRUPOS FINANCIEROS
1991-2005

	1991	*1992*	*1993*	*1994*	*1995*	*1996*	*1997*	*1998*	*1999*	*2000*	*2001*	*2002*	*2003*	*2004*	*2005*
Hsbc seguros														1	1
Pensiones Banamex												1	1	1	1
Pensiones Bbva Bancomer													1	1	1
Preventis														1	1
Royal &					1	1	1	1	1	1	1				

sun alliance															
Seguros Banamex												1	1	1	1
Seguros Banorte general												1			
Seguros Bbva Bncomer													1	1	1
Seguros Santander Mexicano								1	1	1	1				
Seguros Santander serfin												1	1	1	1
SUBTOTAL	-	-	-	-	1	1	1	2	2	2	2	4	5	7	7
NACIONALES Y MIXTOS	5	7	10	14	13	14	16	16	15	13	12	11	9	6	6
TOTAL	*5*	*7*	*10*	*14*	*14*	*15*	*17*	*18*	*17*	*15*	*14*	*15*	*14*	*13*	*13*

Fuente: Elaboración propia con base en datos de la Comisión Nacional de Seguros y Fianzas, *Estructura del mercado, compañías aseguradoras integradas a grupos financieros, 1991-2005.*

En síntesis, la IED es un elemento dinámico en la relación con el exterior, como se observa en el cuadro 2.10. Buena parte de esos recursos fueron a parar a la adquisición de empresas estatales y privadas nacionales, o a la operación en ramos nuevos.

Por su parte, la inversión de cartera (especulativa) presenta retiradas importantes después de sus estragos en las crisis de la bolsa de 1986 y su papel en la crisis de 1994-1995 es central.

Un hecho que explica la efervescencia de la BMV es la medida gubernamental del año de 1990: el gobierno mexicano desreguló el mercado de bonos [Álvarez, 2002: 378] al permitir al capital externo invertir en ellos. De esta forma, los bonos gubernamentales fueron la atracción de la inversión de portafolio, desde entonces hasta ahora.

Los ataques especulativos de inversionistas privados y prestamistas han provocado tremendas oscilaciones en el valor de la moneda y en la evolución del sector real de la economía. Los agentes especulativos apoyan la condicionalidad de los organismos financieros internacionales en las operaciones de rescate cambiario y financiero. De esta manera, esos agentes presionan para la introducción de la segunda generación de reformas estructurales dirigidas a "[...] la profundización de la desregulación financiera, la desregulación del mercado laboral, más la mercantilización de los sectores educativo y de salud" [Álvarez, 2002: 373].

> Los flujos de capital externo son en su mayoría para la adquisición de empresas ya existentes o para la inversión de cartera, que aprovecha los diferenciales de las tasas de interés (internas *versus* externas) y el crecimiento de la bolsa, [sin que su dinámica tenga trascendencia en el] desarrollo de la capacidad productiva y la generación de empleos [Huerta, 2006: 117].

Entre 2000 y 2005, la mayor penetración del capital extranjero en el sector asegurador es resultado del movimiento financiero simultáneo de la IED (10.5% de crecimiento en promedio), y de la inversión de cartera (9.7%) con apoyo de la Bolsa Mexicana de Valores como mecanismo de financiamiento — el índice de precios y cotizaciones de ésta institución creció 19.4% promedio anual — (véase el cuadro 2.10).

Lo anterior desencadenó tres situaciones: la fragilidad de los recursos gubernamentales para pagar sus compromisos por la emisión de bonos, lo que fue uno de los factores de la crisis financiera, bancaria y monetaria de 1994-1995. En segundo lugar propició que los recursos externos en bonos del gobierno se coticen mejor en pesos que en dólares [Huerta, 2006]. En tercer lugar, al cotizarse y llevarse a cabo la compraventa de bonos en la bolsa, ésta constituyó un excelente espacio de capitalización para empresarios nacionales e internacionales, al adquirir empresas públicas (*swaps*) que canjearon la deuda pública (bonos) por inversión y, en otro nivel, facilitaron la compra o fusión de empresas privadas por particulares: más del 40% de la inversión extranjera fue captada por medio de la Bolsa [Vidal, 2002: 105].

2.8 Oligopolio y centralización económica de las empresas (fusiones y adquisiciones)

La estructura oligopólica de la economía se reproduce en el sector asegurador. En 1980 seis empresas controlan 77% del producto asegurador (prima emitida), en 1985 ese mismo número de empresas concentran 79% y en 1990 siete empresas son poseedoras del 82%. Esta estructura se seguirá observando en los siguientes años, pero con un importante cambio: el de la propiedad de las corporaciones aseguradoras, de nacional a extranjera.

De 1980 a 2005 las aseguradoras más grandes fueron las siguientes:

Cuadro 2.13
LAS GRANDES EMPRESAS OLIGOPÓLICAS DEL SECTOR ASEGURADOR
PARTICIPACIÓN EN EL TOTAL DE LAS VENTAS DEL SECTOR (PRIMA DIRECTA)
1980-2005 (%)

	1980	*1985*	*1990*	*1994*	*1998*	*2000*	*2003*	*200*
Met Life (Aseguradora Hidalgo)	16.42	24.26	6.36	7.29	6.99	23.08	15.84	15.
Grupo Nacional Provincial	14.56	14.57	9.90	21.62	18.34	14.07	15.52	18.
Seguros de México		11.78	10.04					
Seguros América	12.28	11.67	17.38					
ING Seguros (incluye Comercial América y Comercial Chihuahua)	12.52	9.31	16.25	18.75 (1)	23.73 (2)	18.48	18.77	13.
Seguros Monterrey Aetna	10.21	7.86	11.60	11.57	7.66	3.52	4.90	4.8
Mexicana Bancomer	11.86							
Aseguradora Mexicana			11.41	12.28				
Seguros Inbursa				7.44	6.89	7.19	6.68	6.0
Subtotal Oligopolio	*77.85 (6 empresas)*	*79.45 (6 empresas)*	*82.94 (7 empresas)*	*71.6 (5 empresas)*	*63.6 (5 empresas)*	*66.34 (5 empresas)*	*61.71 (5 empresas)*	*58. (5 empr s)*
El resto del mercado	*22.15 (31 empresas)*	*20.55 (36 empresas)*	*17.06 (36 empresas)*	28.4 (43 empresas)	36.4 (63 empresas)	*33.66 (65 empresas)*	*38.29 (80 empresas)*	*41. (8 empr*

								s)
TOTAL	*100.0 (37 empresas)*	*100.0 (42 empresas)*	*100.0 (43 empresas)*	*100.0 (48 empresas)*	*100.0 (68 empresas)*	*100.00 (70 empresas)*	*100.00 (85 empresas)*	*100.00 (86 empresas)*

Fuente: Elaboración propia con base en datos de la Asociación Mexicana de Seguros y Fianzas, *Estadísticas de primas y siniestros directos acumulados al cuarto trimestre de 1980* y *Estadísticas de primas y siniestros directos acumulados al cuarto trimestre de 1985*, y Comisión Nacional de Seguros y Fianzas, *Anuario estadístico de seguros y fianzas* para los años 1990, 1991, 1994 y 1998, 2000, 2003 y 2005 México.

(1) En este año Seguros Comercial América es resultado de la fusión de Seguros América y Grupo Comercial)

(2) En este año Seguros Comercial América ya adquirió Aseguradora Mexicana

Como se puede apreciar en el cuadro 2.13 durante los años ochenta el poder oligopólico de las empresas más grandes del sector asegurador aumenta: en 1980, las seis empresas más grandes concentran 77% del mercado y en 1990 siete empresas controlan 82%. A partir de ese año, con la apertura económica, la desregulación del sector, la conformación de grupos financieros y la actuación de las empresas privadas en áreas de seguros anteriormente exclusivas del Estado, la competencia aumenta por la creación de nuevas empresas, lo que tiene un efecto negativo en el poder oligopólico: en 1994 cinco empresas concentran 71.6% del mercado asegurador; en 1998, el mismo número de aseguradoras controla 63.6%, una disminución de ocho puntos porcentuales; en 2000 concentran 66.3%, sube 2.7 puntos porcentuales; en 2003 poseen 61.7%, una disminución de 4.6 puntos y para 2005 58.6% del mercado, 3.1 puntos porcentuales menos que en 2003, 7.7 puntos porcentuales menos con respecto a 2000 y 5 puntos porcentuales menos con respecto a 1998.

De los datos anteriores destacan tres cuestiones: la primera se refiere a que en 1994, el nivel de concentración de las cinco empresas más grandes llega a su máximo con 71.6% del mercado, para de allí reducirse paulatinamente hasta llegar en 2005 al mínimo, con 58.6% de concentración; es decir, desde finales de los años ochenta y hasta los años de crisis (1994-1995) existe una *tendencia a la concentración* del mercado asegurador y, a partir de allí se hace presente una *tendencia a la desconcentración* — no obstante, en 2005 las cinco más grandes concentran más de la mitad del mercado asegurador —; la segunda cuestión es que hasta los años de crisis la presencia de empresas oligopólicas nacionales es dominante, a partir de la crisis el capital extranjero se apoderó de las aseguradoras oligopólicas; la tercera cuestión se refiere a que a partir de 1994 observamos la presencia de un grupo financiero nacional (Seguros Inbursa) entre las cinco empresas oligopólicas selectas del mercado asegurador, cuya participación oscila entre los 6 y los 7 puntos porcentuales.

El patrón de acumulación económica seguido por el gobierno mexicano en los últimos años se ha caracterizado por impulsar la concentración y centralización económica — a nivel bancario, industrial, agrícola y comercial con fuerte estructura oligopólica. Ese proceso ha implicado el rescate de diversas empresas (banca, aviación, carreteras, ingenios azucareros) para su posterior venta, la privatización de empresas estatales, la fusión y adquisición de corporaciones y la consolidación de grupos financieros.

En conjunto, las reformas económicas y los programas de ajuste buscan modificar la propiedad de las empresas.

Todo esto ha transformado el papel del Estado en el proceso de reproducción económica propiciando su retiro de áreas estratégicas, fusiones o compras hostiles, bonos, acciones, títulos, derivados, créditos puente; todos estos instrumentos desempeñan su papel en el marco de crisis [Vidal, 2001: 170-172].

En los años noventa, el propósito del *trabajo de crisis* se traduce en la reorganización operativa de las aseguradoras, lo que implica la reducción de su capital, la implantación de sistemas operativos y tecnológicos más eficientes y la redefinición de escalas técnico–financieras. También se acentúan los procesos de fusiones y adquisiciones donde la IED lleva la batuta. Varias de las empresas aseguradoras nacionales continúan operando porque concentraron riqueza en la década anterior y cuentan con una buena posición en el mercado.

El proceso de concentración y centralización económica en el mercado asegurador se deriva de distintos factores: la caída en la tasa de utilidades de las empresas aseguradoras extranjeras las lleva a trasladarse a mercados con crecimiento potencial, como el mercado de seguros mexicano, con expectativas de rentabilidad; la desregulación del sector impulsa el proceso de inversión extranjera; la participación de los bancos en actividades de aseguramiento y viceversa, y finalmente, los niveles de competencia y endeudamiento entre las grandes y medianas firmas y los bancos obligan a realizar fusiones, ventas de activos, cancelación de programas de inversión y adquisiciones de partes importantes del capital [Vidal, 2001: 21-22].

> La contracción de la demanda aparece también como otro determinante del proceso de adquisiciones y compras forzadas, como el hecho de que las firmas obtienen más beneficios de sus operaciones financieras, como el arbitraje de divisas, que de las ventas de sus productos [Vidal, 2001: 166].

En 1990, la empresa líder es Seguros América con 17.3%; en 1994 es ahora Grupo Nacional Provincial con 21.6% del mercado; le sigue en importancia ING Seguros Comercial América con 18.7% — que fusiona a las anteriores aseguradoras Seguros América y Grupo Comercial, las dos empresas más grandes en 1990 — en 1998 la empresa más importante es Seguros Comercial América con 23.73%, el más alto nivel de concentración logrado por una sola empresa en la década al integrar a Aseguradora Mexicana — en 1994 concentraban 12.2% del mercado. Como se puede observar en el cuadro 2.13, durante la década de los años noventa, dos empresas se disputan el liderazgo, Seguros Comercial América y Grupo Nacional Provincial. En 1990, 1994 y 1998, el resto de las empresas participan con 17.0, 28.4 y 36.4%, respectivamente. En 2000, la empresa más importante es Aseguradora Hidalgo, la única empresa paraestatal, que concentra 23.0% del mercado. En 2003 el liderazgo es transferido a Seguros Comercial América (Actualmente ING Seguros) que concentra 18.7% del mercado y en 2005 la empresa líder vuelve a ser Grupo Nacional Provincial con 18.3% del mercado.

Otro dato importante es que en 1990 las empresas paraestatales Aseguradora Mexicana y Aseguradora Hidalgo, conjuntamente, concentran

17.7% del mercado y en 1994, 19.5%. Con ellas, desde antes de 1980 y hasta 1994 el Estado podía regular el mercado asegurador al dirigir las tendencias en materia de precios, prácticas de comercialización, y evitar una competencia hostil. Con la venta de Aseguradora Mexicana a Seguros Comercial América, se inicia el retiro tácito del Estado en el sector y permite que ésta se convierta en la empresa líder, como notamos arriba.

Cuadro 2.14
INDICE DE CONCENTRACIÓN
OLIGOPOLICA DEL SECTOR
ASEGURADOR
1980-2005 (%)

	1980	*1985*	*1990*	*1995*	*2000*	*2005*
	ESTADO DE RESULTADOS					
primas emitidas	77.85	79.45	82.94	69.88	66.34	58.61
siniestros	85.19	71.08	46.44	69.96	78.01	57.40
gastos operación	n. d.	n. d.	49.91	59.89	58.06	58.13
utilidad operación	n. d.	n. d.	-27.84	-30.43	-36.94	-57.36
productos financieros	n. d.	n. d.	20.28	33.09	25.44	44.20
utilidad ejercicio	n. d.	n. d.	31.46	37.84	-65.88	59.38
	BALANCE FINANCIERO					
activo	n.d.	n.d.	52.38	63.97	55.65	50.08
inversiones totales	n.d.	n.d.	53.43	63.65	50.62	46.37
pasivo total	n.d.	n.d.	51.12	67.87	56.13	51.80
reservas técnicas	n.d.	n.d.	47.47	68.25	54.73	50.45
capital	n.d.	n.d.	56.59	50.46	52.90	42.38

Fuente: Cuadro elaborado por el autor con base en información de la Comisión Nacional de Seguros y Fianzas, *Anuario estadístico de seguros, 1990, 1995, 2000 y 2003* y de la Asociación Mexicana de Instituciones de Seguros *Estadísticas de primas y siniestros 1980 y 1985*.

En el sector asegurador aumentó la competencia y disminuyó la concentración: las cinco más grandes empresas no parecen haber incrementado su poder de oligopolio, por el contrario, parecen haberlo disminuido. Lo anterior también puede constatarse con el análisis de las principales variables financieras de los estados financieros, incluidas las utilidades.

Como se muestra en el cuadro 2.14, el grado de concentración medido mediante las primas, los siniestros, el activo, el pasivo y el capital eran mayores en los ochenta y noventa que en la época actual; sin embargo, se identifica un proceso de *concentración en los niveles de obtención de utilidades y de productos financieros en 2005*, los más elevados de los últimos 25 años, que constituyen la esencia y razón de ser de las corporaciones. También se observa un proceso de desconcentración de las cinco más grandes empresas (oligopólicas) que se refleja en la posesión de activos y principalmente de capital.

En particular, la concentración del capital contable de las empresas oligopólicas disminuyó de 56.5% en 1990 a 42% en 2005. Este proceso de descapitalización de las empresas oligopólicas es propio de la crisis, a pesar del crecimiento y creación de nuevas empresas, que implica que el capital contable del sector en su conjunto se incremente. Evidentemente, con la presencia de más corporaciones de seguros, los activos y el capital del sector se elevan, lo que constituye un elemento adicional para la disminución de la participación relativa de las corporaciones aseguradoras oligopólicas en esas variables. El retiro del capital de las empresas oligopólicas también pudo haber permitido aplicar esos recursos en la creación de empresas para operar los nuevos seguros.

Cuadro 2.15
SECTOR ASEGURADOR
CRECIMIENTO REAL DE LOS ACTIVOS Y
CAPITAL CONTABLE
1980-2005

	activo	*capital contable*
1980		
1981	11.5	68.2
1982	-11.5	-22.6
1983	-2.2	1.6
1984	3.9	38.7
1985	22.7	12.8
1986	-6.8	14.6
1987	-5.2	12.1
1988	9.6	-11.5
1989	11.2	38.8
1990	2.1	5.7
1991	17.0	26.7
1992	16.5	7.7
1993	10.6	17.1
1994	12.1	-0.7

1995	-11.9	-8.5
1996	-3.0	-1.9
1997	5.0	0.8
1998	8.8	-14.6
1999	20.4	21.5
2000	8.2	-7.1
2001	14.6	2.3
2002	15.1	19.8
2003	12.5	39.4
2004	10.6	18.3
2005	9.8	-20.0
1980-2005	7.2	10.3
1981-1989	3.7	16.9
1990-1999	7.8	5.3
2000-2005	11.8	8.7

FUENTE: Cuadro elaborado por el autor con base en información de la Comisión Nacional de Seguros y Finanzas *Resultados de 25 años del sector asegurador mexicano* para los años 1980-1999 y *Anuario estadístico de seguros y fianzas* para los años 2000 a 2002.

En el sector asegurador en su totalidad los activos y el capital han aumentado: los activos, en los años ochenta reflejaron un crecimiento promedio anual de 3.7%, en los noventa 7.8% y de 2000 a 2005 un extraordinario 11.8%; por su parte, el capital creció 16.9%, en los ochenta, 5.3% en los noventa y un importante 8.7% de 2000 a 2005 (cuadro 2.15).

La pérdida del poder de capital de las cinco grandes empresas oligopólicas es reflejo de la menor concentración generada por la competencia debido a la entrada de nuevas empresas. La apertura significó una mayor presencia de aseguradoras en la oferta de seguros tradicionales, así como en los seguros de pensiones y de salud, lo que impactó negativamente la participación de las empresas oligopólicas como se refleja en todas las variables del balance financiero (segunda parte del cuadro 2.14).

Otro aspecto relevante en el estudio oligopólico de estos años es la mayor concentración de las utilidades en las empresas oligopólicas. En efecto, mientras en 1990 concentran 31.4% de las utilidades de todo el sector asegurador, en 2005 reciben cerca de 60% de las ganancias. Las mayores utilidades netas (utilidades del ejercicio) logradas por el grupo oligopólico no se generan mediante la producción y venta de seguros, que dan origen a la utilidad operativa: en todo el período es negativa, sino que se derivan de los productos financieros, lo que comprueba empíricamente el planteamiento de la orientación financiera de las corporaciones oligopólicas.

2.9 Empleo, salarios y productividad de la economía, servicios financieros y sector asegurador

El impacto de la crisis de larga duración ha recaído sobre el nivel empleo y los salarios de la clase trabajadora, y en las pequeñas y medianas empresas.

Cuadro 2.16
PRODUCTIVIDAD POR PERSONA
ECONOMÍA, SERVICIOS FINANCIEROS Y SECTOR ASEGURADOR
(pesos reales, 2002 = 100)

	economía		*servicios financieros*		*sector asegurador*	
	pesos constantes	*tasa de crecimiento promedio anual*	*pesos constantes*	*tasa de crecimiento promedio anual*	*pesos constantes*	*tasa de crecimient o promedio anual*
1980	47,032		203,474		n.d.	n.d.
1981	47,751	1.5	194,109	-4.6	n.d.	n.d.
1982	47,232	-1.0	183,023	-5.7	n.d.	n.d.
1983	45,910	-2.8	183,799	0.4	n.d.	n.d.
1984	46,127	0.4	181,066	-1.4	n.d.	n.d.
1985	45,930	-0.4	184,876	2.1	n.d.	n.d.
1986	44,522	-3.0	190,315	2.9	n.d.	n.d.
1987	44,554	0.1	192,746	1.2	n.d.	n.d.
1988	44,625	0.2	189,974	-1.4	n.d.	n.d.
1989	45,080	1.0	199,868	5.2	n.d.	n.d.
1990	43,950	-2.51	247,337	23.57	2,313,931	
1991	44,493	1.24	255,094	3.14	2,541,916	9.85
1992	45,367	1.96	255,038	-0.02	3,116,424	22.6
1993	45,734	0.81	273,406	7.20	3,461,356	11.07
1994	46,569	1.83	280,723	2.68	3,530,183	1.99
1995	45,005	-3.36	266,412	-5.10	3,292,339	-6.74

1996	45,779	1.72	263,190	-1.21	3,124,084	-5.11
1997	47,086	2.86	252,426	-4.09	3,304,116	5.76
1998	47,375	0.61	281,502	11.52	3,831,149	15.95
1999	48,013	1.35	296,341	5.27	4,483,128	17.02
2000	50,145	4.44	310,351	4.73	5,387,323	20.17
2001	50,416	0.54	319,654	3.00	4,999,926	-7.19
2002	51,249	1.65	328,038	2.62	8,066,778	61.34
2003	51,708	0.90	339,533	3.50	6,302,312	-21.87
2004	53,068	2.63	343,174	1.07	7,148,430	13.43
2005		2.80		n.d.	6,699,855	-6.28
1980-1989	Crecimiento real: -4.15%	-0.4%	Crecimien to real: - 1.7%	-0.1%	Crecimien to real n.d.	n.d.
1990-1999	*Crecimiento real: 9.24%*	*0.65*	*Crecimien to real: 19.81*	*4.31*	*Crecimien to real: 93.74*	*8.04*
2000-2005	*Crecimiento real: 5.82*	*2.03*	*Crecimien to real: 10.57*	*2.98*	*Crecimien to real: 24.36*	*9.93*

Fuente: Elaboración propia con base en datos de la Cámara de Diputados, *Centro de Estudios de las Finanzas Públicas* con información de NAFINSA La economía mexicana en cifras, 1990; INEGI, Sistema Nacional de Cuentas Nacionales y Comisión Nacional de Seguros y Fianzas, *Anuario estadístico de seguros y fianzas*, varios años.

Nota: Para el sector asegurador, únicamente existen datos a partir del año de 1990.

Como se puede apreciar en el cuadro anterior, la productividad de la economía y del sector servicios financieros disminuyeron como consecuencia de la contracción de la producción por la crisis de la economía y por la falta de capacidad de las empresas para aplicar la tecnología que hiciera factible el desarrollo de la plataforma productiva capaz de impulsar la producción interna y las exportaciones, ante un mercado interno restringido.

En la década de los ochenta, los niveles de productividad del sector asegurador seguramente fueron mejores que los registrados por la economía y los servicios financieros a pesar de que no se cuenta con cifras confiables para determinarlo, en buena medida porque el nivel de la producción del sector asegurador fue mayor que en los otros dos espacios.

En la década de los noventa la productividad del sector asegurador creció a un ritmo muy superior al de la economía en su conjunto, y cerca del doble de la verificada en los servicios financieros. Esto se debe a que entre 1990 y 1999 el producto nacional sólo creció 3.4% y el de servicios financieros 3.2%, mientras que el promedio anual del asegurador fue 8.2%. De esta manera, el impulso de la productividad del sector asegurador proviene de su mayor ritmo de crecimiento, en comparación con el estancamiento de la economía y el menor ritmo de crecimiento del sector servicios así como de la elevada tecnificación del sector asegurador. Un tercer factor de la mayor productividad se encuentra en los menores niveles de empleo. Todos ellos constituyen los factores que explican que en los noventa la productividad de las empresas aseguradoras hayan logrado 8% de crecimiento promedio anual, frente a 4.3% del sector servicios financieros (por cierto el sector más dinámico de la economía) y 0.6% de la economía en general (cuadro 2.16).

El sector asegurador requiere necesariamente de tecnología de punta en materia electrónica, telecomunicaciones y cómputo, elevada capacitación de su personal, así como soportes operativos, sistemas e instalaciones que den respuesta a las inmediatas necesidades de transferencia de recursos financieros, la administración de reservas, emisión de pólizas y que le permitan contar con adecuadas áreas de planeación, jurídica, técnica, financiera y de mercadotecnia, entre otras.

El elevado desempleo combinado con la alta capacitación y la aplicación de las plataformas tecnológicas conducen a que el personal que labora en las corporaciones aseguradoras sea altamente productivo y, por ello, se ubica por arriba del nivel de productividad de la economía y del sector servicios: tan sólo en 1990 un empleado del sector asegurador producía 2.3 millones de pesos al año, contra 247 mil pesos en el sector financiero y tan sólo 43.9 mil pesos en la economía en su conjunto; para 1999 un empleado de las corporaciones aseguradoras producía 4.4 millones de pesos al año, casi el doble del nivel de 1990, mientras que un empleado en los servicios financieros generaba 0.2 millones anuales y a nivel de la economía tan sólo producía 48 mil pesos, y este dato incluye la producción petrolera y otros sectores generadores de recursos económicos como el sector maquilador.

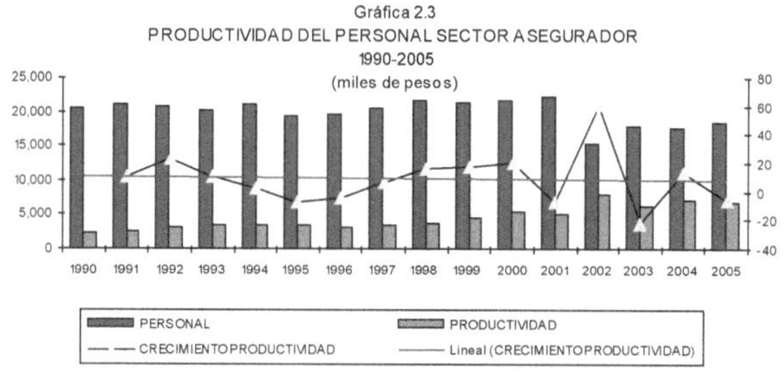

Fuente: Comisión Nacional de Seguros y Fianzas, *Anuario estadístico de seguros y fianzas* y *Actualidad en seguros y finanzas,* varios años, México.

No obstante la mayor importancia de la productividad aseguradora, la gráfica 2.3 nos permite observar su inestabilidad entre 2000 y 2005 y su tendencia a la baja conforme transcurren los años noventa y se acerca la presente década. Destaca la caída de la productividad en 1993-1995 provocada por la crisis financiera (bancaria y monetaria), para ascender en el lapso de 1996 a 2000. El impacto de la crisis económica ha recaído sobre la clase trabajadora y el empleo.

En el período 2000 a 2005 la tasa de crecimiento promedio anual de la productividad del sector asegurador es significativamente mayor a la tasas registradas en la economía y en el subsector servicios financieros: 9.9% promedio anual de crecimiento, frente a 2.0 y 2.9%, respectivamente (cuadro 2.16). Sin embargo se observa la inestabilidad en los ritmos de crecimiento de la productividad ya que en 2001, 2003 y 2005 desciende (véase la gráfica 2.3). No obstante, en comparación con las tasas registradas en los años noventa, la productividad del sector asegurador aumenta sólo un punto porcentual, mientras que en la economía baja 1.3 puntos porcentuales y en el sector servicios financieros disminuye más de uno.

Entre 2000 y 2005 también destaca el nivel del producto generado por cada trabajador del sector asegurador, que en 2000 fue de 5.3 millones de pesos anuales y en 2004 se desplazó a 7.1 millones de pesos, muy superior tanto en el crecimiento como en el volumen de recursos de los trabajadores de la economía en su conjunto y del subsector servicios financieros: en el primer caso, en 2000 un trabajador de cualquier sector económico producía 50 mil pesos de ingresos, en 2004 era de 53 mil; en el subsector servicios financieros, en 2000, un trabajador producía en promedio 310 mil pesos y en 2004, 343 000. Para 2005 la productividad por empleado en el sector asegurador disminuyó a 6.6 millones de pesos, una reducción de -6.2% con respecto a 2004.

Es claro el elevado nivel de productividad del personal asegurador, medido tanto por su producción en pesos — produce millones de pesos frente a los miles creados por los trabajadores de los otros espacios — como en el ritmo de crecimiento de dicha productividad, lo que es resultado de la elevada tecnificación del sector, la importante especialización de los trabajadores, pero también por la caída del empleo.

2.10 Rentabilidad del sector asegurador

La actividad económica se encuentra estancada como resultado de los bajos niveles de crecimiento económico a consecuencia de la desinversión (pública y privada), la caída de la formación bruta de capital fijo y la disminución de la productividad, todo lo cual contrasta con el aumento de la inversión extranjera directa y los niveles de crecimiento de la Bolsa Mexicana de Valores. De esta manera se va configurando un carácter *sui generis* de la estructura económica ante la caída de la tasa de acumulación con orientación financiera.

> [...] la crisis trabaja [...] a partir de mecanismos que permitan la recuperación de las ganancias sin haber correspondencia con el proceso de inversiones. Por ello se actúa sobre la masa salarial para reducirla. El otro dato es el de la tasa de interés y los comportamientos en materia del mercado de valores [Vidal, 2002: 88].

Como pudimos constatar, en el periodo 1980-1989 el producto asegurador crece a un ritmo superior al de la economía, los productos financieros lo hacen a una tasa de 16% en promedio anual real, y seguramente la productividad del trabajo aumenta. Todo ello se refleja en los niveles de utilidad operativa, la utilidad neta y la rentabilidad. *Hay negocio de seguros.*

Cuadro 2.17
SECTOR ASEGURADOR
UTILIDAD DE OPERACIÓN, UTILIDAD NETA Y RENTABILIDAD
1990-2005 (%)

	utilidad de operación	*utilidad neta*	*rentabilidad*	*tasa interés Cetes a 28 días anualizada real*	*diferencia rentabilidad* versus *tasas de interés*
1980			3.7		
1981	27.8	27.4	3.8		
1982	-13.9	8.9	4.4		
1983	-6.4	58.1	8.1		
1984	-35.6	96.3	15.9		
1985	108.4	16.2	17.6		
1986	61.9	44.9	25.0		
1987	65.5	33.5	32.3		
1988	-7.3	-55.6	13.3		
1989	-51.9	52.0	18.5		
1990	63.4	-31.8	13.3	9.2	4.1
1991	17.1	8.5	12.9	2.1	10.8
1992	-15.3	5.5	11.2	4.4	6.8
1993	-39.0	39.1	14.5	7.4	7.1
1994	0.2	-41.9	7.9	7.5	0.4
1995	72.0	37.1	12.5	6.4	6.1
1996	-37.1	-41.0	7.7	7.0	0.7
1997	12.9	-19.8	5.5	5.2	0.3
1998	70.1	-64.5	1.6	7.9	-6.3
1999	-34.5	92.9	2.7	10.1	-7.4
2000	10.5	-199.1	-2.2	6.8	6.8
2001	28.8	-125.3	5.9	7.3	-1.4
2002	-60.3	740.5	4.3	1.5	2.8
2003	-13.3	59.3	7.7	2.4	5.3
2004	-99.8	6.6	7.3	1.8	5.5
2005	100.0	-27.4	5.5	6.1	-0.6
1980-1989	*16.4*	*31.4*	*14.2*		
1990-1999	*12.0*	*-21.5*	*8.9*	*6.7*	*2.2*
2000-2005	*24,306.3*	*75.7*	*4.7*	*4.3*	*0.4*

1980-2005	*5,843.88*	*28.8*	*10.0*

Fuente: Elaboración propia con base en datos de la Comisión Nacional de Seguros y Fianzas, *Anuario estadístico de seguros y fianzas* años de 1990 a 1999 y Resultados de 25 años del sector asegurador mexicano, y Cámara de Diputados, Centro de estudios de las finanzas públicas, *tasa de interés real anual, 1982-2007*, México.

En la década de los ochenta las aseguradoras se apoyaban para la obtención de sus utilidades en el proceso de producción de seguros de manera dominante, mientras que en los últimos quince años, las corporaciones se apoyan fundamentalmente en los mercados financieros para el logro de utilidades más que en el proceso productivo.

Como podemos constatar, en la década de los ochenta, las utilidades netas fueron mucho más estables, con niveles reales de crecimiento elevados: en promedio anual alcanzan 31%, lo que incide en que la rentabilidad, medida como la participación de las utilidades netas en el producto asegurador en su conjunto, haya tenido un promedio de 14.2% de crecimiento en cada año de esa década. Esta situación no se mantendrá en los años siguientes, únicamente las empresas grandes independientes, y fundamentalmente las que son incorporadas a los grupos financieros, logran márgenes de rentabilidad importantes.

Las utilidades son más estables si provienen principalmente del proceso de producción de seguros que si proceden de los mercados financieros, porque éstos son mucho más inestables, más riesgosos y dependen del comportamiento del capital financiero a nivel internacional, que es altamente especulativo.

En la década de los noventa podemos constatar que la utilidad operativa presenta comportamientos negativos por la contracción del mercado asegurador, la acelerada competencia dada la entrada de capitales al sector, la creación de nuevas empresas de seguros desde inicios de esos años, los mayores niveles de constitución de las reservas técnicas y el peso de los costos operativos y de adquisición. A diferencia de los años ochenta, a partir de 1990, la utilidad neta se vuelve mucho más inestable y depende cada vez más de los productos financieros logrados en el mercado de capitales, que de la propia operación sustantiva del negocio de aseguramiento.

El análisis de la rentabilidad en el sector asegurador es sorprendente (cuadro 2.17). En 1990 un inversionista o propietario de una corporación aseguradora obtenía en promedio una tasa de rentabilidad real de 13.3%, es decir, de 100 pesos vendidos (como prima) obtiene de rendimientos 13.3 pesos al año. Es una tasa considerable si la comparamos con la tasa de interés anual de Cetes a 28 días que fue de 9.2% real. De la diferencia entre la rentabilidad obtenida y la tasa de interés el inversionista obtiene un margen financiero de tan sólo 4.1 puntos porcentuales adicionales al invertir su dinero en la empresa de seguros que si lo hiciera en el mercado de capitales no accionario.

Conforme avanza la década de los noventa la situación se va convirtiendo en crítica. En 1994 la rentabilidad se ubica en un nivel de 7.9% frente a una tasa de Cetes de 7.5 lo que otorga al inversionista un margen adicional de tan sólo 0.4 puntos porcentuales. Para 1998 y 1999 el negocio de aseguramiento parece no competir con las tasas de interés: en 1998 la rentabilidad se encuentra en el nivel más bajo de toda la década: 1.6%, frente al aumento de las tasas de interés, 7.9% anual, lo cual las ubica 6.3 puntos porcentuales por arriba de la tasa de rentabilidad. El problema se acentúa en el año siguiente.

Únicamente las empresas más grandes, y especialmente las oligopólicas, han sido las beneficiadas en este proceso de estancamiento, el trabajo de crisis se inclina a su favor. Este aspecto será estudiado en los capítulos siguientes. Baste por ahora señalar que la rentabilidad tiene una tendencia descendente conforme los años de crisis avanzan y que los mercados financieros han desplazado de forma significativa a la inversión productiva de largo plazo en el sector, salvo en los nuevos espacios de pensiones y salud.

En el período 2000 a 2005 la rentabilidad es positiva, especialmente en 2003 y 2004, salvo en 2000.

Por períodos destaca la rentabilidad correspondiente a la década de los ochenta que fue del orden de 14.2% promedio anual, desciende en la de los noventa a 8.9% y todavía más en los años dos mil, a 4.7%. En los 25 años estudiados la rentabilidad registró crecimiento anual de 10 por ciento.

Lo anterior comprueba que en la medida en que los años de crisis avanzan la rentabilidad del mercado asegurador es menor y también cada vez más inestable debido a que en el mercado asegurador existe incertidumbre por la orientación financiera de las empresas, lo que impacta el nivel de las utilidades operativas, las ganancias financieras (productos financieros) y la utilidad neta (resultado financiero). El trabajo de crisis actúa a favor de las aseguradoras oligopólicas y en especial de las aseguradoras integrantes de grupos financieros como veremos en el capítulo tercero.

Conclusión

La política gubernamental con la fijación de tasas de interés elevadas estimula la inversión externa en pesos (la inversión en los mercados de capitales) y propicia que la inversión de largo plazo no sea tan rentable, porque las tasas de ganancia y rentabilidad no alcanzan a cubrir los niveles de interés en los mercados financieros, al menos esa es la situación desde los últimos años de la década de los noventa.

Otro factor importante que conduce a esta situación es la *descapitalización,* que se presenta en forma recurrente en gran número de corporaciones de seguros, lo cual es reflejo de la caída de los márgenes de ganancia: los capitalistas del sector asegurador no han reinvertido sus utilidades o no han capitalizado a sus empresas.

El objetivo esencial de toda empresa capitalista se encuentra en la creación de utilidades y, derivadas de allí, de los mayores márgenes de rentabilidad. Por su parte, la creación de utilidades de operación permite observar si existe o no negocio en la actividad de cualquier empresa, y en el sector asegurador sólo se creó en la década de los ochenta, pero en los últimos quince años no ha sido el caso: no hay negocio de aseguramiento. Esta posición puede ser engañosa porque las aseguradoras han venido incrementando significativamente sus reservas, lo que disminuye sus utilidades operativas, a cambio de incrementar sus utilidades netas por los productos financieros generados en los mercados de capitales. Entre 1990 y 2005 las empresas de seguros se han dirigido a la actividad esencialmente financiera por los factores analizados en este trabajo, que en conjunto han deprimido el mercado de seguros.

Tampoco entre 2000 y 2005 la comercialización de seguros es adecuada porque la utilidad operativa fue negativa. Los productos financieros generados alcanzaron a cubrir esa disminución de 2001 a 2005, pero no en 2000. Esto significa que para que la aseguradora pueda obtener utilidades netas requiere la generación de productos financieros como fuente de ganancia, en este caso la ganancia financiera, porque el negocio de seguros (venta) no se lo permite: la ganancia financiera es la fuente de utilidades más que la ganancia operativa. En el punto 3.6 veremos la influencia específica de la utilidad operativa y de los productos financieros en las ganancias o pérdidas de las empresas.

Otra lectura del nivel de rentabilidad puede encontrarse en la comparación de las tasas de interés en relación con el índice de rentabilidad. Cualquier inversionista que tome la decisión de llevar a cabo la actividad de aseguramiento tiene que considerar tanto la utilidad obtenida actual y pasada como la utilidad futura (esperada) y la tasa de interés presente y futura. Para simplificar el análisis podemos considerar (como lo hicimos para años anteriores) la comparación entre la rentabilidad obtenida entre 1990 y 2005 y la tasa de Cetes a 28 días anualizada para ese mismo período.

Si la tasa de Cetes se encuentra por arriba de la rentabilidad, es obvio que el inversionista quisiera colocar su dinero aprovechando el nivel de esa variable financiera y entonces, demandará Cetes. Por el contrario, si la tasa de Cetes se encuentra por debajo de la rentabilidad, entonces el inversionista tomará la decisión de invertir en el negocio productivo de aseguramiento. Cuando un inversionista asegurador tomó la decisión de adquirir una aseguradora, no la venderá porque tuvo un mal año de rentabilidad, pero sí considerará la posibilidad de buscar alternativas para mantenerla, como elevar la productividad y las ventas, bajar los costos o emplear otras técnicas productivas, y en última instancia fusionar su compañía con otra o venderla.

Lo que importa destacar ahora es que si las tasas de interés se encuentran en niveles elevados, al grado de que compitan con los márgenes de rentabilidad, entonces el inversionista pierde estímulos para invertir su capital en el negocio de los seguros. Las tasas de interés se encuentran por arriba de la rentabilidad entre 1998 y 2001 y en 2005. En el resto del período la rentabilidad se encuentra por arriba, pero la diferencia entre ambas variables es cada vez más pequeña conforme avanzan los años.

Las elevadas tasas de interés no sólo restringen la inversión productiva, también estimulan la inversión especulativa nacional o internacional y perpetúan la crisis de acumulación económica. Los estímulos del gobierno federal a la inversión extranjera en el sector asegurador constituyen elementos importantes para la toma de decisiones; las medidas de desregulación, privatización y apertura, así como las expectativas de ganancias productivas en el mercado de seguros son importantes para la inversión extranjera:

> [...] el control patrimonial de la economía por parte del capital extranjero, [se ha incrementado,] como consecuencia de la promoción de la entrada de capitales para hacer frente al déficit comercial y al pago de servicios de la deuda externa, y para aumentar las reservas internacionales con el fin de asegurar la estabilidad y convertibilidad de la moneda. Ello origina una transferencia creciente de recursos al exterior por concepto de dividendos, amortizaciones e intereses lo que descapitaliza a la economía y la obliga a incrementar su extranjerización" [Huerta, 2006: 90].

La rentabilidad no sólo puede observarse por la relación entre las utilidades y las ventas sino también por la relación entre las utilidades y el capital contable o patrimonio de la empresa, es decir la rentabilidad del capital. Se busca elevar la rentabilidad del capital mediante el mínimo capital invertido, que genere la máxima utilidad posible. Por ello, la práctica de muchas aseguradoras para elevar la rentabilidad ha sido disminuir el ritmo de crecimiento de su capital, *descapitalizando* a la empresa hasta un punto que no estropee la estructura administrativa y logre su óptimo aprovechamiento. Este aspecto será considerado en otro punto del trabajo.

CAPÍTULO TERCERO

ASEGURADORAS DE GRUPOS FINANCIEROS E INDEPENDIENTES. DIFERENCIAS ECONÓMICO – FINANCIERAS, OLIGOPOLIO Y RENTABILIDAD

ASEGURADORAS DE GRUPOS FINANCIEROS E INDEPENDIENTES. DIFERENCIAS ECONÓMICO – FINANCIERAS, OLIGOPOLIO Y RENTABILIDAD

Resumen

El análisis microeconómico de este capítulo identifica el redimensionamiento corporativo con perfil financiero y destaca las diferencias económicas y financieras, de las corporaciones, de acuerdo al empleo de técnicas intensivas en capital y su efecto en la productividad, el carácter oligopólico, los niveles de utilidad y rentabilidad, y su funcionamiento en el ciclo económico en el marco de crisis. Observa la importancia de cada tipo de producto en las ventas y en la utilidad generada y las clases de oferta (diversificada y especializada) y sistemas de distribución que hay en cada corporación.

Introducción

La teoría financiera señala que las utilidades generadas por las empresas grandes independientes (AIG) o integradas a grupos financieros (AGF) crecen menos que las medianas y pequeñas (AMP) porque tienen un mayor nivel de apalancamiento y pagan menores dividendos a los accionistas. También esa teoría establece que en el largo plazo las grandes empresas tienen un crecimiento más estable. [Mantey, 1983; Hoshi, *et al* 1990ª y 1990b entre otros]. Sin embargo, la evidencia empírica mostró que las utilidades y rentabilidad de las AGI crecen más que en las AMP, y particularmente las AGF tienen los mayores márgenes de rentabilidad (véase el cuadro 3 anexo).

Se comprobará que las empresas grandes (AGI y las AGF) emplean tecnologías más intensivas en capital que las empresas pequeñas e independientes (AMP), sus costos unitarios son bajos y tienen acceso a mayores fuentes de financiamiento. En las AGF, el banco es acreedor y participa como accionista de las corporaciones, sus activos financieros son más rentables y menos riesgosos, porque todas las empresas invierten la mayoría de los recursos financieros en renta fija y las AGI y AGF lo hacen en grandes volúmenes, el crecimiento de sus ventas (producto asegurador) y el de sus productos financieros es más estable, contratan poca mano de obra por unidad de producto y el ritmo de crecimiento de sus utilidades es más estable a lo largo del tiempo y más alto.

También se constatará que en la fase de auge económico el sector asegurador crece, y las utilidades de las corporaciones aseguradoras integradas (AGF) lo hacen más que las utilidades de empresas pequeñas o competitivas; mientras que en el momento de recesión económica, la caída de las utilidades es menor debido al *carácter oligopólico de aquéllas*: en cualquiera de las dos fases del ciclo el nivel de utilidades de las AGF se encuentra por arriba del de las pequeñas aseguradoras. Lo anterior se debe a que las AGF son enormemente líquidas y cuando se da la fase de depresión suben las tasas de interés y logran extraordinarias ganancias financieras, más altas que las de aseguradoras medianas y pequeñas; mientras que en la fase de alza colocan seguros en niveles importantes que generan utilidades operativas y las complementan con las más grandes ganancias financieras logradas en los mercados financieros, a pesar de que en esta última fase las tasas de los distintos instrumentos financieros sean más bajas que en crisis.

Las AGF aprovechan todas las tecnologías, sistemas y procedimientos de las empresas del conjunto del grupo financiero y generan sinergias a las que no pueden acceder las aseguradoras independientes, lo que les permite ahorrar costos de administración y de intermediación (costos de adquisición) para colocar los seguros. También pueden administrar sus reservas técnicas y demás recursos financieros a menores costos ya que se apoyan en las casas de bolsa y bancos del conglomerado para colocarlos en los mercados financieros.[35] Finalmente,

[35] Cuando un banco otorga un crédito hipotecario, este va acompañado de varios seguros: uno de vida para que en caso de fallecimiento del deudor pueda cubrirse el principal y otro de daños contra incendio o robo del inmueble hipotecado; o cuando se trata de un crédito al consumo, como es el caso de la adquisición de un automóvil, se asocia al seguro de auto el de accidentes.

los mercados internos al grupo son muy importantes para reducir la contratación de personal, abatir costos, vender toda clase de productos entre los empleados que lo integran; también comparten la cartera de los clientes de todas las empresas asociadas.

Todo ello deriva en la obtención de las más altas utilidades y tasas de rentabilidad del sector asegurador.

La conglomeración tiende a aplicarse más en aseguradoras grandes, que hacen hincapié en líneas de negocios personales y de daños, que utilizan sistemas de distribución verticales y/o son relativamente eficientes para producir utilidades; mientras que la especialización, tiende a aplicarse más en aseguradoras que son pequeñas, destacan las líneas de productos comerciales, por lo general ofrecen un solo producto, utilizan sistemas de distribución no integrados, y son relativamente ineficientes para producir utilidades.

El análisis económico y financiero de las AGI y de las AGF configura un aspecto central para identificar las causas que determinan el peso específico de estas corporaciones en el mercado de seguros. La estructura oligopólica de estas aseguradoras se encuentra directamente asociada con el empleo de técnicas intensivas en capital, lo que define un rasgo distintivo de las aseguradoras grandes o integradas a los grupos financieros. Tres elementos definen el dominio de las AGF y las AGI en el mercado de seguros: el carácter oligopólico, el uso intensivo de técnicas de capital y su mayor presencia en los mercados financieros.

También es importante destacar el poder de las aseguradoras transnacionales; en general el de la gran corporación multinacional llega a ser tal que puede ubicar su matriz donde le resulte estratégico para el logro de sus objetivos y va mucho más allá de la capacidad de los gobiernos nacionales, comprende una fuerza tan grande que no hay mecanismo de regulación local que pueda controlarlas. Si además, el mercado de seguros ha sido desregulado, esas corporaciones aprovechan la enorme oportunidad para expandirse. En relación con estas empresas es importante destacar algunos aspectos:

Recientemente, las distintas oficinas del conglomerado ofrecen seguros de pensiones y salud para extender sus medios de venta y distribución.

1. En el mercado asegurador mexicano ocho aseguradoras transnacionales conocidas como *globales*, las más grandes en el nivel mundial, controlan 13 aseguradoras:
2. Las aseguradoras de las corporaciones *globales* en comparación con el mercado en su conjunto tienen mayores costos de adquisición, siniestralidad y costos de operación; su relación activos/pasivos es mayor y tienen mayores ganancias financieras que el resto de las empresas del mercado.

Cuadro 3.1
PRESENCIA DE LAS GRANDES ASEGURADORAS TRANSNACIONALES EN MÉXICO

nombre de la aseguradora transnacional	ranking *mundial en 2004*	*cuota mercado mundial (%)*	*denominación de la aseguradora en México*	*participación en el mercado asegurador mexicano en2005 (prima emitida) (%)*
AIG (EUA)	1	1.4	AIG, México Seguros Interamericana	3.6
			AIG México, Cía. de Seguros de Vida	0.6
METROPOLITAN LIFE (EUA)	2	3.2	Met Life	15.4
			Met Life Pensiones	0.1
ALLIANZ (Alemania)	4	3.0	Allianz México	1.6
ING (Países Bajos)	5	2.5	ING Seguros (Comercial América)	13.3
			Pensiones Comercial	0.1
NEW YORK LIFE (EUA)	19	1.2	Seguros Monterrey New York Life	4.7
ZURICH (Suiza)	21	1.0	Zurich, Cía. de Seguros	2.1
			Zurich Vida, Cía de Seguros	0.3
PRINCIPAL LIFE (EUA)	22	1.0	Principal México, Cía. de Seguros	0.1
			Principal Pensiones	0.3
SKANDIA (Suecia)	38	0.5	Skandia Vida	0.0
TOTAL (8 GRANDES)		13.8	13 ASEGURADORAS	42.2

Fuente: Elaboración propia con base en información de Reaseguradora Swiss Re (2005), *Revista Sigma*, "En proceso de concentración: los *globals* lideran las fusiones y adquisiciones en el seguro de vida", núm. 1, 2006 y Comisión Nacional de Seguros y Fianzas, *Actualidad en seguros y fianzas*, 2005.

3. En general las empresas oligopólicas independientes que incluyen a las más grandes empresas globales concentran 38.3% de las primas del mercado (algunas AGF pertenecen a las empresas oligopólicas), sus costos de adquisición y siniestralidad son menores que en el resto de las empresas porque tienen una gran colectividad asegurada (clientes) que les permite disminuir los costos por unidad en relación con la de otras empresas, a pesar de que cuentan con una enorme fuerza de ventas para colocar todo tipo de productos. Lo anterior se refleja en los bajos niveles de costos de operación debido al empleo de técnicas intensivas en capital, a pesar de que su margen de ingresos a costos totales es menor que el registrado en el sector en su conjunto; su nivel de apalancamiento es elevado, lo que se refleja en su estructura financiera (pasivo/capital) que es mayor que el mercado. Todo ello ha significado que su rentabilidad sea mayor que en las empresas medianas y pequeñas, pero menor que en las integradas.
4. Las ganadoras del proceso de crisis y de los procesos de apertura y desregulación parecen haber sido las empresas integradas a los grupos financieros (AGF). Esas empresas concentran 34.1% de las ventas del mercado asegurador (véase el cuadro 3.2). Las AGF tienen altos costos de adquisición porque cuentan con diversos agentes de seguros y personal especializado en la promoción de sus productos, lo que aumenta sus gastos de comercialización, a pesar de que sus empleados promueven los distintos servicios mediante la amplia red de sucursales del sistema bancario. Estas aseguradoras pagan elevados márgenes de siniestralidad porque su estructura financiera les permite ofrecer productos con mejores coberturas a los clientes mediante productos de aseguramiento integrales (seguros de vida, de accidentes, de gastos médicos, seguros de auto, y de daños para las empresas) o porque las sumas aseguradas de sus productos son mayores que las propuestas por el mercado.

Cuadro 3.2
INDICADORES FINANCIEROS DEL MERCADO ASEGURADOR
Empresas aseguradoras grandes independientes, integradas a grupos financieros y medianas y pequeñas
2005

indicador	*mercado*	*grandes*	*grupos financieros*	*pequeñas y medianas*
Cuota de mercado	100.00	38.3	34.1	27.6
Costo de adquisición (costo neto de adquisición / prima retenida	15.0	Menor	Mayor	Mayor
Costo de siniestralidad (costo neto de siniestros / prima retenida devengada	50.6	Menor	Mayor	Menor
Costo de operación (gastos de operación / prima directa)	8.6	Menor	Mayor	Mayor
Rentabilidad de venta (utilidad o pérdida del ejercicio / Prima retenida)	5.4	Menor	Mayor	Menor
Margen de ingresos sobre costos [1 + (productos financieros / prima retenida) – suma de los costos]	16.06	Menor	Menor	Mayor
Apalancamiento (deudores por prima / reserva de riesgos en curso)	0.18	Mayor	Mayor	Menor
Estructura (pasivo / capital contable) número de veces	6.5	Mayor	Menor	Menor

Fuente: Elaboración propia con base en información de la Comisión Nacional de Seguros y Fianzas, *Actualidad en seguros y finanzas*, 2005. México.

Nota: Las empresas oligopólicas son seis: Grupo Nacional Provincial, MetLife México, ING Comercial América, Seguros Inbursa, Seguros Monterrey New York Life y Seguros BBVA Bancomer. Las empresas integrantes de grupos financieros (AGF) son 15 (dos de ellas son oligopólicas): Seguros Inbursa, Seguros BBVA Bancomer, Seguros Banorte Generali, Seguros Banamex, Aseguradora Interacciones, HSBC Seguros, Pensiones BBVA Bancomer, Seguros Santander Serfín, Pensiones Banorte Generali, Seguros Afirme, Patrimonial Inbursa, Pensiones Inbursa, Pensiones Banamex, HSBC Pensiones y Preventis. Las empresas medianas y pequeñas son 67 empresas.

Las empresas AGF, tienen más bajos costos de operación que las pequeñas y medianas y por ello sus márgenes de ingresos con respecto a los costos totales también son más reducidos que en el resto de las empresas. No obstante hace uso de técnicas muy intensivas en capital, son empresas muy apalancadas y pagan bajos costos por el financiamiento. Las AGF cuentan con una menor participación de su capital contable respecto de sus pasivos que las AGI, lo que significa que su carga de compromisos es menor que en el conjunto de las empresas aseguradoras, las empresas integradas son corporaciones con elevados niveles de inversiones financieras y aprovechan las oportunidades de sus mercados internos (como veremos en el capítulo 4). Todos esos factores: menores costos de operación en relación con las empresas medianas y pequeñas, y un elevado apalancamiento pero a bajo costo constituyen factores que inciden para que este grupo de empresas logren los mayores volúmenes de utilidades y que su rentabilidad sea la mayor del mercado.

5. Las empresas pequeñas y medianas sólo participan con 27.6% del mercado. Los costos de adquisición de estas empresas son altos, aunque únicamente venden productos especializados, generalmente promovidos por medio de sistemas telefónicos y anuncios de radio. Como sus productos son especializados no emplean una fuerza de ventas considerable; sin embargo, sus costos operativos son los más elevados porque su escala de producción es más baja que el de las empresas oligopólicas, emplean técnicas menos intensivas en capital que las grandes o las integradas a grupos financieros, tiene bajos niveles de apalancamiento porque es muy costoso para ellas, y por ello su estructura de pasivos a capital es menor. Todo ello repercute en que logren los menores márgenes de rentabilidad del mercado asegurador.

Con estos antecedentes, pasaremos al análisis más profundo de la composición microeconómica de cada aseguradora y al estudio de los determinantes de su funcionamiento. Para ello, hemos dividido el capítulo en los siguientes temas: el primero lo denominamos el *redimensionamiento del gobierno corporativo con énfasis en el espacio financiero*, aspecto que no es *nuevo* pero que en las empresas de seguros ha tomado impulso en los años recientes; se investigan sus principios, políticas e instrumentos y se da cuenta de las evidencias empíricas de su aplicación. El segundo, hace referencia a la utilización de técnicas intensivas de capital donde destacan las empresas más grandes lo que incide en su grado de oligopólio y en los resultados de su productividad. En los temas siguientes se muestran los niveles de utilidad y rentabilidad de las empresas AGI y las AGF en comparación con las medianas y pequeñas (AMP); su comportamiento en el ciclo económico; el peso particular de cada uno de los productos que comercian y su contribución en las utilidades generadas; asimismo, se estudia el efecto de la utilidad operativa y de los productos financieros en la creación de la ganancia o pérdida financiera. El trabajo finaliza con la identificación de las causas por las cuales las aseguradoras grandes venden productos de aseguramiento integrales, si se encuentran más diversificadas y si poseen mayores medios de distribución y promoción para la venta de sus productos.

3.1 Principios de la economía financiera

La *economía financiera* (las finanzas) estudia la toma de decisiones financieras de las empresas, en nuestro caso las aseguradoras, y el público inversionista y las relaciones que entre ellos se establecen mediante los mercados e instituciones financieras, identifica el impacto de la regulación y la naturaleza de las decisiones financieras públicas en los mercados y el papel de los mercados financieros y las instituciones en el desarrollo económico. [Ortiz, 2007, 5: 4]

Desde el ángulo de la economía financiera, el dinero fue considerado por la teoría de Fisher [1930] como un *flujo*, en el que el dinero cambia de manos constantemente como resultado de las transacciones que realizan entre sí los agentes económicos y donde la oferta de fondos prestables — o nivel de ahorro de los individuos y las familias que depende de sus ingresos, la tasa marginal de consumo y la tasa de interés como recompensa por ahorrar — se *equilibra* con la demanda de fondos (préstamos e inversiones) de las empresas, a una tasa de interés determinada. Por su parte, de acuerdo con la *teoría de las preferencias por la liquidez* [Keynes, 1937] el dinero también puede ser empleado como *acervo,* es decir se le demanda tanto como medio de la tenencia de la riqueza, así como medio de cambio.

En esta investigación, se emplea la información financiera generada en los estados de resultados y los balances financieros de las corporaciones aseguradoras. La información de los estados de resultados se refiere a los *flujos de dinero* creados por los ingresos por primas (ventas de seguros), los costos de adquisición, los gastos operativos, los costos de siniestralidad, la utilidad operativa, el incremento de las reservas, los productos financieros y las utilidades netas; por su parte, la información de los balances financieros se refiere a los *acervos* (*stocks)* integrados a lo largo del tiempo en la forma de activos, pasivos y capital y de todos los movimientos que los componen.

> Keynes rechazó el papel pasivo de los precios, y el dinero es más que un medio de intercambio para las transacciones en el mercado. Los agentes económicos demandan dinero en función de la riqueza que poseen y las actividades que realizan. Tres son los motivos que determina la demanda de dinero: transacción; precaución; y especulación. Esto es, los agentes económicos no sólo demandan el dinero como medio de intercambio; dividen sus tenencias monetarias en tres tipos de demanda de liquidez de acuerdo a los motivos indicados. En éste respecto los determinantes de la tasa de interés de equilibrio son los factores que influencian la oferta y demanda en el mercado de dinero. [Ortiz, 2007, 4: 10]

3.1.1 Inversiones y tasas de interés

Un alza en las tasas de interés se refleja en una disminución en el precio de los bonos en posesión de las aseguradoras lo que les puede ocasionar una pérdida de capital si liquida su inversión. En la economía existen alternativas de inversión en títulos con diferentes plazos de vencimiento. En general, las tasas de interés de los títulos a largo plazo son más altas que los títulos a corto plazo, porque el poseedor de dinero cuenta con menos liquidez en más tiempo y de esta forma se premia su menor disposición de capital. Por tanto el agente económico no sólo tiene la alternativa de invertir en efectivo sin riesgo, y en bonos con riesgo a largo plazo. Sus opciones son invertir en títulos de largo plazo con rendimientos altos, o en títulos de corto plazo con rendimientos más bajos. El agente económico tiene ante si la opción de invertir en tasas de interés bajas a corto plazo y tasas de interés a largo plazo cada vez más altas conforme se incrementan los plazos de vencimiento, desde títulos de corto plazo libres de riesgo hasta títulos de largo plazo con alto riesgo. [Ortiz, 2007, 4: 14]

> Ante la existencia de múltiples alternativas de inversión, las empresas financian primero a los proyectos más rentables prosiguiendo con los menos rentables: por tanto no realizan **inversiones** cuyo rendimiento sea menor al costo del dinero; la **tasa de interés**. Las utilidades de cada uno de los proyectos adicionales, conforme se incrementa la inversión, es la productividad marginal del capital; conforme crece la inversión y se aceptan más proyectos, las utilidades adicionales descienden, pues los proyectos adicionales son cada vez menos rentables. Así, mientras más alta sea la tasa de interés, menos inversiones se llevan a cabo, y mientras más baja es la tasa de interés, más inversiones se realizan; proyectos que con una tasa de interés alta no son atractivos, son redituables con un costo de dinero bajo. [Ortiz, 2007, 4: 3-4]

La *teoría de los fondos prestables* (*loanable funds*) [Wicksell, 1936 y Robertson, 1940] y la *teoría keynesiana* identifican alternativamente la tasa de interés de equilibrio. Sin embargo, ninguna reconoce con suficiente claridad la presencia de tasas de interés de diferentes niveles para títulos de diferentes plazos. Básicamente la curva de rendimientos de títulos de endeudamiento de diferentes plazos es una curva cóncava hacia arriba; mientras más lejanos son los plazos de vencimiento, más altas son las tasas de interés. [Ortiz, 2007, 4: 16]

Con respecto a las acciones, no debe ser lo mismo, por ejemplo, invertir en acciones de una empresa grande y bien establecida, que el invertir en una empresa nueva, pequeña y dedicada a la producción o venta de un nuevo producto en el mercado. El rendimiento de los títulos de la primera empresa debe ser menor que en la segunda, pues sus títulos son más estables; en cambio las operaciones de la segunda empresa pueden ser promisorias pero involucran un mayor nivel de riesgo, mayor volatilidad en el flujo de sus operaciones. Así los riesgos que asume una empresa en sus operaciones se reflejan en los rendimientos de sus títulos negociados en el mercado.

La *teoría pura de las expectativas* no toma en cuenta los riesgos que se incurren al invertir los títulos de largo plazo. Mientras mayor sea el plazo de su vencimiento, mayor es su riesgo pues el bono está sujeto a mayores lapsos de volatilidad y posibles riesgos de insolvencia. Dos teorías se han avanzado para sobreponer esta limitación: la *teoría de la liquidez*, y la *teoría del habitat preferido*. Ambas versiones también conforman lo que se conoce como *teoría sesgada de las expectativas*.

La *teoría de la liquidez* modifica la teoría pura de las expectativas, tomando en cuenta la incertidumbre de eventos futuros. Bajo esta teoría las tasas de interés a largo plazo deben ofrecer una prima sobre el promedio geométrico de las tasas a corto plazo; deben ofrecer una prima al riesgo de liquidez. El comportamiento opuesto de inversionistas (prestamistas de fondos) y acreedores (prestatarios) explica esta situación. Debido a la incertidumbre, los inversionistas tendrán una marcada preferencia por los títulos a corto plazo debido a su liquidez; *su pronto vencimiento asegura que el principal no pierda su valor; lo que sí sucedería con los títulos de largo plazo*. Por esta razón la demanda por títulos de largo plazo es reducida y para incentivarla este tipo de títulos debe ofrecer una prima para que los inversionistas cambien sus horizontes de inversión (de corto plazo) preferidos. Los acreedores, en cambio, prefieren hacer préstamos a largo plazo porque los préstamos a corto plazo tienen un mayor riesgo de refinanciamiento si las condiciones económicas son desfavorables. De ahí que las empresas emisoras de títulos de endeudamiento, *ceteris paribus*, estén dispuestas a pagar tasas de interés más altas por los títulos de largo plazo. [Ortiz, 2007, 4: 24]

La *teoría del habitat preferido* también afirma que la estructura de las tasas de interés a plazos se basa en las expectativas de los inversionistas respecto de las tasas de interés de corto plazo más una prima, en este caso una prima no debe crecer uniformemente conforme crece el vencimiento del título de endeudamiento — la prima solo crecería uniformemente si los inversionistas tienen la intensión de liquidar sus tenencias lo más pronto posible — mientras que los prestatarios desean tener préstamos a largo plazo. El invertir a plazos cortos sujetaría a los inversionistas al riesgo de reinversión (caída en las tasas de interés de los vencimientos de corto plazo). Igualmente, si invierten a plazos mayores de los debidos, estarían sujetos al riesgo de pérdida en el precio del activo (riesgo de precio) debido a alzas en las tasas de interés. Los prestatarios pueden encontrarse en situaciones similares; las instituciones crediticias, en particular, cuentan con una estructura especial en sus pasivos, que les obliga a responder con una estructura idónea en sus activos. Así como prestamistas y prestatarios tienen diferentes rangos de oferta y demanda de fondos para plazos específicos de vencimiento, los títulos de largo plazo deben compensar con una prima que refleje el riesgo de reinversión o riesgo de precio.

La *teoría de la segmentación de los mercados* es conocida como una teoría institucional, o teoría de la presión de cobertura (*hedging-pressure theory)* y afirma que existe una segmentación, cierta independencia, entre los mercados de títulos de endeudamiento de diferentes plazos de vencimiento. Los inversionistas no son indiferentes entre invertir a corto o largo plazo; e igualmente los prestatarios no son indiferentes entre emitir obligaciones a corto o a largo plazo. Los inversionistas tienen una marcada preferencia por invertir a corto plazo a invertir a largo plazo; y situación similar se presenta con los emisores. En cada mercado hay una curva de demanda y de oferta que determina la respectiva tasa de interés de equilibrio. La *teoría de las expectativas* parece ignorar esta posibilidad; tanto inversionistas como prestatarios son indiferentes entre corto y largo plazo, excepto a diferencias en las tasas de interés derivadas de cambios esperados. A su vez, la *teoría de la liquidez* afirma la existencia de un sesgo hacia arriba de las tasas de interés a plazos largos, la curva de rendimientos se encuentra por arriba de la curva de rendimientos derivada de la *teoría de las expectativas*. Finalmente, la *teoría de la segmentación de los mercados* acepta la teoría de la liquidez como una descripción alternativa del comportamiento de los inversionistas con diferentes horizontes de inversión y tasas de interés de diferentes plazos.

Al analizar la inflación de la economía y su relación con las tasas de interés en mercados imperfectos, a pesar de que la inflación esperada sea decreciente, las tasas de interés a largo plazo pueden permanecer altas, lo que puede incentivar el ahorro a largo plazo, pero desincentivaría la inversión real; ésta sería pospuesta para emprender proyectos correspondientes para cuando las tasas de interés a largo plazo bajen a los niveles de equilibrio correspondientes. [Ortiz, 2007, 4: 27]

3.1.2 Rendimiento y riesgo

Las finanzas modernas resaltan la relación *riesgo-rendimiento* en la toma de decisiones. [Ortiz, 2007, 5: 6]. La economía financiera tiene entre sus pilares de conocimiento y toma de decisiones a la teoría de la utilidad, la teoría de los mercados eficientes, la teoría de la cartera — *capital asset pricing theory CAPM y arbitrage pricing theory APT* —; las teorías alternativas sobre el equilibrio de los mercados cambiarios; la teoría de la agencia y gobernancia corporativa (la estructura de control y propiedad de la corporación a que hicimos referencia en el inciso 3.1); la teoría de la estructura del capital, y la teoría de la fijación de los precios opciones y derivados (OPT). [Ortiz, 2007, 5: 6] El núcleo de todo este pensamiento gira alrededor de las inversiones en los mercados financieros y su vinculación con las finanzas empresariales. [Ortiz, 2007, 5: 7]

Bajo los principios de la teoría de la agencia y la información asimétrica, mientras más certidumbre haya en los ingresos, mayor es la eficiencia de un mercado. De ahí que los mercados financieros de renta fija sean relativamente más eficientes que los mercados accionarios de renta variable. Los mercados emergentes se caracterizan por ser delgados (poco extensos en cuanto a sus integrantes y reducidos en sus volúmenes de capital) y faltos de información disponible.

Importantes estudios cuestionan la *racionalidad del mercado* debido a que ha sido posible identificar la existencia de anomalías o patrones de comportamiento asociados con ganancias excesivas del mercado. Entre estos patrones sistemáticos de ganancias extraordinarias se encuentran: el tamaño de la empresa (rendimientos más altos para acciones de empresas más pequeñas), el efecto de valor en libros/valor de mercado (rendimientos más altos asociados con coeficientes más altos valor en libros/valor de mercado), la anomalía del múltiplo precio/utilidades (mayores rendimientos para múltiplos más bajos), el efecto de los lunes (menores rendimientos ese día), los efectos de calendario (rendimientos más altos en enero para empresas pequeñas; rendimientos bajos los días lunes, etcétera); excesos de volatilidad, *crakcs* bursátiles, especialmente el *crack* mundial de la bolsa de octubre de 1987 en México, y sobre-reacciones del mercado. [Ortiz, 2007, 5: 12]

Algunos autores [Haugen *et. al.*, 1995] consideran que los conocimientos basados en la eficiencia de los mercados deben verse como finanzas antiguas. En las nuevas finanzas el punto de partida es el considerar a los mercados de valores como imperfectos y sobre-reactivos. Puede darnos la impresión de que los distintos teóricos a favor de los mercados de capitales buscan justificar que estos mercados tienen cierta racionalidad y son eficientes (en su operación y manejo de la información) para que se invierta en ellos, cuando en realidad solo algunos se benefician: los mercados de capitales no tienen un comportamiento aleatorio, son imperfectos y sobre-reactivos, las acciones en crecimiento son sobrevaluadas por la ineficiencia y la elevada sensibilidad (volatilidad) en su manejo.

La tasa de interés de los bonos emitidos se fija contractualmente, mientras que el rendimiento de las acciones no. La relación entre los precios de los bonos y las tasas de interés es inversa. Si hay un alza en las tasas de interés el precio de los bonos desciende pues el flujo de pagos contractual no cambia y solo con un precio (inversión) menor se obtendría el rendimiento requerido. Lo contrario sucedería si hay una baja en las tasas de interés. Finalmente, debe señalarse que el rendimiento de un bono depende del número de años que aún quedan vigentes en su contrato. El precio del bono *Pb* es igual al valor nominal del bono *m* dividido entre el rendimiento requerido o rendimiento al vencimiento *r*:

$$Pb = \frac{m}{r}$$

El resultado de la decisión de invertir está sujeto a la incertidumbre. A esta se la cuantifica con medidas de riesgo, esencialmente medidas de volatilidad de los rendimientos. Riesgo y rendimiento son, por tanto, las características fundamentales de todo activo. [Ortiz, 2007, 5: 24]

Por su parte, las acciones no tienen plazo de vencimiento y el precio de las acciones *Pa* — preferentes (sin derecho a voto pero con preferencia en el pago de dividendos) o comunes (no preferentes aunque con derecho a voto) — esta dado por el cociente entre los dividendos *d* y la tasa de rendimiento requerida *r:*

$$Pa = \frac{d}{r}$$

en el caso de las acciones, el pago de dividendos con una tasa de crecimiento en sus pagos mejora el precio de las acciones comparado con el precio en el cual los dividendos de una empresa son constantes. El riesgo de los rendimientos de los bonos está dado por la desviación estándar, *tb,* de los rendimientos periódicos de este valor, por ejemplo los rendimientos diarios, semanales, mensuales o anuales. La desviación estándar de los rendimientos de los bonos se calcula siguiendo las fórmulas estadísticas tradicionales.

3.2 El redimensionamiento del gobierno corporativo con prioridad hacia lo financiero: principios, políticas e instrumentos

Antes de mostrar la aplicación concreta del *gobierno corporativo enfocado al espacio financiero*, los mercados de capitales, en las empresas de seguros en México, veamos primero su soporte teórico.

El término *gobierno corporativo* se refiere esencialmente a la forma de propiedad y control de la empresa. El gobierno corporativo se basa en dos paradigmas para el financiamiento y desarrollo de las empresas: el tipo *crediticio* (japonés, francés) denominado *overdraft economy* (economía de endeudamiento) donde la institución bancaria apoya con recursos el crecimiento de la corporación, y el de tipo *bursátil* (anglosajón) *autoeconomy* (economía de fondos propios) mediante la colocación de acciones y bonos de deuda corporativos como forma de financiamiento

[Hicks, 1974]. En el sector asegurador mexicano, el primer tipo parece ir compartiendo cada vez más su lugar con el segundo debido a la mayor relevancia de la economía norteamericana en el país y a las aseguradoras que tienen origen estadounidense.

El sector bursátil desempeña dos importantes funciones: a] proporciona financiamiento a las empresas, a pesar de que las emisiones netas de acciones han sido negativas, y b] garantiza la solidez y la movilidad de las reestructuraciones industriales. En este tipo de dirección corporativa lo importante es financiarse a través de la emisión de acciones y el ahorro empresarial y donde la emisión de títulos supera al crédito bancario e implica el tránsito desde una estructura administrativa donde participan accionistas propietarios, accionistas minoritarios, empleados, clientes y proveedores conocida como *stakeholder*, hacia una estructura donde lo único importante es el accionista, *shareholder* y soportado en un método de dirección basado en los estímulos a los ejecutivos.

El modelo de gobierno corporativo anglosajón establece que los accionistas y los directivos tienen intereses contradictorios (problemas de agencia): los directivos tratan de mantener sus objetivos en términos de poder y de remuneración, gracias a la información privilegiada de que disponen lo que reduce el poder de los accionistas y los ingresos de éstos. Para reducir las *asimetrías de información* los inversionistas presionarán a las empresas para ajustarse al modelo ideal (el diseño específico de la corporación para hacer llegar información de calidad a los accionistas, atender sus derechos y obligaciones (a una acción corresponde esa acción más un dividendo), la composición del consejo de administración para atender exclusivamente los intereses de los accionistas , la eliminación de las medidas que impidan la compra de una empresa a través de la bolsa de valores mediante el procedimiento de la oferta pública de adquisición (OPA), y la remuneración de los directivos incitándolos a maximizar el valor de las acciones.

Un elemento central que ha conducido al *redimensionamiento administrativo* de las corporaciones aseguradoras en México y a que asuman un *perfil financiero más que productivo* es la aplicación e instrumentación de los principios, políticas y estrategias de la teoría del gobierno corporativo del segundo tipo (bursátil) que privilegian el espacio financiero o la creación de fondos propios (*corporate gouvernance of autoeconomy)* o teoría de la agencia (*agency theory*) en las estructuras de organización,[36] un perfil de financiamiento de *fondos propios basado en el ahorro empresarial (disminución de costos) y en la emisión accionaria, como formas de financiamiento corporativo* esencial. Lo que nos llama la atención no es que las corporaciones se financien a través de los mercados de capitales *sino que lo hagan de manera especulativa en detrimento de la inversión productiva de largo plazo con efectos en el nivel de empleo y generando inestabilidad financiera.*

Si esta estrategia no es nueva en su aplicación, si reviste especial importancia desde la apertura del mercado asegurador a nivel mundial espacio que corre acompañado de la internacionalización de los mercados financieros. La búsqueda de la ganancia define, en ocasiones, estrategias corporativas dirigidas a la acumulación productiva y, en otros momentos, a la acumulación especulativa, pero visto en su conjunto se trata del proceso integral de acumulación de riqueza capitalista. En los últimos años, en torno al proceso de crisis económica, observamos que en las corporaciones aseguradoras:

Podemos considerar que todas las empresas buscarán disminuir sus costos y emitir acciones como forma de financiamiento y entonces las estrategias del gobierno corporativo de tipo anglosajón que privilegian el mercado bursátil como forma de financiamiento, frente al crédito bancario, se caracteriza por el énfasis puesto por la corporación a los mercados financieros, a la atención de la fijación de la utilidad *ex ante* al proceso de generación de los seguros en un período fiscal determinado y a la aplicación de agresivas estrategias organizacionales para enfrentar la competencia y la apertura económica como las fusiones y adquisiciones, la reducción acelerada de los costos, la reingeniería de procesos y la descapitalización de las empresas todas ellas con el propósito de mantener o aun elevar las utilidades y el valor de la corporación.

---

[36] Los defensores esenciales de esta teoría son M. Jensen , 1986 y M. Jensen; W. H. Meckling, 1976.

Con el propósito de comprender el significado económico de este concepto y su aplicación en las empresas aseguradoras es indispensable investigar sus formas de funcionamiento en las organizaciones y, específicamente, el método de extracción del excedente económico que emplean.

Se trata de un desempeño microeconómico vinculado fuertemente con las tendencias macroeconómicas de la economía nacional e internacional, de competencia y liberalización de las relaciones comerciales y de inversión financiera.

> [...] no es la inversión productiva la que se beneficia del desarrollo del mercado de capitales, sino que es la actividad bursátil la que aprovecha la abundancia de fondos en busca de un destino. Como quiera que la llegada de capitales a los mercados no [logró traducirse] en incrementos de capital — es decir, en emisiones de títulos — acabó estimulando la búsqueda de plusvalías financieras, en detrimento de la inversión real. [Halary, 2000, 79]

En este contexto, la teoría del gobierno corporativo con énfasis en el espacio financiero destaca el valor de las empresas y el valor del accionista. El proceso de generación de valor en el proceso productivo y su crecimiento en el largo plazo es secundario al priorizarse el valor de la empresa en los mercados financieros.[37]

En la fase de crisis, las corporaciones obtienen los recursos con base en un perfil dirigido a la *financiarización* de la gestión de las empresas [Plihon, 2000, 23]. Esta situación parece tener dos repercusiones sobre la economía: la inestabilidad financiera y el efecto de los riesgos que ésta conlleva sobre los trabajadores.

Con respecto al primer efecto, la inestabilidad financiera generada por el crecimiento del financiamiento mediante los ahorros y la emisión

[37] Como vimos al inicio de la investigación las corporaciones aseguradoras llevan a cabo procesos productivos generadores de valor — en el espacio estrictamente productivo al generar los seguros — y son apropiadoras de valor — en el espacio financiero y especulativo — éste último aspecto tiene mayor relevancia en la fase de crisis.

accionaria tiene una tendencia creciente. La acumulación del ahorro se ha debido a que las empresas han dejado de capitalizarse por la contracción de la inversión de las empresas, es decir, han sido inducidas en procesos de descapitalización, y los recursos los han canalizado al pago de amortizaciones, a las inversiones financieras o a la compra de las propias acciones emitidas por las aseguradoras, a fin de elevar su cotización en la bolsa.

En la medida en que la desregulación se profundiza y la globalización y apertura de los mercados financieros se prolonga, se conforma un círculo perverso: la búsqueda del valor accionario como objetivo esencial de las corporaciones aseguradoras las conduce hacia una rígida y difícil competencia que ha afectado la estabilidad de las utilidades por la oscilación de los ingresos de seguros, lo que implica hacer cada vez más impredecible el valor de las empresas en el mercado.

La distribución del valor en favor de los accionistas en detrimento de los asalariados

Con respecto al segundo efecto, la gestión corporativa orientada hacia el ámbito financiero, repercute en los trabajadores. La utilidad neta era considerada como una variable residual obtenida después de descontar los ingresos por la venta de los seguros, los costos (incluidos los salarios), el pago de interés y los impuestos. Con la entrada de la estrategia del gobierno corporativo con perfil eminentemente financiero y de indicadores como el valor económico añadido (*economic value added*, EVA), se determina *la renta accionaria mínima garantizada*, donde:

> [...] el salario se convierte entonces en la variable residual, lo cual implica una gran redistribución del ingreso entre los accionistas y el personal asalariado: los salarios se convierten en la variable de ajuste del régimen [*financiarizado*] de "valorización patrimonial" [Orlean, 1999: 84].

El objetivo de los criterios de rentabilidad en los que se fundamenta el gobierno de la empresa en la actualidad, basados

> en la "creación de valor", es que el reparto del valor generado en la producción sea más favorable al capital y a su propietario (el accionista), a costa del trabajo. No se puede, por tanto, seguir manteniendo la hipótesis de que los ingresos que reciben de una especie de distribución "secundaria" de los beneficios (entre los distribuidos y los no distribuidos) no altera la distribución primaria del valor entre el capital y el trabajo [Sefarti, 2000: 63].

Se deduce de lo anterior, que la contrapartida del aumento de los ingresos de las empresas es el debilitamiento de las condiciones de los trabajadores en el reparto del ingreso entre los salarios y las utilidades.

La menor participación de los salarios en el ingreso nacional tiene varias causas asociadas a la caída del proceso de acumulación económico-productiva que conlleva a la disminución de la inversión y contrae el empleo y los salarios. Una de las causas de esta situación se origina del contexto de crisis económica donde la relación de fuerzas es desfavorable para los trabajadores, porque la base desempleada presiona a la baja los salarios mientras se eleva la productividad: como veremos más adelante, la productividad del sector asegurador ha venido aumentando conforme disminuye el personal empleado. Un segundo factor se deriva del incremento de las tasas de interés que, con el fin de no encarecer los costos del capital empresarial, también ha sido transmitido a los salarios [Artus y Cohen, 1998].

El efecto de las privatizaciones en los niveles de salario y del empleo también ha desempeñado su papel. Las privatizaciones se dan para beneficiar a un pequeño grupo de empresarios y a los grandes conglomerados, con un costo que recae sobre los trabajadores. Previamente a la privatización, se modifican las condiciones de los contratos laborales, se establecen relaciones contractuales bajo *el régimen de honorarios*; después de la privatización se eleva la productividad, se mantienen o bajan los niveles de las percepciones salariales y se presiona fuertemente el empleo. Esta situación ha sido investigada en otro trabajo:

> Antes de privatizar se cambiaron los contratos laborales, en otros se redujeron la plantilla y el tamaño de la firma y en otros más se realizaron reformas en materia legal que afectaron al conjunto de las relaciones laborales y las condiciones de la sindicalización [Vidal, 2001: 64].

La economía del *gobierno corporativo basado en el modelo anglosajón* ha significado la transición del *stakeholder* (todas las partes interesadas) al *shareholder* (accionista) que otorga la máxima prioridad a los intereses de los accionistas. Si bien es cierto que esto ha sido la práctica común de la empresa capitalista lo innovador es la manera como se lleva a cabo, porque el impacto de la competencia y de la fijación de la utilidad mínima garantizada ha recaído en los trabajadores.

En este orden de ideas, se requiere una teoría de la distribución porque analiza la participación de las utilidades, los salarios y las rentas (financieras) en la integración y reparto del producto asegurador. La distribución del ingreso entre las utilidades, las ganancias financieras (rentas) y los sueldos tienen un papel crítico en la depresión. En esta fase, la brecha entre las ganancias financieras parece abrirse con respecto a las utilidades operativas y los sueldos. En el período de auge económico, la tendencia dominante en las corporaciones de seguros es la obtención de utilidades operativas, logradas por la venta de productos; mientras que en el período de crisis la tendencia principal es el pago de compromisos financieros, la obtención de rentas financieras y su retiro de la esfera productiva.

La distribución del ingreso y el nivel de consumo de las familias, van acompañados de la determinación del nivel de inversión, así como del ejercicio de poder y control económico de las empresas y de los intereses para efectuar fusiones y reestructuraciones. El reparto de utilidades prevé: planes de ahorro, participación de los asalariados en los ingresos, opciones sobre acciones, distribución de los dividendos, y todo lo que concierne a los salarios y al empleo.

En la fase de crisis y depresión, el elemento generador del valor, el salario, adquiere todo su potencial porque ante la caída de las ventas, y la apremiante necesidad de garantizar un valor a los accionistas, el *valor mínimo garantizado*, la forma de generación de valor es el salario; sobre todo en momentos en que el desempleo se eleva, tanto por la crisis económica que golpea al sector asegurador, como por lograr los índices de productividad como mecanismo regulador de las corporaciones aseguradoras. En un sector altamente tecnificado como el que nos ocupa y que hace uso de técnicas intensivas en capital la productividad por empleado es muy elevada, como vimos en el inciso 2.9. Pero las grandes empresas poseen niveles de tecnificación aún mayores con respecto a las medianas y pequeñas, lo que reproduce la estructura oligopólica del mercado asegurador.

El énfasis de los accionistas y de los propietarios hacia las cuestiones financieras tiene consecuencias sobre la relación salarial: en el perfil financiero de las corporaciones se concentran y se ajustan todas las tensiones sobre los asalariados que proceden de las políticas públicas en respuesta a las exigencias de los mercados y la competencia, que conducen la liberalización de los intercambios, la deslocalización de las empresas, y la adopción de criterios de gestión financiera para satisfacer los intereses de los accionistas:

> [...] se está llevando a cabo una gran redistribución del riesgo entre capitalistas y asalariados.
> La exigencia de rentabilidad financiera de los fondos propios (el 15%) excede ampliamente las posibilidades objetivas de generación de beneficios de un importante número de actividades económicas sobre las que se aplica [Lordon, 1999: 62-63].

En suma, los salarios se convierten en la variable de ajuste del sistema y es esencial en la determinación de los equilibrios macroeconómicos. La prioridad de las empresas para mantener sus utilidades ha sido el espacio financiero lo que significa que los mercados tengan una mayor relevancia en la política económica y la negociación salarial colectiva; que ocupen el lugar de éstas en la determinación del nivel alcanzado por la demanda y, consecuentemente, por la actividad económica, aunque su capacidad es altamente cuestionada.

Los principios del gobierno corporativo con prioridad hacia lo financiero

Las corporaciones aseguradoras, conjuntamente con otros inversionistas institucionales, operan grandes volúmenes de valores y acciones empresariales y gubernamentales e imponen criterios de gestión del gobierno corporativo que enfatiza el espacio financiero en las sociedades por acciones que controlan, a fin de elevar las utilidades de las empresas de manera creciente y permanente para lograr las ganancias financieras de los accionistas y eliminar la existencia de *asimetrías en la información*[38] (de acuerdo al modelo estadounidense anglosajón).

Las corporaciones aseguradoras en su papel de inversionistas institucionales (*el principal*) aplican esta teoría para *presionar* a las empresas (*los agentes*) para el cumplimiento estricto de cinco criterios básicos: a una acción corresponde esa acción más un dividendo, es decir, se deben atender los derechos y obligaciones de los accionistas; la información suministrada a los accionistas debe ser excelente para lograr independencia con respecto a los administradores; los accionistas eligen a los integrantes y definen la composición del consejo de administración que son remunerados de acuerdo con su responsabilidad en cada comité y a las funciones de cada integrante: trabajadores, accionistas y director general; la aplicación de medidas para la adquisición accionaria de otras empresas por el procedimiento de la oferta pública de adquisición (OPA), y la posibilidad

---

[38] La teoría de la *información asimétrica* analiza los problemas entre los objetivos e intereses de los diversos agentes económicos que intervienen en el proceso productivo, en nuestro caso el asegurador: de los accionistas con el administrador, y de ambos con el banco prestamista, los proveedores, los acreedores, los empleados y los clientes; y en otro nivel, entre los accionistas y los pequeños accionistas, y las autoridades, fundamentalmente.
Desde los años ochenta, la *teoría del gobierno corporativo* ha influido en los accionistas para la compra *hostil* de empresas (adquisiciones) con el propósito de reducir el conflicto entre la propiedad y la administración de esa propiedad en tres sentidos: a) obligar a los administradores a disponer del flujo de efectivo — tanto para beneficiar a los acreedores con elevados intereses como a los accionistas, con dividendos especiales o recompras defensivas de acciones —; b) recortar costos para hacer frente a la enorme carga de la deuda, y c) remplazar a los directivos que no aumenten al máximo el valor de los accionistas (precio corriente de la acción) por otros más capaces de hacerlo.

de que los directivos de las empresas y sus distintos cuadros administrativos puedan comprar acciones de la propia empresa — el empleado como dueño de la empresa para elevar su compromiso y su productividad — sin llegar a ser realmente propietarios.

Especialmente a partir de la segunda mitad de los noventa, todos estos criterios corporativos están presentes en las corporaciones aseguradoras que operan en el espacio asegurador mexicano, en algunas empresas con mayor claridad, en otras, con matices combinados con criterios empresariales tradicionales. El aumento del poder de los accionistas, representados por los inversionistas institucionales, ha fortalecido el enfoque financiero de la gestión de las empresas.

Lo más importante de este modelo de gestión administrativa y financiera de las corporaciones consiste en que tiene un efecto directo en la distribución del excedente económico, a favor de la generación de utilidades y la capitalización de ésta en los mercados de capitales. La crítica a la teoría del gobierno corporativo con énfasis en el espacio financiero nos permite identificar la relevancia del poder de los accionistas en los objetivos de rentabilidad, frente a los de desarrollo de las actividades sustantivas de las corporaciones aseguradoras. Lo anterior implica perfilar a la empresa hacia la creación de valor, mediante el incremento de las acciones de las empresas de manera constante y permanente.

Los métodos de gestión del gobierno corporativo con énfasis en lo financiero

La necesidad de aumentar al máximo el valor de las empresas (acciones más bonos) ha sido el punto a tratar desde hace muchos años, por lo que no es un tema reciente, pero actualmente posee una significativa relevancia. Hoy día, lo importante no es medir ese valor - como tradicionalmente se hizo empleando un conjunto de indicadores basados en métodos contables para determinarlo mediante los activos y los pasivos – sino cómo medirlo para elevarlo.[39]

---

[39] La teoría del gobierno corporativo considera que anteriormente habían fallas para medir el valor por lo que ha sido necesario perfeccionar su definición para reflejar el *verdadero estado de las compañía*; los *activos deben ser valuados* a valor de mercado y el flujo de efectivo de los *pasivos debe ser valuado* de

*Valor económico agregado (*economic value added, *EVA*)

Concretamente, para alcanzar el mayor valor accionario hay varios métodos de gestión entre los que se encuentra el EVA que constituye el resultado económico de la empresa una vez que se ha efectuado la remuneración al conjunto de capitales invertidos; el pago de los recursos ajenos y la retención de los recursos propios. Si el EVA es positivo es porque entonces la empresa y su dirección han conseguido crear valor para los accionistas durante el ejercicio fiscal o financiero de la corporación aseguradora: el EVA somete los resultados económicos de la empresa a una exigencia de remuneración financiera formulada *ex-ante* [Baudru y Morin, 1999].

Más precisamente, el EVA es la estimación de la utilidad económica después de restarle el costo por los activos netos empleados para producir, es decir, el EVA se crea en una organización cuando sus utilidades operativas netas (UON) son superiores al costo de capital (Cc) que utiliza. El EVA no es otra cosa que el indicador principal del *valor que agrega una empresa*, como producto de su gestión empresarial. Por ello, podemos afirmar que este instrumento es, probablemente, el más claro índice de comunicación de los resultados de los negocios al personal y a los accionistas.

Para generar un mayor valor en la empresa es necesaria una estructura organizacional dirigida a la disminución de los niveles jerárquicos, orientada a los procesos de la empresa, basada en equipos de trabajo que generen sinergias y poder de decisión y enfocada a generar una cultura de creación de valor, para que éste pueda ser medido mediante el desempeño financiero que satisfaga las expectativas del accionista.

El valor no puede ser generado sin una filosofía de motivación empresarial instituida por el gobierno corporativo dirigido hacia los mercados bursátiles como forma de financiamiento y al ahorro de gastos que consiste en que el progreso que trae el EVA es compartido con los

acuerdo con la estimación que mejor tomen en cuenta el tiempo del valor del dinero: la tasa de interés de los distintos valores financieros para su apropiado manejo.

empleados: la aplicación de una política para compartir la riqueza.[40] Bajo este enfoque es requisito indispensable hacer que los empleados crean verdaderamente en el EVA, y para esto es necesario que se les pague y se les haga sentir como dueños de la compañía, incluso se les haga participes de las acciones para que las eleven. El *cambio de mentalidad* quiere decir que haya un lenguaje común en la toma de decisiones y la identificación clara de las metas de la organización: que todos los empleados de la empresa entiendan lo que se hace y conozcan cuáles son las nuevas prioridades. Esto produce un verdadero cambio en el comportamiento empresarial, que se ve reflejado en las utilidades netas de la compañía.

Si el EVA (+):	creación de valor en el período y por ende rentabilidad > costo del capital
Si el EVA (-):	destrucción de valor en el período y por ende rentabilidad < costo del capital

El EVA representa un sistema integral de administración, que mide la rentabilidad de las empresas y remunera a sus gerentes de acuerdo al crecimiento real obtenido en cuatro elementos primordiales, las cuatro grandes (4M), que Stern Stewart & Co. han definido son *measurement, management, motivation,* y *midset*, es decir, la medición, administración, motivación y mentalidad.[41]

De acuerdo con la creencia popular, el valor se incrementa si el desempeño mejora o los costos se reducen. Otras ideas sobre la creación de valor se enfocan a mejorar el desempeño en la organización, puesto que la *competitividad es sinónimo de economía eficiente*. Para lograrlo, se requiere la adecuada combinación de tres factores básicos: asignación óptima de

[40] Según Stern Stewart & Co., que es la compañía estadounidense que patentó el EVA en 1982, la filosofía y los mecanismos del EVA son *la forma más socialista del capitalismo*.

[41] De conformidad con el punto de vista empresarial, *la creación de valor es una acción que motiva al consumo humano* por un incremento en la utilidad que presta un bien o un servicio, es decir, es *la acción que atrae a las personas hacia aquellos objetos y servicios que de alguna manera cada vez satisfacen más eficientemente sus necesidades*. Este enfoque parece tener similitudes con los planteamientos de la teoría marginalista.

recursos, alta productividad y respuesta dinámica a los cambios tecnológicos y de mercado. La eficiencia en la asignación de recursos productivos se refiere a que éstos se distribuyan de manera que lleguen a quienes les puedan agregar mayor valor. Así que una empresa genera valor con los recursos que utiliza, cuando obtiene utilidades después de haber pagado el precio por el capital utilizado.

ESTRUCTURA DEL EVA

Ventas netas
- gastos de producción
= margen operativo (EBIT)
- impuestos
= utilidad neta después de impuestos
- cargas de capital (costo de capital invertido x costo de capital)
= valor económico agregado (EVA)

EVA = UODI – (Capital invertido x CCPP) donde:
UODI = utilidad operativa después de Impuestos
Capital invertido = capital invertido al inicio
CCPP = costo de capital promedio ponderado

Este enfoque no sólo otorga un indicador de los resultados. Va mucho más allá: establece el método directivo a seguir basado en los estímulos y recompensas al personal sólo si se logran o rebasan los objetivos previamente establecidos para las ventas, y para el logro de utilidades. Consideramos que este método de gestión corporativa ha sido adaptado en las organizaciones de seguros cada vez con mayor profundidad.

Políticas e instrumentos estratégicos para aumentar el valor

Para que las empresas incrementen el valor del accionista (*shareholder value*) ponen en práctica diversas políticas:

A) Fusiones y adquisiciones. Una de las estrategias de gestión más importantes de las corporaciones aseguradoras ha sido la práctica de las fusiones y adquisiciones como un medio de creación de valor. Efectivamente, en este capítulo se intenta comprobar que el valor de las empresas aseguradoras aumentó con la fusión o adquisición. El incremento de ese valor no sólo se refleja en el valor de las acciones, sino también en el capital contable que significa la revaluación del capital invertido por los dueños de la empresa.

En los grupos financieros, la fusión conlleva al empleo de sinergias entre las empresas fusionadas y el aprovechamiento de economías de escala, que repercuten favorablemente en la productividad al reducir los costos operativos y laborales por unidad. Por lo general, también la productividad se eleva porque la fusión implica desemplear al personal que efectúa las mismas funciones de una empresa con respecto a otra. Con todo, la capacidad de competencia de las empresas fusionadas se eleva.

El comportamiento del sector asegurador, refleja el contexto de funcionamiento del sistema económico, con expresiones particulares en los procesos de concentración oligopólica y de centralización expresada en las fusiones y adquisiciones, espacio en el cual se desarrollan compañías *holding* y, desde mediados del siglo XX, se perpetúa la hegemonía mundial de las compañías aseguradoras estadounidense.

B) El retorno a las actividades básicas. Otra forma para elevar el valor de la empresa ha sido recurrir a lo que tradicionalmente la corporación *sabe hacer*, el retorno a lo que la empresa aseguradora ha realizado por años y lo puede hacer de mejor forma que la competencia por su experiencia. Este elemento parecería incongruente con el planteamiento de que las aseguradoras han descuidado su función esencial por enfocarse a los mercados financieros, en un contexto de recesión económica y de elevada competencia en el espacio de aseguramiento que las ubica en una situación más vulnerable a los vaivenes de los mercados financieros,[42] pero en realidad el empresario buscará aprovechar

[42] A los accionistas de los mercados financieros parece no gustarles las empresas conglomeradas, de los grupos financieros, porque les impide observar con claridad su situación financiera y operativa y porque deliberadamente los conglomerados pueden encubrir su situación financiera real. También, las aseguradoras independientes pueden incurrir en esta práctica, sobre todo las que operan bajo las instrucciones de la matriz extranjera ¿quién puede controlar a la matriz?

todas las estrategias a su alcance (productivas o financieras) para el logro de utilidades: si el regreso a las actividades sustantivas se lo permite desarrollará los métodos y sistemas para ello, aunque se sustente fundamentalmente en los mercados financieros.

C) La reingeniería de procesos. Este método consiste en *externalizar* la producción de ciertos bienes, servicios o procesos de algunos tramos de la producción de las empresas de seguros a otras empresas más eficientes, y especializadas, a efecto de reducir costos y se conoce como *outsourcing*.

   Con frecuencia, la administración de la emisión de pólizas de seguros se encarga a una compañía de sistemas, como *Hewlett Packard,* o se transfiere la administración de los recursos financieros a alguna institución bancaria (Banamex, BBVA y HSBC). La llamada subcontratación, hace posible también disminuir la carga laboral.

   En el caso de los grupos financieros con aseguradora integrada hay una institución bancaria y un centro estratégico de información que permiten el ahorro en costos para la empresa aseguradora y para el conglomerado en su conjunto cuando se trata de administrar los cuantiosos recursos financieros.

   El contexto de la reingeniería de procesos también se inscribe en el método *benchmarking*, que significa imponer criterios administrativos y financieros en las corporaciones aseguradoras, respecto de la empresa líder mundial como es el caso de AIG Seguros, sin importar que el contexto económico de funcionamiento de ésta sea muy diferente al del país o que opere en un sistema financiero distinto.

D) La reducción de capital, la *descapitalización*. La rentabilidad del capital se incrementa de manera significativa con la disminución del capital de las empresas. Esto se puede llevar a cabo mediante la retención de utilidades, sin reinvertirlas; con la disminución de las aportaciones de los socios o su retiro, o mediante la reducción de la cantidad de títulos en los que el propio capital se concreta.

Pero como comentamos en párrafos anteriores, una forma clave de reducir el capital en los últimos años ha sido la recompra de acciones de la propia empresa. Es evidente que si la compra de estas acciones se realiza con un crédito cuyo costo de financiamiento es menor al de los fondos propios, entonces se puede elevar la rentabilidad del capital mediante el apalancamiento financiero: con el movimiento del capital hacia los pasivos.

El cambio en la prioridad de las aseguradoras hacia el espacio financiero destaca *la ganancia financiera* que ha conducido a los administradores de la empresa a contar con menos recursos para la inversión productiva y la expansión corporativa, y más para la inversión especulativa.

En Estados Unidos, las tasas de intereses que reflejan el coste de la deuda son sensiblemente más bajas que el coste de los fondos propios, lo que propicia un elevado grado de apalancamiento [Artus y Debonneuil, 1999].

Con todo, la teoría del gobierno corporativo con énfasis en el espacio financiero implica no sólo lograr el objetivo de la ganancia real (utilidad operativa) sino también la obtención adicional de una ganancia financiera. La teoría de la agencia significa la implantación de principios, métodos y la práctica de indicadores para la maximización de esa ganancia; la creación de una cultura del riesgo, con la conformación de nuevas estructuras organizacionales; el desarrollo de procesos y sistemas más eficientes apoyados en paquetes de estímulos para los empleados de acuerdo con su nivel jerárquico con el propósito esencial de colocar los salarios como la variable afectada (residual) después de pagar los costos, los gastos de administración y los dividendos de los accionistas. En este entorno, las empresas calificadoras también desempeñan su papel preponderante para valuar las acciones y el nivel de riesgo de cada aseguradora.

3.2.1 Evidencias de la aplicación de la teoría del gobierno corporativo con prioridad hacia la financiero en las corporaciones de seguros

El perfil de las inversiones de las corporaciones aseguradoras se encuentra dirigido esencialmente a los mercados financieros, en un entorno de crisis, y caída de la demanda, del ingreso y del empleo. Las instituciones de seguros cambiaron sus objetivos estratégicos, originalmente dirigidos a la gestión administrativa de largo plazo, para enfocarlos a objetivos de corto plazo con apoyo en estructuras financieras que permiten la rápida obtención de ganancias financieras.

Estos cambios fueron conducidos por el *redespliegue* de los preceptos de la *teoría del gobierno corporativo con perfil financiero* que da relevancia a los mercados financieros y soslaya la trascendencia de los mercados reales (el mercado asegurador en nuestro caso), porque se quiere que el valor de las acciones crezca (s) y que por una elevada emisión de bonos de deuda (b) la empresa no caiga en quiebra. El principio es que $s > b$. En los mercados bursátiles una situación donde $s > b$ significa una *posibilidad de compra* de acciones; mientras que un momento en el que $s < b$ significa para los accionistas una *posibilidad de venta.*

En el período en estudio, la comprobación empírica de la aplicación de la teoría de la agencia en las corporaciones aseguradoras significa constatar que éstas disminuyeron sus costos; aumentaron su flujo de efectivo; elevaron sus índices de EVA (*economic value added*); aplicaron la reingeniería de procesos (*outsourcing* y *benchmarking*); pusieron en marcha la descapitalización de las aseguradoras, y aceleraron los procesos de fusiones y adquisiciones.

De todos estos factores que integran la teoría del gobierno corporativo anglosajón que soslaya el espacio crediticio, enfocamos nuestra atención en cuatro de ellos: la disminución de los costos, la aplicación de la reingeniería de procesos, la descapitalización del sector, y los procesos de fusiones y adquisiciones porque constituyen los factores relevantes y contamos con la información para analizarlos.

3.2.2 Disminución de los gastos operativos de las corporaciones aseguradoras

Las corporaciones aseguradoras han disminuido el ritmo de crecimiento real de sus gastos de operación netos. En el período de 1981-1989 su crecimiento fue de 4.2% promedio anual; para 1990-1999, el ritmo subió a 6.3% anual y para 2000-2005 se dio un decremento de -0.2% promedio anual. Si comparamos estos ritmos de crecimiento con los de crecimiento de las utilidades, estas últimas mostraron mayores niveles, a pesar de la caída registrada entre 1990-1999 en -21.5%, como se aprecia en el cuadro 3.3. La reducción de costos tiene un efecto directo en la utilidad operativa y por ello si aquellos disminuyen las utilidades netas pueden crecer como queda evidenciado.

Cuadro 3.3
Comparativo de variables financieras seleccionadas. Crecimiento promedio anual real
1980 – 2005 (%)

	1981-2005	*1981-1989*	*1990-1999*	*1991-2005*	*2000-2005*
Prima emitida	5.5	3.8	9.7	7.0	4.7
Gastos operativos netos	3.9	4.2	6.3	3.0	-0.2
Utilidad operativa	5.2 (1)	16.4	12.1	-6.2 (1)	-26.8 (1)
Productos financieros	9.4	16.8	-7.7	5.3	18.6
Utilidad Neta	30.0	31.4	-21.5	31.3	75.7
Capital Contable	10.3	16.9	5.3	6.7	8.7

Fuente: Elaboración propia con base en información proporcionada por la Comisión Nacional de Seguros y Finanzas, *Resultados de 25 años del sector asegurador mexicano,* para los años 1980-1999, y *Anuario estadístico de seguros y fianzas* para los años 2000 a 2005.

(1) Corresponde a los períodos 1981-2004, 1991-2004 y 2000-2004 y no con corte al año 2005.

*3.2.3 Implantación del precepto de reingeniería de procesos (*outsourcing *y* benchmarking*)*

La reingeniería de procesos ha sido una técnica de la organización para elevar la rentabilidad y, por su puesto, el valor de las acciones en la mayoría de las corporaciones del sector asegurador.

Se tiene conocimiento que al menos las más importantes empresas del sector asegurador que operan en México hacen uso tanto del *outsourcing*, la contratación de una empresa externa para ofrecer los servicios y operarlos en alguna fase del proceso de producción; o del *benchmarking*, con base en los estudios comparativos de alguna o varias fases del proceso de acuerdo a indicadores operativos, económicos y financieros tomando como punto referencial de la empresa aseguradora a la empresa líder mundial del sector, aunque también se efectúan comparaciones con la empresa líder en escala nacional.

En el caso de la primera vertiente, el *outsourcing,* las instituciones de seguros han contratado, desde la primera mitad de los años noventa, diversas etapas del proceso de producción y administración de los seguros. La emisión y administración de las pólizas de aseguramiento se encarga con cierta frecuencia a compañías de administración de sistemas de cómputo como Hewlett Packard (HP) debido a que la empresa contratista cuenta con poderosas plataformas informáticas que le permiten reducir el costo-beneficio para la empresa solicitante, erogación que resulta menor que ejecutar el proceso internamente; también se ha contratado la capacitación gerencial y del personal técnico encargándola a varias universidades e instituciones de educación superior y la capacitación de los vendedores a empresas autorizadas por la Comisión Nacional de Seguros y Fianzas o por medio de esta misma institución; la administración de las carteras financieras para la inversión de las reservas técnicas y de capital a las casas de bolsa o a las propias instituciones bancarias vinculadas a la institución aseguradora apoyan la inversión en los mercados de capitales; los actos de auditoria contable y técnica se delegan a empresas como *Mancera Ernest & Young S.A.*; o la solicitud de servicios a diversas empresas encargadas de la selección y contratación de personal, entre otros importantes aspectos.

Con respecto al *benchmarking*, tenemos conocimiento que al menos 25 corporaciones aseguradoras que operan en el mercado de seguros en México efectúan con regularidad las comparaciones de tipo operativo, económico y financiero con respecto a la empresa aseguradora líder en el nivel mundial y nacional. En un entorno como el sector asegurador, donde operan 86 empresas aseguradoras y hay niveles importantes de competencia es difícil pensar que no se lleven a cabo este tipo de estudios comparativos, a pesar de su carácter oligopólico.

Ambas vertientes son parte integrante de la reingeniería de procesos aplicada en las corporaciones aseguradoras para elevar la rentabilidad y *el valor de accionista*.

3.2.4 Constitución del proceso de descapitalización de las corporaciones de seguros

La descapitalización de las empresas puede ser verificada mediante el ritmo de crecimiento del capital (o capital contable). Entre 1981 y 2005, el capital contable del sector asegurador exhibe un crecimiento promedio anual de 10.3% (véase el cuadro 3.3) y refleja dos etapas: en los ochenta manifiesta un alto nivel de inversión, 16.9% promedio anual; en la década de los noventa el ritmo se contrajo significativamente a 5.3% promedio anual, lo que evidencia *la falta de crecimiento del capital del sector*. Para el periodo 2000 a 2005, el nivel de capitalización mejoró para ubicarse en 8.7% en promedio; sin embargo, como puede evidenciarlo la gráfica 3.1 el nivel de capital se encuentra muy por debajo del registrado en la década de los ochenta.

Gráfica 3.1
PROCESO DE CAPITALIZACION DEL SECTOR ASEGURADOR
1980-2005

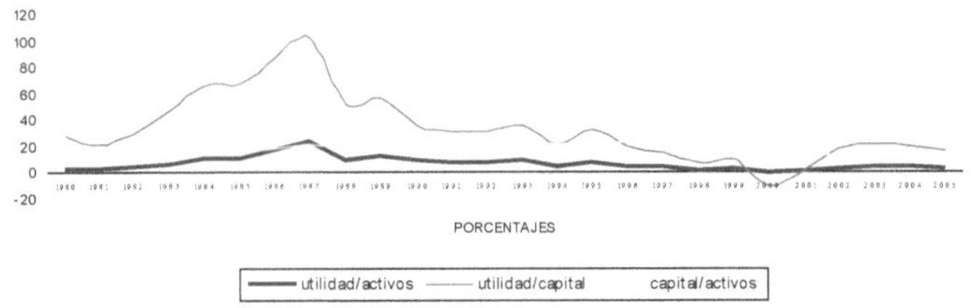

Fuente: Elaboración propia con base en información de la Comisión Nacional de Seguros y Fianzas, *Resultados de 25 años del sector asegurador mexicano* para los años 1980-1999, y *Anuario estadístico de seguros y finanzas* años *1990-2005*.

Estos datos parecen confirmar que la apertura y desregulación del sector asegurador ejecutadas a partir de la década de los noventa significaron, por un lado, comprometer cada vez menos capital para canalizar cada vez más recursos a los mercados de capitales; y por otro, la caída del valor de las aseguradoras, lo que se reflejó en el ritmo y monto de su capital, como resultado de la fuerte competencia a que fueron sometidas.

También parece confirmarse que una vez controlada la propiedad de las más importantes aseguradoras en manos extranjeras, la capitalización del sector mejoró, lo cual se identifica en el desarrollo del nivel de capitalización a partir del 2000; aunque esta capitalización se debe más a la oportunidad que significó intervenir en nuevas operaciones de seguros (seguros de pensiones y de salud), que a la inversión productiva y la reinversión en las empresas existentes.

Si los propietarios de las empresas están interesados en su desarrollo y en el negocio del seguro, es de esperarse que lleven a cabo importantes inversiones en equipo o contraten más personal administrativo o de ventas o se expandan en otros territorios con base en una gestión administrativa de largo plazo. Pues por el contrario, lo que se observa en el sector asegurador en los últimos años es la fuerte caída del ritmo del crecimiento del capital, especialmente para 1994-2000, salvo en 1999. Este fenómeno ha repercutido en los niveles de empleo: el personal contratado se mantiene en un nivel muy por debajo del registrado a inicios de los noventa (véase el inciso 2.9).

Cuadro 3.4
NIVELES DE INVERSIÓN
crecimiento real, 1980-2005

	inversión de largo plazo		*inversión de corto plazo*	
	capital contable	*activo total*	*productos financieros*	*inversiones en valores*
1980				
1981	68.2	11.4	36.6	12.2
1982	-22.6	-11.5	9.9	-11.7
1983	1.6	-2.25	21.9	0.1
1984	38.7	3.9	21.2	17.2
1985	12.8	22.7	30.8	-6.3
1986	14.6	-6.8	36.1	10.4
1987	12.1	-5.2	32.6	-1.8
1988	-11.5	9.5	-33.9	3.1
1989	38.8	11.2	-4.3	41.0
1990	5.7	2.1	3.6	6.6
1991	26.7	16.9	-2.3	17.0
1992	7.7	16.5	-9.8	18.6
1993	17.1	10.6	21.9	15.9
1994	-0.7	12.1	-26.6	3.1
1995	-8.5	-11.8	70.7	-5.3
1996	-1.9	-3.0	-28.9	3.3
1997	0.8	5.0	-12.9	11.9
1998	-14.6	8.7	-12.8	14.6
1999	21.5	20.4	-31.4	27.0
2000	-7.1	8.2	-48.6	11.4
2001	2.3	14.5	105.5	22.2
2002	19.8	15.1	2.7	17.0
2003	39.4	12.5	25.6	17.5
2004	18.3	10.5	-16.6	15.3
2005	-20.2	9.9	42.9	3.5
1981-1989	16.9	3.7	16.7	7.1
1990-1999	5.3	7.7	-7.2	11.3
2000-2005	8.7	11.8	18.6	14.5
1981-2005	10.3	7.2	9.4	10.6

Fuente: Elaboración propia con base en información de la Comisión Nacional de Seguros y Fianzas, *Resultados de 25 años del sector asegurador mexicano*, para los años 1980-1999, y *Anuario estadístico de seguros y finanzas* 1990-2005.

De esta manera y durante los años noventa, el sector asegurador se caracterizó por la disminución del ritmo de capitalización de las empresas, la desinversión de largo plazo y el crecimiento de la inversión especulativa de corto plazo (véase el cuadro 3.4). Para 2000, el proceso de capitalización mejoró por las razones aludidas para el sector en su conjunto, por el impulso en el capital de las empresas nuevas, pero en las empresas aseguradoras el nivel de capitalización parece disminuir.

3.2.5 Procesos de fusión o adquisición y valor de las acciones de las aseguradoras

En el sector asegurador, las causas de los procesos de fusiones y adquisiciones FyA (*mergers & acquisitions, M&A)* parecen encontrarse en el alza de las cotizaciones bursátiles, el descenso de las tasas de interés, la desregulación del sector y la creciente apertura del mercado asegurador.

Parece haber una elevada correlación entre las FyA y el alza de las cotizaciones bursátiles. Especialmente en la fase de crisis, estas operaciones descienden cuando la bolsa baja y aumentan cuando la bolsa sube. En el nivel internacional, el punto máximo de las fusiones y adquisiciones de las corporaciones de seguros parece encontrarse en 1999, año en el que las cotizaciones de las bolsas se encontraban más elevadas, mientras que entre 2000 a 2004 descienden por las menores cotizaciones,[43] aunque tuvieron lugar adquisiciones importantes.[44]

La centralización de capitales en el sector asegurador mediante las fusiones y adquisiciones parece beneficiarse de la existencia de algunos factores propulsores: la mejora de la base de capital de varias aseguradoras transnacionales como consecuencia de la disminución de la inversión en las corporaciones, lo que les otorga más capital líquido para invertir en el mercado mexicano de seguros; la elevada dispersión, es decir, la existencia

[43] De acuerdo con el estudio "[las 40 aseguradoras] de vida más grandes del mundo aumentaron su cuota de mercado desde 48.9% en 1998 hasta el 55.9% en 2004", Reaseguradora Swiss Re *Revista Sigma,* núm. 1, 2006, p. 20.

[44] Entre 2000 y 2004, las adquisiciones tuvieron como blanco las antiguas sociedades mutualistas: "ING adquirió AETNA y ReliaStar, SunLife compró Clarica, AIG se hizo con American General, Manulife adquirió John Hancock, y AXA compro MONY", Reaseguradora Swiss Re, *Revista Sigma,* Núm. 1, 2006, p. 18.

de varias empresas aseguradoras en el mercado pueden llevar a acelerar los procesos de concentración y centralización, donde las grandes empresas y los grupos financieros pueden ser los ganadores; la desregulación y búsqueda de la transparencia para contar con información real (*transparente*) de las empresas a adquirir; las economías de escala (administrar grandes colectividades a bajo costo) y de alcance (diversificación de productos y extensión geográfica) con lo que las grandes empresas pueden facilitar la distribución de sus costos sobre una amplia base de primas y elevar sus utilidades sobre la base de su capacidad de adaptación a las *innovaciones financieras* en el mercado de seguros del país ya que ahora están autorizadas a la titulación y la emisión de acciones subordinadas. Un factor adicional lo constituye la capacidad de las grandes aseguradoras para deshacerse de cartera de negocios (seguros) que no se encuentran en concordancia con las políticas y estrategias comerciales de la entidad corporativa.

En los últimos 15 años, la centralización de capitales (FyA) en el sector asegurador nacional se ha visto favorecida por la elevada descapitalización en los años noventa, el descenso en el rendimiento de las inversiones productivas, las elevadas tasas de interés y de los instrumentos financieros; la desregulación, el incremento de la competencia, las privatizaciones, la creación y expansión de la figura financiera denominada *bancoseguros* y la apertura al capital externo en el marco de la *globalización*, entre otros factores.

Específicamente, las economías de escala y las de alcance parecen tener un papel central. La fusión o adquisición se puede ver favorecida si las empresas fusionadas mejoran sus economías de escala, es decir, si se transforman en aseguradoras más eficientes al abatir costos, mejorar sus esquemas de distribución y elevar sus utilidades. Sin embargo, parecen existir *costos de la integración* posteriores a la fusión, lo cuales pueden contrarrestar la economía de escala: en las aseguradoras grandes, la gestión es mucho más compleja y pueden generar fricciones e ineficiencias.

Por su parte, las economías de alcance se producen por la gama de productos más amplia y diversificada en las empresas grandes (véase el inciso 3.7 de este capítulo), y por su alcance geográfico ya que las empresas más grandes tienen cobertura nacional — como es el caso de Met Life, ING Seguros (Comercial América), Grupo Nacional Provincial, Monterrey New York Life y las aseguradoras integradas a los grupos financieros que aprovechan la red de sucursales en todo el territorio nacional, como es el caso de Banamex, BBVA Bancomer, HSBC, Santander Serfín y Banorte. Las economías de escala pueden generar más utilidades debido a los sistemas informáticos, las competencias ejecutivas, los sistemas de mercado y de distribución, la base de clientes o el nombre de la marca.

Cuando los inversionistas financieros observan a las compañías es más probable que dirijan sus recursos hacia las aseguradoras grandes porque creen que éstas son más capaces de gestionar sus negocios de forma eficiente y porque tienen mejores perspectivas comerciales por su mejor reputación o por la *marca*.

Valor de las acciones en el proceso de fusiones y adquisiciones

Después del proceso de fusiones, las empresas adquiridas aumentaron sus utilidades y su participación en el mercado. Cuando las aseguradoras son integradas a los grupos financieros, una vez efectuada la adquisición, aumenta su nivel de ventas, activos, capital y utilidades. Por su parte, las aseguradoras nacionales no integrantes de grupos financieros disminuyeron sus utilidades como producto de la apertura debido a las fusiones y adquisiciones experimentadas por sus competidoras.

Las utilidades obtenidas en cada corporación aseguradora derivadas de la fusión con algún banco, grupo o con otra empresa dependen del nivel de costos en sus sistemas de comercialización, distribución, operación y, en general, de administración; del tipo de productos ofrecidos, del tamaño y penetración de la empresa o conglomerado en el mercado, y de su organización corporativa, pero sobre todo de su capacidad potencial para generar utilidades. Las ventajas que puede representar la fusión son:

1. La posibilidad de encontrar rendimientos significativos aunque anormales en el momento de anunciar la fusión. Misma que, también aumenta el flujo de efectivo significativamente después del momento de

la fusión y reduce el costo de los bienes vendidos. Estos hallazgos son consistentes con la generación de ganancias para las empresas fusionadas [Fee y Shawn, 2004: 457]. Asimismo, como resultado de la fusión, las empresas pueden realizar eficiencias productivas si reducen el uso de insumos por unidad u obtienen descuentos cuantitativos de sus proveedores.

2. Las fusiones podrían permitir a estas empresas coludirse más fácilmente para restringir el producto en los niveles de monopolio y entonces aumentar los precios a expensas de los consumidores.
3. Las empresas podrían obtener utilidades si agrupan sus compras, en una colusión *monopsónica* competitiva con sus rivales [Fee y Shawn, 2004: 424] aunque perjudicarían a los proveedores y clientes, y sus costos podrían verse disminuidos sin ninguna garantía de que esos ahorros se trasladen a los precios. Por ello, no estamos de acuerdo con la *teoría del poder compensatorio* [Galbraith, 1952 y 1978] en cuanto a que establece que no es económicamente perjudicial el incremento del poder de compra que tiende al *monopsonio*, porque según establece esta teoría podría aumentar la eficiencia y trasladar las utilidades al consumidor lo que significaría un importante medio de ganancias de las fusiones obtenidas con posterioridad al momento de la fusión; sin embargo, en realidad es muy difícil que los precios oligopólicos bajen, por lo que el efecto del incremento de la utilidad se queda en poder del sector oligopólico y, por ende, en la AGF o en la AGI.

   Parece más factible la *hipótesis de colusión del monopsónio* en el sentido de que todos los proveedores potenciales podrían sufrir de la etapa posfusión, porque pueden experimentar significativas reducciones en sus ventas, y de allí en sus flujos de efectivo, e incluso profundizarlas cuando los efectos del *poder de compra* son más pronunciados en empresas fusionadas que operan en industrias concentradas; sin embargo, si los proveedores logran mantener sus contratos con la empresa fusionada podrían impedir verse dañados conforme la empresa fusionada incremente su poder de compra, y así venderá altas cantidades aunque a menor precio. Por el contrario, los proveedores que pierden a la empresa que se fusiona (*bidding*) podrían [Fee y Shawn, 2004: 457-

458] hasta desaparecer, porque las empresas fusionadas compradoras buscarán reducir sus compras para obtener rentas de industrias proveedoras: por tanto, *la colusión monopolística puede afectar negativamente a los clientes y también a los proveedores* [Fee y Shawn, 2004: 458].

4. Por último, el convenio de fusión puede ser visto por los clientes con buenos ojos, porque la mayor estabilidad de la empresa les da confianza.

La desregulación y la crisis económica que la acompaña condujeron a la apertura económica y a la expansión del capital extranjero lo que incrementó la competencia en el sector asegurador y devaluó a las corporaciones aseguradoras, *ex-ante* a la fusión o adquisición (compra-venta). Este fenómeno permitió que las empresas aseguradoras fueran adquiridas por debajo de su valor real, para que posteriormente sus poseedores capitalizaran la adquisición al subir, *ex-post* al evento, el precio de las acciones de las aseguradoras adquiridas. El valor de las acciones de las empresas aseguradoras que cotizan en la Bolsa Mexicana de Valores (BMV) disminuyó con la firma del Tratado de Libre Comercio de América del Norte (TLCAN) debido al incremento de la competencia.

Para comprobar lo anterior en el sector, efectuamos diversas tareas. En primer lugar, se llevó a cabo un análisis detallado de la evolución de las aseguradoras durante el período de estudio para conocer la fecha exacta en la que se efectuó el cambio de propiedad. Actualmente contamos con prácticamente la totalidad de las transacciones de compra-venta efectuadas en el sector asegurador durante los últimos 25 años (véase el cuadro 4 anexo). En segundo lugar, fue necesario identificar el cambio de denominación de la corporación aseguradora para hacer congruente la información financiera a lo largo del tiempo. En varios casos las aseguradoras cambiaron de nombre con el proceso de fusión o adquisición y su rastreo requirió un cuidadoso examen para dar consistencia a la información financiera.

En tercer lugar, se investigó el número de acciones, el valor contable por acción, el resultado por acción y su valor nominal. En esta etapa nos enfrentamos a tres tipos de dificultades: a) no fue posible contar con series de tiempo de la información que permitiera cubrir las tres variables anteriores, porque los informes se encuentran estructurados de manera heterogénea y en varias ocasiones aparecen como información no disponible; b) en el año de la fusión o adquisición las empresas no presentaron reportes financieros sobre el valor accionario, probablemente por razones de confidencialidad; c) se observaron saltos importantes en el número de acciones y en su valor, por lo que la información nos parece poco confiable.

Para solventar estos problemas, consolidamos una muestra de seis empresas aseguradoras que nos pueden dar luz acerca de la situación financiera *ex-ante* y *ex-post* al evento de fusión o adquisición de las empresas aseguradoras. La muestra de las empresas se caracteriza por incluir corporaciones grandes y medianas que han sido relativamente estables en su desarrollo y de las cuales pudimos obtener la información en la serie de tiempo estudiada, y sobre todo, nos permite observar los *cambios en el valor accionario.*

i] Iniciamos el análisis de este apartado señalando que entre 1990 y 2005 se celebraron *39* procesos de fusiones y adquisiciones de empresas aseguradoras y en seis de estas empresas se efectuó el proceso en dos ocasiones (véase el cuadro 11 anexo).

ii] No hay clara evidencia de que el valor de la acción de las aseguradoras haya aumentado después del proceso de fusión: únicamente en dos aseguradoras (Grupo Nacional Provincial y Seguros Comercial América) el valor aumentó, mientras que en dos más (Seguros Inbursa y Reaseguradora Alianza) el valor de la acción disminuyó. Para las otras dos aseguradoras (Seguros El Potosí y Seguros Atlas) no se tiene la posibilidad de comparar el valor porque no se encuentra disponible (véase el cuadro 3.5).

iii] Ahora consideremos datos de los estados financieros: el valor de las aseguradoras medido por sus activos y su capital aumentó en el año de la fusión o adquisición y en el posterior a ese evento (véase el cuadro 3.6).

Cuadro 3.5
EVOLUCIÓN DE LAS ACCIONES DE ASEGURADORAS
(muestra seleccionada)

nombre de la empresa	*fecha de fusión / adquisición*	*valor de la acción*			*número de acciones*
		antes del evento	*al momento del evento*	*después del evento*	
1. Grupo Nacional Provincial	24/11/1992	352.00	0.47	7.64	600,000,000
2. Seguros El Potosí	27/04/1983	263	n.d.	1,533	150,000
3. Seguros Comercial América	16/11/1993	0.24	0.28	0.37	3,000,000,000
4. Seguros Atlas	1984	206.86	n.d.	452.50	1,600,000
5. Seguros Inbursa	2/08/1994	6.70	7.21	0.01	229,500,000
6. Reaseguradora Alianza	1/07/1999	1.85	2.20	1.81	6,500,000

Fuente: Elaboración propia con base en información de la Comisión Nacional Bancaria y de Valores, *Prontuario Estadístico de Grupos Financieros*, 1995, México y *Boletín Estadístico de Grupos Financieros*, 2005, México.

Para la empresa aseguradora del país receptor, que es objeto de la fusión o adquisición (FyA), esta operación significa utilidades indirectas que dependen de la estrategia de la corporación extranjera (o adquiriente), pues implica un cambio de propietario o accionista, y la posesión de redes de distribución o de proveedores a pesar de que regularmente no se traduce en aumento en los *stocks* de capital o de la capacidad de producción.

A diferencia de la inversión en instalaciones y equipo nuevo, las fusiones y adquisiciones significaron transferencias de propiedad o de asociación, pero por definición, no implican la creación de nuevas empresas. Las FyA han sido la norma de la transmisión de la propiedad y el control de las corporaciones en el mercado de seguros, por lo que es un importante fenómeno a estudiar.

Durante los años ochenta, la gestión administrativa estuvo diseñada y dirigida hacia la obtención de objetivos de largo alcance: el comportamiento del producto y las utilidades era más estable, habían niveles de capitalización más o menos sostenidos y el monto y ritmo de crecimiento de las inversiones financieras era menor.

A partir de los noventa, la gestión de corto plazo toma relevancia y se expresa en el carácter oscilante de las utilidades, en los mayores niveles de rentabilidad y en la contracción de la inversión productiva frente al vigor de la inversión especulativa de corto plazo que opera en los mercados de capitales.

Así lo muestran los datos del comportamiento de las utilidades, de la rentabilidad de las acciones y el nivel de reinversión de largo plazo — tasa de crecimiento de los activos y del capital contable — y de corto plazo — tasa de crecimiento de los productos e inversiones financieras.

Cuadro 3.6
EVOLUCIÓN DEL VALOR DE ASEGURADORAS SELECCIONADAS
PROCESOS DE FUSIÓN O ADQUISICIÓN
(millones de pesos)

nombre de la empresa	*fecha de fusión / adquisición*	*valor en el año anterior al evento*	*valor en el año del evento*	*valor en el año posterior al evento*
1. Grupo Nacional Provincial	24/11/1992			
Activo		3,163	4,060	5,080
Capital		634	782	918
Ventas (primas emitidas)		2,072	2,896	3,600
Utilidades netas		75	117	157
2. Seguros Banorte Generali	16/06/2004			
Activo		3,327	4,132	5,318
Capital		478	748	1,179
Ventas (primas emitidas)		2,406	3,105	4,105
Utilidades netas		156	241	407
3. Seguros Comercial América	16/11/1993			
Activo		7,599	9,009	10,451
Capital		1,293	1,760	1,582

Ventas (primas emitidas)		5,057	5,782	6,414
Utilidades netas		183	693	66
4. HSBC Vida	20/01/2004			
Activo		484	559	806
Capital		327	387	573
Ventas (primas emitidas)		206	185	263
Utilidades netas		84	43	59
5. Seguros Inbursa	2/08/1994			
Activo		4,041	4,776	6,395
Capital		1,539	1,654	2,544
Ventas (primas emitidas)		1,679	1,541	1,472
Utilidades netas		311	460	1,071
6. Reaseguradora Alianza (Swiss RE)	1/07/1999			
Activo		1,366	1,545	1,606
Capital		191	184	104
Ventas (primas emitidas)		752	892	1,869
Utilidades netas		(66)	(374)	(380)*

Fuente: Elaboración propia con base en información de la Comisión Nacional de Seguros y Finanzas, *Anuario estadístico de seguros y fianzas* (1991-2005), México.

* Para el año 2002 tuvo utilidades por más de 200 millones de pesos

También parece comprobarse que la apertura económica y la desregulación del sector asegurador incrementaron la competencia en este sector, lo que implicó la devaluación de las corporaciones aseguradoras, *ex-ante* a su venta, para que las empresas fueran adquiridas por debajo de su valor real y, posteriormente, *ex-post* al evento de adquisición, sus poseedores capitalizaran la adquisición al subir el precio de las acciones de las aseguradoras adquiridas y su valor medido en términos de sus activos, capital, ventas y utilidades.

Cuadro 3.7
EMPRESAS OLIGOPÓLICAS
1990 - 2005
(miles de pesos constantes, 2002=100)

aseguradora	*activos*			*capital*			*utilidades*		
	1990	*2000*	*2005*	*1990*	*2000*	*2005*	*1990*	*2000*	*2005*
MET LIFE	1,361,909	14,723,814	38,945,112	2,446,348	3,479,799	5,395,451	340,341	890,382	1,729,509
GRUPO NACIONAL PROVINCIAL	1,343,931	18,937,555	38,453,296	828,417	3,496,330	2,339,860	197,696	424,074	521,192
ING SEGUROS (COMERCIAL AMÉRICA)	4,921,958 (1)	27,238,723	35,243,757	3,191,329 (1)	2,419,651	4,311,410	744,234 (1)	-1,842,909	-348,204
MONTERREY	1,444,577	7,129,621	14,589,091	2,368,971	525,835	849,537	948,885	-1,153,159	-26,849
SEGUROS INBURSA	4,040,533 (1)	16,407,848	17,760,132	5,758,231 (1)	2,831,828	2,370,967	1,198,896 (1)	-16,307	482,299
SUBTOTAL	13,112,908	84,437,561	144,991,388	14,593,296	12,753,443	15,267,225	3,430,052	-1,697,919	2,357,947
MERCADO	14,076,366	151,726,007	293,519,494	17,413,453	24,107,393	38,997,631	6,331,900	-2,577,253	6,762,754

Fuente: Elaboración propia con base en información de la Comisión Nacional de Seguros y Fianzas, *Actualidad en seguros y fianzas*, años1990-2005.

(1) El dato corresponde al año de 1993.

En el período en estudio, el sector asegurador experimentó variaciones en el *proceso de concentración* oligopólica. A partir de los noventa, la creación de nuevas empresas de capital extranjero, fundamentalmente, afectó el nivel oligopólico del mercado: las cinco grandes empresas disminuyeron su riqueza en términos del capital, aunque lo aumentaron en 2000; incrementaron sus activos y sus utilidades: bajaron para el 2000 y subieron para el 2005. La mayoría de las empresas del mercado presentaron períodos cíclicos en la generación de estas últimas. La empresa oligopólica que destaca en su funcionamiento es Met Life cuya concentración en los activos y el capital la lleva a obtener márgenes muy significativos en las utilidades, como se muestra en el cuadro 3.7.

La operación de seguros de pensiones y salud significa los mayores volúmenes de activos del sector, y la disminución de la participación de las cinco empresas grandes oligopólicas. También la puesta en marcha de esos seguros implicó la inyección de capital para su funcionamiento en nuevas empresas. El desarrollo de nuevas empresas de seguros es un indicador clave para conocer la existencia de las enormes ganancias potenciales y reales que pueden generarse en este sector, lo que ha aumentado la movilidad del capital hacia este mercado y la competencia.

Podemos concluir este apartado señalando que casi la mitad de las empresas aseguradoras que operaron en el mercado fueron objeto de procesos de fusiones y adquisiciones. En los 39 convenios de fusión o adquisición registrados operaron acuerdos muchas veces *difíciles* de compra–venta o de fusión.

También los resultados de la evaluación de las fusiones y adquisiciones nos permiten concluir lo siguiente:

A. En cuanto al valor de la acción (véase el cuadro 3.5) podemos destacar que

1. Mientras en algunas aseguradoras no disminuyó el valor de la acción *al momento* de la fusión o adquisición, en otras decreció; aunque es probable que la competencia derivada de la apertura y desregulación del mercado asegurador hiciera que las expectativas de los inversionistas los llevara a acelerar los procesos de venta y fusión.
2. En el momento *posterior* a la fusión o adquisición el valor de las acciones aumentó en dos de las seis empresas seleccionadas, y se redujo en otras dos lo cual parece evidenciar dos situaciones: por un lado, la apreciación de la empresa por los accionistas que ven con buenos ojos la adquisición por una aseguradora global (AT), de un grupo financiero adquiriente — a pesar de la falta de transparencia en la información financiera de los conglomerados —, o de una fusión de dos empresas medianas o grandes que se fortalecen; y por otro, es probable que hubieran algunos problemas de las empresas para reposicionarse en el mercado ya que la fusión o adquisición depreció su valor accionario.

3. La mayoría de las operaciones de fusión o adquisición se llevaron a cabo en la década de los noventa, aunque algunas operaciones muy importantes se efectuaron en los años 2000.
4. Dos de las seis empresas analizadas son empresas grandes, las cuatro restantes son medianas. Las empresas pequeñas, especializadas, sólo pudieron sobrevivir porque sus nichos de mercado no fueron alcanzados por la fuerte competencia, pero se sabe que varias desaparecieron.

B. En cuanto al valor de la empresa medido por sus principales variables financieras podemos concluir (véase el cuadro 3.6):

1. En el año del proceso de fusión o adquisición y en el posterior, los activos crecieron en todas las empresas, el capital sólo lo hizo en cuatro de ellas, las ventas en cinco y las utilidades en cuatro empresas de las seis seleccionadas.
2. En general, las empresas adquiridas o fusionadas aumentaron su valor, a pesar de los años de profunda crisis de la economía mexicana. Cuando se presentaron caídas en las ventas o en las utilidades, se debieron a que el proceso de fusión o adquisición se realizó en medio de los años de crisis, pero su situación se mejoró ostensiblemente en los años posteriores.

3.3 Empleo de técnicas intensivas en capital, productividad y carácter oligopólico

Las AGF y las AGI del sector asegurador, que conforman el sector oligopólico, logran niveles de utilidad elevados porque son intensivas en capital, son más productivas, tienen acceso a mayor financiamiento y más barato, tienen un esquema de producción diversificado y un poder privilegiado para disminuir riesgos porque su cartera de clientes es elevada ya que se apoyan en *nichos de mercado* cautivos. Por si esto fuera insuficiente, el crecimiento de los precios puede trasladarse a un mayor nivel de ingresos; también están facultadas para aprovechar mejor el crecimiento de los costos por unidad de producto, o bien el crecimiento de la producción varia menos y es menos inestable y, frecuentemente, mayor que en las aseguradoras pequeñas, ante el desarrollo de la demanda debido a su mayor escala de producción; y pagan menores dividendos a los accionistas. Específicamente, las AGF obtienen altos rendimientos porque el banco es su acreedor y accionista, sus activos financieros son más rentables y menos riesgosos, y el ritmo de crecimiento de sus utilidades es más estable y mayor a lo largo del tiempo (véase el cuadro 3 anexo).

Teoría de la inversión real y financiera

Antes de adentrarnos en el conocimiento de la teoría de la inversión y las expectativas, y de ver su aplicación en las corporaciones aseguradoras es importante tener presentes tres cuestiones: en primer lugar, las corporaciones aseguradoras no estuvieron autorizadas a emitir acciones o títulos de deuda sino hasta 2003[45]. En este año las autoridades aseguradoras reformaron las disposiciones para el tratamiento del capital social de las instituciones; solo algunas aseguradoras registraron operaciones accionarias en los mercados antes de esa fecha, lo que implica que las corporaciones no pudieron acceder al mercado accionario. En países como el nuestro:

> Aunque el crecimiento e importancia de los mercados de capital emergentes es significativo, cabe acotar que no se han consolidado como un mecanismo importante para el financiamiento empresarial, pues aún son mercados pequeños e ineficientes, y caracterizados por su gran volatilidad. Su atractivo para los inversionistas internacionales obedece a los altos rendimientos que ofrecen. [Ortiz, 2007, 1: 25].

En segundo lugar y una vez autorizado el acceso al mercado bursátil, únicamente las grandes empresas oligopólicas (AGI y AGF) tienen fácil entrada al mercado accionario y al crédito; las aseguradoras pequeñas y

[45] Hasta 2003 las corporaciones aseguradoras no estaban autorizadas para emitir sus propias acciones o títulos de deuda (bonos), lo cual no implica que les estuviera permitido negociar acciones (compraventa) de bonos y acciones y de otras empresas. La emisión de acciones de una empresa es indispensable para que la corporación crezca al financiarse a través de la colocación de estos instrumentos financieros.

medianas no lo tienen: ambos factores impactan negativamente la rentabilidad de las acciones y la situación corporativa general de las empresas medianas y pequeñas en el país. En tercer lugar, los títulos de deuda gubernamental y privados donde se invierten las reservas técnicas y de capital tienen una tasa determinada — por ejemplo la tasa de Cetes a 28 días ha oscilado entre 6 y 7% anual — lo que beneficia a las grandes empresas porque poseen más recursos financieros, mientras las medianas y pequeñas tienen reservas más reducidas. *Todo ello explica porqué las corporaciones oligopólicas AGF y AGI tienen mayores niveles de rentabilidad, como lo evidencian algunos estudios de la teoría del banco principal en el grupo financiero* [Hoshi, *et al.*, Aoki, Aoki y Hugh, Nakatani, Sheard, Weinstein y Yafeh] *y el estudio empírico cuyos resultados presentamos más adelante.*

Una teoría fundamental para explicar el perfil de la inversión dirigida a las actividades productivas o financieras es la *teoría de la inversión y de la formación de expectativas* porque contienen los elementos esenciales para la toma de decisiones de la inversión de las corporaciones, y porque compara estas decisiones entre las empresas oligopólicas y el resto de empresas del mercado.

En este apartado destacamos los planteamientos que permiten enriquecer el análisis de nuestro objeto de estudio, a nivel microeconómico, de las corporaciones de seguros y su desenvolvimiento de acuerdo a las decisiones de inversión, la canalización de los recursos hacia el mercado (real) de seguros y el mercado financiero y, la manera como estas decisiones determinan el uso de técnicas productivas, el nivel de empleo, las fuentes de financiamiento y la rentabilidad del sector asegurador.

La teoría de la inversión sostiene que el capital por acciones reduce el riesgo del inversionista al diversificar su cartera en activos reales y activos financieros y crea un mercado financiero más líquido que el mercado de bienes o real. Ambos aspectos afectan la toma de decisiones del inversionista y de los empresarios de seguros. El capital en el mercado de bienes tiene poca movilidad y alto costo, lo cual alarga la toma de decisiones;[46] mientras que los recursos en el mercado financiero, tienen mucha movilidad, alta liquidez y un bajo costo lo cual acorta la toma de decisiones.

> [...] las decisiones de inversión se toman [...] estimando y aceptando de antemano un cierto nivel de riesgo o categoría de riesgo, para cierto nivel de rendimiento esperado, o al contrario aceptando cierto nivel de rendimiento esperado para cierto nivel o categoría de riesgo [Ortiz, 2007, 2: 33)].

El mercado financiero se ajusta a mayor velocidad que el real y esto influye en las decisiones del inversionista "la capitalización de utilidades consiste en aumentar el capital social de la empresa [aseguradora] al emplear el incremento de las utilidades para pagar dividendos a nuevas acciones que se emitan" [Mántey, 1994: 37]. Sin embargo, este mercado provoca que las expectativas del inversionista sean *volátiles*. Si se pagan más dividendos quedan menos utilidades para dirigirlas a la inversión real o financiera; por su parte, si se emiten más acciones habrá menos utilidad por acción UPA (debido a que UPA = utilidades netas / acciones).

El mercado financiero no tiene un carácter *neutral* frente al mercado real. El supuesto de la teoría tradicional de que el mercado financiero se *ajusta* simplemente a las condiciones de inversión para el equilibrio del mercado en el largo plazo y a la estructura de uso de los factores productivos (capital y trabajo) no es un supuesto realista: los mercados financieros pueden afectar tanto las condiciones de equilibrio de largo plazo como las proporciones del uso de los factores con tendencias al dominio del factor capital sobre el trabajo con tendencias al monopolio.

El mercado del capital está compuesto por el mercado real y el mercado financiero; estos mercados no se *ajustan simplemente*; sino que la mayor velocidad de este último tiene repercusiones en el primero: la *inmediata* toma de decisiones del inversionista financiero tienen

---

[46] De manera similar al mercado de bienes tangibles, en el sector asegurador el capital invertido en equipos de cómputo, mobiliario e instalaciones y demás bienes muebles e inmuebles tiene poca movilidad y alto costo, pero parte de ese capital también se encuentra en forma de efectivo líquido como las reservas técnicas y de capital de las corporaciones de seguros lo cual le puede dar una mayor movilidad y liquidez para *agilizar* la toma de decisiones y la inversión.

importantes implicaciones en las selecciones de inversión, la distribución del producto y la estructura productiva.

Tampoco los mercados operan en condiciones de competencia perfecta sino en competencia oligopólica donde están presentes los problemas de información imperfecta y existen costos por transferir el capital de un uso a otro. Los precios no se ajustan fácilmente de acuerdo a la productividad, ésta es distinta en cada empresa dependiendo de la proporción de los factores capital y trabajo, del volumen de capital invertido y de las estrategias administrativas y financieras puestas en operación por la corporación.

El aumento de las utilidades netas (*Ti*) puede ser capitalizado por medio de la emisión de acciones, porque la acción implica el pago de un dividendo a cambio de recibir de inmediato recursos financieros superiores al ritmo de crecimiento de la productividad real. Pero es necesario tener presente que si se pagan más dividendos entonces se cuenta con menos utilidades para poder invertirlas productivamente o financieramente y, también es necesario considerar que si se emiten más acciones la utilidad por acción (UPA) disminuye (si se mantiene constante el volumen de las utilidades netas) porque, como señalamos arriba, un mayor número de acciones significa menos utilidad por acción.

La sociedad por acciones aumenta las fuentes de capitalización del empresario asegurador al proveerlo de recursos con la emisión de acciones, a cambio de pagar un dividendo; o bien haciendo posible el incremento de las fuentes crediticias por las mejores condiciones empresariales que disminuyen el riesgo de los acreedores (el banco prestamista) dado el aumento del capital social.

La inversión de la empresa se efectuará siempre y cuando el valor presente neto VPN del proyecto de inversión sea mayor que el costo de reposición de los bienes de capital (los bienes de los activos empleados), es decir, el inversionista *arriesgará* su capital cuando el VPN sea mayor que el costo de reposición de los bienes de capital empleados. Si el costo de reposición de su equipo es más caro que lo que obtendría de utilidades el inversionista contraerá la inversión. En equilibrio, a un nivel dado de deuda, el costo de una unidad adicional de capital es el mismo si se obtiene mediante la emisión accionaria o mediante crédito.

En los mercados financieros, los inversionistas demandarán acciones si la tasa de crecimiento esperada del precio de éstas (*P*), más la tasa de retorno (rendimiento) (*r*) es mayor a la inflación general (*pr*); si la suma es menor entonces se demandarán bienes (o inversión real en equipo, materiales, etcétera) como reserva de valor [Mántey, 1982, 152; Toporovsky, 2004].

En un mercado oligopólico como el asegurador se favorece a las empresas más grandes, las que a su vez afectan con su peso y participación a los mecanismos de distribución: *el mercado financiero favorece a las aseguradoras intensivas en capital más que a las intensivas en mano de obra (trabajo), que es la mayoría, porque el mercado financiero incentiva el uso ineficiente del factor de capital (K) y discrimina el factor trabajo (L) y así*, si las empresas oligopólicas, incluidas las integradas a grupos financieros en comparación con las medianas y pequeñas, *maximizan más sus utilidades reales, también lo harán más en los mercados de capitales*.

El precio de toda acción *(P)* depende de la tasa de rendimiento de los activos riesgosos, de la emisión de las acciones dado el valor de mercado de las aseguradoras, y de la volatilidad del propio valor [Auerbach, 1985]. Para que *(r)* crezca deben aumentar los dividendos (*d*) que dependen de las utilidades *(Ti)* que los capitalizan. Si *(Ti)* es menor que el precio general (*pr*) en el monopolio, entonces *(d)* será bajo, y por ende *(r)*. Así la demanda de acciones dependerá de *(P)*, *(r)* y *(pr)*.

$(r) = (d) / (P)$ (fórmula 1)

o bien $(r) = [(P1\text{-}P0 / P0) \times 100] + [(d / P0) \times 100]$

Como se deduce, si el dividendo *(d)* aumenta, manteniéndose constante *(P)*, aumenta el rendimiento *(r)*, y si aumenta el precio de la acción *(P)* sin variar *(d)* entonces el rendimiento será menor. En el primer caso existe una relación directamente proporcional entre *d* y *r*, en el segundo es inversamente proporcional entre *P* y *r*.

Con respecto a la inflación general de precios *pr*, la tasa de rendimiento y los precios de la acción determinarán la demanda de acciones o de bienes (activos reales):

Si (pr) < (r) + (P) los inversionistas demandarán acciones.

Si (pr) > (r) + (P) los inversionistas demandarán bienes y crecerá la empresa.

Sin embargo, dado el carácter *sui generis* de las aseguradoras grandes estarían en posibilidades de fortalecer su posición monopólica tanto por el mayor precio de los productos de aseguramiento que puede ser más alto que la inflación, es decir, sus ventas reflejarían crecimiento en términos reales; como por los rendimientos obtenidos por las inversiones financieras, que generalmente crecen más rápido que el crecimiento general de precios. Ambos aspectos (precios y rendimientos) repercuten favorablemente en el valor de la empresa, sus utilidades y el precio de la acción por su mayor demanda, lo que incide en su apreciación. En otras palabras, las aseguradoras oligopólicas (y las integradas a los grupos financieros) pueden elevar más su rentabilidad que el resto de las empresas porque *(Ti)* es más elevada que en el resto del sector, esto le permite salvar las barreras impuestas por las costosas plataformas informáticas, y los onerosos equipos e instalaciones intensivos en capital. De allí, esas aseguradoras tendrán mayores niveles de productividad, aunque *serán ineficientes económicamente por contratar poca mano de obra por unidad de capital invertido*. El dominio de las empresas grandes en el mercado asegurador se reflejará en los mercados de capitales, donde capitalizarán más volúmenes de utilidades y esta situación les permitirá contar con más recursos para invertir y expandirse, o para colocarlos en los mercados para lograr la diferencia entre el precio de compra de los valores (acciones y bonos) y su precio de venta, definida por la *ganancia financiera*.

Si consideramos que el crecimiento de *(Ti)* es menor que el de la inflación (*pr*) en oligopolio, el monto de las utilidades del sector oligopólico será mayor que el resto del mercado siempre que:

1. El mayor crecimiento de las utilidades de las aseguradoras integradas (AGF) permita que los precios de sus *stocks* financieros se desenvuelvan mejor que los precios de los *stocks* del sector no integrado [Mántey, 1982: 152-153]. Este planteamiento se comprueba empíricamente en el sector asegurador como veremos cuando se analice la utilidad y la rentabilidad por aseguradora.
2. El empleo de una técnica intensiva en capital que demanda trabajo más especializado, aunque menor, disminuya los costos por unidad e incrementa el ingreso y la utilidad marginal. Este argumento también se comprueba más adelante.

En la etapa de auge, como la inflación y los salarios en la economía crecen, los costos laborales podrían llegar a crecer más en las aseguradoras independientes medianas y pequeñas, que en las integradas y por esta razón las utilidades en las primeras pueden llegar a crecer más en estas últimas.

Como la condición básica para que los inversionistas demanden acciones es $(r) + (P) > (pr)$, es decir, que la tasa de retorno de las acciones (r) más la tasa esperada de crecimiento del precio de las acciones (P) sea mayor que la tasa promedio de inflación (pr), conforme el sector integrado se expande, la tasa promedio de inflación se aproxima a la de inflación del sector integrado. Las aseguradoras integradas tenderán a responder al crecimiento de la demanda con un aumento de los precios más que mediante la expansión del producto debido a su carácter oligopólico.

Para la economía como un todo, las utilidades (Ti) pueden tender a crecer menos que los precios (pr), y menos que los precios de los valores financieros (*stocks*) (P), si previo al aumento de la tendencia en el precio de las acciones, las nuevas emisiones accionarias han disminuido — para que se lleven a cabo nuevas emisiones el precio de la acción (P) cae. Si los precios de los *stocks* (P) crecen menos que el precio de los productos (pr), la participación (P) puede disminuir como reserva de valor y se sustituirán por bienes [Mántey, 1982: 159].

Las aseguradoras podrían lograr un equilibrio individual cuando la valuación de los activos en los mercados de capitales, *stocks,* (rs) iguale el costo de reemplazo de los activos físicos (prs): $[rs = prs]$, y la tasa actual de retorno de la inversión productiva (Δr) o $[\Delta r = Ti / rs]$ iguale la tasa de retorno demandada por los inversionistas financieros *r, es decir,* [$\Delta r = r$] [Mántey, 1982: 163-164].

Teóricamente, los inversionistas aceptarán una menor tasa de retorno moderada si ellos esperan compensar su pérdida de corto plazo en su ingreso, con grandes ganancias de capital procedentes de incrementos futuros en el precio de mercado de los valores (*stocks*). Los banqueros, que conocen las preferencias y comportamiento de los inversionistas, ofrecerán el monto de acciones que pueda asegurar una tasa de retorno corriente que cubra las expectativas de movimientos de precios para que el valor de mercado de la aseguradora iguale el costo de reemplazo de los activos [Mántey, 1982: 164].

Sin embargo, empíricamente en el sector asegurador las utilidades de las empresas grandes e integradas es mayor en volumen y crecen más que las utilidades logradas en las pequeñas, tanto en el corto como en el largo plazo, lo cual repercute en su mayor nivel de rentabilidad y en su mayor participación en las utilidades del sector asegurador. Esto se debe a que las aseguradoras medianas y pequeñas independientes no tienen fácil acceso al mercado de capitales ni al mercado crediticio. Ambos mercados benefician más a las grandes empresas oligopólicas; incluso varias de ellas comparten su presencia en la propiedad de los grupos financieros.

Como dijimos, un aumento de las utilidades puede significar, por un lado, su capitalización inmediata en los mercados financieros (acciones) lo que conlleva, al incremento del financiamiento que aumenta el capital social y, por otro, este incremento de las utilidades se puede destinar al pago de intereses del financiamiento. La teoría de la inversión y las expectativas nos dice que en equilibrio, un aumento de una unidad adicional de capital debe igualar al incremento presentado en la emisión de acciones y al del crédito.

Si las utilidades se mantienen constantes, lo que incide en que los dividendos de las acciones permanezcan con el mismo valor, es decir, si hay una correlación directa entre las utilidades *(Ti)* y los dividendos *(d)*, el inversionista puede optar por una de dos opciones: vender sus acciones, o conservarlas, y esperar que se coticen mejor en el futuro para lograr *ganancias financieras* — la diferencia entre el precio de compra de la acción (*pc*) y su precio de venta (*pv*).

Si la fórmula de la tasa de rendimiento de la acción es: $r = d / (P)$ (véase la fórmula 1), y por tanto

$$P = \frac{d}{r}$$

la elasticidad precio de la demanda de activos financieros es positiva porque se espera que en el futuro el precio de la acción aumente más que el precio de compra: la *ganancia financiera* o ganancia de capital es la diferencia entre ambos precios.

Supongamos dos momentos, el presente y el futuro. En el presente, si la utilidad que capitaliza el dividendo (*d*) — evidentemente sin crecimiento de utilidades, no hay reparto de las mismas — se mantiene constante y aumenta el precio de la acción (*P*), disminuirá la tasa de rendimiento (*r*). En un momento futuro, si las utilidades que capitalizan los dividendos aumentan, la tasa de rendimiento (*r*) se incrementará porque el crecimiento del precio de la acción *(P)* en el momento futuro se verá más que compensado con el incremento del valor del dividendo (*d*). Por tanto, el incremento de la demanda de acciones está en función de dos factores: del *rendimiento presente* (*r*) cuya elasticidad precio es negativa (si aumenta el precio de la acción su demanda disminuye) porque un incremento del precio de la acción disminuirá tanto la tasa del rendimiento como la demanda de la acción; y de la ganancia del capital (*g*), que es la diferencia entre el precio de venta de la acción (el precio futuro *pv*) y el precio de compra de la misma acción (precio presente *pc*), cuya elasticidad precio es positiva porque, como dijimos, se demandarán más acciones si se tiene la expectativa de que su precio aumentará.

El aumento de la ganancia de capital (*g*) como resultado del crecimiento de las utilidades futuras — el aumento de las utilidades en el futuro aumentará los rendimientos futuros — debe ser mayor que el rendimiento (*r*). Entonces, dicha ganancia de capital puede ser realizada inmediatamente.

Si el dividendo es bajo, la empresa tiene oportunidades de inversión y usa las utilidades para invertir porque paga pocos dividendos, y si incrementa la inversión el precio (*P*) de la acción aumenta. Entonces (*P*) sube porque se usan los recursos que se destinarían a pagar dividendos para aprovechar oportunidades de inversión utilizando las utilidades para ello.

Como el precio de la acción (*P*) depende del dividendo y de los rendimientos, un aumento del rendimiento *r* disminuirá el precio de la acción *P* si permanece constante el dividendo *d* y un aumento de este significará incrementos en el precios de la acción si permanece constante *r*. Si la empresa tiene oportunidades de inversión con VPN positivo, entonces aumentará *P* porque las acciones se cotizarán más dado que la empresa está creciendo, evidentemente, al invertirse las utilidades los dividendos serán menores o nulos, dependiendo del volumen de inversión de esas utilidades.

El rendimiento de la acción puede ser definida como la diferencia entre la ganancia financiera (*pv - pc)* resultante de la diferencia entre el precio original de compra de la acción (*pc*) y el precio de venta (*pv*) entre *pv* más el cociente del dividendo con respecto al precio de compra *pc*:

$$r = \frac{pv - pc}{pc} + d / pc$$

Si seguimos a Mántey [1994], el rendimiento (*r*) no sólo está en función del dividendo (*d*) y del precio de compra de la acción (*pc*), sino también del precio de venta futuro (*pv*) de tal forma que la fórmula 1 se transforma en:

$r = (d + pv) / pc$ (fórmula 2)

Si definimos a $g = pv - pc$, entonces

una aseguradora cuyos valores registran un aumento sostenido del precio de la acción (*g*), o ganancia financiera, aun cuando la tasa de dividendos (*d*) que ofrezca sea baja, generará expectativas de aumentos futuros de precio, que tenderán a compensar ese bajo rendimiento. Mantener una tendencia ascendente en las cotizaciones de los valores que se emiten es, por lo tanto, sumamente importante para las aseguradoras y así lo muestran las evidencias empíricas.

Teóricamente, cuando el capital de la aseguradora se fracciona en acciones que se distribuyen entre varios accionistas, éstos, al diversificar sus carteras y reducir su riesgo total, demandan una tasa de rendimiento (*r*) que es menor a la tasa de ganancia de la aseguradora individual *(g)* pero superior a la de interés *(i)* (la que devengan los activos sin riesgo), porque si *(i)* fuera mayor no invertirían. De modo que:

Tasa de interés de los activos sin riesgo (i)	<	Tasa de rendimiento (r)	<	Tasa de ganancia de la aseguradora individual (g)

El valor de mercado del activo financiero (V) con duración ilimitada, es igual al valor capitalizado del ingreso que genera — ya que el valor capitalizado es el monto de capital que daría ese rendimiento a la tasa de interés de mercado, considerando el riesgo —; en el caso de la aseguradora individual, V es igual a las utilidades futuras (Ti) divididas entre la tasa de rendimiento que demandan los inversionistas (r): $V = Ti / r$.

A. Si se trata de una aseguradora independiente sujeta a gran riesgo, el *valor capitalizado de las utilidades* ($V1$) se obtendrá dividiendo las utilidades futuras (Ti) entre la tasa de ganancia (g) que es la que demanda un capitalista que asume el riesgo total, de modo que:

$$V1 = \frac{Ti}{g}$$

(fórmula 3)

B. Si la aseguradora es una *compañía por acciones* y el riesgo de cada accionista es menor al del asegurador individual, la tasa de descuento a la cual se capitalizarán todas las utilidades (*r*) será menor, y el valor capitalizado (*V2)* de éstas (y, por ende, el valor de mercado de la aseguradora) será mayor:

Compañía por acciones		Aseguradora individual	
$V2 = \dfrac{Ti}{r}$	$>$	$V1 = \dfrac{Ti}{g}$	si $r < g$
(fórmula 4)		(fórmula 3)	

El promotor de sociedades por acciones, al fraccionar la propiedad y reducir el riesgo del inversionista individual, podría apropiarse de la diferencia entre *V1* y *V2*; comprando la aseguradora barata al asegurador individual y vendiéndola cara en fracciones a muchos inversionistas. Esto desata, como veremos más adelante, el poderoso mecanismo de las fusiones y adquisiciones de empresas familiares y su colocación accionaria en los mercados bursátiles.

En todo caso, lo importante para una corporación es el costo promedio del capital constituido por el precio de las acciones y el costo de la deuda (bonos).

Todo este planteamiento teórico tiene consistencia y cuenta con soportes empíricos; sin embargo, no parece explicar porqué las aseguradoras grandes independientes (AGI) y las aseguradoras de grupos financieros (AGF) cuentan con utilidades que son mayores que las utilidades de las aseguradoras medianas y pequeñas (AMP). Las evidencias empíricas nos permiten concluir que las utilidades de las AGI y AGF son más elevadas por los siguientes factores:

A) El empleo de técnicas intensivas en capital es determinante para la composición oligopólica de las empresas. Las aseguradoras grandes e integradas disponen de crédito bancario más barato y abundante que otras corporaciones y pueden financiarse más fácilmente en el mercado accionario lo que les facilita emplear técnicas intensivas en capital y les otorga poder de monopolio tanto en el mercado de insumos (operativotecnológicos), en el mercado de seguros, como en los mercados financieros. Una aseguradora intensiva en capital puede ofrecerle a sus clientes y distribuidores mejores *condiciones de aseguramiento*, obtener un amplio financiamiento del mercado de acciones y bonos, y agregar los mecanismos de depreciación como herramienta para contar con más capital trabajo mientras los activos físicos se encuentren aún en operación, antes de ser reemplazados [Basave, 1996]. Con la jurisdicción de las autoridades, ésta práctica la han estado ejecutando las corporaciones aseguradoras de manera importante para contar con más recursos líquidos y también para disminuir el pago de impuestos.

B) Las técnicas intensivas en capital propias de las aseguradoras más grandes (AGI o AGF), deberán adicionar más poder de monopolio que mediante del empleo de la técnica de diferenciación de productos; los precios pagados a las aseguradoras con técnicas intensivas en capital pueden ser menores que en las aseguradoras con técnicas intensivas en mano de obra, pero debido a su carácter oligopólico, frecuentemente los sitúan por arriba del precio de mercado para obtener márgenes de utilidades adicionales. También, las aseguradoras grandes o integradas pagan menores costos de financiamiento (o precios de capital) en comparación con las no asociadas,[47] porque logran mejores condiciones de contratación ya que son menos riesgosas y, en un *mercado imperfecto*, podrán también ser menos riesgosas; o porque, en el caso de las AGF, obtienen el crédito de la institución bancaria del conglomerado (su accionista); también sus costos unitarios son menores dadas sus mayores escalas productivas y su poder de mercado es mayor para colocar los productos — cuentan con nichos de mercado cautivos *internos* al grupo y *externos*, una buena marca, y apoyo de la red del grupo financiero. Todos estos factores "[...] le otorgan a las empresas integradas la posibilidad de ser más monopólicas que sus competidoras independientes, en todas las actividades en las cuales ambos tipos de empresas participan" [Mántey, 1982: 151].

[47] La integración de empresas en el grupo financiero hace posible que el banco del grupo conforme una tasa de retiros menor que en el promedio (tasa de reserva de efectivo/depósitos) lo que a su vez permite que el banco cree más crédito (préstamos) ante cualquier entrada de efectivo.

Las técnicas intensivas en capital son un importante mecanismo de generación de utilidades, pero también lo son el riesgo de la inversión, el rendimiento esperado, el precio de las acciones y de los bonos de deuda, así como el grado de apalancamiento con que cuenta la corporación: lo importante es el costo promedio del capital.

En mercados de capitales llamados *perfectos*, como el estadounidense, donde se supone que no hay imperfecciones de mercado, las empresas más grandes tendrán menores utilidades porque tienen que pagar menores rendimientos a sus accionistas. Sin embargo, en mercados *imperfectos*, como el mexicano, y hasta 2003, las empresas más grandes independientes AGI y las integradas a grupos financieros AGF logran las mayores utilidades y tienen los mayores rendimientos por las siguientes razones:

a] No existe una separación entre la propiedad y el control de las empresas, como si lo es en los Estados Unidos.

b] El propietario-administrador debe ofrecer(se) un elevado rendimiento por el elevado riesgo en que incurre.

c] Una forma de distribuir el riesgo en países como México es a través del control y propiedad de varias empresas, lo que permite la *dispersión del riesgo*.

d] La intervención del Estado y sus políticas promueve la generación de rentas adicionales para las empresas grandes, aunque promueve el *riesgo político*.

e] No existe un mercado de capitales desarrollado, se encuentra concentrado en pocas firmas que manipulan los precios de las acciones.

f] Ante la gran incertidumbre, los grandes capitalistas locales *exportan su capital* en cada ocasión que prevén una situación de inestabilidad o la generan.

g] La estrechez del mercado de capitales aumenta la importancia de la obtención de elevados dividendos y la retención de utilidades como un recurso de inversión real o especulativa. El empresario debe garantizar altos niveles de utilidades para cubrir el pago de altos dividendos.

h] Los préstamos se distribuyen entre las pequeñas firmas del grupo, entre otros aspectos [Ghosh y Ortiz 1995: 205-216].

En las corporaciones de seguros, en los últimos años, con la mayor presencia del capital extranjero y principalmente norteamericano, el cambio más importante parece observarse en la separación entre la propiedad y el control asociada con el impulso normativo dado a la emisión de acciones y de bonos de las corporaciones a partir de 2003.

De esta forma las AGF y las AGI tienen la posibilidad de obtener mayores utilidades potenciales por el ahorro de costos y por el incremento en sus ventas.

Por lo general, las aseguradoras en comparación con otros sectores económicos son empresas intensivas en capital, y para operar requieren equipos sofisticados en sistemas electrónicos, personal altamente calificado y eficientes procesos y sistemas; sin embargo, es posible identificar que la intensidad en la tecnología empleada puede afectar el producto y la productividad de cada empresa de distinta manera, a favor de las más grandes como veremos enseguida.

Productividad de las corporaciones aseguradoras

En el inciso 2.9 analizamos la productividad del sector asegurador en su conjunto y lo comparamos con la productividad de la economía y del sector financiero. Ahora veamos su comportamiento por tipo de empresas para sostener que las más productivas son las que logran los mayores márgenes de utilidad. Como las aseguradoras integradas (AGF) y las aseguradoras más grandes AGI emplean técnicas intensivas en capital, también son más productivas, dado que su nivel de escala es mayor y, por ende, cuentan con elevada relación capital–trabajo. Teóricamente, las AGF podrían beneficiar a los trabajadores por tener un mejor ambiente de trabajo y más productivo que en otras empresas — de acuerdo a la teoría del banco principal en los grupos financieros — lo que puede llevar a que la productividad descienda porque la corporación aseguradora no tiene los mismos niveles de exigencia para alcanzar altos márgenes de utilidad y rentabilidad para el accionista como la que exhiben las aseguradoras independientes; sin embargo, dados los niveles de competencia y la aplicación de las teorías gerenciales, que hemos visto, tanto las AGF como las grandes empresas independientes han elevado su productividad más que las pequeñas (véase el cuadro 3.8) sencillamente porque estas últimas cuentan con una escala productiva más reducida, mantienen una carga financiera importante, se especializan en un producto y no cuentan con una cartera amplia de clientes que les permita minimizar sus riesgos. En el nivel más específico, de la unidad aseguradora, el comportamiento de la productividad es la siguiente:

Cuadro 3.8
PRODUCTIVIDAD DEL PERSONAL
POR ASEGURADORA
1994 - 2005
(miles de pesos constantes, 2002 = 100)

	personal contratado respecto a las primas emitidas			*personal contratado respecto a los activos*			*personal contratado respecto al capital*		
	1994	*2000*	*2005*	*1994*	*2000*	*2005*	*1994*	*2000*	*2005*
1. ASEGURADORAS DE GRUPOS FINANCIEROS (AGF)	**3,587**	**4,532**	**7,267**	**3,949**	**9,936**	**22,347**	**1,405**	**1,476**	**2,940**
2. ASEGURADORAS GRANDES INDEPENDIENTES (AGI)	**6,844**	**4,251**	**10,034**	**4,581**	**7,451**	**22,254**	**1,320**	**993**	**1,924**
Met Life (Aseguradora Hidalgo)	7,572	35,989	18,946	15,240	20,722	38,790	3,451	4,567	4,515
Grupo Nacional Provincial	5,124	5,051	5,936	7,047	6,136	10,208	1,210	1,056	426
Seguros Comercial América	3,897	4,756	16,496	0	0	0	1,137	524	1,932
Seguros Monterrey New York Life	3,170	3,052	5,652	4,960	5,577	14,082	1,127	384	977
3. ASEGURADORAS MEDIANAS Y PEQUEÑAS INDEPENDIENTES (AMP)	**2,590**	**4,164**	**3,490**	**11,405**	**6,060**	**6,694**	**1,396**	**1,063**	**1,499**
4. MERCADO TOTAL	**3,794**	**5,195**	**6,770**	**6,292**	**7,563**	**15,866**	**1,360**	**1,121**	**2,107**

Fuente: Elaboración propia con base en información de la Comisión Nacional de Seguros y Fianzas, *Actualidad en Seguros y Fianzas* (1991-2005) y *Anuario Estadístico de Seguros* (1990-2005), México.

El cuadro anterior nos muestra que:

1. La productividad por empleado, medida como la relación entre las primas emitidas y el personal ocupado es significativamente distinta entre las aseguradoras grandes independientes (AGI) o integradas (AGF) y las pequeñas independientes (AMP): mientras en el año 1994 la productividad por empleado en las AGI y AGF se ubica por arriba de los 3.5 millones de pesos anuales, en las AMP es de apenas 2.5 millones, menor en 164% con respecto al conjunto de las AGI y 38% en relación con las AGF. La productividad de los empleados en el mercado total de seguros en 1994 fue de 3.7 millones de pesos por empleado.

   Para el 2000, la situación parece haber cambiado significativamente: la productividad de las AGF se ubicó en los 4.5 millones de pesos por empleado, en las AGI fue de 4.2 millones de pesos y en las AMP de 4.1 millones, nivel este último menor al registrado en el mercado que ascendió a 5.5 millones de pesos por empleado; es decir, subió significativamente en las AMP, poco menos en las AGF y se contrajo en las AGI.

   En el 2005, la situación se modifica a favor de las AGI, que casi duplican la productividad del mercado al alcanzar los 10 millones de pesos por empleado; mientras que los trabajadores de las AGF produjeron 7.2 millones y los de las AMP crearon 3.4 millones de pesos anuales disminuyeron su nivel con respecto a 2000. En los años 1994 y 2005, la productividad de las AGI es muy superior a la del mercado y la correspondiente a la productividad de las AMP es menor que la del sector en su conjunto. La productividad de las AGF únicamente es mayor que la registrada en el mercado en 2005, en los otros años es menor.

2. La relación del personal empleado respecto a los activos muestra modificaciones importantes a lo largo de los años. En 1994 la productividad de las AMP es más elevada que la de las AGF y las AGI, al situarse en los 11.4 millones de pesos, incluso es mayor que el nivel registrado en el mercado que alcanzó los 6.2 millones;

para el 2000 la mayor productividad se registró en las AGF con 9.9 millones de pesos, en las AMP fue de 6.0 millones y en las AGI fue de 7.4 millones, estos dos últimos niveles fueron menores que el mercado que registró 7.5 millones de pesos por empleado medido en relación con los activos totales. Por último, en el 2005, la productividad en las AGF fue la más elevada y muy superior con respecto a la competencia al situarse en los 22.3 millones de pesos, las AGI lograron 22.2 millones y las AMP 6.6 millones; mientras el mercado se situó en los 15.8 millones de pesos. La productividad de las AGF es muy alta, claramente la han elevado lo cual se encuentra asociado con el hecho de que estas aseguradoras son las que poseen los mayores niveles de inversiones financieras del sector (son las más *financiarizadas*), mientras los volúmenes de recursos financieros de las AGI y las AMP no son tan elevados. También, estos dos últimos grupos de empresas tienen mayores niveles de inversiones inmobiliarias que las AGF.

3. Finalmente, la participación del personal empleado en el capital creció debido a la *descapitalización* del sector, es decir la participación del personal fue aumentando porque el capital contable fue disminuyendo especialmente de las AGF y AGI; en las AGI la descapitalización se observa en 2000, mientras que el nivel de capitalización de las AMP parece mantenerse, lo cual disminuye sus niveles en 2000 para recuperarlos en 2005. Nuevamente, *las empresas que más crecieron fueron las empresas integradas a los grupos financieros.*

Por lo general, las AGF son de tamaño grande y mediano, aunque se encuentran incorporadas a los más poderosos conglomerados mundiales — incluyendo Seguros Inbursa, controlada por un grupo financiero muy importante que la sitúa entre las cinco más grandes del sector. A partir de la mitad de los años noventa, las aseguradoras integradas a grupos financieros registran los mayores niveles de productividad medidos mediante la relación de los empleados con los activos y el capital, mientas que con respecto a las ventas los niveles más importantes se encuentra en las AGI que son las firmas que dominan las ventas en el mercado de seguros: probablemente, las AGF son empresas enfocadas más a los mercados financieros; mientras que las AGI y las AMP lo hacen más al mercado de seguros (promoción y venta de aseguramiento).

Con el transcurrir de los años, las empresas integradas a grupos (AGF) van aumentando su productividad por la consolidación de su posición en el mercado, el soporte del propio grupo financiero, así como por el incremento de la productividad dada la disminución del ritmo de crecimiento del personal empleado, pero también por el menor capital invertido.

La distribución del producto asegurador entre los empresarios, rentistas y asalariados, es un aspecto que es necesario identificar; sin embargo, no se cuenta con datos para poder analizarla a profundidad. Seguramente, el efecto negativo lo han recibido estos últimos, porque a los rentistas/accionistas se les garantiza la tasa de rentabilidad de sus acciones: la *tasa mínima garantizada*, los empresarios han aumentado sus ingresos por los estímulos de un mercado potencial en expansión, mientras que los sueldos de los empleados han venido disminuyendo y sus prestaciones eliminándose (inciso 3.1).

Costos de operación y siniestralidad

Dos elementos son muy importantes en la determinación de la utilidad operativa y de la neta (o resultado financiero) de las corporaciones aseguradoras: los costos operativos y los de la siniestralidad — estos últimos son los costos en que incurren las corporaciones por el pago de los seguros ante la eventualidad de la presentación de los siniestros.

Indicamos, como hipótesis, que las aseguradoras más grandes (AGI) o las integradas a los grupos financieros (AGF) tenían menores costos operativos que las empresas medianas y pequeñas porque hacen uso de técnicas intensivas en capital, son más productivas, cuentan con mayor financiamiento y se encuentran más diversificadas en sus productos.

Los gastos de operación son menores en las aseguradoras integradas a grupos financieros (AGF) que con respecto a las AMP, medido por la relación costo neto de operación respecto a primas emitidas. En 1994, los gastos de las AGF se elevan debido a que en ese año los grupos financieros iniciaron su participación en el mercado asegurador. Las aseguradoras grandes independientes (AGI) registran mejores niveles que las aseguradoras medianas y pequeñas (AMP) y que las AGF (véase la parte derecha del cuadro 3.9). En 2001, la proporción de los gastos de operación de las AGF fueron menores que en las AGI. En 2005, nuevamente las AGI tienen el mejor nivel, seguidas de las AGF.

Cuadro 3.9

GASTOS DE OPERACIÓN Y DE SINIESTROS
1994-2005

tipo aseguradora	*miles de pesos constantes 2002 = 100*						*% participación en la prima emitida*					
	gastos de operación			*siniestros*			*gastos de operación / prima emitida*			*siniestralidad (siniestros / primas emitidas)*		
	1994	*2001*	*2005*	*1994*	*2001*	*2005*	*1994*	*2001*	*2005*	*1994*	*2001*	*2005*
AGF	5,115,182	3,758,845	3,856,670	19,275,757	20,891,614	23,555,494	16.1	7.7	9.0	60.7	42.9	55.1
AGI	2,113,060	3,633,477	3,427,065	12,811,693	16,205,588	23,595,447	9.8	10.5	7.1	59.5	47.1	49.2
AMP	4,096,453	3,423,044	3,488,104	9,880,142	13,777,137	16,269,726	17.1	10.8	10.0	41.3	43.4	47.0
TOTAL	11,324,695	10,824,366	10,771,839	41,967,592	50,884,339	63,420,667	14.6	9.4	8.6	54.4	44.3	50.6

Fuente: Elaboración propia con base en información de la Comisión Nacional de Seguros y Finanzas, *Actualidad en Seguros y Fianzas*, 1994, 2001, y 2005.
Nota: AGF significa aseguradoras integradas a grupos financieros, AGI son aseguradoras oligopólicas independientes y AMP son aseguradoras medianas y pequeñas independientes.

Con respecto a la siniestralidad, podemos identificar que en 1994, 2001 y 2005, los mejores niveles los presentaron las aseguradoras medianas y pequeñas. Lo anterior se debe a que ofrecen seguros especializados con bajas sumas aseguradas. En el caso de las AGF y las AGI con frecuencia tienen elevados índices de siniestralidad porque la venta de sus productos va acompañada de seguros *gancho* como es el caso de los seguros de gastos médicos que son muy costosos para la aseguradora a cambio de colocar seguros de vida, accidentes personales o de pensiones entre su colectividad asegurada. Otro factor se encuentra en las sumas aseguradas ofrecidas que son mucho mayores que las otorgadas por las aseguradoras pequeñas y medianas.

Rentabilidad, rendimiento de la inversión y productos financieros

Con el propósito de identificar las ventajas y desventajas de las corporaciones integradas o no al grupo financiero, se formularon los cuadros 3.10 y 3.11 cuyo análisis se presenta enseguida. Entre 2000 y 2005, el efecto de la integración se identifica en el cuadro 3.10 al considerar la rentabilidad de la producción y la rentabilidad del capital, así como el rendimiento de la inversión; mientras que el crecimiento de las utilidades y de los productos financieros se presentan en el cuadro 3.11. Ambos cuadros registran a los tres grupos de empresas: aseguradoras pertenecientes a grupos financieros, aseguradoras grandes independientes y aseguradoras medianas y pequeñas no integradas.

Cuadro 3.10

RENTABILIDAD Y RENDIMIENTO DE LA INVERSIÓN ASEGURADORAS INTEGRADAS A GRUPOS FINANCIEROS Y EMPRESAS INDEPENDIENTES, 2001 y 2005

Situación financiera

empresa	*rentabilidad de la producción (utilidad / prima emitida) %*		*rentabilidad del capital (utilidad / capital contable) (%)*		*rendimiento de la inversión (utilidad / activos) (%)*	
	2001	*2005*	*2001*	*2005*	*2001*	*2005*
ASEGURADORAS DE GRUPOS FINANCIEROS	-0.9	8.3	-4.4	20.5	-0.5	2.7
Interacciones	1.1	0.1	21.5	-0.7	2.5	-0.1
Banamex	7.4	27.5	47.6	46.5	3.5	7.7
HSBC (Vida)	17.4	39.5	23.1	44.1	9.9	20.0
BBVA Bancomer	33.5	11.4	16.2	41.8	5.0	8.8
Inbursa	1.2	6.4	3.9	20.3	0.5	2.7
Seguros Comercial América	n.d.	-2.1	n.d.	-8.0	-4.4	-0.9
ASEGURADORAS GRANDES NO INTEGRADAS	5.1	5.1	29.7	26.6	3.8	2.3
Met Life	10.8	9.0	49.5	32.0	7.7	4.4
Grupo Nacional Provincial	1.5	2.3	12.2	22.2	1.3	1.3
ASEGURADORAS MEDIANAS Y PEQUEÑAS	-2.0	2.1	-7.9	6.0	-1.2	1.3
MERCADO TOTAL	*0.5*	*5.4*	*2.6*	*17.3*	*0.3*	*2.3*

Fuente: Elaboración propia con base en información de la Comisión Nacional de Seguros y Fianzas *Actualidad en Seguros y Finazas* (1991- 2005) y *Anuario Estadístico de Seguros* (1990-2005), México.

Los datos de ambos cuadros nos permiten concluir que, entre 2001 y 2005, las utilidades de las empresas se elevaron de manera importante. El mayor efecto se encuentra en las AGF, menos en las medianas y pequeñas (AMP) y aún es menor en las AGI (véase el cuadro 3.11). Lo anterior fortaleció el carácter oligopólico del sector asegurador. Con esto se comprueba la hipótesis de que las utilidades de las aseguradoras de grupos financieros (AGF) crecen más que en las AGI y que en las AMP.

Cuadro 3.11
Comparación entre aseguradoras integradas a grupos financieros y empresas independientes
Situación financiera
(crecimiento entre 2001 y 2005)

empresa	*crecimiento real de la utilidad neta (%)*	*crecimiento real de los productos financieros (%)*
ASEGURADORAS INTEGRADAS A GRUPOS FINANCIEROS	857	76.4
Interacciones	-105	27
Banamex	199	37
HSBC (Seguros)	358	190
BBVA Bancomer	258	89
Inbursa	316	-56
Seguros Comercial América	-73	386
ASEGURADORAS GRANDES NO INTEGRADAS	38	71
Met Life	29	24
Grupo Nacional Provincial	90	79
Seguros Monterrey	-116	42
ASEGURADORAS MEDIANAS Y PEQUEÑAS	217	-1.3
MERCADO TOTAL	936	53

Fuente: Elaboración propia con base en información de la Comisión Nacional de Seguros y Fianzas, *Actualidad en seguros y fianzas*, 2000-2005.

3.3.1 Niveles de utilidad y rentabilidad (de la producción y del capital)

La teoría del dominio bancario en los grupos financieros (Hoshi, *et al.*, Aoki, Aoki y Hugh, Nakatani, Sheard, Weinstein y Yafeh, entre otros) establece que no es la máxima prioridad de las empresas integradas la maximización de la utilidad en los mercados de capitales, ni la tasa de retorno sobre el capital, porque su estructura de organización se encuentra expresada en principios administrativos que responden a los acuerdos e *intereses de los ejecutivos*. Por ello, teóricamente, la tasa de rendimiento será menor en las AGF que en las individuales, que tienen que producir utilidades y poner atención en la tasa de rendimiento [Mántey 1982; Nakatani, 1984]. Sin embargo, en el sector asegurador mexicano hay fuertes evidencias que muestran que las AGF tienen las más elevadas utilidades, no se cuenta con evidencias de que la compensación a los empleados en las AGF sea más alta que en las compañías independientes.

Con todo, las AGF, o las más grandes, tienen mayores montos de utilidad y ésta es más estable que la de empresas independientes medianas y pequeñas. Además, el banco miembro ajusta la tasa de interés de los préstamos para proteger a las empresas cliente frente a negocios que representan riesgo en movimientos contra-cíclicos; también las AGF parecen pagar mayores tasas de retorno a los inversionistas por la posesión de las acciones del grupo cuyas utilidades y rentabilidad crecen de manera importante en relación al resto de las empresas del mercado. El mayor nivel de estabilidad de las utilidades de las empresas del grupo se debe también a que están mejor posicionadas para vender tanto en el mercado interno[48] al grupo en la forma de bienes intermedios, como en el mercado de servicios finales. Por el contrario, las empresas independientes únicamente venden en este último mercado y, por ello, son menos rentables y estables.

Teóricamente, en equilibrio la tasa de ganancia en términos reales de una aseguradora con rendimientos estables sería menor que la tasa de ganancia real de una aseguradora con rendimientos inestables. Ambas aseguradoras invertirán hasta que el producto marginal del capital iguale su costo. La aseguradora con rendimientos estables (y con tasa de ganancia real baja) sería aparentemente ineficiente, desde el punto de vista del mercado real porque las empresas más grandes estarían invirtiendo por debajo de su capacidad y dada su mayor tecnificación emplean menos mano de obra; pero desde el ángulo del mercado financiero estaría actuando *racionalmente* y es eficiente; en el largo plazo, los activos financieros de las aseguradoras estables deben ser menos rentables que los activos financieros de las aseguradoras inestables, porque enfrentan menor riesgo. Sin embargo, *en mercados imperfectos como el de nuestros países, tanto en el corto como en el largo plazo, las utilidades de las grandes empresas son mayores y, por si esto fuera poco, sus riesgos son menores.*

[48] Más adelante veremos la enorme importancia de las transacciones efectuadas entre las empresas del grupo. (inciso 4.3.2).

Empíricamente pudimos comprobar que tanto en el corto como en el largo plazos las utilidades de las aseguradoras integradas son mayores (cuadro 3 anexo), porque las corporaciones aseguradoras actúan en un mercado financiero *imperfecto* las aseguradoras más grandes obtienen más utilidades porque sitúan su nivel de precios en un nivel mayor, esto es en el mercado de seguros; y al concentrar grandes volúmenes de recursos líquidos logran ganancias financieras mayores que las de las aseguradoras pequeñas (AMP), esto es en los mercados financieros. Del cuadro 3.11.1 podemos observar que, en general, mientras mayor es el rendimiento de las corporaciones aseguradoras, mayor también el riesgo contratado: para el año 2001, a nivel de la rentabilidad de la producción el mayor rendimiento del mercado lo lograron las AGI que se encuentra también asociado con el mayor riesgo; para el año 2005, el mayor rendimiento se encuentra en las AGF sin embargo el mayor riesgo se localiza en las AMP. Con respecto a la rentabilidad del capital, en el año 2001 el mayor riesgo se ubica en las AGI y en el 2005 en las AMP. Por último, el mayor riesgo de la rentabilidad del capital se encuentra para 2001 en las AGI y en el 2005 en las AMP.

Cuadro 3.11.1

RENDIMIENTO Y RIESGO DE LAS ASEGURADORAS INTEGRADAS A GRUPOS FINANCIEROS Y EMPRESAS INDEPENDIENTES, 2001 y 2005

Situación financiera

empresa	*rendimiento (r) y riesgo (ri) de la producción %*				*rendimiento (r) y riesgo (ri) del capital (%)*				*rendimiento (r) y riesgo (ri de la inversión (%)*			
	2001		*2005*		*2001*		*2005*		*2001*		*2005*	
	r	*ri*	*r*	*ri*	*r*	*ri*	*r*	*ri*	*r*	*ri*	*r*	*ri*
ASEGURADORAS DE GRUPOS FINANCIEROS	-0.9	1.9	8.3	8.4	-4.4	49.0	20.5	10.2	-0.5	0.6	2.7	0.1
Interacciones	1.1	0.3	0.1	28.0	21.5	357.2	-0.7	324	2.5	4.8	-0.1	5.7
Banamex	7.4	47.6	27.5	488.4	47.6	2,025	46.5	852.4	3.5	10.2	7.7	29.
HSBC (Vida)	17.4	285.6	39.5	1,162.8	23.1	420.2	44.1	718.2	9.9	92.1	20.0	313.
BBVA Bancomer	33.5	1,089	11.4	36	16.2	184.9	41.8	600.2	5.0	22.0	8.8	42.
Inbursa	1.2	0.4	6.4	1	3.9	1.6	20.3	9	0.5	0.0	2.7	0.1
Seguros Comercial América	n.d.	n.d.	-2.1	56.2	n.d.	n.d.	-8.0	625.0	-4.4	22.0	-0.9	10.

ASEGURADO RAS	5.1	21.1	5.1	0.1	29.7	734.4	26.6	86.4	3.8	12.2	2.3	0.0
GRANDES NO INTEGRADAS												
Met Life	10.8	106.0	9.0	12.9	49.5	2,199.6	32.0	216.0	7.7	54.7	4.4	4.4
Grupo Nacional Provincial	1.5	1.0	2.3	9.6	12.2	92.1	22.2	24.0	1.3	1.0	1.3	1
ASEGURADO RAS	-2.0	6.25	2.1	10.8	-7.9	110.2	6.0	127.6	-1.2	2.2	1.3	1
MEDIANAS Y PEQUEÑAS												
MERCADO TOTAL	*0.5*		*5.4*		*2.6*		*17.3*		*0.3*		*2.3*	

Fuente: Elaboración propia con base en información de la Comisión Nacional de Seguros y Fianzas *Actualidad en Seguros y Fianzas* (1991- 2005) y *Anuario Estadístico de Seguros* (1990-2005), México.

Como podemos observar, *el mayor rendimiento se encuentra asociado con un más elevado nivel de riesgo; sin embargo, en economías emergentes existen ocasiones en que un mayor nivel de riesgo no se encuentra vinculado con un mayor rendimiento, como es el caso para el año 2005 donde las AMP en los tres indicadores analizados registran elevados riesgos y además bajos rendimientos.*

En teoría, las empresas pequeñas buscarán invertir en bonos con plazos cortos para aprovechar oportunidades de proyectos de inversión más rentables, aunque menos estables que las empresas grandes; sin embargo, en la realidad parece que las aseguradoras pequeñas no tienen fácil acceso ni a las fuentes de financiamiento bancarias, ni a los mercados de capitales, por lo que para ellas financiarse es muy costoso lo que reduce sus márgenes de utilidad y rentabilidad y además asumen elevados riesgos. Como hemos visto, en los últimos años, las grandes empresas han disminuido su inversión de largo plazo y la han aumentado en bonos de corto plazo, lo cual es un rasgo del carácter altamente especulativo que han adquirido la totalidad de las corporaciones aseguradoras derivado de las condiciones económicas de crisis y de su perfil eminentemente financiero.

Como sabemos, la teoría financiera analiza la posibilidad de obtener el máximo rendimiento al menor riesgo, y también prevé la posibilidad de la estabilidad de los dividendos de los inversionistas lo cual puede darse en las grandes corporaciones. La alta liquidez del mercado financiero parece penalizar a las aseguradoras con rendimientos inestables lo que es característico de las aseguradoras pequeñas, o no integradas a grupos financieros. La vulnerabilidad e inestabilidad de los *mercados financieros ineficientes*, de países como el nuestro, obligan a las pequeñas aseguradoras a mantener recursos líquidos, que son pequeños, cuando los rendimientos son bajos, por lo que desaprovechan posibilidades de inversión [Mántey, 1994].

Debido a que las aseguradoras grandes logran rendimientos estables, podrán allegarse recursos financieros a menor costo para los inversionistas — quienes tienen aversión a la posibilidad de invertir en otras aseguradoras más riesgosas — lo que lleva a incrementar la adquisición del factor de capital frente al factor trabajo para aumentar su productividad. Esta es la forma como *los mercados financieros afectan los mercados reales y por ende no son neutrales.*

Las aseguradoras más grandes — dependiendo de la relación riesgo-rendimiento y de la aversión al riesgo — registrarán valores (acciones) más estables, pagarán mayor tasa de rendimiento — el inversionista financiero podrá obtener acciones de estas empresas sólo en cierto tipo de emisiones restringidas y colocando grandes volúmenes de capital — y alcanzarán el *equilibrio* en un nivel menor al trasladar a los precios los márgenes de obtención de una mayor tasa de ganancia, dado su mayor grado de intensidad de capital.

Teórica y empíricamente, los inversionistas de las empresas grandes adquirirán activos financieros más estables, aunque reciban menores dividendos *(d)* que en las aseguradoras más pequeñas con rendimientos inestables — porque el inversionista prefiere garantizar su rendimiento que obtener uno mayor debido a su aversión al riesgo

> Concretamente, en un marco de referencia de ganancias el valor marginal que se atribuye a cada unidad adicional es cada vez menor [...] se prefiere amarrar su ganancia cierta a otra mayor pero incierta; si se consideran pérdidas su costo marginal es igualmente cada vez menor por lo que [los accionistas] están dispuestos a arriesgarse, a sufrir grandes pérdidas si esa decisión previene de una pérdida menor cierta

[Con respecto a esto último, empíricamente las corporaciones aseguradoras tratarán de minimizar las pérdidas, y por el contrario maximizar sus ganancias] [Ortiz, 2007, capítulo 3: 29].

Sin embargo, si los inversionistas logran captar acciones de las empresas grandes sus rendimientos serán más elevados que en las pequeñas, restringidas financieramente. Estos inversionistas fomentarán la ineficiencia económica al permitir que las aseguradoras grandes, intensivas en capital, cuenten con mayores recursos financieros provenientes de la deuda o de la venta del capital social (acciones) los cuales se invertirán más en capital (K) que en trabajo (L), lo que evidentemente hace más grande, estable y rentable a la aseguradora integrada que al resto. El hecho de que las AGF paguen mayores rendimientos financieros a los inversionistas es compatible con alcanzar los mayores niveles de utilidad y rentabilidad: los inversionistas podrán obtener mayores rendimientos y a menor riesgo; además, las mayores utilidades de las AGF provienen de distintas fuentes: de los mercados internos al grupo; de los nichos de mercado externos cautivos, de los menores costos y mayor productividad, todo ello derivado de usos intensivos de capital, de las comisiones adicionales cobradas por los servicios especializados, del mayor nivel de ventas y de las ganancias financieras obtenidas en los mercados financieros.

En síntesis, las diferencias financieras esenciales entre las empresas aseguradoras oligopólicas AGI y AGF y las que no lo son se encuentran en que en las primeras, las utilidades son más altas tanto en el corto como en el largo plazos; tienen mayor estabilidad financiera, obtienen altos niveles de financiamiento, son menos riesgosas; pueden tener capacidad ociosa por el empleo de técnicas intensivas en capital por lo que son ineficientes económicamente, aunque eficientes financieramente, y su valor en el mercado es más alto; mientras que las empresas no integradas tienen utilidades bajas y menos estables, obtienen bajos niveles de financiamiento, son más riesgosas y *eficientes económicamente* porque emplean técnicas intensivas en mano de obra aunque son *ineficientes financieramente* porque su valor en el mercado es menor.

Entre 2001 y 2005, al comparar el crecimiento real de las utilidades en relación con el de los productos financieros (véase el cuadro 3.11) se observa que se incrementaron más las primeras. El aumento de las utilidades en las AGF fue del orden de 857%, en las AGI el incremento fue de 38% y en las AMP de 217%; en el mercado el incremento fue de 936%: Por su parte, el crecimiento de los productos financieros en las empresas integrantes AGF fue importante (76%), al tiempo en que en las AGI el aumento fue de 71% y en las AMP se presentó una caída de -1.3%; en el mercado los productos financieros crecieron 53% en términos reales.

Lo anterior nos permite concluir que el mayor ritmo de crecimiento de las utilidades y de los productos financieros se registró en las AGF. Este aspecto puede apoyar la hipótesis de que los niveles de utilidad son mayores en las API que en las AGF y las AGI. A las AGF les interesa mantener elevados márgenes de rentabilidad y por ende de productividad financiera, lo anterior es así porque las corporaciones aseguradoras integrantes del grupo financiero tienen costos financieros menores y son altamente productivas. Los datos anteriores también nos permiten adelantar la conclusión, que ratificaremos enseguida, con relación a que en las AGI y las AGF los niveles de utilidad son más estables tanto en el auge como en la fase de caída, mientras que las utilidades de las AMP crecen más en auge económico pero caen en períodos de crisis. Las aseguradoras integradas (AGF) logran compensar la caída por la obtención de márgenes de ganancias financieras y por los mercados internos cautivos.

3.4 Ciclo económico, producto asegurador y ganancia financiera

Ningún estudio serio puede dejar de lado el análisis del ciclo económico. Nos interesa conocer su efecto en el sector asegurador. Con base en ello, mostraremos que a lo largo del ciclo económico, las corporaciones aseguradoras han tenido un comportamiento cada vez más inestable, a pesar de que en períodos de crisis económica se apoyan en la rentabilidad financiera de sus inversiones y en períodos de auge consolidan su crecimiento por la comercialización de seguros. Se busca comprobar que en la *fase de auge* económico el sector asegurador crece, y las utilidades de las aseguradoras grandes lo hacen más que las utilidades de empresas pequeñas o competitivas; mientras que *en el momento de recesión* económica, la caída de las utilidades es menor en las grandes empresas o integradas que en las pequeñas o competitivas, dado su carácter oligopólico.

Para demostrar lo anterior inicialmente se estudia, desde el punto de vista teórico, el ciclo económico y su relación con la ganancia financiera. Para tener una idea de los factores que motivan el carácter cíclico y conocer su influencia en la inestabilidad financiera de las corporaciones se analizan en un período de 25 años, las inversiones, las utilidades, las primas emitidas y los productos financieros,.

El ritmo de crecimiento de la producción del sector asegurador está definido fundamentalmente por el comportamiento de las utilidades y de las ganancias financieras. Dos elementos se encuentran implícitamente definidos en la creación y nivel de utilidad: la *productividad* que es un factor clave para generar las utilidades netas, establecer precios competitivos, mejorar la atención al cliente, cubrir sus necesidades, ahorrar costos y desechar líneas y fases improductivas; y el papel de las aseguradoras para generar los *productos financieros* en los mercados de capitales debido a su función de inversionistas financieros; lo cual las conduce, en otro nivel y más importante, en concentradoras y extractoras de excedentes económicos.

El comportamiento del sector asegurador no puede ser estudiado mediante el simple análisis del comportamiento de su producto, ni sólo por el ritmo y dinámica de sus productos financieros. En el carácter y profundidad de la importancia de las corporaciones aseguradoras deben ser considerados elementos que tienen que ver con su actividad económica para colocar los productos (demanda); su capacidad productiva, el nivel de sus costos, el uso de la tecnología empleada para fijar los precios (oferta), la productividad, el uso de técnicas intensivas en capital, las formas de organización y, de esta forma, considerar su nivel de competencia y penetración en el mercado oligopólico; el acceso a mecanismos y herramientas que les permitan realizar los productos y convertirlos en dinero; la posibilidad para efectuar la reinversión o la salida de recursos del circuito asegurador, y el papel del Estado para apoyar a las grandes corporaciones (en detrimento de las pequeñas) mediante medidas de desregulación e integración financiera, que hacen factible la llegada del capital extranjero al mercado con base en las políticas públicas dirigidas a la reestructuración del sistema asegurador para conformar y reposicionar a los grandes conglomerados. También tienen que ver en el comportamiento del sector la profundidad de los mercados financieros en el mercado de seguros para la valuación de las corporaciones aseguradoras, los productos financieros que administra y la estrategia corporativa de desarrollo de cada empresa en particular.

En esta dinámica desempeñan un papel destacado el nivel de competencia entre los grupos financieros, entre éstos y las aseguradoras transnacionales, y de todos ellos con los bancos, proveedores, clientes y otros agentes económicos, pero el factor determinante (desde nuestro punto de vista) se debe buscar en los elementos que conducen a la obtención de utilidades en el proceso de producción de los seguros, y en la capitalización y generación de ganancias financieras en los mercados financieros.

En un contexto de deflación y crisis, como el que caracteriza a la economía desde inicios de la década de los ochenta, el sector frenó su actividad por la contracción del ritmo de crecimiento económico y, particularmente, el industrial, que significó el inicio de una etapa de competencia feroz, el cual derivó en la declinación de las ventas de *seguros de daños (no personas)* y en menor medida, pero también significativa, por la disminución del ritmo de ventas de los *seguros de personas* dada la contracción de la inversión, del empleo y del poder adquisitivo e ingreso que frenaron la demanda de seguros. Como consecuencia de lo anterior, el nivel de utilidades declinó.

Conforme se fue insertando el sector asegurador al ámbito internacional y a los mercados financieros y de capitales, la estrategia corporativa para el crecimiento productivo fue paulatinamente desplazada por la estrategia dirigida al espacio financiero (sin que la orientación productiva haya dejado de operar). De esta forma las aseguradoras hicieron uso del segundo mecanismo de regulación de la utilidad neta: *los productos financieros*, que empiezan a incrementarse conforme se profundiza la contracción económica; y en la medida en que las tasas de interés y los rendimientos de los instrumentos de renta fija van al alza. Este mecanismo constituye el espacio donde se encuentran invertidas las reservas técnicas y de capital de las corporaciones de seguros y le otorgan significativas ganancias financieras. Así, la especulación puede contrarrestar la caída de las ventas. Sin embargo, recordemos que el movimiento cíclico está determinado por la acumulación y si la acumulación de capital no se da, la fase depresiva se hace presente, con el correspondiente efecto negativo en el nivel de emisión de pólizas, el empleo y las utilidades.

En el ciclo económico, la disputa entre la utilidad y los salarios es relevante. La utilidad es la razón de ser del proceso económico del capital; como se señaló, fue el elemento residual de las finanzas corporativas (resultado de la diferencia entre los ingresos y los egresos); en los últimos años, la utilidad deja su lugar al segundo elemento, los salarios y los sueldos, que son ahora el elemento residual. En la fase de crisis, el salario adquiere todo su potencial porque ante la caída de las ventas, y la apremiante necesidad de garantizar un valor a los accionistas (el valor mínimo garantizado) es la forma de certificar ese valor; sobre todo, en momentos en que el desempleo se eleva, tanto por la crisis económica que golpea al sector asegurador, como por el propio índice de productividad, que es importante para tratar de hacer funcionar y *regular* a las corporaciones aseguradoras.

Los elementos considerados hasta ahora permiten afirmar que el comportamiento del negocio de aseguramiento es resultado de las expectativas para la maximización de las utilidades, el logro de las ganancias especulativas de las empresas, y los cambios en los valores financieros (*stocks*) [Mántey, 1982: 160].

Las bases teóricas del ciclo económico y su impacto en el desarrollo del sector asegurador que se presentan a continuación son resultado de los estudios efectuados por Crotty, Minsky y Mántey (incluidos en la bibliografía), así como de algunas evidencias empíricas encontradas en el sector asegurador.

Cuadro 3.12
Crecimiento real de los productos financieros y las utilidades
1994-2005

	miles de pesos constantes 2002 = 100						*crecimiento real*			
tipo	*productos financieros*			*utilidad neta*			*productos financieros*		*utilidad neta*	
aseguradora	*1994*	*2001*	*2005*	*1994*	*2001*	*2005*	*1994-2001*	*2001-2005*	*1994-2001*	*2001-2005*
AGF	2,117,280	3,792,601	6,693,913	2,777,421	-469,712	3,556,932	79.1	76.5	-116.9	857.2
AGI	1,802,342	3,046,885	5,223,786	1,125,178	1,767,960	2,447,325	69.0	71.4	57.1	38.4
API	10,122,695	2,529,285	2,494,022	1,958,829	-646,005	758,497	-75.0	-1.3	-132.9	217.4
TOTAL	14,042,317	9,368,771	14,411,721	5,861,428	652,243	6,762,754	-33.2	53.8	-88.8	936.8

Fuente: Elaboración propia con base en información de la Comisión Nacional de Seguros y Finanzas, *Actualidad en seguros y fianzas*, 1994, 2001, y 2002.

Consideramos que en la fase de auge económico y de crecimiento del sector asegurador, las utilidades de las corporaciones aseguradoras integradas al grupo financiero crecen más que las de empresas grandes independientes (AGI) y pequeñas o competitivas (AMP) y, en el momento de la recesión, su caída es menor en las grandes empresas que en las pequeñas o competitivas, como se registra en el cuadro 3.12. Esto se debe a diversos factores, algunos han sido analizados anteriormente, pero el más importante es el carácter oligopólico de las empresas que en cualquiera de las dos fases del ciclo hace que su nivel de utilidades se encuentre por arriba del resto de las empresas.

El cuadro 3.12 nos permite comprobar que:

a) En períodos de caída, como en 1994 y 2001, las utilidades decrecen menos en las aseguradoras integradas a grupos financieros (AGF) y en las aseguradoras grandes independientes (AGI) que en las aseguradoras pequeñas (AMP); mientras que en períodos de crecimiento, como en 2001 a 2005, el impulso de las utilidades es mayor en las AGF y AMP que en las AGI. Para 2005, el incremento de las utilidades del mercado es muy pronunciado porque su nivel era bajo en 2001 debido a las caídas de las AGF y de las AMP, que para 2005 impulsan de manera importante al sector en 937 por ciento.

b) Por su parte, los productos financieros en épocas de caída la contracción es más seria en las AMP; mientras que las AGF mostraron el mayor crecimiento seguidas por las AGI; en la fase de crecimiento, el impulso más fuerte nuevamente se da en las AGF, seguida de las AGI, al momento que las AMP mostraron una caída. Las AGF tienen elevados niveles de inversiones financieras, lo que les permite lograr las más elevadas ganancias financieras del mercado.

c) En el sector asegurador en su conjunto, en el período 1994-2001, tanto las utilidades como los productos financieros caen; y en la fase de auge ambos indicadores crecen: en 2001-2005, en el sector asegurador en su conjunto, tanto las utilidades como los productos financieros aumentan.

El incremento en las utilidades y los productos financieros es mayor en las AGF, y en las AGI, que en las API que cayeron porque estas empresas tienen bajos niveles de inversión y por ende se ven limitadas en lograr elevados márgenes de ganancias financieras.

3.4.1 La etapa de prosperidad

Iniciemos con la etapa de crecimiento. En esta fase, la venta de seguros, el empleo y los precios de los productos de aseguramiento crecen porque el proceso de acumulación de capital se ve impulsado por la inversión en equipo, instalaciones y desarrollo tecnológico. Al principio, los salarios de las corporaciones aseguradoras pueden crecer al mismo ritmo que la inflación pero, conforme esta fase del ciclo avanza, el aumento de las remuneraciones va siendo menor que aquélla. Los precios de los seguros crecen más que los precios de los productos financieros, lo que hace más rentable la inversión productiva que la inversión financiera. En esta fase, las corporaciones aseguradoras obtienen más utilidades como producto de su negocio sustantivo, la venta de seguros, que de los productos financieros: la tasa de crecimiento de los ingresos por primas es mayor que la de los productos financieros. El crecimiento de los precios de los seguros y de la inflación en general incrementa la demanda de crédito para inversión; los bancos están interesados en aumentar sus utilidades derivadas de los créditos, para compensar el incremento general de precios, aunque empiezan a tener resistencia ante la incapacidad de pago de las aseguradoras prestatarias. No obstante, la tasa de interés se encuentra en niveles bajos y se demanda y otorga financiamiento para apoyar la inversión.

En la medida que se consolida esta etapa y conforme el riesgo crece, la tasa de interés comienza a elevarse más y las instituciones bancarias paulatinamente van restringiendo los créditos a las corporaciones aseguradoras, lo que hace para éstas menos atractiva la inversión productiva por la mayor carga financiera y más rentable la inversión especulativa. La tasa de utilidades es alta porque los costos son bajos, aunque con tendencias a aumentar (también por las mayores cargas financieras aunque razonables), y por un mercado en expansión que permite convertir los productos de aseguramiento en dinero. En esta fase del ciclo, las AGI o las AMP obtienen utilidades más bajas que las AGF, pero su margen es importante dada su pequeña carga financiera, adecuados niveles de venta de seguros y los reducidos márgenes de costos. Sin embargo,

> [...] conforme el ciclo avanza y dado el carácter oligopólico de la industria, el crecimiento de la tasa de utilidad de estas empresas [de seguros] comienza a frenarse, su carga financiera puede volverse especulativa o *Ponzi*, lo que daña el desarrollo de sus *stocks* en los mercados financieros, al tiempo que las expectativas, por un incremento de la tasa de interés, aumenta el costo del financiamiento de largo plazo [Mántey, 1982: 160].

La expansión de las aseguradoras independientes se logra cuando la demanda nominal crece, lo que conduce al aumento de los precios de los seguros. En estas aseguradoras, los empresarios eficientes reciben utilidades de corto plazo en condiciones favorables a la vez que invierten de manera especulativa. Debido a que los precios aumentan rápidamente, los empresarios no se oponen a pagar la tasa de interés de corto plazo. De esta manera, la demanda de crédito crece *pari-passu* que la tasa de inflación; sin embargo, la demanda de productos empieza a tener un ritmo de crecimiento menor e incluso comienza a contraerse.

Llega el momento en que el sector independiente no puede expandir el producto real, porque trabaja cerca de su capacidad plena. Por su parte, las AGF no expanden su producto por su naturaleza monopólica caracterizada por la baja elasticidad de su demanda, que las lleva a maximizar las utilidades por la vía del incremento de los precios y no precisamente de la producción.

En la etapa de prosperidad, tanto las AGF como las no integradas ganan, aunque más las primeras: las aseguradoras pequeñas logran utilidades porque de no ser así cerrarían, a menos que puedan aumentar su estructura financiera con endeudamiento permanente. En esta etapa los precios de los productos de seguros crecen más que los productos financieros, por lo que sus utilidades se derivan más de los primeros que de los segundos. Las tasas de utilidad soportan adecuados niveles de dividendos y rentabilidad de las acciones que se complementan con niveles moderados de depreciación de equipo.

Ahora la escasez de capital dinero comienza a aparecer. La tasa de inflación alta tiende a desalentar la inversión porque se contrae la demanda y la subida de los costos de capital por el incremento de la tasa de interés. Al mismo tiempo, los precios de los *stocks* financieros y de las acciones se elevan, sobre todo si se trata de la presencia de inversionistas especulativos, lo cual causa que el reflujo neto de efectivo a los bancos, procedente de la venta de acciones, decrezca al tiempo en que grandes reservas de efectivo son requeridas para atender las diferencias entre las entradas de efectivo (*cash-inflows*) y sus salidas (*outflows*) anteriormente existentes en la forma de depósitos de sus clientes.

Al final de la prosperidad, el crédito bancario se restringe y no hay incentivos en ninguna aseguradora para continuar la inversión productiva porque la demanda se contrae, a pesar de que el sector independiente trabaje cerca de la plena capacidad y la inversión especulativa en inventarios se encuentre vinculada al capital trabajo, que puede requerir incrementos en la producción en empresas que aún operan con baja capacidad como es el caso de las AGF. Es el tiempo de la depresión.

3.4.2 Depresión y crisis

La etapa de depresión y crisis, no sólo tienen manifestaciones derivadas de la estructura de la esfera de la producción, ni de la esfera de la circulación: expresan las contradicciones en ambos niveles vistos como una unidad compleja y contradictoria del sistema económico, con expresiones específicas en el sistema asegurador y cuya dimensión más desarrollada se da en los grupos financieros.

El período de deflación y crisis experimentado mundialmente ha implicado que el nivel de acumulación productiva en general se haya estancado, situación que ha alterado la dinámica y gestión administrativa y financiera de las corporaciones aseguradoras. En el período de estudio del presente trabajo (1980-2005) hemos visto en el capítulo 2 que el crecimiento del sector fue muy superior al de la economía en su conjunto; sin embargo, varias empresas de seguros han visto detenido su ritmo de crecimiento, mientras que otras, la minoría, probablemente experimentaron períodos de auge aunque moderados, reducidos niveles de capitalización de sus activos físicos o han desarrollado otras formas de acumulación no productivas (especulativas).

Desde el punto de vista de la *teoría de la regulación*, la etapa de crisis expresa dos tendencias integradas: la primera se refiere a la contracción de la tasa media de ganancia provocada por el aumento de la composición orgánica del capital y, la segunda, la *contratendencia* que durante la expansión de largo plazo mantuvo la rentabilidad en niveles suficientes y que pierde su efectividad. El descenso de la tasa de ganancia desalienta la inversión productiva y restringe la demanda efectiva *keynesiana*; es decir, mientras el progreso técnico crece — el aumento del capital constante es mayor que el capital variable, sobre todo en condiciones donde la capacidad técnica es intensiva como en los grupos financieros y las grandes corporaciones — la tasa media de ganancia descienda; sin embargo, la *contratendencia* a la baja de la tasa de ganancia (para elevarla) y el abatimiento del capital constante tienen límites precisos.

De esta manera, las grandes crisis o la crisis del modo de regulación [De Bernis, 1988; Correa, 2000] se desenvuelven en *dos grandes fases*: la primera donde el proceso de crecimiento se torna inestable y predomina la tendencia a la *inflación*, acompañada de la apertura e internacionalización de las economías y, la segunda, donde predomina la tendencia a la *deflación* –reducción en el nivel general de precios con la baja en el nivel general de la actividad económica. Ambas fases se presentan en su momento en México: la fase de inflación en la década de los setenta y hasta finales de los ochenta y la de deflación, desde esa fecha hasta nuestros días. En el sector asegurador mexicano, la deflación se acompañó de la apertura, la desregulación y la liberalización del mercado asegurador y de la economía en su conjunto.

Los factores que determinan los períodos de auge y depresión económica inciden en el comportamiento oscilante del producto asegurador. Pero otra causal de la naturaleza cíclica de las utilidades puede encontrarse en lo siguiente: en el período de auge la tendencia dominante es la obtención de utilidades en las corporaciones por la venta de seguros, mientras que en el período de crisis la tendencia principal es el pago de rentas y dividendos a los accionistas, y su retiro de la esfera productiva para canalizar los recursos financieros a la esfera especulativa. Este aspecto se analiza a detalle en el inciso 3.6. La distribución del ingreso entre las utilidades, las ganancias financieras (rentas e intereses) y los sueldos desempeñan un papel crítico en la depresión. En esta fase, la brecha entre las ganancias financieras parece abrirse con respecto a las utilidades y los sueldos.

En la fase de auge, las corporaciones aseguradoras — en respuesta a la demanda de aseguramiento de las empresas, las personas o el gobierno –– requieren invertir en instalaciones, adquisición de equipo y contratación de personal técnico y operativo, y directivo, encargado de las distintas tareas para administrar los seguros. La fuente de recursos para esa inversión, puede provenir de la reunión de nuevos capitales de los socios, la reinversión de utilidades, el crédito bancario, la depreciación y la incorporación de ganancias financieras provenientes de la venta de bonos (deuda) y la capitalización de las utilidades con la emisión de acciones (propiedad corporativa) en los mercados de capitales.

En la fase de depresión, las fuentes de recursos se contraen, y se hace presente la crisis en un sentido doble: por un lado, porque el flujo de dinero no es el suficiente para ser reinvertido en el proceso asegurador, lo que desencadena la *insuficiencia de recursos* y, por otro, por la salida de recursos del circuito asegurador y su destino hacia los mercados financieros para la especulación, a efecto de valorizarse en ese espacio dando origen a la *acumulación financiera* y la *descapitalización* productiva. De esta manera, las aseguradoras perfilan el negocio hacia el proceso de acumulación financiera, y se erigen como agentes financieros clave que concentran masas dinerarias enormes, no productivas, que refuerzan el carácter eminentemente especulativo de los últimos años.

Como sabemos, según [Minsky, 1982a y 1982b], debido a que los salarios son gastados en su mayoría y las ganancias son esencialmente ahorradas, los capitalistas gastan la mayor parte de las ganancias obtenidas en inversiones; sin embargo el incremento de la inversión creará tal acervo de capital que su exceso llevará a la caída de la inversión y, por ende, de las ganancias, *convirtiendo el auge en recesión*.

En la fase de auge del ciclo económico, el sector bancario destina al sector corporativo financiamiento para la inversión, con las correspondientes cargas financieras para éste, lo que incrementa paulatinamente los costos del financiamiento; mientras que cuando la *inversión se reduce* hace que las ganancias bajen al igual que el flujo de efectivo para pagar los costos del financiamiento, lo que puede llevar a una empresa *solvente* o de *cobertura* a ser una empresa *especulativa o Ponzi*. En efecto, las corporaciones aseguradoras no se encuentran exentas del *riesgo financiero* el cual se define como

> [...] el riesgo adicional [el riesgo operativo y el financiero componen el riesgo total de la empresa] en que la empresa incurre por el uso de apalancamiento financiero (niveles de endeudamiento). El endeudamiento óptimamente utilizado propicia niveles más altos de rendimiento en la inversión,

> tasas más altas de utilidades por acción (UPA). Sin embargo, niveles demasiado altos de endeudamiento pueden conllevar a que la empresa sea incapaz de cumplir con los pagos programados de sus endeudamientos, resultando en insolvencias que se resuelven a altos costos, o aún más a quebrantos financieros [Ortiz, 2007, capítulo 2: 40]

Un gran estudioso de la crisis es sin duda Crotty, quien nos ayuda para comprender su expresión en el sector asegurador:

> El dinero se manifiesta mediante sus cinco funciones en el proceso de acumulación y de crisis: medida de valor, medio de circulación, reserva de valor, medio de pago y moneda internacional [Crotty, 1985: 7].

Destacamos las funciones del dinero como medio de circulación, reserva de valor y medio de pago.

En la etapa de crisis, los actos de compra–venta de seguros se separa y la función del dinero como medio de circulación, para la compra: dinero – mercancía [*D-M*] y para la venta: mercancía–dinero [*M-D*] ejecutados por agentes diferentes desencadenan la crisis por la fragilidad de mantener las compras y las ventas de esos agentes. Al separarse el acto de venta del de compra, el tiempo de inversión y acumulación o de realización se alarga, y la velocidad de circulación del dinero también. Cuando la velocidad de circulación del dinero se frena, el estancamiento económico aparece.

Puede plantearse teóricamente que la corporación aseguradora puede conservar el dinero *atesorándolo*, con lo que se cumple la función del dinero como activo (*stock*) al mantenerlo como reserva (en dólares, o en oro) sin invertirlo en los mercados productivos y, por ende, como dinero que impide la compra-venta que interrumpe el proceso de reproducción y genera la posibilidad de la crisis. Además, si los clientes de las corporaciones aseguradoras acumulan el dinero como reserva (*stock*), los seguros no serán vendidos porque el dinero se destina a acumular riqueza *per se*. Este fenómeno de especulación es típico de la fase de crisis. La deflación entonces es resultado del acto de atesorar (especular) en vez de invertir, lo que enriquece a los arrendatarios, a los rentistas y acumuladores de tesoros, y la función eminentemente acumuladora de riqueza de las aseguradoras se ve fortalecida al mantenerse los recursos en forma líquida en instrumentos de inversión de corto plazo.

Por último, el dinero que canaliza generalmente el prestamista bancario al prestatario para satisfacer un compromiso contractual legal, dinero como medio de pago, constituye la clave analítica necesaria para demostrar el papel del dinero en el crédito comercial y la intermediación financiera del sistema económico. La función del dinero como medio de pago tiene el propósito de evitar la crisis de realización, pero al mismo tiempo la provoca, porque extiende el tiempo y dificulta la posibilidad real de que el pago se realice. Bajo el crédito comercial, el vendedor se convierte en acreedor, el comprador en deudor y el dinero transmuta de medio de circulación para convertirse en medio de pago.

Con el dinero como medio de pago, los prestatarios necesitan vender porque deben pagarle al acreedor: existe la compulsión de vender productos de aseguramiento (seguros) para pagar la deuda, cada vez más difícil de liquidar, con lo que se crean las condiciones para la crisis. El dinero como medio de pago no puede funcionar más que por un tiempo definido y, como está vinculado a varias transacciones y obligaciones, la incapacidad de pago ocasiona la crisis.

De lo anterior, podemos señalar que a finales de 1994 y durante 1995, la crisis financiera en el sector asegurador se caracterizó por el colapso en el mercado de seguros debido a la caída de su demanda por el fuerte descenso del poder adquisitivo, la contracción de la inversión productiva, el enorme endeudamiento y el efecto de la devaluación del peso frente al dólar que, en conjunto, constituyen elementos que configuran el esquema claramente definido de apertura económica impuesto desde el exterior y apoyado por el gobierno mexicano, para beneficiar al capital extranjero en el sector asegurador, como se detalla en el inciso 2.6 de la presente investigación.

Cuando la intermediación financiera entra en escena, la crisis monetaria incluye caídas en los precios de los activos financieros, aumento de las tasas de interés, incapacidad en la obtención de créditos a cualquier precio y el vuelo de los activos riesgosos, una burbuja que los mismos activos financieros causan para escapar de la *clasificación de alto riesgo*, disminución de los márgenes financieros, y así de los productos financieros de las aseguradoras.

Teóricamente, hemos visto que el crédito puede tener efectos contradictorios: acelera la acumulación porque potencia las capacidades de inversión al contarse con más recursos financieros, pero también incrementa la vulnerabilidad y fragilidad del proceso económico porque la carga de la deuda disminuye las expectativas de inversión o reinversión por lo que desacelera el proceso de reproducción económica.

Entonces, la crisis en el sector asegurador es consecuencia, por un lado, de una perturbación en el proceso de reproducción del sistema económico y, por otro, del incremento de los costos o el decremento de la capacidad del crédito.

En el sector asegurador podemos observar que el comportamiento del endeudamiento de las corporaciones aseguradoras, medido por las variables financieras *acreedores* y el *pasivo* tuvieron el siguiente comportamiento: entre 1981 y 2005 el crecimiento de los acreedores fue de 7.3%, en los ochenta fue de 5.7%, en la década de los noventa ascendió 0.2 puntos porcentuales para situarse en 5.9% y en los años recientes se sitúa en 12%; por su parte, el pasivo creció 7.4% en todo el período, 2.8% en los ochenta, 8.5% en los noventa y 12.7% recientemente (véase cuadro 1 anexo en las columnas acreedores y pasivos). Lo anterior no se correspondió con la inversión del sector asegurador: si observamos la inversión total efectuada, sin considerar las inversiones financieras (que las integran casi en 90%), es decir, las inversiones no financieras, podemos ver que han disminuido: de 6.9% en los ochenta, a -1.2% en los noventa y -0.9% en los 2000. En el período de 1980 a 2005, las inversiones no financieras crecieron a un ritmo anual de 1.8% gracias al impulso obtenido en los ochenta. En otras palabras, el endeudamiento de las aseguradoras ha aumentado, lo cual se refleja en el ritmo de crecimiento de los pasivos y, en particular, de los acreedores; mientras que el nivel de inversiones no financieras (incluyendo las inmobiliarias) ha disminuido. El crecimiento de los pasivos, fundamentalmente reservas técnicas y acreedores, ha significado la mayor disponibilidad de recursos financieros para invertirse en los mercados de capitales; mientras que cada vez es menor la inversión de largo plazo, lo cual implica canalizar cada vez menos recursos a la inversión productiva y cada vez más recursos a la inversión financiera: aquí nuevamente se observa el perfil eminentemente financiero de las corporaciones de seguros.

Por otro lado, la imposibilidad de generar la *utilidad operativa* se deriva de lo anterior y se plasma en la falta de expansión del proceso económico para *impulsar* el proceso de reproducción económica en el sector asegurador. De esta manera, la falta de capacidad para crear utilidades operativas puede causar la crisis por tres razones: 1) son una importante fuente interna de recursos de inversión — el flujo de efectivo corporativo consiste de la utilidad de la empresa menos el pago de dividendos, más el subsidio de la depreciación en un sistema impositivo relevante —; 2) son precondición para obtener financiamiento y fondos externos en términos razonables, y 3) se *espera* (a la expectativa de) que las utilidades netas prevalezcan en el futuro, lo que constituye la clave de la demanda de inversión y la acumulación de capital. Esta expectativa es determinante también porque con base en ella el empresario prestatario solicita el crédito y se lo otorga el prestamista.

Como la expectativa de la tasa de utilidad futura está determinada por el comportamiento actual de la tasa de utilidad, período pasado, la realización de la tasa bruta y neta de utilidad son el motor primordial de la inversión y de la acumulación de capital. La presencia de tasas de utilidad atractivas inducen a una demanda vigorosa de inversión, al mismo tiempo que esas tasas estimulan la necesidad de fondos para financiarla; pero una tasa de utilidad no rentable causa los efectos contrarios. Así "[...] la acumulación crea un sistema de crédito-contractual frágil cuya ruptura en algún sector o subsector puede llevar a la crisis sistémica" [Crotty, 1985, 27].

La tendencia promedio de la tasa bruta de utilidad es el centro de gravedad en torno al cuál gira el desarrollo del sistema de crédito: por un lado, la tasa promedio de utilidad es co-determinante de la estructura de precios que influye en las relaciones contractuales, pero todavía es más importante el hecho de que la acumulación, procedente de la tendencia de la tasa de utilidad bruta, actúe como un imán que atrae la tasa de interés. Al iniciar la expansión, la tasa de utilidad bruta aumenta mientras que la de interés se mantiene estable, lo que crea una brecha entre ambas cuyo combustible es el *boom* de la inversión. Cuando la tasa de utilidad se estaciona, la tasa de interés aumenta para reducir la brecha; la tasa de interés es empujada, por un lado, por la fuerte demanda de fondos de préstamo llevada a cabo por los negocios para maximizar las tasas de utilidad en el período y, por otro, por el incremento de la iliquidez de la economía. Conforme la expansión madura, la tasa de interés se acerca más a la tasa de utilidad bruta: la tasa de utilidad aumenta drásticamente al comienzo y en medio de la expansión, y declina posteriormente. Así, la crisis es causada por la unión de la caída de la tasa de utilidad, conjuntamente con *sobre-sensibilidad* del sistema de crédito-contractual.

En la etapa de depresión, los productos que favorecen la demanda keynesiana especulativa son los que crecen más, y tienen la oferta más inelástica, porque disfrutan de una posición monopólica en el mercado. El resultado será que el incremento en la demanda especulativa de esos productos — derivada de la caída en el precio de las acciones *vis a vis* con el nivel promedio de precios — no significa que aumente la producción.

Con todo, para que el proceso de generación de valor se lleve a cabo sin problemas se requiere de un sistema financiero que cumpla una *función articuladora* de la estructura productiva, y que los recursos empresariales incidan en la dimensión y fluidez del sistema financiero. Se establece entonces una determinación en ambos sentidos. La *articulación* se refiere al flujo permanente de recursos dinerarios hacia el sector asegurador oligopólico, que de esta forma se convierte en polo de atracción preferente del capital centralizado por el banco. Este nivel de flujos corre *de la banca a la industria del seguro*. Por su parte, los oligopolios aseguradores se convierten en importantes proveedores de las instituciones financieras, con recursos reservados a la reposición de maquinaria y con fondos líquidos de capital de trabajo. En este sentido, los flujos van *de la aseguradora a la banca*. Dicha *articulación* es inestable por naturaleza porque opera, como dijimos, sobre expectativas a futuro: se canalizan recursos *a la espera* de que los productos de aseguramiento sean realizados en el mercado asegurador, para que éste sea capaz de generar los recursos suficientes para regresar a la banca el capital prestado más los intereses concertados, o los rendimientos, en el caso del mercado accionario.

Una interrupción generalizada de la realización mercantil, la *desarticulación*, afecta eventualmente el retorno de los recursos bancarios a su origen, o la falta de confianza de la banca en el inversionista asegurador provoca la crisis. En este sentido, la *articulación* dista de ser lineal y la *desarticulación* puede producirse en cualquier momento por la *insuficiencia de recursos propios*, o bien porque el dinero generado por la empresa oligopólica — e incluso el dinero ajeno dispuesto y controlado por la empresa — no retorna a cerrar el ciclo transmutándose en productivo y fluye hacia la esfera de la circulación financiera vinculándose con el sistema financiero para valorizarse en ese espacio.

Ahora comprobaremos empíricamente que en momentos de crisis económica, las corporaciones de seguros se apoyan en la rentabilidad financiera de sus inversiones y en períodos de auge consolidan su crecimiento por la comercialización de seguros, lo que hace que su inestable comportamiento sea atenuado con respecto a otras corporaciones, sin lograr *omitir o regular* las alzas y bajas pronunciadas provocadas por el ciclo económico. Para comprobar este planteamiento, se analiza el desarrollo de las inversiones, utilidades, primas emitidas y productos financieros. También, como dijimos, las utilidades de los conglomerados financieros y de las empresas oligopólicas independientes crecen más en los períodos de auge y caen menos en los períodos de crisis que las pequeñas independientes.

Crecimiento económico y asegurador

Como observamos en la gráfica 2.1 (del capítulo 2), cada vez es más inestable el comportamiento del sector asegurador, sobre todo a medida que el ritmo de crecimiento de la economía en su conjunto se vuelve más reducido. Para el período de 1990 a 2005, el crecimiento promedio anual del producto interno bruto (PIB) de la economía crece 3.1%, mientras las primas emitidas lo hacen a un ritmo de 6.9%; sin embargo, el comportamiento del PIB es más estable: cuando la economía cae, el sector asegurador lo hace de manera más pronunciada, mientras que cuando la economía crece el sector asegurador se expande más que aquélla. Obsérvese también, el periodo de ascenso del producto asegurador es cada vez más corto, fundamentalmente a partir de 2000.

Las dos fases de comportamiento de la rentabilidad

Las aseguradoras se vieron afectadas en el nivel y ritmo de utilidades tanto por la crisis de la economía nacional, como por el redespliegue de las estrategias administrativas de corto plazo (*gobierno corporativo de preferencia financiera)*, y por los problemas de incertidumbre en los mercados de seguros y de capitales, fundamentalmente. El hecho es que la gestión de las empresas para la generación de utilidades se modificó.

Sabemos que la creación y nivel de las utilidades depende de diversos factores: del carácter y estructura del mercado, de los productos ofrecidos, de la competencia, la intensidad de las técnicas y procedimientos en uso, los costos de mano de obra, la capacidad para estructurar el tipo de productos y de la cartera de inversión. En todo incide la composición técnica y orgánica del capital. Como se puede constatar en el cuadro 3.13, mientras en los años ochenta el comportamiento de las utilidades era más estable, conforme avanzó la década de los noventa, y se arribó al presente siglo, el comportamiento de las utilidades fue más oscilante, esto último como resultado de la caída en la tasa de ganancia, de la mayor integración de las corporaciones de seguros en los mercados de capitales y de la fuerte competencia desencadenada a raíz de la instauración y aplicación de las reformas financieras.

Si las ganancias financieras pueden obtenerse en el corto plazo y sin riesgos, entonces no tiene mucho sentido llevar a cabo una gestión administrativa de largo plazo que además puede ser muy riesgosa. Este principio parece haber sido adoptado, paulatina pero consistentemente, por incontables empresas de seguros durante los noventa y lo que va de este siglo.

Para comprobar que las corporaciones aseguradoras experimentaron un comportamiento financiero cada vez más inestable, consideramos:

Cuadro 3.13
RENTABILIDAD DEL PRODUCTO Y DEL CAPITAL
1980 – 2005

	crecimiento real de la utilidad neta (crecimiento real %)	*crecimiento real del capital contable (crecimiento real %)*	*rentabilidad del producto (utilidad neta / primas emitidas) (%)*		*rentabilidad del capital (utilidad neta / capital contable) (%)*	
			rentabilidad	*desviación estándar (t)*	*rentabilidad*	*desviación estándar (t)*
1980			3.8	34.8	28.0	26.0
1981	27.4	68.2	3.9	33.6	21.3	139.2
1982	8.9	-22.6	4.5	27.0	29.9	10.2
1983	58.1	1.6	8.2	2.2	46.5	179.5
1984	96.3	38.7	16.0	14.4	65.8	1,069.3
1985	16.9	12.8	17.6	62.4	68.2	1,232.0
1986	44.9	14.6	25.1	237.1	86.2	2,819.6
1987	33.5	12.1	32.4	515.2	102.7	4,844.1
1988	-55.6	-11.5	13.4	13.6	51.5	338.5
1989	52.0	38.8	18.6	79.2	56.4	542.8
1990	-31.8	5.7	12.8	9.6	36.4	10.8
1991	8.5	26.7	12.4	7.2	31.1	4.0
1992	5.5	7.7	10.8	1.2	30.5	6.7
1993	39.1	17.1	13.9	17.6	36.2	9.6
1994	-41.9	-0.7	7.5	4.8	21.2	141.6
1995	37.1	-8.5	12.0	5.2	31.8	1.6
1996	-41.0	-1.9	7.4	5.2	19.0	198.8
1997	-19.8	0.8	5.4	18.4	15.2	320.4
1998	-64.5	-14.6	1.6	65.6	6.3	718.2
1999	92.9	21.5	2.6	50.4	10.0	533.6
2000	-199.1	-7.1	-2.1	49.0	-10.7	1,918.4
2001	-125.3	2.3	5.7	16.0	2.6	930.2
2002	740.5	19.8	4.3	29.1	18.5	213.1
2003	59.3	39.4	7.5	4.8	21.2	141.6
2004	6.6	18.3	7.2	6.2	19.1	196
2005	-27.4	-20.0	5.3	19.3	17.3	249.6
1981-2005	**28.8**	**10.4**	**9.7**	**0.0**	**33.1**	**0.0**
1981-1989	31.4	16.9	14.3	21.1	55.6	506.2

1990-1999	(21.5)	5.3	8.6	1.2	23	88
2000-2005	75.7	8.8	3.8	34.8	11.3	475

Fuente: Elaboración propia con base en información de la Comisión Nacional de Seguros y Fianzas (1990 a 2005) *Actualidad en seguros y fianzas* y *Resultados de 25 años del sector asegurador mexicano. año 2000: del Siglo XX al tercer milenio*, México.

1. El carácter cíclico cada vez más volátil de las utilidades y el capital.
2. El nivel de rentabilidad (de las ventas y del capital contable).

El comportamiento de la utilidad y del capital ya ha sido analizado. Ahora nos concentraremos en la manera como se ha desempeñado la rentabilidad tanto del producto como del capital. Podemos vislumbrar dos etapas claramente diferenciadas. En la década de los ochenta, el nivel de rentabilidad del producto es marcadamente elevado, 14.3% promedio anual, mientras que durante los noventa el promedio disminuye a 8.6%, menor en cinco puntos porcentuales al nivel registrado en la década anterior. De 2000 a 2005 el nivel de la rentabilidad del producto es apenas de 3.8%, 10.5 puntos porcentuales menos con respecto a los años ochenta y 4.8 puntos porcentuales menor con respecto a la década de los noventa.

Con respecto a la rentabilidad del capital (utilidad neta/capital contable) también registró un comportamiento similar: para el período 1981-1989, el crecimiento promedio anual fue de 55.6%; pero durante la década de los noventa y lo que va del presente siglo su nivel disminuyó: 23.7% para el período 1990-1999 y 11.3% para el 2000-2005, 44.3 puntos porcentuales menos con respecto al nivel promedio de la década de los años ochenta y 12.4 puntos porcentuales menos que con respecto a la década de los noventa. Esto se debe fundamentalmente a tres factores: la contracción del mercado de seguros por la crisis mexicana, a pesar de la entrada de capital, la creación de nuevas empresas y la puesta en funcionamiento de otros seguros como el de pensiones y salud a partir de 1997; la caída del ritmo de crecimiento de las utilidades y la desaceleración del ritmo de crecimiento del capital (la *descapitalización* a la que hemos hecho referencia), como resultado de los dos primeros.

Lo que es importante destacar es que en la medida que la rentabilidad aumenta el riesgo es mayor, es decir, la desviación estándar crece conforme se incrementa la rentabilidad promedio y, por el contrario, en la medida que la rentabilidad disminuye el riesgo es menor. La desviación estándar de la rentabilidad del producto en la década de los años ochenta es de 21.1%, disminuye significativamente en los noventa (1.2%) y sube de manera importante en los años dos mil (34.8%).

Cuadro 3.13.1
DESVIACIÓN ESTÄNDAR
DE LA RENTABILIDAD

	producto		*capital*	
	rentabilidad	*desviación estándar*	*rentabilidad*	*desviación estándar*
1980-2005	9.9	0.0	33.1	0.0
1980-1989	14.3	21.1	55.6	506.2
1990-1999	8.6	1.2	23.7	88.3
2000-2005	3.8	34.8	11.3	475.2

Fuente: Elaboración propia con base en información del cuadro 3.13

Con respecto a la rentabilidad del capital observamos que el riesgo tiene un comportamiento más inestable: en el período 1980-1989 la rentabilidad del capital es del 55.6% y el riesgo es de 506.2%; la rentabilidad disminuye en los años noventa a 23.7% y el riesgo lo hace a 88.3%, pero en los años dos mil la rentabilidad vuelve a bajar y el riesgo sube más que en la década anterior a 475.2%.

La contracción del mercado de seguros se puede ver en el ritmo de crecimiento promedio anual de las ventas (primas emitidas) que, en el periodo de estudio (1980-2005), fue de 5.5% (véase el cuadro 1 anexo), lo cual contrasta con el crecimiento de las utilidades, 28.8%; y la rentabilidad del capital contable, 33.1 por ciento.

Si el crecimiento de las utilidades en todo el período fue mayor que el incremento reflejado en las ventas de seguros, entonces el origen de ese crecimiento se debe a la reducción de costos, al aumento de la productividad y al efecto positivo de los productos financieros.

La contracción del ritmo de crecimiento de la rentabilidad del capital puede explicarse por la caída de las utilidades, especialmente a partir de la crisis de 1994-1995 que redujo las expectativas de ganancia en la inversión productiva. Las pérdidas del sector en su conjunto se mantuvieron desde 1994 y hasta 1998, aunque en 1999 las utilidades tuvieron una importante recuperación asociada más al efecto de la productividad y las expectativas de ganancia de los sectores nuevos (pensiones y salud) que por la recuperación del mercado, para volver a caer drásticamente en los dos años siguientes (2000 y 2001) y recuperarse a partir de 2002 y hasta 2004. Obsérvese cómo a partir de 1990, las utilidades del sector asegurador son muy inestables con caídas drásticas en 1994, 1996-1998 y 2000-2001, lo cual expresa las dos fases del comportamiento del sector asegurador.

Cuadro 3.14
CRECIMIENTO REAL DE LAS INVERSIONES
Y
UTILIDADES TOTALES DEL SECTOR
ASEGURADOR
1980-2005
(crecimiento promedio anual)

periodo	*inversiones totales*	*utilidades netas*
1981-1989	6.4	31.4
1991-1999	11.3	(21.5)
2000-2005	13.3	75.7
1981-2005	10.0	28.8

Fuente: Elaboración propia con base en información proporcionada por la Comisión Nacional de Seguros y Fianzas, *Anuario Estadístico de Seguros y Fianzas*, años 1991 a 2005, México.

Durante el período 1981–2005, el crecimiento promedio anual de las inversiones totales (constituidas casi en 90% de inversiones financieras) fue de 10.0% (véase el cuadro 3.14) mientras que el de las utilidades fue, como observamos, de 28.8%, casi tres veces superior; sin embargo, *las utilidades no se reinvirtieron*. El comportamiento de estas últimas es mucho más oscilante, como se observa en la gráfica 3.2. Durante los ochenta, el crecimiento promedio anual de las inversiones fue de 6.4%, contra 31.4% de las utilidades, pero en la década de los noventa la inversión crece a ritmo anual de 11.3%, mientras las utilidades caen -21.5% promedio anual. Para el siglo XXI las inversiones crecen todavía más que con respecto a las dos décadas anteriores en un nivel de 13.3%, mientras que las utilidades se disparan a 75.7% promedio anual. Sólo en cinco años las inversiones registran caídas: en 1982, fue de -15%; 1983, -4.4%; 1987, -2.1%; 1995, -11.6% y 1996, -27.3%, mientras que las caídas de las utilidades son cíclicas destacan las de los años noventa donde prácticamente en todo el período de 1994 a 2001 registraron decrementos (con excepción de 1995 y 1999).

Gráfica 3.2
Crecimiento real de la inversión y las utilidades netas
porcentaje de participación (%)

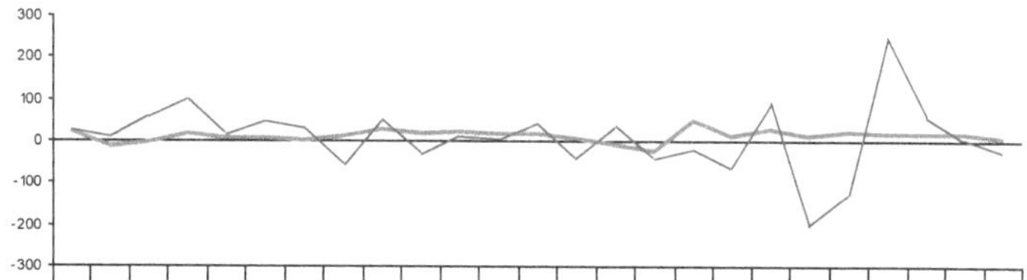

	1981	1982	1983	1984	1985	1986	1987	1988	1989	1990	1991	1992	1993	1994	1995	1996	1997	1998	1999	2000	2001	2002	2003	2004	2005
inversión	19	-15	-4	13	3	4	-2	12	27	13	20	15	15	5	-12	-27	48	12	24	10	20	16	17	14	4
utilidad	27	9	58	96	17	45	34	-56	52	-32	9	6	39	-42	37	-41	-20	-65	93	-199	-125	250	59	7	-27

inversión — utilidad

Fuente: Elaboración propia con base en información de la Comisión Nacional de Seguros y Fianzas, *Anuario estadístico de seguros y fianzas* (años 1990-2005) y *Actualidad en seguros y fianzas* (años 1991- 2005), México.

Las aseguradoras concentran sus inversiones en activos líquidos compuestos en lo esencial por inversiones financieras a diferencia de las empresas productoras de bienes tangibles. Por ello, es evidente que se reproduzca el esquema financiero de los años noventa y del presente siglo: *las inversiones financieras crecen de manera consistente.*

El efecto del *ciclo económico* en las compañías aseguradoras se encuentra determinado en lo esencial, en esta etapa de crisis, por las expectativas en las inversiones financieras más que por las expectativas de inversión productiva. Esto se debe, por un lado, al logro de ganancias financieras pasadas y a la expectativa de ganancias financieras futuras y, por otro, por los adecuados márgenes de solvencia (o solidez) financiera requeridos para cubrir los compromisos con asegurados en la forma de pasivos. Así, lo que caracteriza el comportamiento oscilante del producto asegurador de las corporaciones de seguros es la ambivalencia entre la solidez y la fragilidad financieras. Sin embargo, como claramente se observa en el comportamiento de las utilidades, la inestabilidad del sector es cada vez mayor y debido a ello se dificulta el proceso para capitalizarlas en los mercados financieros, lo que conlleva y reproduce la recesión económica.

La enorme liquidez que concentran las empresas aseguradoras en la forma de inversiones financieras, significa reproducir el perfil de acumulación basado en las finanzas más que en la producción ya que, como se verá más adelante, las inversiones son esencialmente de corto plazo, aunque aparentemente no tienen el grado de incertidumbre de los instrumentos accionarios y bursátiles de alto riesgo, porque se encuentran invertidos en valores de renta fija; sin embargo, desde el 2003, con la autorización a las corporaciones aseguradoras para emitir bonos de deuda y acciones de capital, se puede fortalecer el rasgo especulativo de las empresas, aunque hasta ahora su papel ha sido marginal.

Este enorme volumen de recursos financieros es invertido en instrumentos financieros de corto plazo porque constituyen, fundamentalmente, recursos que deben ser destinados a pagar las reclamaciones de la colectividad asegurada (véase el inciso 1.5.2). En atención a las disposiciones de las autoridades aseguradoras, hasta marzo de 2003, deben permanecer en instrumentos de corto plazo no riesgosos (bonos gubernamentales y privados en renta fija); sin embargo, las autoridades podrían apoyar la canalización de esos recursos hacia proyectos productivos adecuadamente supervisados y de esta manera incidir en el cambio de orientación corporativa hacia las actividades de desarrollo económico (cuyo efecto ha sido prácticamente nulo) en detrimento del perfil financiero de las empresas.

En períodos de auge económico las aseguradoras obtienen ingresos por dos vías: la venta de seguros y los productos financieros, aunque los primeros en mayor proporción y monto que los segundos. Por su parte, en períodos de crisis económica las aseguradoras tratan de compensar la caída de la venta de seguros con el aumento de los productos financieros resultantes de la subida de las tasas de interés que ofrecen los títulos y valores en los mercados de capitales, lo que genera inestabilidad.

En este período de crisis económica, las aseguradoras han manifestado una caída en sus niveles de empleo lo que elevó la productividad de aquellas empresas que lograron mantenerse en el mercado, mientras que otras salieron de él y otras más se vieron seriamente amenazadas, todo ello aceleró los procesos de fusiones y adquisiciones analizados con anterioridad.

Las AGF parecen haber ejecutado una doble estrategia para mantener su nivel de desarrollo: en épocas de auge incrementaron su participación en el mercado, mediante el aumento en el volumen de negocios que a su vez hizo crecer las ganancias. En períodos de depresión, las AGF pueden disminuir su participación en el mercado y reducir el capital invertido conforme se contrae la demanda y el volumen de negocios, pero sin disminuir las ganancias; evidentemente, la dirección de la estrategia es hacia la generación de ganancias financieras, más que hacia la creación de la infraestructura que afecte el volumen de primas de seguros.

Al analizar el comportamiento de la producción del mercado asegurador y su proceso de formación de utilidades se observa otro fenómeno: entre la producción de seguros y los productos financieros generados hay un comportamiento inverso (véase la gráfica 3.3), fundamentalmente a partir de la segunda mitad de los ochenta.

Comportamiento de la producción de seguros y los productos financieros

Entre 1981 y 1987, podemos observar que las ventas y los productos financieros tienen un comportamiento similar (véase la gráfica 3.3) pero a partir de 1988 las ventas y los productos financieros presentan un comportamiento inverso. Debería esperarse que al disminuir las ventas, se constituya un menor incremento de reservas técnicas como *flujo* (y del correspondiente volumen de reservas técnicas como *stock*) que disminuirán los productos financieros obtenidos; sin embargo, cuando las ventas caen, porque también la economía se está contrayendo, las tasas de interés de los bonos gubernamentales y privados se elevan repercutiendo favorablemente en los productos y ganancias financieros.

La producción de seguros (ingresos por primas) tuvo un comportamiento estable en los ochenta y muy inestable en las décadas de los años noventa y 2000. Sin embargo, los saltos de esta producción no son tan estrepitosos como los identificados en los productos financieros que registran decrementos pronunciados en 1988, 1994, 1996, 2000 y 2004 y subidas espectaculares, especialmente en 1995 y 2001. Este comportamiento se vincula con las características especulativas de la economía por los momentos de transición del sexenio gubernamental,[49] pero también, y fundamentalmente, el comportamiento inestable se debe al papel del patrón de crecimiento seguido desde inicios de los ochenta y hasta nuestros días: un patrón vinculado fuertemente al mercado externo, de carácter y perfil esencialmente financiero y relacionado con los mercados de capitales, como es el caso del sector asegurador.

Gráfica 3.3
Prima emitida *versus* productos financieros
1980-2005
porcentajes crecimiento real

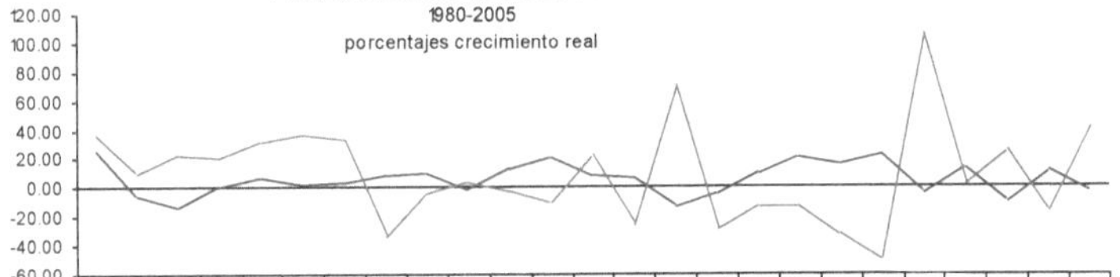

	1981	1982	1983	1984	1985	1986	1987	1988	1989	1990	1991	1992	1993	1994	1995	1996	1997	1998	1999	2000	2001	2002	2003	2004	2005
prima emitida	24.68	-5.52	-13.2	0.18	6.16	1.70	3.47	7.50	9.27	-1.14	12.64	20.84	7.81	6.40	-13.1	-4.64	9.81	20.34	16.25	22.53	-4.59	12.32	-10.1	11.28	-2.78
productosfinancieros	36.56	10.00	21.91	21.24	30.87	36.13	32.63	-33.9	-4.33	3.65	-2.31	-9.84	21.98	-26.6	70.72	-28.9	-12.9	-12.8	-31.4	-48.5	105.5	2.74	25.65	-16.6	42.93

Fuente: Elaboración propia con base en información proporcionada por la Comisión Nacional de Seguros y Fianzas, *Anuario estadístico de seguros* (años 1990 a 2005) y *Actualidad en seguros y fianzas* (años 1991 a 2005), México.

[49] Los fenómenos políticos desempeñan un papel esencial que repercuten en los mecanismos de regulación económica e imposibilitan el crecimiento económico, generan burbujas y presiones altamente especulativas.

En los noventa, conforme se profundiza y avanza el modelo de acumulación financiera en la economía mexicana, la inestabilidad del sector aumenta claramente.

El marco neoliberal afecta favorablemente el progreso de las instituciones de seguros en tres aspectos: como intermediarios financieros no bancarios porque la desregulación de los controles al crédito y al financiamiento bancario, anteriormente circunscrito a las instituciones crediticias, abrió las puertas a las aseguradoras que — si bien han sido tradicionalmente acreedoras del gobierno federal y de las empresas privadas por su posesión de bonos emitidos por ellos — ahora se han convertido en importantes empresas de financiamiento que complementan el crédito bancario; también la apertura de la cuenta de capitales, hizo posible la entrada de capital externo en el sector lo que afectó la propiedad de las corporaciones y ha precipitado la salida de los excedentes financieros de los circuitos de acumulación (financiera y productiva); por último, el control de la inflación (deflación) contrajo el mercado interno y simultáneamente desencadenó la inflación de los mercados financieros.

Todos esos elementos han limitado la expansión de la venta de seguros, disminuido la inversión productiva por la caída de las expectativas empresariales, retraído la venta de productos de aseguramiento por la concentración del ingreso y generado estancamiento en el poder adquisitivo de los distintos agentes económicos; a la vez que han privilegiado el carácter especulativo de las aseguradoras que ahora concentran su atención en la ganancia financiera para invertir sus cuantiosos recursos líquidos en los mercados de capitales en niveles muy por arriba de la inversión productiva.

¿Qué tipo de productos de aseguramiento son los que generan mayores ingresos y cuáles constituyen la fuente más importante de utilidades?

3.5 Producción y utilidades por tipo de producto

3.5.1 Primas por tipo de producto

La estructura de los seguros en México, es típica de una economía en desarrollo reflejada en su nivel de ingresos. En los países más avanzados, el peso específico de los seguros de vida es el dominante por los elevados niveles de ingresos de su población, en México la importancia de este tipo de seguros es reducida, aunque ha ido en aumento: en 1980, la participación de este tipo de seguros en el total es de 29% y aumentó a 35% en 1990 y a 37% de participación en 2005. Por el contrario, los seguros de daños son los relevantes, en una cultura donde *asegurar los bienes es prioritario a hacerlo con la vida*, aunque han disminuido, su participación va desde 68% en 1980, hasta ubicarse en 57% en 1990 y descender aún más a 44% en 2005.

Gráfica 3.4
Prima directa
participación %por tipo de seguro

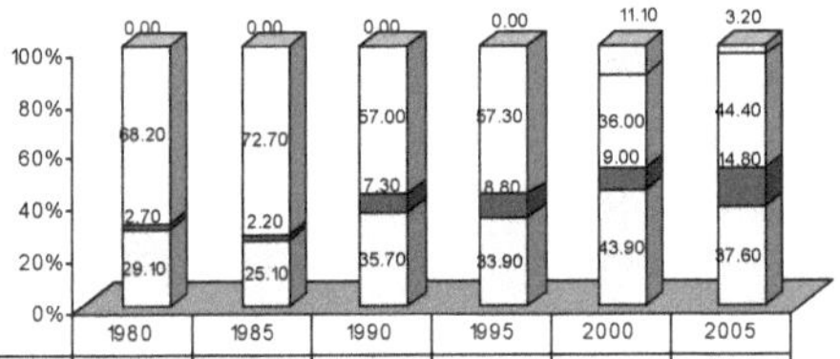

	1980	1985	1990	1995	2000	2005
□ pensiones	0.00	0.00	0.00	0.00	11.10	3.20
□ daños	68.20	72.70	57.00	57.30	36.00	44.40
■ accidentes y enfermedades (1)	2.70	2.20	7.30	8.80	9.00	14.80
□ vida	29.10	25.10	35.70	33.90	43.90	37.60

□ vida ■ accidentes y enfermedades (1) □ daños □ pensiones

Fuente: Elaboración propia con base en información de la Comisión Nacional de Seguros y Fianzas, *Resultados de 25 años del sector asegurador mexicano* para los años 1980-1999, y *Anuario estadístico de seguros y finanzas* 1990-2005.

(1) Incluye accidentes personales, gastos médicos y los nuevos seguros de salud

Nota: Las corporaciones aseguradoras pueden vender seguros directamente a través de sus propias aseguradoras o lo hacen a través de los negocios que les otorgan otras aseguradoras. Los ingresos obtenidos mediante el primer caso se conoce como prima directa, el segundo, como prima tomada. Ambas conforman la prima emitida.

Los seguros de accidentes (personales, gastos médicos y salud) han mostrado el comportamiento más dinámico del conjunto de los seguros, desde 2.7% de participación en 1980, a 7.3% en 1990 y 14.8% en 2005. Por último, los seguros de pensiones, registraron una reducida participación en el total, porque son seguros de reciente operación: no obstante, alcanzaron 11% del total en el año 2000, para descender en el 2005 a 3.2 por ciento.

3.5.2 Utilidades por tipo de producto

Un aspecto crucial para explicar el comportamiento de las utilidades del sector asegurador, su nivel y fuentes de generación se encuentra al estudiar los resultados financieros logrados por cada producto. Ya vimos que los seguros de daños fueron los que mayor participación han tenido en el volumen de primas emitidas creadas en el sector asegurador.

Entre 2002 y 2005 nuevamente los seguros de daños son la fuente principal de utilidades, con excepción del 2001, donde se ubicaron en segundo lugar después de los seguros de vida. En el período 2002-2005 su peso específico se ubicó por arriba de 40% de las utilidades generadas: en 2002 su perfil fue de 44%; en 2003 ascendió a casi 50%, para que en los siguientes dos años se mantuviera con 45% de participación. Con respecto a los seguros de vida: en 2001 de ellos provino 92% del total de utilidades generadas en el mercado asegurador; sin embargo, su importancia decrece para los siguientes años desde 37% en 2002, 42% en 2003, 27% en 2004 y nuevamente elevaron a 44% de participación en las utilidades totales en 2005.

Los seguros de accidentes y enfermedades deberían de ser la tercera fuerza generadora de utilidades. Sin embargo es sorprendente que ese papel le corresponda a los seguros de pensiones, no obstante que en 2001 su participación fue negativa, en los siguientes años parecen reposicionarse y consolidarse, desde 7% de participación en 2002, aumentan en 2003, con 21%; en 2004, se sitúan en 32% y en 2005 descienden a 19%, dentro del conjunto de utilidades generadas en el sector asegurador.

Gráfica 3.5
Utilidad neta
participación (%) por tipo de seguro

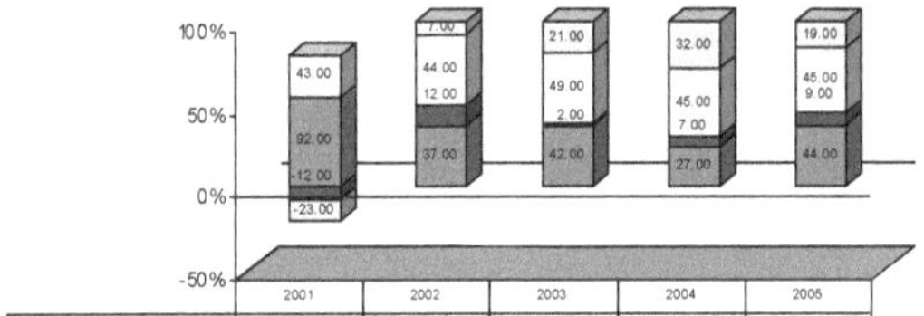

	2001	2002	2003	2004	2005
pensiones	-23.00	7.00	21.00	32.00	19.00
daños	43.00	44.00	49.00	45.00	45.00
accidentes y enfermedades (1)	-12.00	12.00	2.00	7.00	9.00
vida	92.00	37.00	42.00	27.00	44.00

vida ■ accidentes y enfermedades (1) □ daños □ pensiones

Fuente: Elaboración propia con base en información de la Comisión Nacional de Seguros y Fianzas, *Resultados de 25 años del sector asegurador mexicano,* para los años 1980-1999, y *Anuario estadístico de seguros y finanzas* 1990-2005.
(1) Incluye accidentes personales, gastos médicos y los nuevos seguros de salud.

3.6 Efecto de la utilidad operativa y de los productos financieros en la utilidad neta

Otra forma de identificar la utilidad o pérdida de las corporaciones aseguradoras, es mediante el efecto de las utilidades operativas y los productos financieros en la creación de resultados financieros.

Como sabemos, la utilidad operativa es la variable de los estados financieros que muestra la capacidad del negocio para producir utilidades financieras. Cuando su importe es positivo significa que el negocio funciona adecuadamente de acuerdo a la estructura administrativa, su nivel de ventas, sus costos y siniestralidad. Sin embargo, cuando su importe es negativo significa que el negocio esencial de aseguramiento no es redituable o se encuentra en *riesgo operativo*[50] [Ortiz, 2007, capítulo 3: 40]

[50] "El riesgo de negocios (*bussines risk*), (también conocido como riesgo operativo) se refiere a la variabilidad de las utilidades operativas (utilidades antes de intereses e impuestos y depreciación) y depende de la habilidad de la empresa, o en general agentes económicos, para enfrentar los retos inherentes a la naturaleza y fluctuaciones de los mercados y rama industrial en que la empresa opera y se deriva de la competencia, y las innovaciones y los cambios de tecnología." [Ortiz, 2007, capítulo 3: 40]

y entonces la compañía aseguradora tiene que hacer uso de otras estrategias para contrarrestar la caída de sus utilidades financieras o incluso para mejorarlas.

Una estrategia alternativa se destaca por la generación de productos financieros que se obtienen por la inversión de las reservas técnicas en los mercados financieros y originan flujos financieros importantes durante un ejercicio fiscal determinado. Todos estos recursos tienen su fuente esencial en la venta de seguros y de allí se constituyen las reservas que sirven para pagar los siniestros cuando ocurran, este aspecto técnico se conoce como el *incremento de la reserva técnica* en el nivel de flujo, es decir, del estado de resultados derivados del movimiento normal del negocio. El incremento de reservas técnicas es la fuente de acumulación de éstas como *stock*, que es una parte constituyente de los pasivos financieros. Esas reservas técnicas se invierten en los mercados financieros en la forma de inversiones financieras y crean importantes ganancias conocidas como productos financieros.

De esta forma, la aseguradora cuenta con la posibilidad de generar utilidades operativas propias del negocio de los seguros y con la alternativa de crear productos financieros del negocio financiero en los mercados de capitales. Ambos aspectos inciden en la utilidad neta, o en los denominados resultados financieros (utilidad o pérdida).

Cuadro 3.15
DESEMPEÑO DE LA UTILIDAD OPERATIVA Y LOS PRODUCTOS FINANCIEROS EN LA UTILIDAD NETA
1980-2005

	miles de pesos constantes 2002=100			*participación porcentual*		
	utilidad de operación	*productos financieros*	*utilidad neta*	*utilidad de operación*	*productos financieros*	*utilidad neta*
1980	-2,783	5,739	1,563	-178.06	367.18	100.00
1981	-4,253	9,370	2,382	-178.55	393.37	100.00
1982	6,223	17,527	4,412	141.05	397.26	100.00
1983	-11,752	43,139	14,084	-83.44	306.30	100.00
1984	-12,517	86,509	45,733	-27.37	189.16	100.00
1985	-41,148	178,573	84,343	-48.79	211.72	100.00

1986	-124,093	452,755	227,728	-54.49	198.81	100.00
1987	-476,254	1,392,058	705,017	-67.55	197.45	100.00
1988	-945,186	1,968,643	669,883	-141.10	293.88	100.00
1989	-544,587	2,260,393	1,222,124	-44.56	184.96	100.00
1990	-1,127,189	2,967,172	1,054,599	-106.88	281.36	100.00
1991	-1,627,435	3,555,606	1,404,396	-115.88	253.18	100.00
1992	-1,590,743	3,702,736	1,712,483	-92.89	216.22	100.00
1993	-1,064,148	4,957,212	2,614,600	-40.70	189.60	100.00
1994	-1,141,567	3,890,190	1,623,811	-70.30	239.57	100.00
1995	-2,651,278	8,965,489	3,005,599	-88.21	298.29	100.00
1996	-2,240,502	8,566,234	2,380,242	-94.13	359.89	100.00
1997	-3,052,177	8,992,743	2,302,672	-132.55	390.54	100.00
1998	-6,020,725	9,086,157	947,033	-635.75	959.43	100.00
1999	-4,592,403	7,264,786	2,129,853	-215.62	341.09	100.00
2000	-5,556,382	4,088,924	-2,312,084	240.32	-176.85	100.00
2001	-7,615,760	8,940,040	622,395	-1,223.62	1,436.39	100.00
2002	-3,172,440	9,647,253	5,494,723	-57.74	175.57	100.00
2003	-2,874,034	12,672,555	9,156,267	-31.39	138.40	100.00
2004	-3,843	11,060,352	10,222,563	-0.04	108.20	100.00
2005	-5,837,437	16,439,270	7,714,189	-75.67	213.10	100.00

Fuente: Elaboración propia con base en información de la Comisión Nacional de Seguros y Finanzas, *Resultados de 25 años del sector asegurador mexicano* para los años 1980-1999 y *Anuario Estadístico de Seguros y Fianzas* para los años 2000 a 2004.

Los cuadros 3.15 y 3.16 nos muestran la influencia de la utilidad operativa y de los productos financieros en el mercado de seguros para generar utilidades o pérdidas en cada uno de los años del período estudiado. Como podemos identificar en el cuadro 3.15, en todos los años el monto de la utilidad operativa es negativo, lo que implica un efecto negativo en las utilidades netas.

A pesar de ello, si las utilidades netas son positivas la causa es que proviene fundamentalmente de los productos financieros que lograron más que compensar la caída de la utilidad operativa. Salvo en 2000, en que los productos financieros no alcanzan a solventar la caída de la utilidad operativa lo que se tradujo en pérdidas financieras en el mercado asegurador, prácticamente las utilidades obtenidas se derivaron de los productos financieros logrados en los mercado financieros.

Para 1994, 2001 y 2005, para cada aseguradora (AGF, AGI y AMP) la situación es la siguiente. La utilidad operativa es negativa en todos los grupos de aseguradoras y en todos los años. Por el contrario, los productos financieros en todos los años registraron cifras positivas. Lo importante es que el impulso de los productos financieros es tal que permite lograr resultados financieros salvo en el año 2001 donde se registraron pérdidas en el grupo de empresas integradas AGF y en las AMP, donde el efecto positivo de los productos financieros fue insuficiente para revertir la caída de la utilidad operativa que se reflejara en las utilidades netas. La caída del mercado asegurador provocada por la crisis económica de durante últimos años ha conducido a que las aseguradoras (AGI, AGF y AMP) tengan que recurrir a los mercados financieros como forma de compensación de la caída de la utilidad operativa, y de allí su perfil corporativo hacia el ámbito financiero.

Cuadro 3.16
DESEMPEÑO DE LA UTILIDAD OPERATIVA Y LOS PRODUCTOS FINANCIEROS EN LA UTILIDAD NETA, 1994-2005
Por tipo de aseguradora

	1994			*2001*			*2005*		
tipo de aseguradora	*utilidad operativa*	*productos financieros*	*utilidad neta*	*utilidad operativa*	*productos financieros*	*utilidad neta*	*utilidad operativa*	*productos financieros*	*utilidad neta*
AGF	-88	76	100	-710	807	100	-65	188	100
AGI	-10	160	100	-62	172	100	-62	213	100
AMP	-79	517	100	-549	392	100	-165	329	100
TOTAL	-70	240	100	-1,224	1,436	100	-76	213	100

Fuente: Elaboración propia con base en información de la Comisión Nacional de Seguros y Finanzas, *Anuario Estadístico de Seguros y Fianzas*, años 1994, 2001 y 2005.
Nota: AGF son las aseguradoras integradas a grupos financieros, AGI son las aseguradoras más grandes independientes y AMP son las aseguradoras medianas y pequeñas.

Pero ¿todas las aseguradoras se encuentran en el caso de ser inoperantes productivamente, es decir, están imposibilitadas para crear utilidades operativas y, por ende, en ninguna aseguradora está funcionando el negocio de aseguramiento? Un análisis más preciso nos permite identificar que en 1994, dos AGF tuvieron resultados operativos positivos: Aseguradora GBM Atlántico y Seguros Margen. Por su parte, en las AGI, únicamente Aseguradora Hidalgo (Met Life) reportó saldo operativo positivo.

Para el 2001, cuatro aseguradoras integradas arrojaron cifras operativas positivas: Seguros BITAL (HSBC Seguros), Seguros Bancomer

(BBVA Bancomer), Seguros BBV Probursa y Seguros Santander Mexicano, el resto de las AGF reportaron saldos negativos. En las AGI, Grupo Nacional Provincial es la única con saldo positivo. Finalmente, para 2005, seis aseguradoras integradas (AGF) presentaron utilidad operativa — HSBC Seguros, Preventis, Seguros Afirme, Seguros Banamex, Seguros Banorte Generali y Seguros BBVA Bancomer — y sólo una AGI, nuevamente Met Life, tuvo resultados positivos. Las aseguradoras medianas y pequeñas, como grupo mostraron pérdidas operativas en los tres años estudiados.

Con excepción de las empresas indicadas, las corporaciones aseguradoras no fueron capaces de generar utilidades operativas, por el contrario, el negocio de aseguramiento creó pérdidas operativas. El contexto cambia cuando se trata de analizar el papel de los productos financieros. Prácticamente la totalidad de las corporaciones aseguradoras se apoyaron en los mercados financieros para lograr utilidades netas y estas provinieron esencialmente de los productos financieros.

3.7 Oferta diversificada de productos y oferta especializada

La presente investigación trata de desarrollar una teoría económica y financiera que explique, en una unidad de análisis, la dinámica de las corporaciones aseguradoras y sus manifestaciones específicas en la propiedad, tamaño, estructura organizativa, nivel de competencia, grado oligopólico y de centralización.

Teóricamente, podemos señalar que las aseguradoras integradas y las más grandes independientes conforman el sector oligopólico, destacan en los negocios personales (aunque empíricamente aseguran y dan cobertura a los negocios corporativos también) y ofrecen diversos tipos de productos integrales *de por vida*. También esas aseguradoras son eficientes por su plataforma informática, administrativa y de comercialización. Por su parte, las aseguradoras medianas y pequeñas hacen hincapié en la especialización (por ejemplo, los seguros de autos) y son menos eficientes administrativa y comercialmente para producir utilidades.

En el mercado oligopólico de seguros mexicano, las grandes empresas independientes y las AGF controlan los tres tipos de operaciones[51] y la mayoría de los ramos que las integran. Las empresas pequeñas, por su parte, tienden a la especialización de los seguros y administran exclusivamente seguros de vida, pensiones, salud, agrícola y automóviles, entre otros.[52] Veamos de cerca su comportamiento.

En este apartado se trata de comprobar que la conglomeración tiende a aplicarse más en aseguradoras grandes que se destacan en líneas de negocios personales — seguros de vida y de accidentes y enfermedades, aunque también operan seguros de daños —, utilizan sistemas de distribución verticales y/o son relativamente eficientes para producir utilidades; mientras que la estructura especializada tiende a dirigirse más hacia aseguradoras que son pequeñas que se ocupan en líneas de productos comerciales, utilizan sistemas de distribución no integrados y son relativamente ineficientes para producir utilidades.

Las aseguradoras pertenecientes a los grupos financieros (AGF) o aseguradoras grandes independientes (AGI), a diferencia de las empresas pequeñas (AMP), cuentan con la capacidad económica y financiera para poder construir una poderosa infraestructura operativa y de comercialización y operar plataformas informáticas que les permiten administrar adecuadamente sus productos, procesos y sistemas. Las grandes plataformas informáticas y de administración sólo son posibles en las grandes empresas o en las integradas (AGF), aunque las medianas y pequeñas poseen un nivel tecnológico adecuado para su desempeño.

---

[51] Como identificamos al principio del trabajo, las operaciones tradicionalmente efectuadas por las aseguradoras son de tres tipos: vida (y pensiones), accidentes y enfermedades y daños. La operación de vida integra dos tipos de ramos: seguros de vida y seguros de pensiones. La operación de accidentes y enfermedades comercializa tres tipos de seguros: de accidentes personales, de gastos médicos y el nuevo ramo de salud. Por último, la operación de daños considera nueve tipos de ramos: de responsabilidad civil y riesgos profesionales, marítimo y transportes, incendios, terremoto y otros riesgos catastróficos, agrícola y de animales, automóviles, crédito, diversos y finalmente, reafianzamiento.

[52] Por lo establecido en la Ley de Instituciones y Sociedades Mutualistas de Seguros, los seguros de pensiones tienen que estar separados administrativa y financieramente como empresas exclusivas de seguros, aun cuando su propiedad proceda de una empresa de seguros tradicionales.

Las aseguradoras pequeñas ofrecen seguros especializados. En 2005, de las 86 empresas de seguros que operaban, 43 trabajaban en un solo ramo — 11 aseguradoras manejaron el seguro de pensiones (seis de éstas son integrantes de grupos financieros), 12 salud, seis vida, cuatro crédito, tres autos, dos accidentes personales, dos agrícola, dos diversos y una gastos médicos, es decir, 50% de las corporaciones del mercado asegurador ofrecen y administran un solo producto. Las 43 corporaciones restantes (el otro 50% del total) comercian cuando menos. dos ramos: las aseguradoras grandes individuales son cuatro, el 5% del total; las aseguradoras integradas a grupos financieros son siete, es decir, 8%, y el resto son 32 empresas medianas y pequeñas, 37% del total del sector asegurador.

Las grandes aseguradoras tratan de ofrecer seguros *de por vida* y brindan una cobertura integral: aseguran a las personas ante la eventualidad de la muerte, sus accidentes, los gastos médicos en que incurren, sus pensiones, así como los bienes patrimoniales como el automóvil, la empresa, u otros bienes muebles e inmuebles.

La complejidad de la administración de los seguros requiere personal muy capacitado para llevar a cabo las tareas de la *administración técnica* – – siniestralidad, determinación de precios, utilidades técnica y operativa, entre otras importantes cuestiones — y la de *administración financiera* para invertir eficientemente las reservas técnicas de los seguros y las reservas de capital en carteras diversificadas. Cada vez con mayor frecuencia, los seguros son contratados bajo esquemas que ofrecen rendimientos reales, es decir, rendimientos por arriba de la inflación.

Por su parte, las aseguradoras integradas a los grupos financieros colocan los seguros, invierten las reservas técnicas, aprovechan procesos e información de la cartera de clientes, instalaciones y hasta personal que puede operar en puestos claves, entre muchos otros aspectos.

3.8 Sistemas de distribución: gastos de adquisición, fuerza de ventas y productividad de los agentes

En este tema comprobamos que la conglomeración se aplica más en aseguradoras grandes, dedicadas a líneas de negocios personales y que utilizan sistemas de distribución verticales; mientras que las pequeñas y medianas empresas se dedican a la especialización, que es la norma; destacan en líneas de productos especializados y sus sistemas de distribución no se encuentra integrados.

En las AGI y las AGF, los sistemas de venta y distribución de los productos de aseguramiento son verticales: cuentan con *agentes de venta exclusivos* que además de estar capacitados sobre las características específicas de cada tipo de seguro que ofrecen, también lo están en el manejo administrativo: para emitir las pólizas, cobrar las primas, dar seguimiento a los clientes, conservar la cartera y asesorar las áreas técnica y jurídica para atender las necesidades de los clientes. Estas empresas también utilizan sistemas corporativos de *venta directa*, donde los altos funcionarios de las aseguradoras venden seguros a contratantes del gobierno o a grandes compañías sin el costo de la intermediación, lo que los hace altamente competitivos. Finalmente, estas corporaciones también hacen uso de sistemas de agentes externos conocidos como *brockers* y de *agentes de seguros persona moral*[53] que cuentan con muy buenos contactos para formalizar negocios con distintos agentes económicos y cuya intermediación puede favorecer a las empresas aseguradoras para acceder a nuevos nichos de mercado.

El cuadro 3.17 nos ofrece datos significativos. En primer lugar, observamos que en 2005, el número total de agentes de seguros es mucho mayor en las empresas de seguros integradas a grupos financieros que en las demás empresas del mercado: concentran 38.7% del total de agentes del sector — con excepción de HSBC Seguros, Seguros Banamex, Seguros BBVA Bancomer y Seguros Santander Serfín y las compañías de seguros de pensiones tales como Pensiones Banorte y Pensiones Inbursa, y la

[53] Los agentes de seguros persona moral son vendedores de seguros que trabajan como una empresa independiente de la aseguradora y por lo regular llevan a cabo grandes negocios corporativos. También pueden trabajar para varias aseguradoras.

empresa Salud Inbursa — que aparentemente no cuentan con intermediación alguna porque su política laboral consiste en que cada empleado, sin importar el nivel, sueldo o responsabilidad se convierte en un vendedor de productos de la empresa aseguradora y lo es también de todos los productos del conjunto de empresas integradas en el conglomerado. En segundo lugar, los agentes persona física pueden ser definitivos (contratados por nómina) o eventuales; los primeros tienen un mayor peso que los agentes eventuales, aunque la tendencia es inversa: cada vez más son contratados eventualmente por honorarios. En tercer lugar, el número de agentes persona moral que trabaja para las aseguradoras integradas a grupos (AGF) es bastante mayor que el de las grandes (AGI) y el de las empresas medianas y pequeñas (API).

Cuadro 3.17
Fuerza de Ventas
2005

tipo de aseguradora	*agentes persona física*	*agentes persona moral (brockers)*	*total*
ASEGURADORAS INTEGRADAS A GRUPOS FINANCIEROS	**31,143**	**3,009**	**34,152**
Aseguradora Interacciones	2,342	333	2,675
HSBC Seguros	0	0	0
Pensiones Banamex	84	0	84
Pensiones Banorte	0	0	0
Pensiones BBVA Bancomer	135	0	135
Pensiones Inbursa	0	0	0
Preventis	2	1	3
Seguros Afirme	561	25	586
Seguros Banamex	0	0	0
Seguros Banorte	577	2,188	2,765
Seguros BBVA Bancomer	0	0	0
Seguros Inbursa	21,242	136	21,378
Seguros Santander Serfin	0	0	0
Pensiones Comercial América	19	0	19
Salud Comercial América	0	0	0
Seguros Comercial	6,181	326	6,507

América			
ASEGURADORAS GRANDES INDEPENDIENTES	**21,864**	**704**	**22,568**
Met Life	3,297	480	3,777
Grupo Nacional Provincial	5,882	139	6,021
Met Life Pensiones	0	4	4
Profuturo GNP Pensiones	N.d.	n.d.	n.d.
Seguros Monterrey New York Life	12,685	81	12,766
ASEGURADORAS MEDIANAS Y PEQUEÑAS	**29,596**	**1,834**	**31,430**
TOTAL	**82,603**	**5,547**	**88,150**

Fuente: Elaboración propia con base en información de la Comisión Nacional de Seguros y Fianzas *Actualidad en Seguros y Fianzas*, (1995 y 2005) México.

El caso de las AGF es especial: concentran como señalamos 38.7% de la fuerza de ventas del sector en su conjunto, mediante nueve de las 13 empresas de seguros integradas en operación.

Los bancos llevan a cabo la práctica del aseguramiento conocida como *bancoseguros* lo que les permite a diversas instituciones de crédito ahorrarse los costos de intermediación, como se observa en Seguros Banamex, Seguros BBVA Bancomer, Seguros Santander Serfín y en HSBC Seguros. Por su parte, la compañía de seguros del grupo puede otorgar coberturas a los empleados de las empresas del conglomerado ante los riesgos de muerte, accidentes y gastos médicos; también les ofrece seguros de pensiones, cubre sus bienes muebles e inmuebles y los protege de los daños de incendio, robo, terremoto y otras eventualidades.

En otro nivel, también dentro del conglomerado, el banco que ofrece un crédito hipotecario otorga cuando menos dos seguros de vida: el primero, para que en caso de fallecimiento del cliente el banco pueda recuperar el préstamo y, el segundo, para apoyar a los beneficiarios o familiares del prestatario asegurado. Cuando el banco otorga un crédito de auto, va acompañado de su seguro, del de vida y del de accidentes y enfermedades. También cuando los clientes bancarios tienen una cuenta en dólares u operan derivados, la aseguradora del grupo otorga seguros de protección cambiaria o de coberturas a las innovaciones financieras.

Los cuadros 3.18 y 3.19 nos muestran que las AGF desembolsan para la venta, promoción y comercialización de seguros menos recursos por unidad, conocidos como *gastos de adquisición*, que el resto de las empresas y, por ende, el costo por agente es menor.

Cuadro 3.18

COSTOS DE ADQUISICIÓN POR GRUPO DE EMPI

	miles de pesos (2002 = 100)	*participación (%)*
AGF	6,944,723	36.9
AGI	6,370,753	33.8
AMP	5,516,698	29.3
TOTAL	18,832,174	100.0

Fuente Elaboración propia con base en información de la Comisión Nacional de Seguros y Fianzas, *Anuario estadístico de seguros*, 2005.

Nota: AGF son aseguradoras integradas a grupo financiero, AGI aseguradoras grandes independientes y AMP aseguradoras medianas y pequeñas

En 2005, la productividad de los agentes de seguros del mercado asegurador fue de 1.4 millones de pesos: la de las AGI asciende a 4.8 millones y la de las aseguradoras medianas y pequeñas es de 1.2 millones de pesos y la menor se presenta en las AGF con 851 000 pesos erogados. Como contraparte, en ese año, los costos de adquisición totales desembolsados en el mercado de seguros fueron de 18 832 millones de pesos en términos reales, en las AGF los costos ascendieron a 6 944 millones, en las AGI 6 370 millones y en las AMP el monto erogado para los agentes se ubicó en 5 516 millones de pesos. De esta forma, el promedio de los gastos de adquisición por agente significan en el mercado total 213 000 pesos, en las AGF los gastos fueron de 138 000 pesos, en las AGI son de 649 000 pesos y en las AMP ascienden a 195 000 pesos. Como se aprecia, las AGF registran la menor productividad por agente y también los importes más altos por concepto de gastos de adquisición, tanto como grupo de empresas, como por agente de ventas.

Cuadro 3.19

PRODUCTIVIDAD DE LA FUERZA DE VENTAS POR GRUPO DE EMPRESAS, 2005
miles de pesos constantes (2002 = 100)

	costos de adquisición	*fuerza de ventas (agentes de venta)*	*gastos de adquisición por agente de ventas*	*productividad de la fuerza de ventas (prima emitida / agentes de ventas)*
AGF	6,944,723	50,194	138.3	851.3
AGI	6,370,753	9,802	649.3	4,887.4
AMP	5,516,698	28,154	195.9	1,229.5
TOTAL	18,832,174	88,150	213.6	1,420.9

Fuente: Elaboración propia con base en información de la Comisión Nacional de Seguros y Fianzas, *Anuario estadístico de seguros*, 2005.
Nota: AGF son aseguradoras integradas a grupo financiero, AGI son aseguradoras grandes independientes y AMP son aseguradoras medianas y pequeñas independientes.

Conclusiones

La investigación de las diferencias económicas y financieras de los distintos tipos de aseguradoras que imperan en el mercado de seguros nos hace concluir lo siguiente:

1. Las corporaciones aseguradoras cuentan con múltiples proyectos de inversión y financian primero los más rentables prosiguiendo con los menos rentables: por tanto no realizan inversiones cuyo rendimiento sea menor a la tasa de interés. Mientras más alta sea la tasa de interés, menos inversiones se llevan a cabo, y mientras más baja más inversiones se realizan.
2. Importantes estudios cuestionan la supuesta *racionalidad del mercado de capitales* porque se han identificado anomalías asociadas con ganancias excesivas del mercado como resultado del tamaño de la empresa, altos rendimientos asociados con coeficientes elevados de la relación valor en libros/valor de mercado; excesos de

volatilidad; los *crakcs* bursátiles como el ocurrido en México en octubre de 1987 en México, y sobre-reacciones del mercado.

3. Aunque el crecimiento e importancia de los mercados de capital emergentes es significativo, cabe acotar que no se han consolidado como un mecanismo importante para el financiamiento empresarial, pues aún son mercados pequeños e ineficientes, y caracterizados por su gran volatilidad. Su atractivo para los inversionistas internacionales obedece a los altos rendimientos que ofrecen.
4. En mercados de capitales llamados *perfectos*, como el estadounidense, donde se supone que no hay *imperfecciones* de mercado, las empresas más grandes tendrán menores utilidades porque tienen que pagar menores rendimientos a sus accionistas. Sin embargo, en mercados *imperfectos*, como el mexicano, las empresas más grandes independientes AGI y las integradas a grupos financieros AGF logran las mayores utilidades y tienen los mayores rendimientos por las siguientes razones: no existe una separación entre la propiedad y el control de las empresas, como la existente en los Estados Unidos; el propietario-administrador debe ofrecer(se) un elevado rendimiento por el elevado riesgo en que incurre; el control y propiedad de varias empresas permite la *dispersión del riesgo*; la intervención del Estado y sus políticas promueve la generación de rentas adicionales para las empresas grandes, aunque conduce al *riesgo político*; no existe un mercado de capitales desarrollado, se encuentra concentrado en pocas firmas que manipulan los precios de las acciones; ante la gran incertidumbre, los grandes capitalistas locales *exportan su capital* en cada ocasión que prevén una situación de inestabilidad o la generan; la estrechez del mercado de capitales aumenta la importancia de la obtención de elevados dividendos y la retención de utilidades como un recurso de inversión real o especulativa - el empresario debe garantizar altos niveles de utilidades para cubrir el pago de altos dividendos; y los préstamos se distribuyen entre las pequeñas firmas del grupo, entre otros aspectos. En los años recientes, con la mayor presencia del capital extranjero, y principalmente norteamericano, el cambio más importante parece

observarse en la separación entre la propiedad y el control asociada con el impulso dado a la emisión de acciones y de bonos de las corporaciones aseguradoras a partir de 2003.

5. Hay claras evidencias de la aplicación de la teoría del gobierno corporativo anglosajón en las empresas de seguros operantes en el mercado asegurador: casi la mitad de las empresas aseguradoras que operan en el mercado fueron objeto de procesos de fusiones y adquisiciones. Se ejecutaron proceso de reingeniería de procesos, disminución de costos operativos y se pusieron en marcha procesos que incidieron en el menor ritmo de capitalización corporativa, todo ello para elevar la rentabilidad de las empresas.
6. No se tienen claras evidencias de que las fusiones y adquisiciones hayan aumentado el valor accionario de las corporaciones sujetas a estos procesos; aunque se observa que las corporaciones aseguradoras incrementaron su valor medido por medio de sus principales variables financieras. La mayoría de las operaciones de fusión o adquisición se llevaron a cabo en la década de los noventa, aunque algunas operaciones muy importantes se efectuaron en los años 2000.
7. Las empresas medianas y pequeñas, especializadas, sólo pudieron sobrevivir porque sus nichos de mercado no fueron alcanzados por el poder oligopólico o por la crisis, aunque se sabe que varias empresas de este tipo desaparecieron.
8. Las aseguradoras grandes independientes o las integradas poseen un carácter *sui generis* puesto que emplean técnicas intensivas en capital y están en posibilidades de fortalecer su posición monopólica al establecer un mayor nivel en el precio de los productos de aseguramiento que la competencia y al lograr rendimientos de sus inversiones financieras que generalmente crecen más rápido que la inflación. El empleo de técnicas intensivas en capital es determinante para la composición oligopólica de las empresas. Probablemente, las AGF y las grandes independientes igualen su producto marginal con el costo marginal en un nivel más bajo que el mercado y sitúen sus precios en uno mayor por su carácter oligopólico, lo que les permite

obtener márgenes de utilidad más elevados, esto es en el mercado de seguros, y concentrar grandes volúmenes de recursos líquidos que les generan ganancias financieras mayores que las de aseguradoras pequeñas (AMP), esto es en los mercados financieros.

9. Probablemente las AGF son empresas dirigidas más hacia los mercados financieros, sin descuidar el proceso productivo de seguros, mientras que las AGI y las AMP parecen enfocarse más a la promoción y venta de seguros que es su función sustantiva, aunque pueden aprovechar cualquier circunstancia para elevar su rentabilidad.
10. La productividad por empleado, medida como la relación entre las primas emitidas y el personal ocupado es significativamente distinta entre las empresas grandes (AGI) o integradas (AGF) y las pequeñas independientes (AMP): es mayor en las AGI que en las AGF y menor en las AMP, medido por la relación del personal con las ventas. En cuanto a la relación del personal con los activos y el capital, el más elevado índice se registró en las AGF. La productividad del personal ha aumentado en el sector en su conjunto. Las causas se encuentran más en el incremento del producto, su causa se determina en la disminución del personal empleado y en la descapitalización del sector que tiende a elevar los niveles de rentabilidad, aunque en los últimos años los conglomerados financieros han creado nuevas empresas lo que en conjunto eleva su participación en el capital contable del sector.
11. Los costos de operación y de adquisición son más reducidos en las AGI y en las AGF que en las AMP, por su estructura productiva y su perfil oligopólico.
12. Las AGF son las más rentables porque invierten mayores volúmenes de recursos líquidos en los mercados financieros y aprovechan al conglomerado para elevar los márgenes de las ganancias financieras lo que las coloca en la mayor productividad del sector.
13. También pudimos comprobar que en el largo plazo las utilidades de las aseguradoras medianas y pequeñas son menores que las AGF y AGI, por dos razones: por un lado, no tienen fácil acceso al crédito

ni a los mercados de capitales; por otro, son empresas con mayores costos a pesar de que su estructura administrativa es reducida y son muy inestables.

14. Las diferencias financieras esenciales entre las empresas aseguradoras oligopólicas AGI y AGF y no oligopólicas son las siguientes:

a] Las AGF son las empresas que contrataron el mayor número de personas (en 1994 y 2001) y también concentran una gran cantidad de agentes de ventas. No obstante sus gastos de adquisición (relación de gastos de adquisición por empleado) son los más bajos. Tienen la mayor participación en las utilidades: en 1994 fueron 47% y en 2005 concentraron 52%. El crecimiento de sus productos financieros es el más dinámico del mercado. Tienen la más elevada rentabilidad (utilidad neta/prima emitida). Las AGF son las empresas más *eficientes financieramente*. Para 2005, el rendimiento de sus inversiones es el mayor. Son empresas muy apalancadas por arriba de las medianas y pequeñas. El porcentaje de inversiones financieras en el total de sus activos y en las reservas financieras es el más elevado y como contrapartida tienen los más bajos niveles de inversiones inmobiliarias, todo ello se refleja en que estas empresas tienen la mayor participación de los empleados en los activos. La caída en el ritmo de crecimiento de su capital contable ha sido el más elevado, aunque en los últimos años los conglomerados financieros han comprado y crean empresas en el sector, probablemente por ello tienen la mayor participación de los empleados en el capital.

b] Las AGI registraron en 2001 el mayor crecimiento de las utilidades, aunque en 2005 el mayor fue en las AGF. Tienen los menores márgenes de adquisición (gastos de venta); poseen la mayor participación de la utilidad operativa en las utilidades netas (el crecimiento de estas últimas ha sido el más dinámico); son las empresas con escalas más productivas, lo que determina su carácter oligopólico; tanto sus empleados como sus vendedores son los más productivos; poseen la mayor rentabilidad de su capital, y son las más estables (en la relación capital contable/activos y capital contable/pasivos).

c] Las AMP son las empresas con mayor *eficiencia económica* porque contratan a más personal por unidad productiva que las otras empresas; pagan la menor siniestralidad por su carácter especializado; erogan los menores costos operativos por empleado a pesar de que sus escalas productivas son menos intensivas en capital que las AGI y las AGF; sus productos financieros participan en la determinación de las utilidades netas en mayores montos que en las otras empresas, aunque sus utilidades operativas son las menores lo que les ocasiona problemas para lograr resultados financieros; también son las empresas más solventes (relación pasivos/activos).

15. Las utilidades de las empresas de seguros dependen cada vez más de los mercados de capitales para la generación de productos y ganancias financieras por la definición de la gestión empresarial enfocada hacia los mercados de capitales y por el contexto de la economía mexicana que privilegia la movilidad de los capitales, la volatilidad y la especulación.

16. En los momentos en que el producto asegurador crece, las utilidades de las corporaciones aseguradoras grandes (AGI) lo hacen en mayores magnitudes que en las utilidades de empresas pequeñas o competitivas; mientras que en el momento de caída la contracción de las utilidades es menor que con respecto a las pequeñas aseguradoras o competitivas debido al *carácter oligopólico de aquellas*. En cualquiera de las dos fases del ciclo el nivel de utilidades de las AGI se encuentra por arriba del nivel de las pequeñas aseguradoras.

17. Si el crecimiento de las utilidades en todo el período fue mayor al incremento reflejado en las ventas de seguros, esto se debe a la reducción de costos, al aumento de la productividad y al efecto positivo de los productos financieros.

18. Las corporaciones aseguradoras en general parecen ejecutar una doble estrategia para mantener su nivel de desarrollo: en épocas de auge parecen incrementar su producto y se extienden en el mercado mediante el aumento en el volumen de negocios que, a su vez, hace crecer las ganancias productivas. En períodos de depresión, las aseguradoras reducen su producción por la contracción del mercado. Las tasas de interés se elevan y con ellas las de los títulos y bonos lo que permite a las aseguradoras lograr ganancias financieras; evidentemente, en esta etapa, la dirección de la estrategia es hacia la generación de ganancias financieras, más que a hacia la creación de la infraestructura que afecte positivamente el volumen de primas de seguros, de allí su *perfil* financiero más que productivo.
19. Un aspecto crucial para explicar el comportamiento de las utilidades del sector asegurador es su nivel y fuentes de generación que se encuentran al estudiar los resultados financieros logrados por cada producto. Ya vimos que los seguros de daños fueron los que mayor participación tuvieron en el volumen de primas emitidas creadas en el sector asegurador. También esos seguros son la fuente principal de utilidades. Esta situación es típica de países como México donde se asegura el bien antes que a la persona; mientras que en países desarrollados los seguros de vida son la principal fuente de utilidades.
20. Con respecto a los esquemas de comercialización podemos destacar: a] Las aseguradoras más grandes y las integrantes de grupos financieros que conforman el sector oligopólico hacen hincapié en negocios personales (aunque empíricamente cubren a los negocios corporativos también), ofrecen diversos tipos de productos *de por vida* y son capaces por su plataforma informática, administrativa y de comercialización y b] Las aseguradoras pequeñas se destacan en la especialización (por ejemplo, los seguros de autos) pero son menos eficientes administrativa y comercialmente, aunque son eficientes económicamente por ocupar altos niveles de personal por unidad producida.

CAPÍTULO CUARTO

ASEGURADORAS DE GRUPOS FINANCIEROS: FACTORES QUE CONDUCEN A LA CONGLOMERACIÓN

ASEGURADORAS DE GRUPOS FINANCIEROS: FACTORES QUE CONDUCEN A LA ONGLOMERACIÓN

Resumen

Este capítulo destaca el comportamiento de las aseguradoras integradas a los grupos financieros con el estudio de los factores que conducen al conglomerado financiero a apropiarse de una corporación aseguradora y mantenerla bajo su propiedad y control.

Introducción

El estudio de los grupos financieros es central para comprender no sólo las transformaciones del sistema financiero en general, sino también para descifrar las formas de su articulación en las corporaciones aseguradoras.

El cuarto tema del trabajo de investigación que se presenta lo constituyen los factores que conducen a la conglomeración y a que una aseguradora sea asimilada bajo el espacio de dominio de los grupos financieros. Específicamente se exploran las causas económicas y financieras por las cuales los grupos financieros integran bajo su control y propiedad a las empresas de seguros y se identifican los mecanismos que actúan en la propia reproducción de las firmas con tendencia a la centralización y concentración oligopólica.

En este capítulo se tratará de comprobar que las corporaciones aseguradoras son englobadas bajo la propiedad y control de los grupos financieros con diversos propósitos: el conglomerado busca incrementar su valor (activos, capital y accionario), allegarse recursos financieros en mayores volúmenes y a menor costo, ampliar su esfera de dominio (participación en el mercado asegurador, en el sector financiero y en otros mercados), hacer más estable su producción y utilidades, disminuir su riesgo (y mejorar su nivel de solvencia), y contribuir a la *alineación* de los desajustes entre las selecciones técnicas y financieras de los conglomerados, fundamentalmente.

4.1 Participación de los grupos financieros en el sector asegurador

A partir de la promulgación de la Ley para Regular las Agrupaciones Financieras[54] se permite en México de manera formal la integración de empresas financieras en grupos financieros,[55] aunque la conglomeración existe desde mucho tiempo atrás. A partir de esa Ley, la penetración e importancia de los grupos financieros en el sector asegurador fue en aumento y como contrapartida la información financiera sobre el comportamiento de éstos empezó a fluir hacia las autoridades e instituciones encargadas de la regulación y supervisión, y de éstas al público, lo cual hizo posible una investigación más clara de su desempeño.

Con el propósito de efectuar comparaciones a lo largo del tiempo se consideran tres años que muestran comportamientos *regulares*: 1994, 2001 y 2005, y se excluyen los años de caída económica como el de crisis, 1995. En 1994 el sector asegurador está compuesto por 48 empresas, 14 autorizadas para funcionar como grupos financieros (cuadros 1 anexo y 2.12 del capítulo 2) con ventas por 31 728 millones de pesos en términos reales, 41% del total del mercado asegurador que fue de 77 140 millones de pesos. En 2001, existen 70 empresas, 14 integradas a grupos financieros, que arrojaron ventas por 48 607 millones de pesos, un incremento de 53% con respecto a 1994 y representan 42% del mercado, que ascendió a 114 686 millones en términos reales (cuadro 2 anexo). Como se observa, el número de empresas pertenecientes a los grandes conglomerados no creció; mientras que en lo que a la concentración oligopólica se refiere se mantuvo su participación de 41 a 42%, un punto porcentual adicional (véase el cuadro 2 anexo). Lo anterior se debe a que la demanda de seguros de las AGF mantuvo su participación, al saneamiento de la cartera de seguros

[54] La Ley para Regular las Agrupaciones Financieras fue emitida el 18 de julio de 1990 y reformada el 15 de enero de 2002.

[55] Reiteramos que cuando hacemos alusión a los grupos financieros nos estamos refiriendo al conglomerado puramente financiero, es decir, al consorcio que integra bancos, aseguradoras, afianzadoras, arrendadoras, casas de bolsa, casas de cambio y otras empresas que se desempeñan en el sector financiero y que son supervisadas por la Comisión Nacional Bancaria y de Valores y por la Comisión Nacional de Seguros y Fianzas.

para quedarse con los negocios más rentables y al perfil financiero de estas corporaciones; otro factor es la mayor competencia por el arribo de empresas extranjeras no integradas a grupos para operar fundamentalmente seguros de pensiones y salud.

Finalmente, en 2005 el total de empresas del sector asciende a 86, las aseguradoras incorporadas a los conglomerados son 13, una menos que en 2001, con ventas por 42 730 millones de pesos, una contracción de 12% con respecto a 2001, y un nivel de concentración del 34% dentro de un total del mercado que fue de 125 252 millones de pesos. La participación de las AGF en el mercado transitó de 1994 a 2005 de 41 a 34%, una disminución de 7 puntos porcentuales. En las utilidades su situación es diferente, en 1994 las AGF obtuvieron 2 777 millones de pesos, en 2001 cayeron en -479 millones y en 2005 lograron 3 556 millones, con participaciones de 47%, -72% y 52%, respectivamente.

Como vemos, en el período 1994-2005 las corporaciones integradas (AGF) a pesar de que no cambiaron su número y de que disminuyeron su participación en las ventas, su control sobre las utilidades y la rentabilidad es muy superior. ¿Cómo explicarse que las corporaciones integradas a los grupos financieros disminuyan su presencia en las ventas sector asegurador y sean las más rentables del mercado? Un acercamiento a la respuesta la dimos en el capítulo 3, inciso 3.3 y la fundamentaremos en las páginas siguientes.

4.2 Las aseguradoras incrementan el valor del conglomerado

Ya estudiamos en el capítulo 1 cómo la apertura económica benefició a las AGF y al capital externo que interviene en el sector asegurador; investigamos la manera como el valor es apropiado y a qué principios y métodos administrativos obedece. En el capítulo 3 se abordó en detalle el análisis del valor accionario como elemento importante de reproducción del conglomerado; asimismo, identificamos los mecanismos económicos que ejecutan los grupos financieros en el sector seguros para ocupar una posición estratégica que les permita lograr la más alta rentabilidad.

Ahora investigamos que la creación de valor y riqueza de la AGF no sólo proviene del valor generado dentro de la empresa en torno a las relaciones específicas de organización y trabajo en el espacio de producción de los seguros, y que se realiza en el mercado asegurador; sino que la riqueza generada también tiene su origen en los mercados financieros como mecanismos de extracción y concentración de diversas fuentes de ingresos y de *ganancias financieras* creadas por el incremento del precio de los títulos y valores operados.

Algunas de las características esenciales de las aseguradoras son ser generadoras, concentradoras y apropiadoras de valor [Crotty, *et al.*, 1998; Crotty, 2000, 2002a, y 2002b; Chesnais *et al.*, 2001; Harvey, 1982].

Para acrecentar la riqueza de las corporaciones y conglomerados es necesaria la generación de valor. Su origen se encuentra en el nivel productivo, o *nivel primario* de su creación. Por su parte, en el nivel de la circulación, el *nivel secundario*, se efectúa la apropiación de valor de los diversos agentes económicos, que anteriormente lo concentraban en el proceso productivo, al crear la *ganancia financiera*.[56] En un espacio se *crea*, en otro se *apropia*.

En el anexo I señalamos que aunque las aseguradoras no generan un bien tangible sino intangible, el seguro, *sí generan valor por el empleo de trabajo en el ámbito de la producción de seguros y crean valor y opciones para satisfacer necesidades de los clientes en el mercado*, aquí nos encontramos en el nivel primario (*D-M-D'*). En el nivel secundario (*D'-D''*) las AGF se apropian ese valor y es el espacio donde se lleva a cabo la extracción de la riqueza generada por varias fuentes económicas – personas, familias, empresas y el gobierno. En este nivel se concentra la riqueza de los dos niveles: del propio circuito de la producción y del

[56] Entendemos por *ganancia financiera* (*D'-D''*) la generada por el incremento del valor dinerario de algún instrumento financiero — moneda, divisa, bono, acción, título y letra, entre otros — adquirido a un precio y vendido a otro mayor en el propio sistema financiero — bancos, casas de bolsa, aseguradoras, almacenadoras, afianzadoras, empresas de factoraje, casas de cambio. De esta manera se desarrolla la acumulación de capital dinerario como resultado de la estrecha interconexión entre las instituciones financieras y entre éstas y los organismos productivos. En el nivel económico la acumulación se mide en términos de crecimiento del capital que conlleva a los procesos de concentración y centralización tanto en la esfera del sector industrial como en la financiera.

generado en el circuito de la circulación. Ambos niveles, producción y circulación, son dialécticamente indisolubles, se corresponden, no existe uno sin la función del otro [Crotty, 1985; Delilez, 1970]. En el nivel de la circulación, las aseguradoras se apropian valor porque "[...] lo importante es extraer los recursos excedentes de otros sectores económicos o de los países emergentes hacia los desarrollados con el empleo de la tecnología y los mecanismos y redes financieros internacionales" [Chesnais *et al.* 2001].

Veremos empíricamente que las empresas de aseguramiento integradas a los conglomerados llevan a cabo procesos de *acumulación productiva y financiera*, porque generan valor y también se apropian riqueza, acaudalándola y concentrándola:

a] Son *generadoras de valor* porque operan un proceso productivo (administrativo) para crear seguros que servirán para proteger del riesgo a las personas, empresas, negocios y al gobierno ante eventuales percances en que incurran en las diversas operaciones mercantiles y financieras que ejecutan, mediante la contratación de pólizas de seguros que permitan *garantizar* el cumplimiento de acuerdos laborales, comerciales y financieros. Esta función se comprueba simplemente por las utilidades operativas generadas por las más importantes AGF.

b] Son *apropiadoras de valor* porque concentran rentas o ingresos de familias, empleados, empresarios y el gobierno que aseguran la vida, el patrimonio y los bienes tangibles e intangibles que poseen. Dijimos en páginas anteriores que en el nivel secundario, el de la circulación, se lleva a cabo la realización de las mercancías, en nuestro caso el mercado de seguros. Al venderse los seguros, las empresas concentran las enormes masas dinerarias en la forma de reservas técnicas. En este sentido se convierten en prestatarias, *deudoras*. De esta manera son *apropiadoras de valor*. En este espacio económico de la apropiación, las corporaciones aseguradoras se sitúan no como generadoras de valor, sino como apropiadoras de valor que ha sido producido en las empresas o el gobierno o en otros espacios donde se generó el valor. Son apropiadoras de las rentas que el Estado concentra y envía a las aseguradoras para adquirir pólizas que aseguren al personal burocrático, el patrimonio nacional inmobiliario y las plantas y equipos que resguarda. Esta función se comprueba por medio del análisis de los ingresos por primas y la constitución de las reservas técnicas de los seguros (pasivos).

c] Son *acreedoras financieras* como producto de la transmutación de su función de deudoras a la de acreedoras del gobierno y las empresas por los valores que concentran (del Estado y de las corporaciones). Las corporaciones aseguradoras concentran recursos como deudoras y los invierten como acreedoras en los mercados financieros, comprando y adquiriendo valores gubernamentales y privados que les permiten a éstos financiarse. La función de acreedoras les permite obtener, en el espacio de la especulación, ganancias financieras por las variaciones de los precios de los títulos y acciones en los mercados de capitales. Esta función se comprueba a través de los productos financieros obtenidos como *flujo*, y en el incremento de las inversiones financieras obtenidas en cada ejercicio fiscal, como *stock*.

Los grupos financieros con aseguradora incluida (AGF) requieren que se *genere valor* en su propio ámbito productivo, o en otros, para la concentración de los distintos tipos de ganancias (productiva, comercial y financiera). Las AGF concentran el valor creado por los trabajadores de todas las empresas con las que la corporación aseguradora establece relaciones económicas — se trate de la venta de seguros o de la compra de valores —, incluidas las empresas integrantes del conglomerado del que la AGF forma parte.

La totalidad o una parte de la utilidad generada en el proceso asegurador se constituyen como reserva en forma de dinero para su aplicación posterior en otra actividad de producción (acumulación productiva), o para la especulación fuera del ámbito de los seguros, para invertirse en los mercados de capitales (acumulación financiera).

La nueva etapa de desarrollo de los grupos económicos y su arribo a un nivel de acumulación que les da acceso a la gran inversión, se trate de la inversión para la expansión física o para la distensión financiera y especulativa requirió de la conjunción de cinco elementos integrados, cada uno en su momento histórico, como prerrequisito para superar las limitaciones de toda inversión: el crédito, la sociedad por acciones, la transformación del capital en dinero en cualquier momento para su vinculación o desvinculación de la producción o la circulación en cualquier coyuntura, el mercado interno a los grupos y la depreciación [Basave, 1996].[57]

Los cinco elementos interactúan en beneficio de los grupos financieros y son los ingredientes del desarrollo de esos grupos, con expresión muy concreta en el mercado de seguros, y les permiten arribar a la inversión: sea para la expansión física o para la inversión financiera y especulativa. Para ello, el Estado otorga flexibilidad y rapidez a efecto de que el capital dinero fluya entre la persona moral, la empresa oligopólica, la sociedad por acciones y la persona física (propietario o controlador) gracias al control del capital financiero, a la tecnología moderna y a la diversificación financiera que rompe los límites de la atadura temporal prolongada del capital dinero en una esfera determinada.

La expresión concreta de los cinco elementos se puede apreciar en el sector asegurador y en especial en las AGF. Las corporaciones

---

[57] El primer elemento histórico fue *el crédito* que permite superar el límite de la realización del capital productivo en capital dinero. El segundo (*momentum* histórico) lo constituye la *sociedad por acciones* (que origina al grupo financiero) al superar el monto de ganancias que la empresa es capaz de generar y de reinvertir. Respecto a este elemento, veremos más adelante que las AGF con bajos niveles de concentración de capital y de activos logran elevados márgenes de utilidad. El tercer elemento se refiere a la *transformación del capital en dinero en cualquier momento* para su vinculación o desvinculación en la producción según la coyuntura, con ello se hace posible la superación de los límites espacio-temporales de finales del siglo XX y principios del XXI. En suma, la fijación del capital a una empresa es sustituida por la movilidad y la transformación, a gran velocidad, de las formas que adopta el capital sustentadas en la revolución financiera contemporánea.
Un cuarto elemento del capital financiero se encuentra en el *mercado interno a los grupos*, que hace factible la tendencia a la autosuficiencia financiera [Baran y Sweezy, 1976] y permite a los monopolios establecer un quiebre de su dependencia de la banca. Por último, el quinto elemento es la *depreciación*, que consta por un lado de recursos propios de la tesorería de la empresa que se encuentran en estado latente de convertirse en capital productivo o bien desprenderse de la producción y, por otro, de recursos que se encuentran bajo la forma de capital productivo y que mediante mecanismos muy concretos pueden también transformarse en recursos dinerarios. En páginas anteriores han sido analizados los tres primeros elementos; el cuarto, los *mercados internos* son estudiados en este capítulo y el quinto elemento, por falta de información, tendrá que ser abordado en otro momento.

aseguradoras adquieren créditos, lo cual se refleja en la variable acreedores (capítulo 1, inciso 1.5.1 y cuadro 1.13); constituyen sociedades por acciones (véase cuadro 6 anexo); transforman el capital en dinero en cualquier momento para su vinculación o desvinculación en la producción según la coyuntura, la mayoría de los recursos e inversiones que manejan son recursos líquidos y pueden inyectarlos o extraerlos desde la esfera productiva hacia la especulativa y viceversa. El cuarto elemento se evidencia en los mercados internos al grupo (inciso 4.3.2): los ingresos, las ganancias, se potencian con las sinergias creadas dentro de las empresas pertenecientes al conglomerado. El quinto aspecto, la depreciación, es un elemento que ha tenido un papel muy importante como forma de financiamiento no sólo en el interior del grupo financiero sino de cualquier empresa aseguradora, dadas las disposiciones fiscales para apoyar a las corporaciones.

Con todo, lo que define en última instancia a un grupo de capital financiero es su capacidad de valorización de capital en distintas esferas económicas más allá de la empresa individual, en torno a un ensamble superior que responde a los intereses del conjunto del capital invertido, con base en la articulación accionaria, la disposición de recursos ajenos preferenciales crediticios y de estrategias de inversión sumamente flexibles. De esta forma, los grupos financieros, y con apoyo de las AGF, pueden conformar un grupo empresarial diversificado (conglomerado empresarial) o meramente integrado (conjunto de empresas vinculadas horizontal y verticalmente) con expresiones concretas en las corporaciones aseguradoras dada la forma de organización del capital.

Todo gran capital tiende a constituir grupos empresariales alrededor de su establecimiento principal, el banco en nuestro caso, con la integración de aseguradoras (AGF) en respuesta a la lógica de abatimiento de costos: lograr su propia proveeduría de insumos y su específica distribución, además de centralizar decisiones administrativas y financieras, lo que le otorga independencia de terceros. La AGF le otorga al conglomerado mayor valor porque le da acceso a más fuentes de recursos, permite valorizar el ciclo crediticio, apoya la expansión del grupo a partir de la capitalización accionaria y la proyección de su control mediante la sociedad por acciones, apoya la mutación del capital en cualquier sector, actividad, o espacio financiero por su enorme liquidez, y fortalece los lazos y mecanismos para la consolidación de los mercados internos del conglomerado financiero.

La creación de valor de las aseguradoras proviene del proceso administrativo-operativo ejecutado por las empresas en el negocio del seguro (el proceso productivo) y de la eficiente administración de su capital, lo que se complementa con sus actividades de inversión financiera y especulativa y, en otro nivel, con su capacidad para extraer los recursos de otras empresas en diversos niveles.

En síntesis, las aseguradoras tienen la capacidad de crear valor por tres medios: su actividad productiva-laboral generadora de un excedente económico proveniente de los trabajadores y directivos, su actividad en el mercado de seguros al cristalizar la apropiación de valor bajo la fórmula de pedir prestado dinero, en la forma de primas y donde los aseguradores aumentan sus ingresos vendiendo pólizas por arriba de sus costos económicos [Hancock, *et al.*, 2001: 8], y de su papel para desarrollar la acumulación financiera en el mercado de capitales y de esta forma generan ganancias financieras. Todas estas formas de creación de valor se ven expresadas en las AGF para controlar el máximo valor posible. Las aseguradoras al ser adquiridas o creadas por el grupo financiero deben incrementar, de una u otra forma, el valor del conglomerado. De no hacerlo así, sería absurdo contar con ella.

Desde el punto de vista teórico, la presencia de una aseguradora le significa al grupo financiero no sólo su expansión en la economía y en el sector donde participa, sino también le permite apropiarse de las ganancias de los competidores. El desarrollo de tecnologías intensivas en capital, elemento característico de las empresas del grupo, le posibilita ser más rentable, aunque la hace ineficiente para la economía en su conjunto porque evita la competencia y concentra su poder oligopólico con consecuencias sobre el empleo y los salarios.

Desde el punto de vista empírico hemos observado que las aseguradoras pertenecientes a los grupos financieros tienen el siguiente comportamiento: en 1993, meses antes de la presencia de la mayor crisis de la economía mexicana en los últimos 30 años, nueve grupos financieros se encontraban autorizados para participar en el sector asegurador con diez aseguradoras. El contexto financiero era la siguiente:

a] La participación de los grupos financieros que tenían bajo su control y propiedad una aseguradora era de 43% en los activos totales, 47% en los pasivos, 39% en el capital y 34% en las utilidades de la totalidad de los grupos financieros operantes en el sistema financiero (véase el cuadro 4.1).

b] En el nivel del sector asegurador, las corporaciones de seguros pertenecientes al grupo financiero concentraban 32% de los activos totales del mercado asegurador, 30% de los pasivos, 39% de capital contable y 31% de los resultados o utilidades del sector; es decir, tan sólo nueve aseguradoras integradas (de las diez autorizadas) controlaban la tercera parte de los recursos financieros del mercado asegurador. El resto de las aseguradoras independientes, sin encontrarse vinculadas a algún grupo financiero, participaban con 68% de los activos, 70% de los pasivos, 61% del capital y 69% de las utilidades. Años más tarde esta situación se modificará.

c] En el nivel de cada empresa destaca el papel de Grupo Financiero Mexival Banpais mediante su Aseguradora Asemex (hoy ING Seguros), concentraba 13% de los activos, 13% de los pasivos, 12% del capital y 20% de las utilidades del mercado asegurador en su totalidad. El resto de las aseguradoras pertenecientes a algún grupo, por su peso e importancia en las utilidades, son Inbursa con 11% del total y Prime Internacional con apenas 1%. En suma, estas tres aseguradoras integradas a los grupos financieros concentraba 32% de las utilidades totales (véase el cuadro 12 anexo).

Cuadro 4.1

PARTICIPACIÓN DE GRUPOS FINANCIEROS (GF) Y SUS ASEGURADORAS EN LOS MERCADOS
DE LOS CONGLOMERADOS FINANCIEROS Y ASEGURADOR 1993 y 2005

Millones de pesos constantes (2002=100)

	1993	*2005*	*1993*	*2005*	*1993*	*2005*	*1993*	2005
	activos		*pasivos*		*capital*		*utilidad neta*	
A. Grupos financieros (GF) con aseguradora integrada en el total de los grupos financieros del sistema financiero								
TOTAL	3,232,961.34	2,308,767.63	2,834,625.95	1,765,525.75	398,337.26	5,311,042.16	82,738.69	97,777.26
GF con Aseguradora	1,394,659.78	2,986,757.57	1,339,012.69	2,380,120.27	155,621.46	610,906.89	28,929.10	117,778.41
GF sin aseguradora	1,838,301.56	-677,989.94	1,495,613.26	-614,594.52	242,715.80	4,700,135.27	53,809.59	-20,001.15
B. Aseguradoras integradas a grupos financieros en el total del sector asegurador								
TOTAL	114,077.71	293,519.49	86,231.32	254,521.86	27,846.39	38,997.63	10,095.27	6,762.75
Aseguradoras integradas a GF	37,372.89	131,403.53	26,499.38	114,113.18	10,873.51	17,290.34	3,138.97	3,556.93
Aseguradoras independientes	76,704.82	162,115.96	59,731.94	140,408.68	16,972.88	21,707.29	6,956.30	3,205.82
PARTICIPACIÓN PORCENTUAL (%)								
A. Participación de los grupos financieros (GF) con aseguradora integrada en el total de los grupos financieros del sistema financiero								
TOTAL	100.0	100.0	100.0	100.0	100.0	100.0	100.0	100.0
GF con Aseguradora	43.1	129.1	47.2	134.5	39.0	11.4	34.9	120.3
GF sin aseguradora	56.9	-29.1	52.8	-34.5	61.0	88.6	65.1	-20.3
B. Participación de las aseguradoras integradas a grupos financieros en el total del sector asegurador								
TOTAL	100.0	100.0	100.0	100.0	100.0	100.0	100.0	100.0
Aseguradoras integradas a GF	32.8	44.7	30.7	44.8	39.0	44.3	31.1	52.5
Aseguradoras independientes	67.2	55.3	69.3	55.2	61.0	55.7	68.9	47.5

CRECIMIENTO REAL (%)

	1993-2005	1993-2005	1993-2005	1993-2005
A. Grupos financieros (GF) con aseguradora integrada en el total de los grupos financieros del sistema financiero				
TOTAL	(28.5)	(37.7)	1,233.3	18.2
GF con Aseguradora	113.8	77.4	289.6	306.7

GF sin aseguradora	(100.0)	(100.0)	1,838.4	(100.0)
B. Aseguradoras integradas a grupos financieros en el total del sector asegurador				
TOTAL	157.2	195.1	40.0	(33.0)
GF con Aseguradora	251.6	330.6	59.0	13.3
GF sin aseguradora	111.3	135.0	27.8	(53.9)

FUENTE: Elaboración propia con base en información de la Comisión Nacional Bancaria, Prontuario estadístico de grupos financieros, 1993; Comisión Nacional Bancaria y de Valores, *Boletín estadístico de grupos financieros*, 2005; Comisión Nacional de Seguros y Fianzas, *Anuario estadístico de seguros*, 1993 y 2005.

En 2005, doce años después, participan únicamente diez grupos financieros con aseguradora integrada, con el control de 13 aseguradoras, tres más que en 2003. Su situación financiera es la siguiente:

a] La participación de los grupos financieros con aseguradora integrada dentro del total de los grupos del sistema financiero en su conjunto controlan la totalidad de los activos y de los pasivos, apenas 11.4% del capital, y la totalidad de las utilidades.

b] La participación de las aseguradoras integradas a grupos financieros dentro del sector asegurador, es de 45% en los activos, 45% en los pasivos, 44% en el capital y 52% en las utilidades, un aumento en estas últimas de 21.4 puntos porcentuales con respecto a 1993, lo que significa una *redistribución de las utilidades a favor de las AGF y una pérdida en la misma proporción para las aseguradoras independientes*: estas aseguradoras participan con 55% de los activos, 55% de los pasivos, 56% del capital y 48% de las utilidades.

c] Destaca el papel de Seguros Banamex que controla 11.7% de las utilidades totales del sector asegurador; le sigue en importancia Seguros BBVA Bancomer con 8.5%, HSBC Seguros con 8.0%, Pensiones Inbursa con 7.6% y Seguros Inbursa con 7.1%; si sumamos estas últimas dos participaciones de las empresas del Grupo Financiero Inbursa vemos que concentra 14.7% de las utilidades totales del sector. Los cuatro grupos financieros comentados poseen con estas aseguradoras 42.9% de las utilidades del mercado asegurador (véase el cuadro 12 anexo).

En 2005 las aseguradoras pertenecientes a los grupos financieros no arrojaron pérdidas en ninguno de los años analizados, salvo en el caso de ING Seguros (Comercial América) que aparentemente ha llevado a cabo una agresiva política de acumulación de reservas técnicas.

El análisis se puede profundizar con apoyo del cuadro 4.1 debido a que nos presenta dos vertientes interesantes respecto al comportamiento y dominio de los conglomerados como un todo y de sus AGF, ambos niveles localizados en la última parte del cuadro. La primera vertiente se refiere a la manera como han crecido los grupos financieros en su conjunto — tanto los que integran alguna aseguradora como los que no la poseen —; la segunda hace alusión a la manera como ha crecido el sector asegurador y a la forma como lo han hecho las aseguradoras AGF con respecto a las aseguradoras independientes. En ambos casos se miden los activos, pasivos, capital y utilidades.

Con respecto a la primera vertiente, la del análisis del mercado total de los grupos financieros, destacan tres situaciones. En primer lugar, los grupos financieros que operan en el sistema financiero (con y sin aseguradora) disminuyeron su crecimiento en términos de sus activos -28.5% y de sus pasivos -37.7, aunque aumentaron su capitalización en 1 233% entre los años 1993 y 2005. También observamos que lograron un crecimiento en sus utilidades de 18.2% en términos reales.

En segundo lugar, parece manifestarse una tendencia inversa entre los grupos financieros con aseguradora integrada y los que no la comprenden, al menos así parece en lo relativo a los activos, los pasivos y las utilidades. En los años de estudio, en los grupos financieros con aseguradora integrada crecieron las cuatro variables, aunque destaca el incremento de sus utilidades en 306.7% en términos reales, mientras que los grupos financieros sin aseguradora registraron decrementos, especialmente en las utilidades.

En tercer lugar, en esos años se observa que el capital aumentó de manera significativa, principalmente en los grupos financieros sin aseguradora integrada. En este aspecto destaca el menor crecimiento del capital tanto de los grupos financieros con aseguradora dentro del total de los grupos financieros operantes en el sistema financiero, como de las AGF en el sector asegurador.

En relación con la segunda vertiente, el peso específico de las AGF en el mercado de seguros parece tener un claro dominio en las cuatro variables estudiadas, ya que el crecimiento logrado por estas empresas en el período 1993-2005 fue muy importante: en los activos el incremento fue de 251.6%, frente al 111.3 de las aseguradoras independientes; en los pasivos fue de 330.6% en las AGF, frente al aumento de 135% de las empresas independientes; en el capital el impulso de las AGF fue de 59%, mientras en las aseguradoras independientes creció 27.8%; el capital de las AGF registró un aumento mínimo de 4.5% promedio anual para esos años por la creación de nuevas empresas, mientras que las compañías existentes fueron disminuyendo el ritmo de crecimiento de su capitalización para elevar su rentabilidad.[58]

Las AGF han experimentado un proceso de *descapitalización*, lo que ha incrementado significativamente su rentabilidad, y han aprovechado en lo posible sus instalaciones para ofrecer los nuevos esquemas y servicios de aseguramiento. Por último, la utilidad es la variable significativa y registró, en las AGF, un crecimiento de 13.3 en términos reales, frente a la caída del mercado en su conjunto y de las aseguradoras independientes: -33% y -53.9%, respectivamente.

Esto permite comprobar nuestra hipótesis según la cual, *el logro de la utilidad y, por ende de la rentabilidad, es el objetivo que define el comportamiento de los conglomerados financieros, más que su expansión en capital o en instalaciones (activos no financieros).*

Las aseguradoras de grupos financieros (AGF) han logrado los mayores márgenes de rentabilidad en el conjunto del sector asegurador debido a que emplean una compleja estrategia económica y financiera que las lleva a ocupar una importante posición en el perfil de acumulación financiera, dado su papel en la intermediación y en las formas y mecanismos de extracción del excedente económico.

---

[58] Probablemente, varias aseguradoras no integradas a algún grupo financiero (AGI y AMP) pertenezcan a algún conglomerado o grupo internacional. En un estudio próximo serán incluidas estas corporaciones.

Para consolidar este papel, las AGF también hacen uso de un intrincado conjunto de elementos que logran combinar para cumplir su propósito: aplican la estrategia administrativa del gobierno corporativo que enfatiza el ámbito financiero, emplean técnicas intensivas en capital, son más productivas, tienen mayores fuentes de financiamiento, cuentan con una amplia oferta de productos y sistemas de distribución integrales, concentran los más elevados volúmenes de inversiones financieras y poseen bajos niveles de capital.

Todo ello hace posible que las AGF incrementen el valor del conglomerado, le den acceso a mayores recursos, fortalezcan los mercados internos del grupo, apoyen la regulación de su ganancia financiera, disminuyan su riesgo y contribuyan en la alineación de los desajustes técnicos y financieros del consorcio financiero, como veremos enseguida.

4.2.1 Participación de los bancos y las aseguradoras en el grupo financiero

A continuación se presenta un análisis comparativo de la participación financiera de los bancos y las aseguradoras en los grupos financieros a que pertenecen.

Cuadro 4.2

PARTICIPACIÓN DE BANCOS Y ASEGURADORAS EN LA SITUACIÓN FINANCIERA DE LOS GRUPOS FINANCIEROS, 1993 y 2005

	millones de pesos constantes (2002=100)							
	1993	*2005*	*1993*	*2005*	*1993*	*2005*	*1993*	*2005*
	activos		*pasivos*		*capital*		*utilidad neta*	
A. TOTAL GRUPOS FINANCIEROS (1)	**3,232,961.34**	**2,308,767.63**	**2,834,625.95**	**1,765,525.75**	**398,337.26**	**5,311,042.16**	**82,738.69**	**97,777.26**
B. Total Sector Bancario de GF	2,221,796.79	1,890,471.19	2,082,695.00	1,654,034.19	139,101.79	236,437.00	32,756.39	41,484.11
C. Total Sector Asegurador	114,077.71	293,519.49	86,231.32	254,521.86	27,846.39	38,997.63	10,095.27	6,762.75
D. TOTAL GRUPOS FINANCIEROS (con aseguradora y banco	**1,394,659.78**	**2,986,757.57**	**1,339,012.69**	**2,380,120.27**	**155,621.46**	**606,633.35**	**28,929.10**	**117,778.41**

integrados)								
E. Total Bancos de GF	647,333.82	1,229,804.29	614,833.05	1,068,737.38	32,500.77	161,066.90	7,723.51	36,781.15
F. Total Aseguradoras de GF	37,372.89	131,402.76	26,499.38	114,113.97	10,873.51	17,288.27	3,138.97	3,558.03
G. TOTAL GRUPOS FINANCIEROS (sin aseguradora y banco integrados)	**1,838,301.56**	**- 677,989.94**	**1,495,613.26**	**- 614594.52**	**242,715.80**	**4,704,408.81**	**53,809.59**	**- 20,001.15**
				PARTICIPACIÓN PORCENTUAL				
1. Participación de los bancos y aseguradoras controladas por los GF en la totalidad de los grupos financieros								
E / A	20.0	53.2	21.6	60.5	8.1	3.0	9.3	37.6
F / A	1.1	5.6	0.9	6.4	2.7	0.3	3.7	3.6
2. Participación de bancos y aseguradoras en el sector bancario y asegurador								
E / B	29.1	65.0	20.8	64.6	23.3	68.1	23.5	88.6
F / C	32.7	44.7	30.7	44.8	39.0	44.3	31.0	52.6
3. Participación de bancos y aseguradoras en los GF que los integran								
E / D	46.4	41.1	45.9	44.9	20.8	26.5	26.6	31.2
F / D	2.6	4.3	1.9	4.7	6.9	2.8	10.8	3.0

FUENTE: Elaboración propia con base en información de la Comisión Nacional Bancaria, *Prontuario estadístico de grupos financieros*, 1993; Comisión Nacional Bancaria y de Valores, *Boletín estadístico de grupos financieros*, 2005; Comisión Nacional de Seguros y Fianzas, *Anuario estadístico de seguros*, 1993 y 2005.

(1) Incluye sociedades controladoras y aseguradoras y afianzadoras.

La participación de las utilidades de los bancos y las aseguradoras en las utilidades totales de los grupos financieros son relevantes. Como se aprecia en el cuadro 4.2, en 1993 las utilidades de los bancos integrados a grupos financieros con aseguradora, ascendieron a 7 723 millones de pesos en términos reales, 26.6% del total de las utilidades de los grupos con aseguradora y banco integrados simultáneamente que ascendió a 28 929 millones de pesos; mientras que las utilidades de las aseguradoras integradas fue de 3 138 millones de pesos en términos reales y representaron 10.8% del total de los grupos con ambas instituciones.

De esta forma, en 1993, las ganancias de los bancos fueron 2.4 veces superiores a las de las AGF. Conjuntamente, bancos y aseguradoras controlaban 37.4% de las utilidades totales de los grupos financieros con aseguradora y banco integrados y 13.0% del total de las utilidades de los conglomerados operantes en el sistema financiero que ascendió a 82 738 millones de pesos.

En 2005, una vez que la apertura y desregulación financiera del sector asegurador ya se encuentra consolidada y cuando el acelerado proceso de fusiones y adquisiciones y la creación de empresas de seguros en nichos hasta entonces restringidos (pensiones y salud) lleva más de diez años de aplicación, podemos evidenciar lo siguiente: dentro del total de las utilidades logradas por los grupos financieros propietarios de aseguradoras y bancos, que ascendieron a 117 778 millones de pesos en términos reales, las utilidades de las instituciones de crédito significaron 31.2% con un monto de 36 781 millones de pesos, mientras las aseguradoras (AGF) participaron con 3.0% con 3 558 millones de pesos.

Lo anterior significa una fuerte contracción en la participación de las aseguradoras en los grupos financieros que las integran, de 10.8 a 3.0%, una disminución de 7.8 puntos porcentuales, mientras los bancos la aumentaron 4.6 puntos porcentuales en el período de estudio. Conjuntamente, las utilidades de estas dos instituciones representan 34.2% de las utilidades de los grupos financieros analizados, contra 37.4% en 1993, una contracción de 3.2 puntos debido a la participación de otros intermediarios financieros no bancarios integrantes del conglomerado.

Las utilidades de los bancos fueron objeto de una significativa transformación que evidencia dos etapas: la de crisis bancaria, y la del auge y desarrollo de las instituciones de crédito, apoyadas por el Fondo Bancario de Protección al Ahorro (Fobaproa), hoy el Instituto de Protección al Ahorro Bancario (Ipab) para su saneamiento o rescate. Esta segunda etapa se caracteriza por la reactivación del crédito a las instituciones financieras no bancarias, la efervescencia de los créditos al consumo (automóviles e inmuebles) y las altas comisiones cobradas por los servicios bancarios; pero, sobre todo, se evidencia la derrama de recursos financieros canalizados por el gobierno federal para la solvencia financiera de la banca privada.

También se observa que el impacto de la crisis fue mayor en las instituciones bancarias que en las aseguradoras, aunque las instituciones crediticias parecen haber sorteado mejor los años de crisis con apoyo del

Estado porque pudieron reestructurar sus pasivos, altamente riesgosos, ya que sus compromisos (pasivos) son de corto plazo, a diferencia de los pasivos de las aseguradoras que son de largo plazo.

Si el sector asegurador ha sido de los sectores beneficiados por las reformas y la apertura económica, lo fue aún más el sector bancario privado.

4.3 Las aseguradoras dan acceso a mayores recursos financieros y posibilitan la expansión del grupo

Otra ventaja del grupo financiero al contar con una aseguradora integrante es que ésta "[...] le brinde al banco los recursos reales de efectivo: la tenencia legal de efectivo, y la posibilidad de expansión de la esfera de su influencia gracias a la inversión de reservas en acciones" [Mantey, 1982: 114].

Aunque hasta 2003 las aseguradoras en México no estaban autorizadas a invertir las reservas técnicas en el mercado accionario; el destino de las utilidades de la compañía de seguros sí parece haberse dirigido a los mercados financieros mediante el banco para su capitalización y, paralelamente, la institución crediticia pudo haber administrado las acciones de la compañía aseguradora.

Las corporaciones aseguradoras deben cumplir con rigurosos márgenes de solvencia fijados por las autoridades aseguradoras, por lo que no les está permitido aceptar depósitos o conceder préstamos, por ello, solo de manera extraordinaria pueden encontrarse en una situación *Ponzi*; sin embargo, sus utilidades, derivadas del proceso de producción de seguros y de las políticas de ventas e inversión de sus reservas en los activos financieros, pueden tener dos destinos: por un lado, si la aseguradora es cliente o propiedad del banco o del grupo, aquella podría depositarle sus ganancias a la institución crediticia, lo cual nutre a ésta de nuevos montos de efectivo que aumentarían sus utilidades mediante los préstamos otorgados y, por otro lado, si la aseguradora decide comprar acciones de las empresas integrantes del grupo, en vez de depositar sus ganancias en el banco, al precio de oferta y no de venta para que la institución de crédito logre el *spread* o ganancia financiera o especulativa, entonces el banco podría dedicar más recursos a préstamos para apoyar la inversión productiva de la empresa emisora integrante del grupo y, a su vez, el banco impulsaría la capitalización de las utilidades en los mercados financieros de la empresa emisora de acciones. También puede darse el caso en que la aseguradora "[...] compre sus propias acciones y puede también capitalizar sus utilidades y obtener ganancias financieras cuando el valor de las acciones suba" [Mántey, 1982: 142].

Las aseguradoras tampoco están autorizadas a invertir sus reservas técnicas en proyectos productivos porque en su mayor parte *constituyen recursos pertenecientes a los contratantes y asegurados* en la forma de seguros (ingresos por primas). Los recursos deben permanecer en forma líquida para pagar los siniestros (pasivos) y ser invertidos en instrumentos de renta fija sin riesgo (activos), esencialmente bonos gubernamentales y, en menor medida, en valores de deuda corporativa de corto plazo. Las corporaciones aseguradoras al concentrar esos recursos financieros pueden lograr grandes ganancias debido a la magnitud de su volumen y poder de negociación, provenientes de la obtención de rendimientos por arriba de las tasas de interés del mercado y de la tasa de inflación. Los recursos financieros así obtenidos van a parar al conglomerado.

Otra fuente importante de recursos para el grupo se logra porque las aseguradoras tienen que pagar los seguros generalmente en el largo plazo, fundamentalmente los seguros de vida, y, por ende, no existen razones poderosas para que retiren de inmediato los fondos invertidos en los instrumentos administrados por los bancos y casas de bolsa integrantes.

De esta manera, las aseguradoras se convierten en *acreedoras*: en primer lugar, del banco grupal porque aumentan sus depósitos en las instituciones de crédito; en segundo lugar, del gobierno porque adquieren valores gubernamentales que le permiten al Estado financiar proyectos de inversión o canalizarlos a sus proyectos estratégicos, aunque a un elevado costo; en tercer lugar, de las empresas porque financian proyectos con la adquisición de acciones o bonos de deuda privada; finalmente, de las casas de bolsa, *corredurías* contemporáneas, que se benefician porque pueden estar especulando con los precios de compra y de venta de los valores y con el cobro de las comisiones de cada operación efectuada.

Parece evidente que cuando el banco y la casa de bolsa forman parte del mismo grupo al que pertenece la AGF las utilidades obtenidas por cada operación y realizadas por cada institución se concentran para aumentar las utilidades del conglomerado, o se las ahorran. Para los bancos del grupo aparentemente es más eficiente mantener el control y concentrar las utilidades e inversiones financieras de la compañía aseguradora y sus acciones, que mantener acciones industriales de otras empresas independientes en su propio portafolio.

El análisis que hemos realizado hasta aquí nos permite dar constancia de que la aseguradora desempeña un papel importante en la situación financiera del grupo medido en términos de sus activos, capital y utilidades producidas.[59]

Más adelante veremos la importancia de las operaciones dentro del grupo financiero, al concurrir al *mercado interno* entre las empresas del conglomerado que, seguramente, apoyan la adquisición de crédito más barato, el acceso a carteras de clientes compartidas, y la formación de sinergias técnicas y administrativas para la constitución de *stocks* y para el flujo y reflujo de una nutrida red de intercambios financieros, entre muchos otros aspectos ya identificados. Todo ello tiene el objetivo esencial de consolidar la estructura administrativa y financiera del grupo para obtener las mayores utilidades (véase el cuadro 4.4).

4.3.1 Inversiones financieras, reservas técnicas y de capital

Hemos visto que las corporaciones aseguradoras de los grupos financiero (AGF) tienen un importante papel como intermediarios financieros: son deudoras de los asegurados y acreedoras de las empresas y gobierno por los valores que administran; concentran importantes capitales e ingresos de los distintos agentes financieros; se apropian de excedentes económicos tanto

[59] No se cuenta con información precisa acerca del alcance que tienen las aseguradoras en cuanto a su penetración financiera dentro del grupo, específicamente en lo relacionado con los préstamos y transferencias financieras intragrupales que la aseguradora otorga a las empresas del grupo, o los recursos y negocios que recibe de ellas.

dentro del propio proceso de producción y administración de los seguros como en los circuitos financieros, y su papel es relevante en la acumulación de capitales; de ahí su perfil oligopólico en el sistema financiero.

El monto global de los recursos que las aseguradoras envían a los mercados financieros es enorme. Estos recursos proceden de la venta de seguros, de los productos financieros obtenidos, y de la *reacumulación financiera de utilidades*, fundamentalmente, y su destino se encuentra en los mercados financieros.

En 1994 las empresas del sector asegurador canalizaron a los mercados financieros 58 375 millones de pesos, en términos reales, en forma de inversiones financieras (cuadro 4.3). Para 2005 esa cantidad aumentó a 208 587 millones de pesos, un crecimiento de 257% y promedio anual de 21.4 por ciento.

Cuadro 4.3

INVERSIONES FINANCIERAS, RESERVAS TÉCNICAS Y RESERVAS DE CAPITAL

1994-2005

(millones de pesos constantes, 2002 = 100)

	inversiones financieras (valores y productos derivados)			*reservas técnicas*			*reservas de capital*		
	cuenta de activo			*cuenta de pasivo*			*cuenta de capital*		
	1994	*2005*	*variación real %*	*1994*	*2005*	*variación real %*	*1994*	*2005*	*variación real %*
Aseguradoras de grupos financieros (AGF)	26,936	98,724	266	30,489	101,603	233	856	8,088	844
Aseguradoras Grandes Independientes (AGI)	13,745	79,495	478	21,083	85,261	304	488	1,585	224
MERCADO TOTAL	*58,375*	*208,587*	*257*	*74,909*	*222,557*	*197*	*2,375*	*11,840*	*398*

Fuente: Elaboración propia con base en información de la Comisión Nacional de Seguros y Fianzas (1995 y 2005), *Actualidad en seguros y fianzas*, México.

En 1994 las inversiones financieras (activos líquidos) representaron, 76% de la suma de las reservas técnicas (pasivos) y de las de capital (patrimonio), mientras que en 2005 este porcentaje aumentó a 88%. Esto quiere decir que en un período de once años las aseguradoras mejoraron su posición financiera en 12 puntos porcentuales y que esos recursos se han invertido en los mercados de capitales lo que profundiza el carácter *financiarizado* del sector. El mayor crecimiento de las inversiones financieras que las reservas es muestra de la contracción del ritmo de crecimiento de la venta de seguros, mientras las inversiones obtienen ganancias financieras importantes.

En 1994 en las AGF las inversiones financieras significaron 85% de las dos reservas, y en las AGI el índice se situó en 63%. Las AGF son las empresas más *financiarizadas*.

Para 2005 la participación de las inversiones financieras en las reservas técnicas y de capital en el mercado asegurador fue de 88%, en las AGF de 90% y en las AGI ascendió a 91%. En el mercado, la participación aumentó 12 puntos, en las AGF se incrementó 5 puntos y en las AGI, 28.

Si contemplamos exclusivamente las reservas técnicas sin incluir las de capital para el mercado en su conjunto, los porcentajes para 1994 y 2005 aumentan de 77 a 93%, respectivamente; en las AGF los niveles son de 88 y 97%, y en las AGI la participación cambia de 65 a 93%, respectivamente.

Como se evidencia, las aseguradoras han ido acumulando recursos financieros en forma de inversiones de corto plazo; mientras las reservas técnicas crecieron en 197% entre 1993 y 2005, las inversiones financieras lo hicieron 257%, una diferencia de 60 puntos. La razón de esta estructura *financiarizada* del mercado asegurador puede encontrarse en la acumulación financiera de las corporaciones debido a las mayores oportunidades de inversión que significaron los mercados de capitales, así como en las exigencias reguladoras y de supervisión de las autoridades de seguros — ante los fraudes ocurridos en los mercados financieros nacionales e internacionales — y, sobre todo, por el perfil financiero asumido por las corporaciones aseguradoras que dirigieron su administración hacia el logro de ganancias financieras ante las pobres perspectivas de ganancia productiva (utilidad operativa) generada por la venta de seguros.

En las AGF destaca el nivel de las inversiones financieras y de las reservas técnicas, cuyos montos son mayores que en las AGI y las AMP, aunque su ritmo de crecimiento fue menor al reflejado en las AGI, aunque mayor que en las AMP. Las AGF invierten sus reservas en el banco del propio grupo, pero también se encuentran más apalancadas.

En 1994 el índice de la relación de inversiones financieras y reservas de capital de las AGF eran mayores que en las AGI y disminuyen para 2005: este grupo de aseguradoras está llevando a cabo una agresiva concentración de reservas para elevar su liquidez como una maniobra de defensa ante la caída de sus ventas. En las AGF la retracción del ritmo de crecimiento de la liquidez se originó del menor crecimiento de los pasivos: entre 1994 y 2005 las reservas técnicas de las AGF aumentaron 233%, lo que impactó las inversiones financieras que mostraron crecimiento de 266% en esos años, mientras las AGI reflejaron crecimientos de 304 y 478%, y el mercado en su conjunto de 197 y 257%, para esos años en ambas variables. La menor carga de pasivos y la disminución de la proporción de inversiones financieras a reservas de capital invertido significaron mayores niveles de utilidades en las aseguradoras integradas.

Aparentemente, la mejor estructura financiera del mercado asegurador en comparación con la bancaria, cuando menos hasta los años de la crisis financiera puede deberse a las exigencias reguladoras y de supervisión de las autoridades de seguros — ante los fraudes ocurridos en los bancos operantes en el país hasta ese momento y en los mercados financieros internacionales — y a las mayores y mejores oportunidades de inversión que ofrecen los mercados financieros, pero sobre todo a la descapitalización, es decir a la disminución del ritmo de crecimiento del capital, debido a la contracción de la reinversión de las utilidades productivas en el sector y a la venta de inmuebles que redujo el ritmo de crecimiento de las inversiones totales del sector asegurador: *en 1994 las inversiones inmobiliarias de todo el sector asegurador eran de 13 600 millones de pesos y cambiaron en 2005 a 6 931 millones, una contracción de 49% en términos reales, casi la mitad.* Esta es otra muestra de la descapitalización del sector y del perfil financiero de corto plazo ejecutado por las corporaciones aseguradoras.

4.3.2 Mercados internos al grupo financiero

Los *conglomerados financieros* combinan aseguradoras, bancos y la administración de activos con la premisa fundamental de *generar valor* y fortalecer ese proceso de manera permanente: " Las aseguradoras afiliadas a los grupos efectúan la mayoría de sus compras y ventas dentro del grupo, esto es lo que se conoce como el *mercado interno* al grupo financiero" [Hoshi *et al.*, 1990a].

Para el grupo financiero, los mercados internos representan múltiples ventajas, entre las que se encuentran las sinergias producidas en la elaboración de un amplio conjunto de productos y servicios financieros; también se benefician de la distribución integral de productos mediante diversos canales de distribución y comercialización, la generación de economías de escala y la creación de ventajas competitivas por la mejor administración del riesgo.

Los mercados internos le permite a los grupos financieros conformar un amplio poder con apoyo en su infraestructura tecnológica y de información; aprovechar experiencias en sistemas y procedimientos, ahorrar costos de personal y uso de tecnologías; disminuir sus gastos de adquisición y de administración porque no tienen necesidad de recurrir a intermediarios para lograr la hegemonía y el control en el espacio donde se desenvuelven (el mercado de seguros y los mercados financieros en general). [60]

---

[60] Las aseguradoras integradas (AGF) otorgan recursos financieros dentro del grupo que los bancos aprovechan para aumentar su capacidad de préstamo mientras las aseguradoras reciben financiamiento, en caso de requerirlo. Las aseguradoras canalizan recursos financieros de sus reservas técnicas al banco integrante — el organismos principal del grupo — para que éste recicle financiamiento en forma de crédito a las empresas del conglomerado, incluida la aseguradora, en cumplimiento a los márgenes financieros establecidos, por un lado, por la autoridad monetaria: tasa depósitos/préstamos y, por otro, por el propio banco: relación efectivo/depósitos apoya la administración de la institución aseguradora, le da acceso a los mercados financieros, y pone a su servicio su cartera de clientes, entre otros aspectos.

Una cuestión clave en la conformación del esquema del banco principal es el *sistema de relaciones* entre el banco y la aseguradora, entre ambos y otros agentes e instituciones financieros del grupo y entre el propio mercado interno y todo el espacio económico de su entorno: este sistema de relaciones en el exterior del grupo por la extensión de los vínculos de todas las empresas del conglomerado con otras instituciones no incorporadas al conglomerado pero que tienen relaciones con él — empresas, el gobierno, aseguradoras, proveedores, acreedores, y las autoridades reguladoras, principalmente.

De esta forma, el banco principal y la aseguradora construyen un complejo conjunto de nexos enfocados a la emisión de pólizas, de bonos, posesión y administración de acciones, liquidación de cuentas de pago y servicios de administración. La red financiera tejida entre ambas empresas puede hacer que los *proveedores* estén dispuestos a extender sus líneas de crédito a la aseguradora y que los *consumidores* adquieran los productos que ésta les ofrece.

La investigación de las operaciones efectuadas en las empresas integrantes es un aspecto ampliamente estudiado por la teoría del banco principal de los grupos financieros y de sus preceptos hemos hecho referencia en varias partes de este trabajo. Cabe señalar ahora que *la relación banca-aseguradora esta determinada por la Ley. La banca puede ser cabeza de grupo financiero, la aseguradora no a diferencia de otros países Estados Unidos y Gran Bretaña) donde es la institución nuclear*.

Para comprobar empíricamente la importancia de los mercados internos al conglomerado, especialmente de los propietarios de una corporación de seguros, pudimos construir el cuadro 4.4 para identificar el peso de las transacciones entre las empresas de esos grupos en dos variables financieras importantes: los activos y las utilidades. En relación con otras variables puede consultarse el cuadro 16 anexo.

En 2005 las operaciones realizadas dentro de los conglomerados que tienen bajo control alguna aseguradora significaron 11.6% en los activos, y contribuyeron con 47.4% de las utilidades de acuerdo con la información financiera de las autoridades bancarias (cuadro 16 anexo). Si agregamos las cifras de las aseguradoras, se elevan a 17.2% en los activos y a 49.6% en las utilidades, es decir, casi la mitad de las utilidades generadas por el grupo financiero con aseguradora integrada se logra por las relaciones efectuadas entre las empresas integrantes del conglomerado y la aseguradora participa en esa dinámica en cinco puntos porcentuales. Específicamente, en el Grupo Financiero ING es destacado el papel de los mercados internos en la conformación de los activos ya que significaron 12.5% del total de activos administrados por ese conglomerado sin incluir a la corporación aseguradora y 62% si se la incluye. En las utilidades, los mercados internos de ING significan 50% de los resultados financieros generados por el conglomerado sin incluir a la aseguradora, e incluyéndola disminuye la participación a 37%, un porcentaje bastante elevado debido a las pérdidas registradas en los últimos años por esa empresa que ha incrementado sus reservas técnicas y ha elevado sus costos administrativos.

Prácticamente en todos los grupos financieros el nivel de ganancias se ubica por arriba de 45% y tan sólo en los grupos Santander-Serfin, Interacciones, BBVA Bancomer y HSBC las utilidades logradas por las operaciones entre las empresas del grupo superan 50%, incluyendo a las aseguradoras.

Cuadro 4.4
OPERACIONES INTRAGRUPALES DE LOS GRUPOS FINANCIEROS CON ASEGURADORA INTEGRADA, 2005
(Millones de pesos)

grupo financiero	*suma controla dora y subsidiarias*	*operaciones intragrupales*	*partici-pación %*	*suma controla-dora y subsidiarias*	*operaciones intragrupales*	*partici-pación %*
		activos			*utilidades*	
HSBC	307,816	32,695	10.6	10,135	5,154	50.8
Santander-Serfin	418,023	43,806	10.4	13,635	6,882	50.4
Interacciones	12,760	3,365	26.3	402	202	50.4
BBVA Bancomer	667,994	95,042	14.2	23,831	11,940	50.1
Afirme	14,375	1,767	12.3	206	103	49.9
Banorte	226,407	36,221	16.0	11,974	5,939	49.6
Banamex	577,487	97,291	16.8	33,080	16,247	49.1
Inbursa	149,051	63,048	42.3	5,637	2,727	48.3
ING Grupo	81,227	50,369	62.0	1,018	378	31.1

financiero TOTAL						
Empresas del Grupo Financiero con aseguradora	2,455,144	423,607	17.2	99,922	49,571	49.6

Fuente: Elaboración propia con base en información de la Comisión Nacional Bancaria y de Valores CNBV (2005) *Boletín Estadístico de Grupos Financieros*, 2005, México.

Los elevados niveles de utilidad y rentabilidad de los grupos financieros, a diferencia de los niveles que reflejan las aseguradoras independientes, pueden explicarse en gran medida por las grandes relaciones económicas y financieras que el conglomerado desarrolla y potencia en su interior entre las diversas empresas que maneja.

4.4 Estabilidad en el comportamiento del producto y utilidades de la AGF

El grupo financiero tratará de estabilizar la ganancia del conglomerado al hacer que las pérdidas de una empresa integrante sean compensadas más que suficientemente con las posibles ganancias de otras; o mejor, que las utilidades de una empresa integrante sean destinadas a apoyar a otra del grupo para su mejor desempeño.

Además, las corporaciones aseguradoras (AGF) son más estables que las aseguradoras independientes medianas y pequeñas (AMP), en relación con su producto y utilidades, lo cual podría disminuir la incertidumbre del conglomerado: sus utilidades provienen de una estructura financiera solvente; sus pasivos (o reservas para el pago de seguros) son de largo plazo, mientras que la obtención de sus ingresos se efectúa en el corto plazo — liquidez en el presente y seguridad en el futuro —; además, su operación es vigilada y regulada fuertemente por las autoridades, sus riesgos son calculados para lograr elevadas utilidades provenientes tanto de la venta de seguros como de los rendimientos generados por sus inversiones financieras. Esta función de menor riesgo de las instituciones de seguros las distingue del riesgo bancario, ya que los pasivos de las instituciones crediticias son de corto plazo (los depósitos se demandan regularmente a plazos menores de un año) y sus activos son de largo plazo (sus préstamos son de largo plazo) y por ende los bancos no tienen el mismo nivel de liquidez que las aseguradoras.

Específicamente, la AGF apoya la estabilidad de las ganancias del conglomerado al llevar a cabo la concentración de primas de los distintos asegurados para disminuir el riesgo y obtener utilidades técnicas — la diferencia entre el precio de la prima del seguro y los costos técnicos para su cotización — y utilidades operativas — la diferencia entre las primas y el incremento de las reservas y los costos operativos y de venta — que se convertirán más tarde en utilidades netas para el grupo financiero; también, la AGF integra portafolios financieros muy eficientes debido a la mezcla en la composición de sus productos de inversión (con apoyo del banco y del conglomerado) y logra los mejores rendimientos en los mercados financieros a bajo riesgo.

Lo anterior permite que el grupo financiero obtenga una derrama permanente de recursos financieros derivados de cada operación y empresa integrante, donde las aseguradoras contribuyen de manera importante. Esos recursos pueden ser utilizados para apoyar a empresas en dificultades financieras o canalizar liquidez al banco para apoyar el multiplicador del crédito dentro del grupo o emplearlos en la mejor forma de acuerdo con las estrategias corporativas.

Como puede observarse en el cuadro 2 anexo — que presenta las cifras de los estados de resultados financieros a nivel de cada aseguradora así como sus crecimientos reales — las utilidades de empresas grandes o integradas a grupos financieros tienen un comportamiento más estable y mayor en su volumen, dado su tamaño, que las empresas pequeñas cuya tendencia es más inestable y su volumen de utilidades es menor. Lo anterior se debe a los siguientes factores:

a] Las aseguradoras integradas y las grandes independientes tienen fácil acceso al crédito y al mercado de capitales. Las aseguradoras pequeñas generalmente se encuentran en dificultades porque ni obtienen créditos baratos ni pueden adentrarse en los mercados financieros porque existen barreras para competir con las AGF y las AGI.

b] Las aseguradoras integradas a los grupos financieros cuentan con nichos de mercado cautivos — tanto el mercado localizado en el conglomerado en cuyo núcleo se crean gran parte de las utilidades, como en mercados externos — debido a que su presencia en el mercado de aseguramiento es estable y generalmente de largo plazo, lo que les da una mejor imagen a los contratantes y asegurados; también su capacidad de negociación con estos últimos es mayor que la de empresas pequeñas debido al gran volumen de administración de los seguros que operan, por lo que difícilmente la competencia puede atenderla. Las aseguradoras más pequeñas no tienen acceso a mercados diversificados, tradicionalmente sólo se dedican a la especialización: por lo general ofrecen un solo producto, como ya vimos en el inciso 3.7.

c] Las corporaciones integradas a los grupos financieros o las aseguradoras grandes cuentan con costos operativos menores y son altamente productivas e intensivas en capital, lo que refuerza el carácter oligopólico del sector que desplaza mano de obra y por ende son *ineficientes económicamente*. También los costos financieros de las empresas integradas a grupos financieros se ven disminuidos porque estos grupos cuentan con bancos, casas de bolsa y administradoras de riesgos que les ahorran los costos de intermediación en que incurren las aseguradoras independientes.

d] Las aseguradoras integradas a grupos financieros o grandes independientes se encuentran menos expuestas a la vulnerabilidad de los mercados financieros porque concentran grandes reservas técnicas que administran más eficientemente que las aseguradoras pequeñas.

e] Otros factores son el uso de sistemas más eficientes; el acceso a crédito y otras fuentes de financiamiento más baratas, la solidez de las estructuras administrativa, financiera y de recursos humanos de la corporación. Todos estos factores les permiten a las AGF absorber mejor los vaivenes de la economía.

En el período en estudio, las AGF y las AGI mostraron importantes ritmos de crecimiento en sus utilidades en términos reales, más elevados que en las aseguradoras medianas y pequeñas, aunque menores que en las empresas grandes independientes.

4.5Las aseguradoras disminuyen el riesgo del grupo

Si la aseguradora del grupo financiero (AGF) contribuye en el incremento y la estabilidad de las ganancias del conglomerado — porque el comportamiento de su producto y la generación de sus utilidades es más constante —, entonces podría contribuir para evitar el riesgo del grupo financiero.

Las aseguradoras pueden mitigar fallas de riesgo porque poseen la *ingeniería técnica* para controlarlo, es su razón de ser esencial a fin de determinar los siniestros y las sumas aseguradas de la mejor forma, y la *ingeniería financiera* para evaluar los riesgos de manera óptima e invertir los recursos en distintos tipos de instrumentos e innovaciones financieras, con un buen portafolio diversificado que reduce fácilmente su exposición; por su parte, los asegurados recurren a las aseguradoras porque generalmente no pueden evitar el riesgo y buscan protegerse de su vulnerabilidad ante los cambios en las condiciones de los mercados (dado su mayor costo-beneficio).[61]

Entre la población — se trate de las empresas, el gobierno o las familias — existe aversión al riesgo sin importar si son países desarrollados o en desarrollo

> "la evidencia empírica también confirma el hecho de que los agentes económicos en su gran mayoría son aversos al riesgo. Aún más, solamente hace falta recordar que una gran parte de los individuos compran sus seguros contra el robo de coches, robos o daños a sus casas, etc., lo que revela una actitud de aversión al riesgo pues la prima de seguros es siempre más

[61] En términos de la *teoría de los costos de transacción (coesiana)*, lo que buscarán las aseguradoras será minimizar el costo de los contratos y alcanzar la máxima simetría entre las partes para el cumplimiento de los acuerdos.Véanse los trabajos de Ronald Coase y Oliver Williamson en la bibliografía.

alta que la pérdida esperada, para cubrir los costos y ganancias de la aseguradora. En los países en vías de desarrollo la compra de seguros no es muy extendida, pero esto no se debe a una pasión por el riesgo sino a los ingresos muy bajos de gran parte de la población. No obstante, tanto los agentes de países desarrollados como los de países en vías de desarrollo revelan aversión al riesgo en estudios experimentales. Al ofrecerles rendimientos constantes con diferentes niveles de riesgo, la gente invariablemente escoge las jugadas de menor riesgo [Ortiz, 2007, capítulo 3: 24].

También las transacciones intragrupales de las corporaciones pueden disminuir el riesgo, porque cuentan con un nicho de mercado cautivo y con todo el poder de las empresas del grupo financiero para apoyarse, aunque tampoco se encuentran exentas de él. La administración corporativa unificada puede disminuir los conflictos de interés entre las compañías asociadas y las subsidiarias. La transferencia de activos financieros y el otorgamiento de préstamos pueden efectuarse bajo contratos cuyos términos pueden apoyar la canalización de recursos de una empresa a otra integrante que se encuentre en problemas financieros, lo que disminuye su riesgo de insolvencia, y crear un considerable flujo de efectivo a fin de tomar ventaja con respecto a otras entidades no reguladas por el propio grupo.[62]

Las transacciones de préstamos dentro del grupo evitarán la excesiva exposición al riesgo intragrupal dada su interdependencia económica, a pesar de que aumenta el riesgo de contagio; pero lo que busca el conglomerado es evitar el riesgo originado de sus apoyos y sinergias, así como de sus relaciones económicas y comerciales, frente a otras empresas no integrantes. No obstante, debido a la existencia del riesgo de concentración de la inversión del conglomerado "[...] es importante observar el nivel total de endeudamiento del grupo más allá de su

[62] Este perfil de riesgo es menor en caso de empresas del grupo con actividades similares (homogéneas) y es mayor entre las que llevan a cabo actividades diferentes (heterogéneas) y, en particular, en aquellas del grupo que se encuentran orientados a la industria.

distribución interna, lo que puede disminuir los requerimientos de capital y también la carga financiera de las empresas integrantes" [Manghetti, 2002: 312].

También las aseguradoras pueden contribuir a enfrentar altos riesgos como *prestamista de último recurso* ante catástrofes naturales — de manera similar a la función tradicional del Banco Central en las crisis bancarias o financieras. Efectivamente, ante las enormes pérdidas por las crisis económicas y financieras o por las catástrofes naturales, las aseguradoras han auxiliado a los gobiernos para atender situaciones de extrema urgencia, como es el caso de los acontecimientos del 11 de septiembre de 2001 (inciso 1.3.1).

Otro aspecto que ha cobrado relevancia tanto para incrementar la rentabilidad, como para disminuir el riesgo de la AGF y del grupo financiero que la integra, es que en los últimos años la aseguradora se ha convertido en *administradora de fondos de pensiones*, anteriormente *regulados* por el Estado. De esta manera, la AGF contribuye a disminuir el riesgo del grupo, ya que cuenta con más recursos líquidos y extiende su colectividad asegurada, incluidos los servicios de pensiones ofrecidos al personal que trabaja en el conglomerado financiero.

Los fondos de pensiones (véase anexo V) son prestaciones definidas que *participan en la regulación* del mercado laboral ya que, como André Gauron [2000] señala son (y han sido) un componente de las negociaciones colectivas y salariales. Los fondos de pensiones

> [...] son los únicos que pueden ser colocados entre los compromisos que merecen el calificativo de *deuda social*. En segundo lugar, los asalariados-jubilados nunca detentan una condición de accionistas, son simples depositarios; su poder no es ni siquiera virtual, no existe, no hay en absoluto transferencia de propiedad, y más allá, los fondos salariales son una formidable máquina de romper la unidad política de los asalariados [porque al individualizar la prestación, también la dispersa] [Lordon, 1999: 94 y 105].

Si bien la aseguradora disminuye el riesgo del grupo financiero, éste también puede disminuir el riesgo de aquélla, ya que en caso de que la aseguradora lo requiera puede apoyar su solvencia y apalancamiento; también puede ofrecerle fuentes de capital menos costosas; y desarrollar, como ya vimos, mercados intragrupales, lo que le da una posición estratégica y menos proclive a riesgos y crisis financieras.

La volatilidad de las ganancias de las empresas pertenecientes a los conglomerados financieros podría ser menor que la de las ganancias de manera individual para un banco o aseguradora independiente. Esto se debe a que la aseguradora puede contribuir, como vimos, a la estabilidad de las ganancias y a la diversificación de riesgos de acuerdo con la etapa del ciclo económico y su impacto en la operación del banco o de la aseguradora miembros. De este modo, una empresa del conglomerado financiero es más flexible y tiene mayor oportunidad de diversificarse que una empresa aislada, a fin de enfrentar los tres riesgos más importantes del medio financiero: el riesgo de mercado, el del crédito (tasas de interés) y el accionario.

> Tanto las aseguradoras como los bancos pueden evadir riesgos comunes. Los bancos, por su naturaleza, tienen una posición *desalineada* (*mismatched*) con respecto a las tasas de interés; tienden a tener activos de largo plazo (créditos), contra pasivos (depósitos o préstamos) de corto plazo [lo que tratan de compensar con altas tasas activas al crédito, y bajas tasas pasivas para los depósitos] y pueden enfrentar el riesgo dada su destreza en la administración de tasas de interés de riesgo de corto plazo que les genera utilidades. A la inversa, las compañías aseguradoras generalmente emiten pasivos de largo plazo de los seguros de vida y los ahorros para el retiro; mientras que la disponibilidad que las aseguradoras pueden hacer de los activos frecuentemente sea de duración de corto plazo [...].
>
> [...] En contraste con los bancos, las aseguradoras tradicionalmente han enfrentado los riesgos de interés mediante su cálculo y medición, más que como un recurso de la utilidad

con base en su experiencia en la *compensación de riesgos* [Kist, 2001: 319].

Como las aseguradoras se encuentran inmersas en el núcleo de los mercados financieros y debido a que éstos tienen una *naturaleza incompleta* [Orléan, 1999: 252] a pesar de su relativa estabilidad financiera, las instituciones de seguros son incapaces de autoregularse y frecuentemente se ven arrastradas a sufrir crisis, se ponen en peligro tanto por la existencia de los activos que gestionan como por los límites a "[...] la capacidad del poder de los prestamistas [las aseguradoras] para apropiarse de una parte de la riqueza generada por las empresas y los asalariados y exigir [...] la participación en el control de la empresa" [Chesnais *et al*., 2001: 17].

Los efectos de la participación de las aseguradoras como inversionistas institucionales y accionistas minoritarios de las empresas y del gobierno por su posesión de títulos financieros deben ser vigilados y cuestionados porque tienen siempre abierta la posibilidad de invertir en busca de la liquidez (en el camino de Wall Street) y por tanto pueden desligarse en todo momento de las sociedades vendiendo los títulos, y de ahí el carácter de las corporaciones de seguros como promotoras de la crisis. De esta forma, asistimos a la "[...] sumisión de la producción a los principios de la liquidez financiera [Orleán, 1999: 216]. En ella, las aseguradoras tienen un importante papel.

Si bien la agrupación de pólizas (*pooling*) disminuye la incertidumbre, los acontecimientos inesperados (como es el caso de los huracanes y terremotos) pueden producir significativas pérdidas potenciales y reales que sitúan la capacidad de las aseguradoras ante el riesgo potencial de tener que enfrentar de inmediato sus obligaciones (pasivos en la forma de reservas técnicas) para controlar el capital de riesgo. Ésta es una preocupación de los asegurados y de las autoridades reguladoras, especialmente porque la aseguradora es usualmente utilizada para transferir riesgos no deseados.

Con todo, las corporaciones aseguradoras concentran y acumulan recursos financieros, administran riesgos y canalizan los recursos para convertirse en instituciones importantes en los mercados financieros; todo ello para fortalecer el funcionamiento del grupo financiero. También una parte significativa de esos recursos puede emplearse para invertirla en la compra de otra aseguradora, para apropiársela y expandirse, o para sacarla del mercado. Por otro lado, los recursos financieros pueden invertirse en el mercado asegurador del país o enviarlos fuera de ese espacio en el mercado internacional de aseguramiento, o simplemente sacarlos del circuito asegurador para trasladarlos a los mercados financieros internacionales, o reinvertirlos en otras empresas o en la adquisición de inmuebles o equipo, o en sistemas, procedimientos y en capacitación para elevar la productividad.

La exposición al riesgo de las aseguradoras del grupo financiero puede ser medida mediante cuatro indicadores que determinan su margen de solvencia: la relación entre activos y pasivos; la relación entre las reservas técnicas y las inversiones financieras líquidas o de corto plazo, estudiada en páginas anteriores; la siniestralidad que es la relación entre los siniestros pagados y las primas emitidas — es decir, el pago de los eventos de reclamación o pago del seguro con respecto a las ventas de los mismos –; y la relación entre el capital y los pasivos de las corporaciones. Todos estos indicadores miden la correspondencia entre los compromisos que las aseguradoras tienen con asegurados, acreedores y otros agentes económicos, derivada de la propiedad y administración de los recursos físicos y financieros puestos en funcionamiento en el negocio de seguros.

Con el propósito de medir la vulnerabilidad y el riesgo de las corporaciones de seguros se creó una muestra (cuadro 4.5) de siete aseguradoras seleccionadas al azar: tres pertenecen a grupos financieros y cuatro son independientes.

Cuadro 4.5
ÍNDICES DE SOLVENCIA
2005

aseguradora	*pasivos/ activos (%)*	*inversiones financieras / reservas técnicas (%)*	*siniestralidad: pago de siniestros / primas emitidas (%)*	*pasivos / capital (número de veces)*
Integradas a grupo financiero	***86***	***97***	***55***	***6.6***

Aseguradora Interacciones	88	51	61	7
Seguros Banorte Generali	78	92	62	3
Seguros Inbursa	87	89	55	6
Grandes independientes	***91***	***93***	***49***	***10***
Medianas y Pequeñas	***77***	***85***	***47***	***3.4***
ACE Seguros	81	42	16	4
La Latinoamericana	70	64	40	2
General de Seguros	60	80	47	1
MAPFRE Tepeyac	77	82	66	3
MERCADO TOTAL	***86***	***93***	***50***	***6.5***

Fuente: Elaboración propia con base en información de la Comisión Nacional de Seguros y Fianzas *Actualidad en Seguros y Fianzas* (2005) y *Anuario Estadístico de Seguros* (2005), México.

4.5.1 Relación entre pasivos y activos (a menor apalancamiento, o valor del indicador, mayor solvencia de la empresa)

El sector asegurador en su conjunto se encuentra con adecuados márgenes de solvencia: los pasivos totales del sector representan 86% de los activos, lo cual significa que de cada peso invertido en bienes y en activos líquidos 86 centavos son prestados; aunque recordemos que la gran mayoría de los activos se encuentra en la forma de inversiones financieras de corto plazo, lo que otorga a las empresas una elevada liquidez para cubrir sus compromisos.

Con base en la muestra del cuadro 4.5 podemos comparar a las empresas integradas a grupos con respecto a las aseguradoras independientes y derivado de ello reconocemos que las primeras son mas solventes que las segundas (en las AGF el índice es de 86%, en las AGI es de 91% y en las AMP de 77%) las empresas independientes y pequeñas son las corporaciones que se encuentran más alejadas de una situación de insolvencia financiera medida mediante este indicador. Las AGF como Aseguradora Interacciones y Seguros Inbursa poseen un índice de solvencia por arriba del mercado, lo cual implica que su estructura financiera se encuentra en condiciones de alto riesgo para atender los compromisos financieros con sus asegurados, acreedores o clientes, y únicamente Banorte Generali se encuentra por debajo de ese nivel, lo que permite suponer que su solvencia es mayor, ya que cuenta con menos pasivos (menos compromisos que atender) con el nivel dado de activos. Las AGI muestran el más alto índice y por ende se encuentran cerca de la insolvencia financiera. Por último, ninguna de las cuatro aseguradoras independientes medianas y pequeñas (AMP) registra problemas de insolvencia financiera (pasivos en mayor nivel que los activos), sus indicadores se ubican por debajo de la media del mercado, y aparentemente tienen el mejor nivel de solvencia de los tres grupos de empresas analizados y pocas presiones para hacer frente a sus responsabilidades.

Si las cifras son correctas y no se encuentran *maquilladas* por las propias corporaciones, lo señalado anteriormente podría significar que las aseguradoras pequeñas y medianas (AMP) son más solventes financieramente que las empresas independientes (AGI y AGF, estas últimas muestran el mismo índice del mercado).

4.5.2 Relación entre las inversiones financieras y las reservas técnicas (a mayor valor mayor solvencia de la empresa)

Con base en este indicador podemos observar que la estructura financiera de las AMP se encuentra peor integrada que en las AGF y las AGI. La Ley General de Instituciones y Sociedades Mutualistas de Seguros establece que las reservas técnicas que se constituyan para pagar los seguros deberán estar invertidas esencialmente en instrumentos financieros sin riesgo, es decir, de renta fija para atender inmediatamente los siniestros que se demanden.

En 2005, como se observa en el cuadro 4.5, dentro de las aseguradoras integradas a los grupos financieros, las tres compañías de la muestra, Aseguradora Interacciones, Seguros Banorte Generali y Seguros Inbursa, cuentan con índices por debajo del mercado; especialmente en Aseguradora Interacciones las inversiones financieras significan 51% de las reservas técnicas, lo cual muestra un elevado riesgo de esta corporación, porque si todos los asegurados solicitaran simultáneamente el pago de seguros, la empresa pagaría tan sólo 51% de las reclamaciones. Seguramente otras AGF se encuentran en una situación más solvente porque el índice general de este grupo de empresas asciende a 97%, lo cual evidencia que las inversiones financieras sólo se sitúan tres puntos porcentuales por debajo del nivel de las reservas técnicas.

Las aseguradoras independientes grandes presentan el mismo nivel del mercado, lo que muestra su solvencia financiera (93%). Por su parte, las AMP se ubican en un nivel general de 85% y en las empresas de este tipo indicadas en la muestra el nivel está situado más abajo aún, lo cual refleja una situación de insolvencia, sobre todo en ACE Seguros cuyas inversiones financieras únicamente significaron 42% de las reservas, lo cual representa un nivel muy riesgoso.

Por lo general, la mayoría de las aseguradoras muestran un alto nivel de inversiones a reservas como lo muestra el indicador del mercado de seguros: 93% en promedio, lo que representa un bajo déficit de 7% en las inversiones financieras para atender los compromisos con sus asegurados (pasivos). No obstante sería pertinente darle un especial seguimiento a su comportamiento.

4.5.3 El índice de siniestralidad (a menor valor mayor solvencia de la empresa)

Otro indicador importante que considera la solvencia de las aseguradoras es el índice de siniestralidad. Este indicador mide el porcentaje de siniestros pagados por concepto de seguros en relación con las ventas o primas emitidas, el cual mostró para 2005 que por cada peso que ingresó a las aseguradoras por concepto de la venta de seguros, a nivel del mercado, las corporaciones erogaron 50 centavos por concepto de siniestros o seguros pagados por cada peso vendido.

Las AGF pagan más siniestros (en proporción a sus ingresos) que el resto de las empresas del mercado: erogan 55% de sus ingresos en pagos de siniestros, mientras que las AGI y las AMP destinan 49% y 47%, respectivamente.

En cuatro empresas de las siete seleccionadas el índice de siniestralidad se encuentra por arriba del índice del mercado, tres de ellas pertenecen a grupos financieros y una es independiente pequeña. Por el contrario, las empresas independientes grandes muestran un índice de solvencia adecuado. Las AMP registran un bajo índice de 47%, tres puntos porcentuales por debajo del índice de mercado, salvo en el caso de MAPFRE Tepeyac cuyo indicador se situó en 66 por ciento.

Los elevados índices de siniestralidad que registran las dos aseguradoras integradas (Aseguradora Interacciones 61% y Seguros Banorte Generali 62%) y la independiente MAPFRE Seguros 66%, se pueden deber a que la demanda de los productos que están ofreciendo en el mercado disminuyó, mientras los siniestros se mantienen porque se trata de seguros contratados con anterioridad a la venta de los nuevos productos.

También la elevada siniestralidad pudo haberse originado porque el diseño de la estructura técnica o administrativa de los productos ofrecidos no fue la más adecuada, o porque los productos que ofrecen esas empresas otorgan sumas aseguradas elevadas para proteger a clientes con niveles de ingresos elevados. Todo ello impacta los costos técnicos de los seguros, lo que repercute en sus resultados financieros.

4.5.4 Capital contable respecto a los pasivos totales (a menor valor mayor solvencia de la empresa)

Este índice expresa el número de veces que es requerido el capital contable para cubrir los pasivos de las organizaciones. Como se puede apreciar en el cuadro 4.5, en el mercado de seguros total el pasivo supera en más de seis veces al capital; un nivel superior se identifica en las AGF y en dos de las empresas integrantes, mientras que en las empresas independientes el capital se encuentra ubicado más cercanamente a los pasivos con niveles bastante menores a los del mercado, por lo que se encuentran mejor capitalizadas, especialmente las AMP: las empresas con mejor estructura en su capital son, en general, las pequeñas y medianas: los pasivos contienen 3.4 veces al capital, mientras que en las AGI los pasivos son más elevados, se sitúan 10.5 veces por arriba del capital y en las AGF el nivel es de 6.2 veces por arriba, en el mercado el nivel es de 6.6.

4.6 Contribución de la corporación aseguradora en la *alineación* de los desajustes entre las selecciones técnicas y financieras de los conglomerados

La integración de grupos financieros y la incorporación de la aseguradora en él tiene como una de sus razones esenciales cumplir con la necesidad de *ajustar las selecciones técnicas* — de la estructura productiva y operativa, sistemas, procedimientos y objetivos corporativos de todas las áreas y de todas las empresas integrantes del conglomerado — con las *selecciones financieras* — presupuesto, tesorería, integración de portafolios, administración de riesgos — dado el aumento de la composición orgánica de capital corporativa [Delilez, 1970: 140].

El capital financiero, además de centralizar capitales de diversa dimensión y efectuar el financiamiento con elevada rentabilidad, también busca asegurar y ajustar la combinación entre las selecciones técnicas y las financieras del gran conglomerado; esa función depende del nivel de desarrollo de los grupos: la esencia del capital financiero está constituida por la relación estrecha, pero contradictoria, entre el capital en su función productiva y el capital monetario. Los grupos financieros que dominan la economía se presentan como un tejido de interrelaciones que permite efectuar la acumulación mediante las redes de flujo y reflujo en puntos estratégicos, en un entorno de lucha entre los grandes capitales para ampliar su influencia.

Según esto, la integración conglomerada buscará la equilibrada combinación entre las técnicas utilizadas para la producción y los recursos financieros necesarios para emplearlas y acrecentarlas, en un contexto de suficiencia del flujo de efectivo óptimo. Esta compleja tarea se complica conforme el tamaño del conglomerado crece y más empresas (subsidiarias y filiales) se encuentren bajo su control.

Para lograr los mayores niveles de rentabilidad, y con el fin de colocarse en los puntos estratégicos de control en el mercado donde opera el conglomerado, una de las tareas centrales del grupo financiero es cumplir con sus objetivos estratégicos a fin de alinear la estructura total, integral, de las empresas integrantes para el cumplimiento de sus propósitos.

Cada empresa del grupo tendrá un papel específico en ese proceso de ajuste y dirección (alineación) y las aseguradoras serán importantes porque sus recursos humanos y financieros, así como la estructura de producción que utilizan — sistemas, procedimientos, asignación de recursos y canalización de capital — deben ser congruentes y cumplir la tarea encomendada por el conglomerado.

Sin embargo, la administración de recursos humanos, de capital y financieros es tan compleja que en la medida en que se amplía el ámbito de influencia del grupo — vende más y es mayor su espacio de control y participación — también va requiriendo efectuar más erogaciones para la supervisión y la evaluación de las empresas, ya que tienden a *desalinearse* de los objetivos corporativos, lo que da como resultado la falta de capacidad de control y las consiguientes pérdidas económicas y financieras.

A pesar de que no contamos con información de cada aseguradora sobre la manera como se ejecutan las medidas de coordinación y alineación corporativa en el conglomerado financiero para lograr la máxima rentabilidad, sabemos, y es evidente pensarlo así, que las empresas de seguros llevan a cabo acciones dirigidas a ajustar técnica y financieramente sus espacios, y los conglomerados hacen lo propio para cada una de sus empresas, por lo que nos parece importante poner atención a este fenómeno a fin de profundizar en su análisis en un trabajo posterior.

Desde nuestra perspectiva, uno de los aspectos centrales en la integración de los grupos financieros es lograr el ajuste técnico-financiero de las empresas del conglomerado para el máximo logro de las ganancias. Este aspecto es esencial.

En México los grupos financieros cuentan con una empresa controladora que tiene entre sus objetivos estratégicos la consolidación de las sinergias que lleven al mejor aprovechamiento de las técnicas utilizadas, tanto en el nivel de cada empresa como del grupo en su conjunto, para cumplir sus objetivos, metas, programas, proyectos y las funciones especializadas para su cometido.

Lo anterior implica buscar el óptimo aprovechamiento de la productividad y del nivel de escala.

Conclusión

De lo señalado hasta aquí podemos concluir que los grupos financieros se apropian de, y controlan, una institución aseguradora para cumplir un conjunto integral de propósitos: incrementar su valor (de los activos, capital y de las acciones), allegarse recursos financieros en mayores volúmenes y a menor costo, extender su esfera de dominio (su participación en el mercado y su poder de influencia en otros sectores), maximizar y dar estabilidad a las utilidades del conglomerado (las utilidades de las empresas integradas), disminuir su riesgo (su nivel de solvencia), y contribuir en la alineación de los desajustes entre las selecciones técnicas y financieras que los conglomerados ejecutan.

Las empresas independientes medianas y pequeñas son más solventes (en las relaciones pasivos/activos, siniestralidad y capital/pasivos) que las empresas grandes o integradas a los grupos financieros porque probablemente las autoridades en materia de supervisión exigen a éstas un manejo más rígido de sus recursos que en las AGF y AGI. La estructura financiera de las grandes corporaciones posiblemente se encuentra menos presionada, lo cual las ubica en una situación de riesgo ante algún desastre natural o financiero, y dado su dominio oligopólico ya que pueden tener repercusiones desfavorables en el sector asegurador, con graves consecuencias para todos los agentes económicos involucrados en el sistema de relaciones corporativas del sector asegurador.

Hemos visto que con volúmenes reducidos de capital y bajas reservas de capital constituidas, se obtiene un mayor control de la propiedad y, por ende, de las utilidades que es la razón de ser esencial de la integración de los conglomerados. La transferencia de recursos (reservas técnicas y de capital) entre las empresas del grupo es un factor importante que debe ser regulado para evitar la exposición al riesgo de las empresas integradas y no integradas al grupo financiero.

CAPÍTULO QUINTO

CONCLUSIONES

CONCLUSIONES

I. Pudimos comprobar nuestra hipótesis según la cual, *el sector asegurador y las corporaciones aseguradoras que lo integran experimentaron cambios significativos en su dinámica y fueron objeto de una profunda reestructuración económica y financiera, en un contexto de crisis de larga duración, como resultado de la competencia empresarial, nacional e internacional, por mantener o acrecentar sus niveles de utilidad y rentabilidad, en un mercado asegurador que representa ganancias, potenciales y reales. Las aseguradoras de los grupos financieros AGF han sido las ganadoras del proceso porque poseen los máximos niveles de utilidad y rentabilidad.*

El logro de la utilidad y, por ende, de la rentabilidad es el objetivo que define la dinámica y reestructuración del sector asegurador, así como el comportamiento de los conglomerados financieros y las empresas grandes ambos con expresiones oligopólicas, en una etapa de crisis que las ha llevado a asumir un perfil financiero más que a su expansión en capital o en instalaciones (activos no financieros). También, constatamos que los grupos financieros se apropian y controlan una institución aseguradora para cumplir un conjunto integral de propósitos: incrementar su valor (de los activos, capital y de las acciones), allegarse de recursos financieros en mayores volúmenes y a menor costo, extender su esfera de dominio (su participación en el mercado y su poder de influencia en otros sectores), maximizar y dar estabilidad a las utilidades del conglomerado (las utilidades de las empresas integradas), disminuir su riesgo (su nivel de solvencia) y contribuir en la alineación de los desajustes entre las selecciones técnicas y financieras que los conglomerados ejecutan.

II. El estudio teórico y empírico, macro y microeconómico, que hemos presentado, nos permite concluir que en el período 1980 y 2000 el bajo nivel de crecimiento del PIB aparentemente no repercutió seriamente el crecimiento del sector asegurador ya que su producto aumentó 6% promedio anual. El impulso del producto asegurador y de sus utilidades parece originarse de la importancia del seguro en la reproducción del capital, la difusión de la cultura del riesgo en la sociedad (en el contexto de una profunda crisis económica) y el reposicionamiento de las corporaciones de seguros como intermediarias financieras.

El desenvolvimiento del sector asegurador se da en torno a un proceso de profunda crisis estructural de larga duración, que antecede y se desarrolla en los años ochenta hasta nuestros días. En este entorno se configura una nueva estructura del sector asegurador y parece obedecer al carácter del proceso de acumulación de capital en su etapa depresiva al conducir a la concentración y centralización, *el trabajo de crisis*, reflejados en actos de fusiones y adquisiciones (FyA), elevada competencia por la apertura del mercado y a la elección de estrategias corporativas que consolidan el carácter oligopólico y la estructura conglomerada empresarial.

La fase depresiva ha llevado a las corporaciones aseguradoras a enfocarse en el espacio financiero en su búsqueda de la rentabilidad más que en la operación sustantiva en el mercado de seguros, aunque sin descuidar este proceso. La crisis económica y la desregulación de los mercados financieros condujeron a las empresas a asumir un perfil fundamentalmente financiero, aunque basado en la producción de seguros, apoyado en las estrategias del gobierno corporativo con énfasis en el espacio financiero.

La manera como se han comportado los resultados operativos (utilidad o pérdida operativa) nos permitió identificar que, durante todo el período en estudio no hubo negocio de aseguramiento; sin embargo, esta posición puede ser engañosa porque las aseguradoras incrementaron significativamente sus reservas técnicas lo que disminuye sus utilidades operativas, a cambio de incrementar sus utilidades netas provenientes de los productos financieros generados en los mercados de capitales, con esto el objetivo es tener mayores volúmenes de recursos líquidos para la inversión de corto plazo y aplicarlos en los distintos instrumentos de este tipo apoyados en la definición de una estrategia corporativa enfocada a lo financiero. Pero esta situación también se debe a que la contracción de la economía afectó las distintas actividades económicas y el nivel de ingresos diminuyendo el ritmo de crecimiento del consumo de los seguros.

La rentabilidad determinada mediante la relación entre las utilidades netas y las ventas, o entre las utilidades netas y el capital contable (el patrimonio de la empresa) ha mantenido niveles elevados aunque ha disminuido en los últimos años. Para elevar la rentabilidad del capital, muchas aseguradoras han bajado el ritmo de crecimiento de su capital, *descapitalizando* a la empresa hasta un punto que no estropee la estructura administrativa y se logre su óptimo aprovechamiento.

A pesar de la reducida participación de México en el mercado mundial de seguros (en 2005 participa apenas con 0.37% que lo sitúa en el lugar 66 mundial) y de su baja penetración en la economía nacional (poco menos de 2% en el PIB) las corporaciones de seguros desempeñan un papel destacado como intermediarias financieras (deudoras y acreedoras) y su lugar en los mercados financieros es considerable.

Las corporaciones aseguradoras han sido objeto de profundas transformaciones que se reflejan en la estructura del sector asegurador y en los cambios de propiedad de las aseguradoras, de nacional a extranjera, debido a la apertura económica, la elevada competencia, los altos márgenes potenciales y reales de utilidad que ofrece el sector al capital extranjero, las tendencias a la internacionalización, las políticas gubernamentales y la gestión empresarial aplicada en el sector.

En 1980 había 37 aseguradoras, para 2005 el número asciende a 86 aseguradoras (49 adicionales). En 1994 se presenta la primera aseguradora extranjera; en 2005 el capital extranjero es propietario de 46 empresas y su control asciende a 53% del total de empresas. Además, nueve empresas son de capital mixto, con lo que en 55 de ellas hay presencia extranjera y significa 64% del total de las 86. El dominio del capital estadounidense en el sector asegurador y, sobre todo, en el sistema financiero reproduce las tendencias hegemónicas internacionales. Otro aspecto medular para las transformaciones de estos años es la presencia de grupos financieros (AGF) cuyo desarrollo económico y financiero constituyó uno de los aspectos esenciales del objeto de estudio de la presente investigación: mientras en 1980 se registraron cuatro aseguradoras propiedad de grupos financieros;

en 1991 fueron cinco y todas nacionales; para 1995 se tienen 14 aseguradoras integradas, una extranjera y 13 nacionales; para 2005, el número de empresas integradas es de 15 aseguradoras, ahora las extranjeras son siete, contra seis nacionales, es decir, hay un comportamiento inverso entre la propiedad nacional y la extranjera en las aseguradoras integradas. La presencia de los grupos financieros creció en el mercado de seguros, para constituirse en agente económico clave en esta etapa de desenvolvimiento del sistema económico y financiero en escala internacional y nacional.

En el desarrollo de las aseguradoras, el proceso de apertura, desregulación y privatización del sector asegurador tuvo cuatro efectos determinantes: a] aceleró la competencia, lo que disminuyó el valor de las empresas; b] aumentó los procesos de fusiones y adquisiciones difíciles y, con ambos aspectos, c] se facilitó la aplicación del proyecto privatizador con el retiro del Estado tanto en la regulación del sector como en su intervención directa, mediante las empresas paraestatales, para ceder la dirección al capital privado; y d] promueven el dominio del capital extranjero — ante las excelentes oportunidades que se le presentan — y conducen al desarrollo de la estructura conglomerada y el dominio del mercado de seguros por los grupos financieros. De 2000 a 2005, el proceso de reproducción económica manifestó bajos niveles de crecimiento y de inversión, inestabilidad, caída de la demanda y apertura económica.

Más que una disputa entre el esquema financiero de mercado y el financiero bancario lo que se observa es que las instituciones aseguradoras aprovechan todos los instrumentos y medios que presenta el sistema financiero en su conjunto para acrecentar la rentabilidad: si la etapa de crisis les otorga la oportunidad de incursionar en los mercados de capitales la aprovechan, como también las AGF utilizan todo el poder económico y financiero del conglomerado con soporte en el banco para posicionarse en los mercados asegurador y financieros.

El papel de las aseguradoras como intermediarias financieras se ha fortalecido. Como deudoras de los asegurados y de los bancos y como acreedores de las corporaciones y del gobierno federal por su posesión de títulos y bonos. Por un lado, el papel de la institución crediticia es importante tanto en las aseguradoras de grupos financieros (AGF) como en las empresas independientes, especialmente en las pequeñas (AMP) puesto que parecen ser su única fuente de recursos externos. Por otro lado, en el mercado de capitales, las corporaciones aseguradoras han consolidado su nivel de inversionistas: su función de vendedoras de protección en el largo plazo, se complementa con la de arrendadoras de corto plazo y se adaptan a las condiciones del mercado financiero emitiendo acciones, adquiriendo bonos y en ocasiones, prestando recursos como institución bancaria, para capitalizar a los propios bancos cuando son integrantes de grupos financieros. En eventos catastróficos significativos, las aseguradoras se han convertido en *prestamistas de último recurso*, como lo evidencia el suceso del 11 de septiembre de 2001 en Nueva York.

A principios de los noventa, la estrategia gubernamental se dirigió a reposicionar a los grupos empresariales nacionales más importantes; pero a raíz de la crisis financiera de los 1994-1995 la estrategia se enfocó a la apertura y el fomento del capital extranjero para dominar el sector asegurador. Las empresas extranjeras, fundamentalmente estadounidenses, presionaron al gobierno mexicano para la consolidación de los mercados de capitales con varios propósitos: facilitar su entrada a éstos, apoyar las transferencias electrónicas de los recursos, acceder a la especulación y, probablemente, financiar las adquisiciones a través de la BMV.

La política gubernamental ejecutada tuvo diversos efectos y destaca su papel en la inversión, en las tasas de interés y en el tipo de cambio. La disminución *de los ritmos de inversión* pública y privada en el nivel nacional se refleja en el sector asegurador con los menores ritmos de crecimiento de la inversión corporativa y la contracción total e incluso el retiro de la inversión pública en las actividades de aseguramiento. En relación con la *fijación de tasas de interés elevadas*, se estimuló la inversión externa en pesos (la inversión en los mercados de capitales) y propició que la inversión de largo plazo no fuera tan rentable, porque las tasas de ganancia y rentabilidad no alcanzan a cubrir los niveles de interés en los mercados financieros y así el inversionista pierde estímulos para desembolsar su capital de largo plazo en el negocio de los seguros. En 1998, 1999, 2001 y 2005 las tasas de interés se encuentran por arriba de la rentabilidad del sector asegurador. En el resto del período la rentabilidad se encuentra por arriba, pero la diferencia entre ambas variables cada vez es más pequeña conforme avanzan los años. Las elevadas tasas de interés no sólo restringen la inversión productiva, también estimulan la inversión especulativa nacional o internacional y perpetúan la crisis de acumulación económica. Por último, el tipo de cambio sobrevaluado implicó detener las actividades de exportación lo que frenó las ventas de seguros en las empresas, mientras fomentó la importación: la producción se trasladó al exterior y los recursos financieros de aseguramiento parecen haber seguido el mismo rumbo.

El retiro del Estado de la actividad de aseguramiento significó el control del capital privado transnacional y oligopólico del mercado de seguros. Con esta postura el gobierno federal *invalida el proceso de crecimiento económico sostenido en el largo plazo*, enfatiza la apertura de la economía y refuerza la integración y la dependencia de la economía nacional a la internacional, especialmente de la estadounidense en torno a un *dominio corporativo excluyente* que se apodera, con avidez, de la máxima rentabilidad.

Internacionalmente destaca el dominio de Estados Unidos que tiene el papel hegemónico en el sistema financiero, lo que se refleja en el mercado mundial de seguros y en las transnacionales de aseguramiento que operan en el país. También su presencia le imprime un toque importante en la definición del sistema financiero operante en México: el papel destacado del banco como el eje de los grupos financieros y como el prestamista tradicional de las corporaciones; combinado con el creciente papel de los mercados financieros como mecanismo de acumulación financiera.

Las medidas de carácter *neoliberal* han sido promovidas por el FMI y el BM que implican la apertura, desregulación y privatización de empresas en un contexto de apertura del comercio y de la cuenta de capitales que conducen a la libre entrada de la inversión extranjera con la anuencia de la clase política operante. En escala internacional, maniobran diversos fenómenos que afectan a la economía del país: la desregulación financiera aplicada en gran cantidad de países emergentes, con efectos sociales sin precedente, implica problemas para la colocación de todo tipo de productos tanto en las economías ricas como en las pobres; el reposicionamiento de la inversión de cartera que, con frecuencia, desestabiliza la economía; y las crisis financieras, bancarias y monetarias constituyen elementos recurrentes en los últimos años y se han traducido, entre otras cosas, en rescates bancarios con los consiguientes costos financieros, sociales y políticos. Los acuerdos del TLCAN y otras reformas financieras en materia de aseguramiento han sido aplicados al pie de la letra cuando menos en dos aspectos: 1. Se han cumplido los porcentajes de participación del capital extranjero respecto al capital total del sector; 2. Se atendió el retiro de la participación estatal no sólo en el mercado asegurador sino que legó su capacidad de organización, coordinación y dirección económica a las corporaciones de seguros, fundamentalmente en áreas exclusivas como en los seguros de pensiones y salud, anteriormente espacios exclusivos del Estado donde la participación de capital externo y privado se encontraba excluido.

Todos los factores, tendencias y elementos analizados tuvieron su papel en las profundas transformaciones del sector asegurador y repercuten de manera diferenciada en cada una de las empresas de seguros AGF, AGI y AMP. Los agentes económicos ganadores de estas profundas transformaciones del sector asegurador parecen ser las aseguradoras integradas a los grupos financieros y las aseguradoras independientes con carácter oligopólico, de origen nacional o transnacional. Particularmente *las aseguradoras integradas a los grupos financieros (AGF) han sido las más beneficiadas porque poseen los máximos niveles de rentabilidad.*

III. En cuanto a la investigación de las diferencias económicas y financieras de los distintos tipos de aseguradoras que operan en el sector asegurador podemos concluir que

Las corporaciones aseguradoras no realizan inversiones cuyo rendimiento sea menor a la tasa de interés. Mientras más alta sea la tasa de interés, menos inversiones se llevan a cabo, y mientras más baja más inversiones se realizan.

Ha sido cuestionada la supuesta *racionalidad del mercado de capitales* porque se han identificado anomalías asociadas con ganancias excesivas del mercado como resultado del tamaño de la empresa; excesos de volatilidad; los *cracks* bursátiles, y sobre-reacciones del mercado.

El mercado de capitales en el país no se ha consolidado como un mecanismo importante para el financiamiento empresarial, pues aún es pequeño e *ineficiente*, y se caracteriza por su gran volatilidad. Su importancia para los inversionistas internacionales obedece a los altos rendimientos que ofrecen.

El mercado de capitales mexicano, las empresas más grandes independientes AGI y las integradas a grupos financieros AGF logran las mayores utilidades y tienen los mayores rendimientos por las siguientes razones: hasta la crisis de 1994-1995 no existía una separación entre la propiedad y el control de las empresas, como la existente en los Estados Unidos; el propietario-administrador se ofrecía elevados rendimientos por el elevado riesgo en que incurría; el control y propiedad de varias empresas permitía la *dispersión del riesgo*; la intervención del Estado y sus políticas promovía la generación de rentas adicionales para las empresas grandes, aunque conduce al *riesgo político*; no existe un mercado de capitales desarrollado, se encuentra concentrado en pocas firmas que manipulan los precios de las acciones; ante la gran incertidumbre, los grandes capitalistas locales *exportan su capital* en cada ocasión que prevén una situación de inestabilidad o la generan; la estrechez del mercado de capitales aumenta la importancia de la obtención de elevados dividendos y la retención de utilidades como un recurso de inversión real o especulativa - el asegurador debe garantizar altos niveles de utilidades para cubrir el pago de altos dividendos; y los préstamos se distribuyen entre las pequeñas firmas del grupo, entre otros aspectos. En los años recientes, con la mayor presencia del capital extranjero, y principalmente norteamericano, el cambio más importante parece observarse en la separación entre la propiedad y el control asociada con el impulso dado a la emisión de acciones y de bonos de las corporaciones aseguradoras a partir de 2003.

En el funcionamiento de las corporaciones de seguros hay claras evidencias del redimensionamiento del gobierno corporativo anglosajón: casi la mitad de las empresas aseguradoras operantes en el mercado fueron objeto de fusiones y adquisiciones; se ejecutaron proceso de reingeniería de procesos, disminución de costos operativos y se llevó a cabo la disminución del crecimiento del capital corporativo para elevar la rentabilidad de las empresas. La *descapitalización* es un fenómeno recurrente en gran número de corporaciones de seguros, lo cual es reflejo de la caída de los márgenes de ganancia: los capitalistas del sector asegurador no han reinvertido sus utilidades. En toda esta estrategia, el salario se ha convertido en la variable residual. Todos estos aspectos se sintetizan en la dirección corporativa enfocada prioritariamente hacia los mercados financieros, lo que fortaleció su importancia institucional en la intermediación y en la concentración del excedente económico.

No se tienen claras evidencias de que las fusiones y adquisiciones hayan aumentado el valor accionario de las corporaciones sujetas a estos procesos; aunque se observa que las corporaciones aseguradoras aumentaron su valor medido mediante las principales variables financieras. La mayoría de las operaciones de fusión o adquisición se llevaron a cabo en la década de los noventa, aunque algunas operaciones muy importantes se efectuaron en la presente década.

Consideramos que la teoría de la inversión y las expectativas tiene consistencia teórica y empírica; sin embargo, en el caso de las corporaciones aseguradoras en México es importante tener presentes tres cuestiones: a] las corporaciones aseguradoras no estuvieron autorizadas a emitir acciones o títulos de deuda sino hasta 2003, cuando las autoridades reformaron las disposiciones para el tratamiento del capital social de las instituciones; antes de esa fecha sólo algunas aseguradoras registraron operaciones accionarias en los mercados; b] únicamente las grandes empresas oligopólicas tienen fácil acceso al mercado accionario y al crédito, las aseguradoras pequeñas y medianas no lo tienen — los dos factores impactan negativamente la rentabilidad de las acciones y la rentabilidad corporativa general de las empresas medianas y pequeñas en el país, y c] a los títulos de deuda gubernamental y privados donde se invierten las reservas se les aplica la misma tasa — por ejemplo la tasa de Cetes a 28 días ha oscilado entre el 6 y el 7% anual — lo que beneficia a las grandes empresas porque poseen más recursos financieros. Todo ello explica porque las *corporaciones oligopólicas tienen mayores niveles de rentabilidad*, como lo evidencian algunos estudiosos de la teoría del banco principal en el grupo financiero y el estudio empírico cuyos resultados fueron presentados.

El empleo de técnicas intensivas en capital es determinante para la composición oligopólica de las empresas. Debido al carácter *sui generis* de las aseguradoras grandes o integradas que emplean técnicas más intensivas que las medianas y pequeñas empresas, aquellas tienen la posibilidades de fortalecer su posición monopólica tanto por el mayor precio de sus productos de aseguramiento que puede ser más alto que la competencia, como por los rendimientos obtenidos por las inversiones financieras, que generalmente crecen más rápido que la inflación. Como esas técnicas enfatizan el uso del factor capital, las AGI y las AGF son *ineficientes económicamente* — porque no fomentan el uso de mano de obra y el empleo — aunque son *eficientes financieramente*. El empleo de técnicas intensivas en capital depende de los niveles de inversión, las expectativas de utilidades y la estructura de financiamiento y tienen efectos directos en los costos, los niveles de productividad, la capacidad de competencia, la oferta de productos y los canales de distribución, lo que incide en los márgenes de rentabilidad y en las diferencias económicas y financieras de cada tipo de empresa operante.

Podemos observar que las AGF son empresas que por su funcionamiento y ventajas que les ofrece el conglomerado aprovechan probablemente mejor que las aseguradoras independientes los mercados financieros tal y como parecen mostrarlo tres elementos: el bajo crecimiento de su producto, su reducido nivel de capitalización y su elevada *financiarización* — sus activos totales están constituidos esencialmente por inversiones financieras de corto plazo —; mientras que las AGI y las AMP tienen mayor participación en inversiones de largo plazo parecen dirigirse más a la promoción y venta de seguros. La crisis parece no haber afectado negativamente a las AGF sino, por el contrario, haberlas beneficiado, porque su posición en los mercados financieros les otorga la capacidad de desdoblar el capital y moverlo sin problemas para invertirlo y retirarlo con menor riesgo que como lo hacen las AGI y las AMP que tienen mayores niveles de inversión de largo plazo. El control de la propiedad de las empresas aseguradoras por el grupo financiero parece darse, aparentemente, con la intención de posicionarse en condiciones de menor riesgo al invertir menos capital en el largo plazo — en instalaciones y en creación de aseguradoras nuevas, salvo el caso en que su establecimiento represente enormes utilidades como en los seguros de pensiones.

El análisis teórico y empírico efectuado en esta investigación lleva a comprobar que las corporaciones ganadoras de este proceso de transformación en su etapa de crisis, apertura y desregulación económica fueron las empresas integradas a los grupos financieros (AGF) y en menor medida las aseguradoras grandes independientes (AGI).

Las aseguradoras de grupos financieros (AGF) han logrado los mayores márgenes de rentabilidad (utilidades netas e ingresos por las primas vendidas) en el conjunto del sector asegurador debido a que emplean una compleja estrategia económica y financiera que las lleva a ocupar una importante posición en el perfil de acumulación financiera, dado su papel en la intermediación y en las formas y mecanismos de extracción del excedente económico. Para consolidar este papel, las AGF hacen uso de un intrincado conjunto de elementos que logran combinar para cumplir su propósito: aplican la estrategia administrativa del gobierno corporativo que pone el énfasis en el espacio financiero, emplean técnicas intensivas en capital, son más productivas, acceden a mayores fuentes de financiamiento, cuentan con una amplia oferta de productos y con sistemas de distribución integrales, concentran los más elevados volúmenes de inversiones financieras y tienen bajos niveles de capital y logran las mayores ganancias financieras.

Las AGF pagan elevados márgenes de siniestralidad porque su estructura financiera les permite ofrecer productos con mejores sumas aseguradas (coberturas) a los clientes, al otorgarles un sistema de aseguramiento integral — seguros de vida, de accidentes, de gastos médicos, de auto, y seguros de daños para las empresas — lo cual se refleja en las elevadas sumas aseguradas, generalmente mayores que en el mercado para productos similares.

Las AGF logran compensar la elevada siniestralidad con bajos costos operativos. Al igual que las empresas oligopólicas independientes, las AGF tienen bajos costos de operación y sus márgenes de ingresos con respecto a los costos totales también son más elevados que en las empresas pequeñas y medianas porque hacen uso de técnicas muy intensivas. Son empresas apalancadas debido a que sus pasivos están constituidos esencialmente por reservas técnicas para pagar los seguros, aunque no hay claras evidencias de que eroguen bajos costos por el financiamiento. El peso de su capital contable respecto de sus pasivos es menor que en las AGI, lo que significa que su carga de compromisos es reducida. Todos esos factores se complementan con los altos márgenes financieros procedentes de la excelente administración financiera de sus recursos, además de los apoyos de las instituciones financieras del grupo, los cuales inciden en el logro de los mayores montos de utilidad y permiten que la rentabilidad lograda sea la más grande del mercado.

Todo ello hace posible que las AGF *incrementen el valor del conglomerado, le den acceso a mayores recursos, le garanticen utilidades, disminuyan su riesgo y contribuyan en la alineación de los desajustes técnicos y financieros del consorcio financiero*.

Con todo, las AGF son las empresas que contrataron el mayor número de personas (en 1994 y 2001) y también concentran el mayor número de agentes de ventas. No obstante sus gastos de adquisición (relación de gastos de adquisición por empleado) son los más bajos. Tienen la mayor participación en las utilidades: en 1994 fueron 47% y en 2005 concentraron 52%; el crecimiento de sus productos financieros es el más dinámico del mercado; tienen la más elevada rentabilidad (utilidad neta/prima emitida), y son las AGF las empresas más eficientes financieramente. Para 2005, el rendimiento de sus inversiones es el mayor. La caída en el ritmo de crecimiento de su capital contable ha sido el más elevado, aunque en los últimos años los conglomerados financieros han comprado y creado empresas en el sector, probablemente por ello tienen la mayor participación de los empleados en el capital.

Una proporción muy importante de las utilidades generadas por el grupo financiero con aseguradora integrada se logra por las relaciones efectuadas entre las empresas integrantes del conglomerado (los mercados internos). Los elevados niveles de utilidad y rentabilidad de los grupos financieros, a diferencia de los niveles que reflejan las aseguradoras independientes, pueden explicarse en gran medida por las grandes relaciones económicas y financieras que el conglomerado desarrolla y potencia entre las diversas empresas que maneja. Los mercados internos acrecientan las utilidades y la rentabilidad de las AGF y del grupo financiero, porque se logran abatir costos, negociar con proveedores, simplificar sistemas, acceder a crédito más barato, compartir equipos y personal y todo el conjunto de sinergias administrativas y financieras derivadas de la compleja red establecida entre las empresas, que incluye clientes, administración de riesgos y mercadeo, entre otros importantes aspectos. Con volúmenes reducidos de capital y bajas reservas patrimoniales constituidas, las AGF obtienen el control de la propiedad y, por ende, de los resultados financieros. La transferencia de recursos (reservas y capital) entre las empresas del grupo es un factor importante que debe ser regulado para evitar la exposición al riesgo de las empresas integradas y no integradas al grupo financiero.

Hemos visto que los grupos financieros con volúmenes reducidos de capital y bajas reservas de capital constituidas obtienen un mayor control de la propiedad y, por ende, de las utilidades que es la razón esencial de ser de la integración de los conglomerados. La transferencia de recursos (reservas y capital) entre las empresas del grupo es un factor importante que debe ser regulado para evitar la exposición al riesgo de las empresas integradas y no integradas al grupo financiero.

Por su parte, las AGI han registrado el mayor crecimiento de las utilidades (el mayor volumen y la mayor participación de éstas le corresponde a las AGF); tienen los menores márgenes de adquisición (gastos de venta); poseen la mayor participación de la utilidad operativa en las utilidades netas; el crecimiento de sus utilidades netas ha sido el más dinámico; son las empresas más productivas porque sus escalas son las más grandes lo que determina su carácter oligopólico; tanto sus empleados como sus vendedores son los más productivos; poseen la mayor rentabilidad de su capital y son las más estables (en la relación capital contable/activos y capital contable/pasivos).

Las empresas grandes independientes (AGI) u oligopólicas independientes parecen buscar la expansión en el mercado de seguros, porque son expertas en ese negocio y lo han llevado a cabo durante décadas — independientemente de que fueron vendidas al capital extranjero o fusionadas con otras empresas — y logran ganancias productivas aunque buscan aprovechar las ventajas que les otorgan los mercados financieros ante la elevada competencia y el bajo ritmo de crecimiento del producto asegurador. Con base en el poder oligopólico que detentan, las AGI compiten con las AGF por el control y la dirección del mercado asegurador, como cualquier otro mercado las grandes independientes compiten con las empresas del conglomerado, aunque también son susceptibles a las caídas del proceso de acumulación.

Las aseguradoras más grandes (AGI), las oligopólicas independientes, han profundizado la aplicación de estrategias administrativas específicas para aumentar su productividad y utilidades. Al igual que las AGF, aquellas empresas se apoyan en el empleo de técnicas intensivas en capital, son muy productivas, tienen bajos niveles de costos de adquisición, acceden a mayores fuentes de financiamiento, cuentan con una amplia oferta de productos y con sistemas de distribución integrales, lo que incide para que en períodos de depresión y crisis económica su nivel de ingresos y utilidades disminuya menos que en el resto de las empresas.

Los costos de siniestralidad de las AGI son mayores que los de las AMP porque tienen una colectividad asegurada (clientes) mas grande, lo que requiere contar con una enorme fuerza de ventas para colocar todo tipo de productos. Sus costos de operación y su margen de ingresos, con respecto a sus costos totales, es menor, debido a que son empresas muy grandes cuyos costos por unidad son reducidos al emplear técnicas intensivas en capital; sin embargo, su nivel de apalancamiento es elevado, lo que se refleja en su estructura financiera (pasivo/capital) que es la menor del mercado. Todo ello ha significado que su rentabilidad sea más alta que en las AMP pero menor que en las AGF en estos años de crisis. Un aspecto que no debe soslayarse se refiere a que como son empresas establecidas desde hace muchos años, cuentan con reconocida marca en sus productos; nichos de mercado, casi cautivos consolidados a lo largo de los años; poder de mercado por su carácter oligopólico, lo que implicó que en los últimos años, a pesar de la apertura económica, parece haberlas afectado porque el ritmo de crecimiento de sus utilidades ha sido el menor del mercado.

Finalmente, las empresas medianas y pequeñas (AMP) son las menos beneficiadas del proceso de crisis, apertura y desregulación ejecutada por el Estado: son las corporaciones más vulnerables a los problemas de la economía y de los mercados financieros y dependen para su funcionamiento sustantivo tanto de la venta especializada de seguros, como del accionar de los dos grupos de empresas anteriores y de los apoyos gubernamentales. Las empresas medianas y pequeñas especializadas, sólo pudieron sobrevivir porque sus nichos de mercado no fueron alcanzados por la crisis o por el poder oligopólico, aunque se tienen evidencias de que varias desaparecieron. Cuando la AMP es filial de alguna AT su desempeño es más favorable porque cuenta con todo el apoyo financiero y administrativo de la gran corporación.

Las AMP son las empresas *más eficientes económicamente* porque contratan a más personal por unidad productiva que las otras, aunque son las *menos eficientes financieramente*; pagan la menor siniestralidad por su carácter especializado; erogan los menores costos operativos por empleado a pesar de que sus escalas productivas son menos intensivas en capital que las AGI y las AGF; sus productos financieros participan en la determinación de las utilidades netas en mayores montos que en las otras empresas, aunque sus utilidades operativas son las menores lo que les ocasiona problemas para lograr resultados financieros; también son las empresas más solventes (relación pasivos/activos).

Los costos de adquisición de las AMP son bajos y no emplean una fuerza de ventas considerable porque únicamente ofrecen productos especializados, generalmente promovidos mediante el mercadeo y anuncios en los medios de comunicación. A pesar de que sus productos son especializados, sus costos operativos son elevados porque su escala de producción es baja; emplean técnicas menos intensivas en capital con respecto a las empresas grandes o las integradas a grupos financieros; tiene bajos niveles de apalancamiento porque es muy costoso para ellas, y por ello su estructura de pasivos a capital es mayor. Todo ello repercute para que logren los menores márgenes de rentabilidad del mercado asegurador.

Las empresas medianas y pequeñas (AMP) fueron las afectadas por la apertura económica, lo que desencadenó en ellas procesos de fusiones y adquisiciones importantes con empresas nacionales, su venta al capital extranjero o su desaparición. Las AMP se enfrentan a una encrucijada: ni tienen acceso al mercado de capitales, ni los créditos bancarios les permiten cubrir su flujo de efectivo y su crecimiento en el largo plazo, lo que las ubica, a varias de ellas, en una situación de elevada fragilidad financiera.

Las empresas independientes, medianas y pequeñas, son menos solventes que las grandes o integradas a los grupos financieros porque probablemente las autoridades en materia de supervisión exigen a éstas un manejo más rígido de sus recursos, que a las empresas grandes e integradas. La estructura financiera de las grandes corporaciones posiblemente debería encontrarse más vigilada ante la ocurrencia de algún desastre natural o financiero, y dado su dominio oligopólico, ya que pueden tener repercusiones desfavorables en el sector asegurador con graves consecuencias para todos los agentes económicos involucrados en el sistema de relaciones corporativas del sector asegurador.

La productividad del personal ha aumentado en el sector en su conjunto y es mayor en las AGF y en las AGI que en las AMP, medido por la relación del producto asegurador, activos y capital por personal empleado. Las causas se encuentran en las técnicas empleadas, en la disminución del empleo del personal y en la descapitalización del sector que tiende a elevar los niveles de rentabilidad; más que en el incremento del producto asegurador.

Por otro lado, los seguros de daños fueron los que mayor participación han tenido en el volumen de ventas del sector asegurador. Asimismo, esos seguros son la fuente principal de utilidades. Esta situación es típica de países como México donde se asegura el bien antes que la persona; mientras que en países desarrollados los seguros de vida son la principal fuente de utilidades. Sin embargo, los seguros de vida tienen una tendencia creciente lo mismo que los seguros de pensiones.

Con respecto a los esquemas de comercialización podemos destacar que las AGF y las AGI que conforman el sector oligopólico hacen hincapié en los seguros de personas (aunque empíricamente cubren a los negocios corporativos también), ofrecen diversos tipos de productos de por vida y son eficientes para administrarlos por su plataforma informática, administrativa y de comercialización; mientras que las aseguradoras pequeñas se enfocan en la especialización (por ejemplo, los seguros de autos) y son menos eficientes administrativa y comercialmente.

IV. La estrategia estatal por la conducción económica y el desarrollo debe ser recuperada. El dominio del capital extranjero en el sector asegurador requiere ser modificado. Ello implica ejecutar un viraje en la política económica que dé prioridad a un proyecto nacional que permita el desarrollo económico de largo plazo y utilice las herramientas fiscales y monetarias para fomentar la inversión productiva y debilite el carácter especulativo de los mercados financieros.

Esa estrategia debe dirigirse a hacer más eficientes económicamente a las empresas apoyando la capacidad de desarrollo tecnológico en especial de las empresas medianas y pequeñas que son las mayores generadoras de empleo. La debe incluir la canalización de los cuantiosos recursos financieros en poder de las aseguradoras para fomentar el financiamiento del desarrollo y promover la inversión extranjera de manera regulada, soportada en el excelente manejo de la política monetaria y financiera que permita que las tasas de interés promuevan la inversión productiva de largo plazo con financiamiento barato y un tipo de cambio real que dé impulso a la producción industrial y agropecuaria para satisfacer el mercado interno con excedentes para el externo a bajos precios. Sólo de esta forma pueden llevarse a cabo las reformas específicas para modificar la forma actual de operación de las instituciones de seguros.

En una economía mundo integrada donde las condiciones de soberanía se ven rebasadas por las tecnologías de la electrónica y las telecomunicaciones y donde las corporaciones transnacionales han extendido sus redes económico-financieras con un enorme poder apoyadas en políticas de apertura promovidas e impuestas por el gobierno estadounidense y los organismos financieros internacionales, no hay otra fuerza que la nueva orientación del Estado vinculada con otros Estados soberanos y con el soporte social para establecer *diques* a los circuitos financieros y productivos que den un viraje a la canalización de los excedentes generados hacia los países industrializados y sus corporaciones para dirigirlos y canalizarlos hacia los proyectos de desarrollo económico y tecnológico que impulsen el desarrollo y solo así ataquen frontalmente los graves problemas de pobreza del país.

CAPÍTULO SEXTO

BIBLIOGRAFÍA

BIBLIOGRAFÍA

Achleitner, Paul M., Jörg H. Biebel y Daniel Wichels [2002], "Does WTC Matter for the Investment Policy of P/C Insurance Companies? en *Geneva Papers on Risk of Insurance*, vol. 27, núm. 2, pp. 275-282.

Akhigbe, Aigbe y Jeff Madura [2001], "Intra-industry Signals Resulting from Insurance Company Mergers", en *Journal of Risk and Insurance* 68(3): 489-506.

Álvarez, Alejandro [2002], "La inestabilidad financiera internacional y sus implicaciones en México", en Guadalupe Mantey y Noemí Levy (comps.), *Globalización financiera e integración monetaria. Una perspectiva desde los países en desarrollo*, México, Grupo Editorial Miguel Ángel Porrúa.

Aoki, M. [1988], *Information, Incentives and Banking in the Japanese Economy,* Cambridge University Press, Cambridge.

__________ [1994a], "Monitoring Characteristics of the Main Bank System: an Analytical and Development View", en *The Japanese Main Bank System its Relevance for Developing and Transforming Economies*, Masahiko Aoki y Hugh Patrick (eds.), Oxford University Press, pp. 109-141.

Aoki, Masahiko y Patrick Hugh [1994], "The Japanese Main Bank System: An Introductory Overview", en *The Japanese Main Bank System its Relevance for Developing and Transforming Economies*, Masahiko Aoki y Hugh Patrick (eds.), Oxford University Press, pp. 3-50.

Artus, P. y D. Cohen [1998], "Partage de la valeur ajouteé", *Rapport du Conseil d'analyse économique* 2, París, La documentation française.

Artus, P. y M. Debonneuil [1999], "Crisis, recherche de rendement et comportements financierers : l'interaction des mécanismes microéconomiques et macréconomiques. Architecture financière internationale", *Rapport du Conseil d'analyse économique* 18, París, La Documentation française, pp. 55-96

Asociación Mexicana de Instituciones de Seguros (AMIS) [varios años], *El seguro mexicano,* México.

________, *Estadísticas de primas y siniestros 1980 y 1985*, México.

Asquit, Paul & David Mullins [1986], "Equity Issues and Offering Dilution", *Journal of Financial Economics*, 15: 61-89

Auerbach, Alan [1985] "Real Determinations of Corporate Leverage" en B. Friedman, (eds.) *Corporate Capital Structures in the United States*, Chicago, IL: University of Chicago Press.

Banco de México [varios años], *Informes anuales,* México.

Baran, Paul y Paul Sweezy [1976], *El capital monopolista*, Siglo XXI editores, México.

Basave, Jorge [1996], *Los grupos de capital financiero en México (1974-1995) (La etapa de consolidación)*, México, Universidad Nacional Autónoma de México, Instituto de Investigaciones Económicas.

Benoist, Gilles [2002], "Bancassurance: The New Challenge", en *Geneva Papers on Risk of Insurance*, vol. 27, núm. 3, pp. 295-303.

Boyer, R. [2000], "Is a Finance-led Growth Regime a Viable Alternative to Fordism?" *Revista Economy and Society*, vol. 29, núm. 1.

__________ [2006], "Capitalism Strikes Back: Why and What Consequences for Social Sciences?", working paper of París-Jourdan Sciences Economiques (PSE), 3 de julio de 2006.

Calderón, Alvaro y Ramón Casilda [1999], "Grupos financieros españoles en América Latina: una estrategia audaz en un difícil y cambiante entorno europeo", *Comisión Económica para América Latina* CEPAL, Santiago de Chile, serie Desarrollo Productivo, núm. 59.

Carow, Kenneth A. [2001], "The Wealth Effects of Allowing Bank Entry Into the Insurance Industry", en *The Journal of Risk and Insurance*, vol. 68, núm. 1, pp. 129-150.

Cassasola, María José, Margarita Samartín y Joseph A. Tribó [2002], "La participación bancaria en estructuras con varios grandes accionistas",

Universidad Carlos III de Madrid, documento de trabajo 01-01, series economía de la empresa 01.

Centro de Estudios de las Finanzas Públicas de la H. Cámara de Diputados, "Estados Unidos: inflación anual: 1980-2007, base 1996=100, serie desestacionalizada", con base en datos de U. S. Bureau of Labor Statistics.

__________, "Estados Unidos: producto interno bruto, 1980-2006 (valor y tasa de crecimiento real anual)", con base en datos de U. S. Bureau of Economic Análisis (BEA), febrero 28 de 2007.

__________, "Indicadores económicos básicos, 1990-2006", serie Cuadernos de finanzas públicas 2006, México, CEFP/040/2006, núm. 13.

__________, "Ingresos del sector público presupuestario 1980-2005", serie Cuadernos de finanzas públicas 2005, CEFP/031/2005, México, 2005.

__________, La deuda del sector público presupuestario, 1980-2005", serie Cuadernos de finanzas públicas 2006, CEFP/035/2006, núm. 8, México, 2005.

__________, "México: asegurados en el IMSS por sector de actividad económica: anual 1983-2006 (miles de personas)", en INEGI, México, con base en datos del BIE, 2003.

__________, "México: balanza de pagos, 1980-2006", con base en datos del Banco de México.

__________, "México: Cetes (tasa de interés real anual), 1982-2007 (tasa anual, promedio mensual y anual)", con base en datos del Banco de México.

__________, "México: Cetes (tasa de rendimiento anualizado), 1982-2007 (tasa anual, promedio mensual y anual)", con base en datos del Banco de México.

__________, "México: oferta y demanda agregada 1981-2006/III (tasas de crecimiento anual y trimestral)", con base en datos del INEGI.

__________, "México: personal ocupado remunerado por sector de actividad económica, 1970-2004 (miles de personas ocupadas remuneradas, promedio anual)" con base en datos del INEGI, Sistema de Cuentas Nacionales.

_________, "México: PIB por persona ocupada, 1970-2004 (pesos constantes a precios de 1993 por persona ocupada)", con base en datos del Nacional Financiera, "La economía mexicana en cifras, 1990" e INEGI, Sistema de Cuentas Nacionales, 2006.

_________, "México: producto interno bruto, por actividad económica, 1981-2006, anual", con datos del INEGI.

Centro de Estudios de las Finanzas Públicas de la H. Cámara de Diputados, "México: riesgo país 2000-2007 (índice de bonos de mercados emergentes, EMBI + JP Morgan", con base en datos de Banamex.com.mx, el día 31 de mayo de 2007.

_________, "México: sobre o subdevaluación del peso, 1980-2007", con base en datos del Banco de México y de la Federal Reserve Bank of St. Louis, EU.

Chesnais, François [1996 a], *La mundialización financiera*, Ed. Syros, París.

_________ (1996 b) *La mundialización del capital*, Ed. Syros, París.

Chesnais, François y Dominique Plihol [2000], *Las trampas de las finanzas mundiales*, Ed. Akal, serie Economía actual núm. 6.

Chesnais, Francois, Gérard Duménil, Domonique Lévy y Emmanuel Wallerstein [2001], *¿Una nueva fase del capitalismo?,* colección Seminario marxista, *Syllepse, París.*

Coase, Ronald. H. [1937], "La naturaleza de la empresa" en Oliver E. Williamson, y Sidney G. Winter (comps.), *La naturaleza de la empresa. Orígenes, evolución y desarrollo,* México, Fondo de Cultura Económica, 1996.

_________ [1988a], "La naturaleza de la empresa: origen", en Williamson, Oliver E. y Sidney G. Winter (comps.), *La naturaleza de la empresa. Orígenes, evolución y desarrollo*, México, Fondo de Cultura Económica, 1996.

_________ [1988b], "La naturaleza de la empresa: significado" en E. Williamson Oliver, y Sidney G. Winter (comps.) *La naturaleza de la empresa. Orígenes, evolución y desarrollo*, México, Fondo de Cultura Económica, 1996.

__________ [1988c], "La naturaleza de la empresa: influencia" en Williamson, Oliver E. y Sidney G. Winter (comp.) *La naturaleza de la empresa. Orígenes, evolución y desarrollo*, México, Fondo de Cultura Económica, 1996.

Comisión de Régimen Interno y Concertación Política, Unidad de Estudios de Finanzas Públicas [1999], "Crecimiento económico, inversión, sector externo y finanzas de los sectores institucionales de México, 1980-1998", México.

Comisión Nacional Bancaria [1993], *Prontuario estadístico de grupos financieros*, México.

Comisión Nacional Bancaria y de Valores [2005], *Boletín estadístico de grupos financieros*, México.

Comisión Nacional de Seguros y Fianzas [1991 a 2005], *Actualidad en seguros y fianzas*, México.

__________, [años 1990 a 2005], *Anuario estadístico de seguros y fianzas*, México.

__________, [1993-1997], *El Comportamiento del sector asegurador y afianzador mexicano*, México.

__________, [2006], *Estructura del mercado, compañías aseguradoras integradas a grupos financieros, 1991-2005,* México.

__________, [2006], *Estructura del sector asegurador*, México.

__________, [2000], *Resultados de 25 Años del sector asegurador mexicano. Año 2000: del siglo XX al tercer milenio,* México.

__________, [2006], *Estructura del mercado, compañías aseguradoras con participación extranjera (1990-2005)*, México.

Correa, Eugenia [1998], *Crisis y Desregulación Financiera*, México, ed. Siglo XXI.

Correa, Eugenia [2000], "El ciclo de auge y crisis financieras: hacia una nueva regulación monetaria y financiera", en Marcos Kaplan e Irma Manrique (coords.), *Regulación de flujos financieros internacionales*, Mexico, Instituto de Investigaciones Económicas; Instituto de

Investigaciones Jurídicas, Universidad Nacional Autónoma de México, 1a. Ed., pp. 257-295.

_________ [2002], "Nueva arquitectura financiera internacional: reformas para los países en desarrollo y cosmética para las relaciones financieras internacionales", en Guadalupe Mantey y Noemí Levy, (coords.), *Globalización financiera e integración monetaria. Una perspectiva desde los países en desarrollo,* México, Grupo Editorial Miguel Ángel Porrúa.

Crotty, James [1985], "The Centrality of Money, Credit, and Financial Intermediation in Marx's Crisis Theory: an Interpretation of Marx's Methodology", Amherst, Department of economics, University of Massachusetts.

_________ [2000], "Trading State-Led Prosperity for Market-led Stagnation From the Golden Age to Global Neoliberalism", en Gary Dymski y Dorene Isenberg (eds), *Housing Finance Futures: Housing Policies, Gender Inequality, and Financial Globalization on the Pacific Rim*, M. E. Sharpe, Inc., 2000.

_________ [2002a], *The Neoliberal Paradox: the Impact of Product Market Competition and Financial Market Evolution on Nonfinancial Corporations in Neoliberal Era*, Amherst, Departamento de economía, University of Masachusetts.

_________, [2002b], *The Effects of Increased Product Market Competition and Changes in Financial Markets on the Performance of Nonfinancial Corporations in the Neoliberal Era*, Amherst, Departamento de economía, University of Massachusetts.

Crotty, James; Gerald Epstein and Patricia Kelly [1998] "Multinational Corporations, Capital Mobility and Global Neo-Liberal Regime: Effects on Northern Workers and on Growth Prospects in Developing World", en *Seoul Journal of Economics*, Winter.

Cummins, J. D. y Xiaoying Xie [2003], "Mergers and Acquisitions in the U.S. Property Liability Insurance Industry: Productivity and Efficiency Effects", working paper, University of Pensylvania.

Danzon, Patricia, Andrew Epstein y Johnson Scott [2004], "The Crisis in Medical Malpractice Insurance", en Robert E. Litan y Richard Herring (eds), *Brooking - Warthon Papers on Financial Services 2004.*

De Bernis, Gerard [1988], *El capitalismo contemporáneo. Regulación y crisis*, México, Nuestro Tiempo.

Delilez, J. P. [1970], *Los monopolios. Ensayo sobre el capital financiero y la acumulación monopolista*, ediciones Sociales, París, 1ª ed, al español.

De Mey, Jozef [2003], "The Aftermath of September 11: The Impact on and Systemic Risk to The Insurance Industry", en *Geneva Papers on Risk of Insurance*, vol. 28, núm. 1, pp. 65-70.

Fee, C. Edward y Thomas Shawn [2004], "Sources of Gains in Horizontal Mergers: Evidence form Customer, Supplier, and Rival Firms", en *Journal of Financial Economics* 74: 423-460.

Fischer, Klaus, *et al.* [1995], "Risk Management and Corporate Governance in Imperfect Capital Markets" en Dilip K. Ghosh y Edgar Ortíz (editores), *The Changing Environmental International Financial Markets. Issues and Analysis*, St. Martin's Press, Estados Unidos, pp. 230.

Fisher, Irving [1930], *The Theory of Interest Rates,* Nueva York, Mc Millan.

__________, [1933], "The Debt Deflation Theory of Great Depression", *Econometrica.*

Flath, David [1991], "Shareholding in the Keiretsu, Japan's Financial Groups", en *Economy by North Carolina State University.*

Flores, Nancy [2005], "La deuda en Pidiregas ahoga a Pemex", en *Revista Fortuna*, México, mayo.

Fondo Monetario Internacional [1998], "Currency and Banking Crisis: Characteristics and Indicators of Vulneratility", en *World Economic Outlook*, Washington, pp. 110-142.

Galbraith, J. [1952], *American Capitalism: the Concept of Counter Railing Power.* Houghton, Miffling, N. Y.

_________ [1978], *The New Industrial State*, Penguin Books, Harmondsworth, Middlesex.

Gauron, André [2000], "Le capitalisme de demain", nota de lectura y publicada en *L'année de la regulation* y presentada en el Forum de la Regulation, París, 11-12 out. 2001.

Girón, Alicia y Eugenia Correa [2004], "Desregulación y Crisis Financieras", en *Economía financiera contemporánea*, México, Grupo Editorial Miguel Ángel Porrúa.

Halary, Isabelle [2000], "Las promesas incumplidas de la globalización financiera" en François Chesnais y Dominique Plihol, *Las Trampas de las Finanzas Mundiales*, Ed. Akal, serie Economía actual núm. 6.

Hancock, John, Paul Huber y Pablo Koch [2001], "The Economics of Insurance. How Insurers Create Value for Shareholders, Technical Publishing", en *Swiss Reinsurance Company*, Zurich, 2a. edición.

Harrington, Scott [2004], "Tort Liability, Insurance Rates, and the Insurance Cycle", en Robert E. Litan y Richard Herring (eds.), *Brooking - Warthon Papers on Financial Services 2004*.

Harvey, David [1982], *Los límites del capitalismo y la teoría marxista*, México, Textos de Economía,. Fondo de Cultura Económica, 1a. edición en español, 1990.

Haugen, R. A., E. Ortíz y E. Arjona (1995) "Market Efficiency: México versus the U. S.", *The Journal of Portfolio Management,* Fall, pp. 28-32

Herring, Richard J. Y Robert E. Litan (2004) "Editors's Summary", en *Brookins - Warthon, Papers on Financial Services*, Brookings Institution Press, pp. vii-xvi.

Hicks, J. [1974], *The Crisis in Keynesian Economics*, Oxford, Basic Blackwell (traducción en francés: Fayard, París, 1988).

Hoshi, Takeo, Anil Kashyap y David Scharfsteem [1990a], "Bank Monitoring and Investment. Evidence from the Changing Structure of Japanese Corporate Banking Relationship", en R. Glenn Hubbard (ed.)

Asymmetric Information, Corporate Finance, and Investment, Chicago University of Chicago Press, pp. 105-126.

Hoshi, T., A. Kashyap y D. Scharfstein [1990b], "The Role of Banks in Reducing The Cost of Financial Distress in Japan", en *Journal of Financial Economics*, núm. 27, 67-88.

Huerta, Arturo [2006], *Por qué no crece la economía mexicana y cómo puede crecer,* México, ed. Diana, 1a. edición.

Instituto Nacional de Estadística, Geografía e Informática (INEGI) [varios años], *Sistema Nacional de Cuentas*, México.

Jensen, M. C. [1986], "Agency Cost of Free Cash Flow, Corporate Finance and Takeovers", *American Economy Review.*

Jensen, M. C. y W. H. Meckling [1976], "Theory of the Firm: Managerial Behavior; Agency Cost and Ownership Structure", en *Journal of Financial Economics*, núm. 3.

Kaplan, Marcos (coord.) [1994], *Crisis y futuro de la empresa pública*, México, Instituto de Investigaciones Jurídicas, Universidad Nacional Autónoma de México, Petróleos Mexicanos, serie E, núm. 63.

Keynes, J. M. [1930], *A Treatrise on Money, 2 vols., The Pure Theory of Money*, vol. 1 London, Macmillan & Co., cap. 1-3.

__________ [1937], *Teoría general de la ocupación, el interés y el dinero*, México, Fondo de Cultura Económica. 9ª. reimpresión, 1977.

Kindleberger, Charles [1990], *Manías, pánicos y cracs. Historia de las crisis financieras*, ed. Ariel, Argentina, 1a. reimpresión, 1993.

Kist, Ewald [2001], "Integrated Financial Services – A Framework for Success: Synergies in Insurance, Banking, and Asset Management", en *The Geneva Papers on Risk and Insurance,* vol. 26, núm., pp. 311-322.

Lordon, F. [1999], "Le nouvel agenda de la politique économique en régime d'accumulation financiarisé", en A. Orléan, *Le pouvoir de la finance*, Odile Jacob, 1999.

__________ [2000], *Fonds de pension, piège à cons? Mirage de la démocratie actionnariale*, Raisons d'Agir, 2000, p. 66.

Manguetti, Giovanni [2002], "Multinational Insurance Groups: The Main Problems for Supervisors", en *Geneva Papers on Risk of Insurance*, vol. 27, núm. 3, pp. 310-319.

Mántey, Guadalupe [1982], "The Role of Financial Markets in the Choice of Inappropriate Technology in Developing Countries", *University of Kent at Canterbury*.

__________ [1983], "Los mercados financieros y la eficiencia económica" en *Revista Investigación Económica*, México, num. 164, Instituto de Investigaciones Económicas, Universidad Nacional Autónoma de México.

__________ [1994], *Lecciones de economía monetaria*, Universidad Nacional Autónoma de México, México.

Mariña, Abelardo [2003], "Crisis estructural capitalista y globalización neoliberal: una perspectiva desde México", en Ernesto Soto, Jaime Abortes y Etelberto Ortiz (eds.), *Estado versus mercado ¿Ruptura o nueva forma de regulación?,* Grupo Editorial Miguel Ángel Porrúa, Universidad Nacional Autónoma de México, 1a. edición.

Marx, Karl [1980], *El capital*, tomos I y III, Siglo XXI Editores.

McGuire, Patrick [2000], "Investment-Cash Flow Sensitivity and Bond Eligibility: Evidence from Japan", NBER Working Paper 9644, Bank for International Settlements.

Meyrs, Stewart y N. Majluf [1984], "Corporate Financing and Investment Decisions When Firms Have Information That Investors Do Not Have", en *Journal of Financial Economics*, XIII, 187-221.

Minsky, Hymar P. [1964], "Financial Crisis, Financial System and the Performance of The Economy", en *Private Capital Markets*, Commision on Money and Credit, Englewood Cliffs: Prentice-Hall.

__________ [1972], "Financial Instability Revised: the Economics Of Disaster", en *Reappraisal of the Federal Reserve Discoun Mechanism*, vol. 3, Board of Governors.

__________ [1982a], "The Financial Instability Hypothesis: Capitalist Process and the Behavior of the Economy", en Ch. P. Kindleberger y J.

P. Laffargue (eds.), *Financial Crises: Theory, History and Policy*, Cambridge University Press.

_________ [1982b], "Financial Innovations and Financial Instability: Observations And Theory", ponencia presentada a la VII Conferencia Anual sobre Política Económica del Banco de la Reserva Federal de Saint Louis EU.

_________ [1992], "The Capital Development of the Economy and the Structure of Financial Institutions", en The Jerome Levy Economics Institute of Bard College, docuemnto de trabajo núm. 72.

_________ [1993], "On the non-neutrality of Money", Federal Reserve Bank of New York, *Quarterly Review* 18 (1): 77-82.

Morera, Carlos [1994], "Los grupos de capital financiero y la transformación de la apropiación de la riqueza social en México", en Alejandro Dabat (comp.), *La economía mundial,* Ed. Grijalbo, México.

_________ [1995], "Los grupos de capital financiero en México. Transformaciones en la apropiación de la riqueza social a un cuarto de siglo", en *Revista Problemas del Desarrollo*, México, Instituto de Investigaciones Económicas, Universidad Nacional Autónoma de México.

_________ [1999], "Los flujos de capital y la transnacionalización de los grupos mexicanos", en *Revista de Comercio Exterior,* México, vol. 49, núm. 2.

___________ [2000ª], *El capital financiero en México y la globalización. Límites y contradicciones*, México, Instituto de Investigaciones Económicas, Universidad Nacional Autónoma de México, Ed. ERA.

_________ [2000b], "La nueva corporación transnacional mexicana y la inversión extranjera directa: notas para su estudio", en Marcos Kaplan e Irma Manrique (coords), *Regulación de flujos financieros internacionales*, México, Instituto de Investigaciones Económicas, Instituto de Investigaciones Jurídicas, Universidad Nacional Autónoma de México, 1a. edición, pp. 309-333.

Morera, Carlos y Basave, Jorge [1992], *El Nuevo poder de los grupos de capital financiero en México. El caso de Inbursa & Carso*, México,

Instituto de Investigaciones Económicas, Universidad Nacional Autónoma de México.

Nakatani, Iwao [1984], "The Economic Role of Financial Corporate Grouping", en M. Aoki M. (ed.), *Economic Analysis of Japanese Firm,* Amsterdam, North Holland, Nueva York.

Orléan, A. [1999], *Le pouvoir de la finance*, Odile Jacob. P.

Ortiz, E. [2007], Finanzas y productos derivados. Contratos adelantados, futuros, opciones, swaps, UNAM (en proceso).

Pfeffer, Irving [1956], *Insurance and economic theory,* Homewood, Richard D. Irwin Inc., p. 53

Pfeffer, Irving y David R. Clock [1974], *Perspectivas del seguro*, colección Temas de seguros, editorial Mapfre, Madrid, España.

Plihon, Dominique [2000], "La economía de los fondos propios: un nuevo régimen de acumulación financiera", en François Chesnais y Plihol, *Las trampas de las finanzas mundiales*, ed. Akal, serie Economía Actual, núm. 6.

Reaseguradora Swiss Re, Compañía Suiza [2001], *The Economics of Insurance. How Insurers Create Value for Shareholders,* Technical Publishing, Zurich, Suiza.

______ 2002], *The Insurance Cycle as an Entrepreneurial Challenge,* Technical Publishing, Zurich, Suiza.

Revista Sigma, Compañía Suiza de Reaseguros Swiss Re, Zurich, Suiza, núms. 6 y 7, (1999); 3, 4, 7 y 9 [2000]; 1, 2, 5, 6 y 7 [2001]; 2, 4, 5, 6 y 7 [2002], 1, 4, 7 y 8 [2003], y 1 y 5 [2006].

Revista Global Fortune [2006], "2006 Global 500. The World´s Largest Corporations", mayo.

Rivera, Miguel Ángel [2000], *México en la economía global. Tecnología, espacio e instituciones*, México, ed. Universidad Nacional Autónoma de México, Universidad de California de Los Angeles, Ed. Jus.

Robertson, D. H. [1940], *Essays on Monetary Theory*, Londres, Ed. P. S. King.

Schumpeter, Joseph A. [1911], *Teoría del desenvolvimiento económico*, México, Fondo de Cultura Económica, 1944.

Schumpeter, Joseph [1939], *Business Cycles*, Nueva York, McGraw Hill.

Secretaría de Hacienda y Crédito Público, Ley General de Instituciones y Sociedades Mutualistas de Seguros, México.

_________, Ley del Sistema de Ahorro para el Retiro, México.

_________, Ley para Regular las Agrupaciones Financieras, emitida el 18 de julio de 1990 y reformada el 15 de enero de 2002, México.

_________, [1994], *Tratado de Libre Comercio de América del Norte (TLCAN)*, sector financiero, capítulo seguros, México, tomos I y II, ed. Gernica.

_________, [2003ª], "Reglas a las que deberán sujetarse las instituciones de seguros e instituciones de fianzas en la emisión de obligaciones subordinadas y otros títulos de crédito", México, 2003.

_________, [2003b], "Reglas para la operación del reaseguro financiero", México, abril de 2003.

_________, [2006], "Se señalan los criterios para las actividades de intermediación para la comercialización de los seguros de pensiones derivados de las leyes de seguridad social", México, circular S-22.1.3, noviembre de 2006.

Sefarti, Claude [2000] "La dominación del capital financiero: ¿Qué consecuencias?" en Chesnais, François y Dominique Plihon (coords.) *Las Trampas de las Finanzas Mundiales*, Ed. Akal, serie Economía actual, núm. 6.

Sheard, Paul [1994], "Main Bank and the Governance of Financial Distress", en *The Japanese Main Bank System Its Relevance for Developing and Transforming Economies*, Masahiko Aoki y Hugh Patrick, Oxford University Press, pp. 188-230.

Sloterdijk, Peter [2007], *En el mundo interior del capital. Para una teoría filosófica de la globalización*, Biblioteca de Ensayo Siruela, España.

Suzuki, Sadahiko y Richard Wright [1985], "Financial Structure and Bankruptcy Risk in Japanese Companies", en *Journal of Internacional Business Studies,* 97-110.

Toporowski, Jan [2000], *The End of Finance. The Theory of Capital Market Inflation, Financial Derivates and Pension Fund Capitalism*, Londres y Nueva York, ed. Routdlege, 1a. edición.

_________ [2004], "Inflación en los mercados financieros", en Eugenia Correa y Alicia Girón (coords.) *Economía Financiera Contemporánea*, tomo II, México, Grupo Editorial Miguel Ángel Porrúa.

Vidal, Gregorio [2001], *Privatizaciones, fusiones y adquisiciones. Las grandes empresas en América Latina,* Anthropos, Universidad Autónoma Metropolitana, 1ª. edición.

_________ [2002], *Grandes empresas, economía y poder en México*, Plaza y Valdés Editores, 1ª. edición.

Weinstein, D., y Y. Yafeh [1998], "On the Costs of a Bank-Centered Financial System: Evidence from the Changing Main Bank Relations in Japan", en *The Journal of Finance*, LIII (2).

Wicksell, K [1936], *Interest and Prices*, Londres, Ed. R. F. Kahn.

Williamson, John [1990a], "What Washington Means by Policy Reform" en John Williamson, ed. *Latin American Adjustment: How Much has Happened?*, Washington D. C., Institute for International Economics, Washington Consensus.

_________ [1990b], "What Should the World Bank Think About the Washington Consensus", en *Latin American Adjustment: How Much has Happened?*, Washington D. C., Institute for International Economics, Washington Consensus.

Williamson, Oliver E. [1970], *Corporate Control and Business Behavior: An Inquiry Into the Effects of Organizational Form On Enterprise Behavior*, Prentice Hall, Englewood Cliffs, NJ.

_________ [1991], "La lógica de la organización económica", en Williamson, Oliver E. y Sidney G. Winter (comps.) *La naturaleza de la empresa. Orígenes, evolución y desarrollo*, México, Fondo de Cultura Económica.

_________ y Sidney G. Winter (comps.) [1991], *La naturaleza de la empresa. Orígenes, evolución y desarrollo*, México, Fondo de Cultura Económica.

CAPÍTULO SÉPTIMO

INDICE DE CUADROS Y GRÁFICAS

INDICE DE CUADROS Y GRÁFICAS

1. Corporaciones de seguros y acumulación financiera

Cuadros:

2. Sector asegurador y economía mexicana

Cuadros:

Gráficas:

2.1 PIB *versus* producto asegurador (crecimiento promedio anual) 1980-2005.

2.2 Tasa de crecimiento de la inflación, 1981-2005.

2.3 Productividad del personal. Sector asegurador, 1990-2005.

3. Aseguradoras de grupos financieros e independientes: diferencias económico-financieras, nivel de oligopolio y rentabilidad

Cuadros:

3.1 Presencia de las grandes aseguradoras transnacionales en México, 2005

3.2 Indicadores financieros del mercado asegurador: empresas oligopólicas, integradas a grupos financieros y medianas y pequeñas, 2005

3.3 Comparativo de variables financieras seleccionadas. Crecimiento promedio anual real, 1980-2005.

3.4 Niveles de inversión. Crecimiento real, 1980-2005.

3.5 Evolución de las acciones de aseguradoras. Muestra seleccionada.

3.6 Evolución del valor de aseguradoras seleccionadas. Procesos de fusión y adquisición.

3.7 Empresas oligopólicas, 1990-2005.

3.8 Productividad del personal por aseguradora, 1994-2005.

3.9 Gastos de operación y de siniestros, 1994-2005.

3.10 Rentabilidad y rendimiento de la inversión. Aseguradoras integradas a grupos financieros y empresas independientes, 2001 *versus* 2005.

3.11 Comparación entre aseguradoras integradas a grupos financieros y empresas independientes. Situación financiera, crecimiento entre 2001 y 2005.

3.12 Crecimiento real de los productos financieros y las utilidades, 1994-2005.

3.13 Rentabilidad del producto y del capital, 1980-2005.

Gráficas:

4. Aseguradoras de grupos financieros: factores que conducen a la conglomeración

Cuadros:

CAPÍTULO OCTAVO

ANEXOS

ANEXOS

I. El seguro: concepto, antecedentes, riesgos, producción y venta de seguros. El perfil del inversionista asegurador

I.1 Concepto del seguro[63]

El seguro ha sido definido de la siguiente manera:

> El seguro es un mecanismo para reducir la incertidumbre de una parte llamada el asegurado, por medio de la transferencia de ciertos riesgos a otra parte, llamada el asegurador, quien ofrece una reposición, al menos parcialmente, de las pérdidas económicas sufridas por el asegurado [Pfeffer, 1956].

Tres elementos destacan en la definición anterior. El seguro desempeña un papel central para la reproducción del capital en la actividad económica porque: puede *reducir la incertidumbre*, con él se *transfieren las pérdidas*, y con su pago se lleva a cabo la *restitución de las pérdidas económicas*. Sin embargo, la importancia del seguro en el sistema capitalista es más compleja, no sólo procede de su papel histórico en el desarrollo del comercio y la industria, como veremos enseguida, sino que su peso específico en los mercados financieros, como acreedor y como deudor es clave en el proceso de intermediación financiera.

La actividad de aseguramiento es relevante, entre otros aspectos, por dos elementos. En primer lugar, el seguro es un instrumento de la sociedad

[63] El seguro es un contrato futuro que tiene la función del dinero como *medio de pago* ya que el asegurado recibirá en el futuro un monto de dinero como promesa de pago, una suma asegurada establecida en el contrato entre la aseguradora y el asegurado. Pero también el seguro tiene la función del dinero como *valor de uso*, porque para el asegurado significa cubrir una *necesidad* de protección ante un riesgo. La crisis estará presente cuando la aseguradora no pueda enfrentar sus compromisos, es decir, se constituya en insolvente, pero también puede originarse porque los productos de aseguramiento no se realicen ante la crisis del mercado, o por la competencia.

capitalista para poder reducir el riesgo de los negocios, del capital, de los ingresos de las familias y sirve como un mecanismo importante para apoyar la reproducción de las diversas actividades del Estado como garante de la sociedad, al otorgarle los medios económicos para su refuncionamiento ante sucesos catastróficos. El segundo elemento tiene que ver con la capacidad que tienen los seguros para poder generar valor, es decir, agregar valor para satisfacer necesidades de los clientes (contratantes y asegurados). La manera como lo hacen, como cualquier otra mercancía, es porque contienen valor (plusvalor) por el proceso de producción de seguros encargado de generar los medios para la reproducción de las corporaciones aseguradoras y de su expansión, es decir, cubrir los costos y gastos administrativos de todo el proceso y generar un valor adicional. El segundo elemento, tiene que ver con su característica *sui generis* como instrumento de intermediación financiera porque, por un lado, el seguro recibe o capta ingresos, rentas, liquidez que lo ubica en una posición *deudora* mediante la venta de seguros; por otro, esos recursos los invierte en los mercados financieros convirtiéndose en *acreedor* de las empresas y el gobierno al otorgarles dinero para el financiamiento empresarial — de títulos de deuda y acciones corporativas — y gubernamental — para los proyectos estratégicos que ejecuta el Estado en concordancia con sus políticas económicas. Al considerar estos argumentos *es difícil pensar que el seguro pueda ser sólo un elemento especulativo y no productivo*.

> [...] Tanto las aseguradoras como los bancos pueden evadir riesgos comunes. Los bancos, por su naturaleza, tienen una posición *desalineada* (*mismatched*) con respecto a las tasas de interés; tienden a tener activos de largo plazo (créditos), contra pasivos (depósitos o préstamos) de corto plazo [lo que tratan de compensar con altas tasas activas al crédito, y bajas tasas pasivas para los depósitos] y pueden enfrentar el riesgo dada su destreza en la administración de tasas de interés de riesgo de corto plazo que les genera utilidades. A la inversa, las compañías aseguradoras generalmente emiten pasivos de largo plazo de los seguros de vida y los ahorros para el retiro; mientras que la

disponibilidad que las aseguradoras pueden hacer de los activos frecuentemente es de duración de corto plazo [...].
[...] En contraste con los bancos, las aseguradoras tradicionalmente han enfrentado los riesgos de interés mediante su cálculo y medición, más que como un recurso de la utilidad con base en su experiencia en la *compensación de riesgos* (Kist, 2001: 319].

Como intermediarias financieras, las aseguradoras se apalancan como una forma integral del negocio de aseguramiento y más aún si se trata de empresas integradas al grupo que cuenta con todo el apoyo financiero y técnico para crear valor; a diferencia de los negocios industriales que se apalancan al reunir fondos externos — crédito, bonos de deuda o acciones — para financiar proyectos atractivos.

El *seguro tiene una función socialmente necesaria para la reproducción del capital al cubrir los riesgos* económicos y financieros, pero también porque otorga recursos para el financiamiento del gobierno federal y las empresas. En los momentos de auge económico, el seguro apoya la reproducción del capital al darle los recursos económicos para su desempeño; cuando hay crisis e incertidumbre económica, se convierte en una mercancía necesaria para combatir la vulnerabilidad y la incertidumbre financiera, aunque también puede contribuir a provocarla. La trascendencia del seguro se vuelve palpable en la medida en que la crisis se profundiza y que el riesgo aumenta y se expresa en varios niveles: riesgo sistémico, riesgo país, financiero y de incumplimiento de los créditos, entre otros[64].

Las empresas de aseguramiento piden prestado dinero (primas) para emitir deuda, en la forma de pólizas de seguros, que pagan al prestamista financiero (el asegurado) para compensarlo en el futuro en caso de ocurrencia de un evento incierto (siniestros). Para ello, las aseguradoras generan un grupo *(pool)* de contratos no correlacionados perfectamente, lo que permite que las pérdidas asociadas a esos contratos sean más predecibles. Como parte de la inversión de las primas, las aseguradoras

[64] Para una caracterización amplía del riesgo y su estudio en la toma de decisiones corporativas véase la obra de Ortiz, 2007, localizada en la bibliografía.

reciben *activos financieros*, de tal forma que ellas son capaces de generar el futuro flujo de efectivo *(cash flow)* necesario para pagar las reclamaciones.

La actividad productiva de aseguramiento es importante en el proceso de valorización del capital porque a los empresarios aseguradores les ha permitido incrementar sus ganancias — las utilidades netas del sector asegurador en el período 1980-2005 crecieron en promedio anual 29%, en términos reales, y tan sólo en los últimos seis años ese promedio se elevó a 75% entre 2000 y 2005 — lo que muestra que el proceso de valorización del capital en el mercado de seguros ha sido muy rentable de allí que éste sea un *espacio de significativa atracción para el capital extranjero y nacional*; también porque su actividad ha sido esencial para engarzar los circuitos financieros del país con los circuitos financieros internacionales.

A pesar de que el seguro es un bien intangible, pues otorga un servicio financiero, cubre económicamente el evento del daño a las personas y los bienes, ya que aporta los recursos financieros que permiten el refuncionamiento de las actividades económicas y esto lo hace a través del proceso productivo de seguros.

El proceso productivo del seguro *sí agrega valor* porque dentro del proceso de administración de la esfera de aseguramiento coexiste la utilización de una fuerza de trabajo altamente especializada, estructuras de organización complejas, y procesos y sistemas de análisis de riesgo, inversión financiera, riesgo técnico, áreas jurídica, planeación y administración, entre otros, que hacen posible la generación de plus-valor y que en el mercado de seguros puede realizarse al *satisfacer necesidades* de los clientes, asegurados y contratantes y, por otro lado, las aseguradoras *innovan productos* para sus clientes, *productos de un valor superior* (valor de uso mayor) en la medida en que las condiciones económicas y financieras son cada vez más riesgosas, sobre todo en el contexto actual de crisis; pero también en períodos de auge, porque las inversiones en equipo y materiales tratarán de asegurarse para evitar su pérdida ante algún suceso desastroso. Las aseguradoras innovan sus productos porque ofrecen mejores coberturas (mejores sumas aseguradas) o son actualizadas de acuerdo a los índices de inflación o a los niveles que registren las tasas de interés, lo que representa utilidades para el consumidor, por eso adquieren los productos, y ese efecto en el consumidor es lo que parece elevar el valor del accionista.

También es importante destacar que entre la población — se trate de las empresas, el gobierno o las familias — existe aversión al riesgo sin importar si son países desarrollados o en desarrollo

> "la evidencia empírica también confirma el hecho de que los agentes económicos en su gran mayoría son *aversos* al riesgo. Aún más, solamente hace falta recordar que una gran parte de los individuos compran sus seguros contra el robo de coches, robos o daños a sus casas, etc., lo que revela una actitud de aversión al riesgo pues la prima de seguros es siempre más alta que la pérdida esperada, para cubrir los costos y ganancias de la aseguradora. En los países en vías de desarrollo la compra de seguros no es muy extendida, pero esto no se debe a una pasión por el riesgo sino a los ingresos muy bajos de gran parte de la población. No obstante, tanto los agentes de países desarrollados como los de países en vías de desarrollo revelan aversión al riesgo en estudios experimentales. Al ofrecerles rendimientos constantes con diferentes niveles de riesgo, la gente invariablemente escoge las jugadas de menor riesgo [Ortiz, 2007, capítulo 3: 24].

Bajo una *cultura al riesgo* como la actual, donde el sistema económico se ha internacionalizado y donde las decisiones de inversión se toman en torno a las específicas consideraciones de las grandes empresas *calificadoras*, para el sector asegurador es pertinente tener presente lo siguiente:

> Una sociedad de riesgo es aquella en la que está prohibido *de facto* todo lo realmente arriesgado, es decir, excluido de cobertura en caso de siniestro [...] la llamada poshistoria solo en apariencia representa un concepto histórico-filosófico, en realidad representa un concepto técnico-asegurador. Poshistóricas se llaman aquellas circunstancias en que son inadmisibles acciones históricas

(fundación de religiones, guerras de liberación, lucha de clases, junto con sus promesas correspondientes) a causa de su riesgo no asegurable [Sloterdijk, 2007: 118].

I.2 Antecedentes del seguro

El origen de la actividad aseguradora se remonta a la antigua China donde los comerciantes al cruzar las aguas del río Yangtse, tomaban la precaución de distribuir la carga entre varios juncos en lugar de transportarlas en uno solo de ellos para *reducir sus pérdidas*: en caso de naufragio de uno de ellos no se perdía toda la mercancía. En Babilonia, el *Código de Hammurabi* formalizó la responsabilidad cívica, mediante el préstamo de garantía del buque y el préstamo con garantía de carga.

En la antigua Grecia fue donde se conoció el término *avería gruesa*: en términos del seguro marítimo *average* significa pérdida y *avería gruesa* significa pérdida compartida por todos los intereses comunes de la empresa. En el imperio romano se adoptó la práctica del préstamo marítimo y en esa época también surgen los contratos relacionados con esta operación: el contrato de garantía y la avería gruesa fueron objeto de refinamiento, ofrecidos en un *mercado de seguros*, aunque no tan formalizado como el ateniense.
Más adelante, entre los siglos XII y XIV

> [...] Venecia estaba situada en la encrucijada del mundo medieval, constituyó un lugar adecuado para el resurgir de las instituciones aseguradoras. Un armador o mercader que necesitaba protección aseguradora hacía constar sus necesidades en un contrato llamado *polizza* que mostraba a aquellas personas conocedoras del cómo asegurar los riesgos marítimos [Pfeffer y Clock, 1974: 16].

En el siglo XIV es cuando se conoce el primer seguro. En un contexto económico donde el comercio de ultramar determina el resto de las actividades comerciales, no es fortuito sino explicable que el primer seguro haya surgido en ese escenario. Las actividades comerciales fueron desarrolladas en la Europa barcelonesa, veneciana y florentina de los siglos XIV y XV; aunque fueron los genoveses quienes ejercieron la actividad de aseguramiento — en un marco donde los lombardos y florentinos se habían adueñado de los mercados y ferias ingleses — aunque sin la existencia de leyes o instrumentos jurídicos que las sustentaran. El primer instrumento jurídico que reguló la actividad aseguradora pudo haberse encontrado en la *Ordenanza de Barcelona* de 1345.

En el siglo XV, Venecia es desplazada por Lisboa como el centro comercial más importante del mundo, porque los portugueses contaban con la brújula de la navegación para sus viajes a África e India lo que revolucionó las pautas del comercio de ese siglo. Ante las enormes ganancias del comercio de ultramar, otros países se dieron a la tarea, como es el caso de España, Holanda, Francia e Inglaterra. De esta manera, los negocios se extendían y el riesgo con ellos. La actividad de aseguramiento se reestructura.

Con la conquista de Portugal por España en 1581 y la incorporación de la ciudad de Amberes y Holanda a sus dominios, la sitúan como el país dominante en esa época; sin embargo, la derrota de la armada española en 1588 dejó el campo libre a los holandeses, ingleses y franceses.

Durante los 200 años siguientes, y en especial en el siglo XIX, Inglaterra fue el país hegemónico, y comandó el comercio internacional. El desarrollo económico y comercial significaron la presencia de seguros marítimos, de transporte, de incendio, y otras clases de protecciones, pero la *razón de ser* del seguro como *sistema reductor de incertidumbres* fue vislumbrada desde tiempos muy lejanos.

El seguro, desde sus orígenes, estuvo fuertemente ligado a las actividades comerciales de ultramar; posteriormente a las actividades de los negocios comerciales establecidos en las ciudades y poco más adelante a las actividades industriales:

> Las técnicas del préstamo con garantía del buque [aunque] no del cargamento, la responsabilidad cívica capaz de indemnizar a las víctimas de determinados acontecimientos

contingentes, la avería gruesa, las anualidades privadas, las fianzas y la valoración del Riesgo de Vida o de Enfermedad fueron comprendidos y utilizados en la antigüedad [Pfeffer y Clock, 1974: 18-19].

La actividad de aseguramiento se consolida conforme el desarrollo del comercio mundial se acentuaba y se sentaban las bases del sistema mundo capitalista, a finales del siglo XVIII, sustentado en la producción manufacturera para satisfacer la demanda nacional e internacional de ultramar.

El seguro existía antes de la aparición del sistema económico actual, pero con él adquiere todo su poder. El propósito del seguro fue y sigue siendo *cubrir la propiedad* ante los riesgos a que pudiera enfrentarse el negocio.

En el caso específico de México, la primera compañía de seguros se fundó en 1789, en el puerto de Veracruz, con el propósito de cubrir los riesgos de la *Carrera de las Indias*, con la constitución de un fondo de 230 000 pesos (*duros*) repartidos en 4 600 acciones de 50 pesos cada una por un tiempo de cinco años, a partir del 1 de enero de 1789. Para su operación, ninguno de los socios podría extraer de ella su capital antes de ese período.

La segunda compañía de seguros se fundó el 14 de julio de 1802, también en Veracruz, con el nombre de *Compañía de Seguros Marítimos de Nueva España.* Más adelante, a mediado del siglo XIX se funda la *Compañía Aseguradora Inglesa de Londres y Lancashire* que suscribe una póliza para un establecimiento mercantil ubicado en la Ciudad de México.

El seguro es importante, como el crédito, para el funcionamiento de las operaciones productivas y comerciales y su consolidación se encuentra profundamente insertada en los espacios de acumulación de capital.

En el mercado de técnicas modernas de inmunidad los seguros, con sus conceptos y modos de actuar, se han impuesto en toda línea a las técnicas filosóficas de certeza. La lógica del riesgo controlado, se ha mostrado mucho menos costosa y mucho más practicable existencialmente que la de la última fundamentación metafísica. Ante esta alternativa, la gran mayoría de las sociedades modernas han sabido decidirse con bastante claridad [Sloterdijk, 2007: 117].

I.3 Selección adversa, información asimétrica y problemas de agencia

Las corporaciones aseguradoras tienen como propósito esencial asegurar el riesgo en el que pueden incurrir las empresas, el gobierno o los particulares en cuanto a su vida, los accidentes o loas necesidades médicas, las propiedades o asegurar incluso sus bienes financieros.

Las corporaciones con mucha frecuencia se enfrentan a los problemas de la *selección adversa* donde los aseguradores pueden llevar a cabo la venta de seguros a bajos precios con el afán de vender más o seleccionan a los aseguradores más riesgosos para expandir su mercado frente a la elevada competencia. Con enorme frecuencia se otorgan seguros de gastos médicos altamente costosos para las empresas aseguradoras a fin de que los asegurados adquieran otro tipo de seguros; sin embargo, pueden estar ofreciendo seguros que son incosteables o que representan fuertes pérdidas para la compañía. También se da el caso en el que el asegurado, con el propósito de pagar una prima más baja mienta respecto a sus condiciones de salud y contrate seguros de vida, accidentes y enfermedades o de gastos médicos sin ofrecer la información fidedigna o completa sobre su estado físico. De este modo, las aseguradoras estarán seleccionando a los asegurados con alto riesgo o a los más riesgosos. Esta selección adversa implica en ocasiones que una de las dos partes en el contrato de seguros este ocultando información para su beneficio de forma que estamos en presencia del *riesgo moral*.

Otro problema importante al que los propietarios de las corporaciones aseguradoras se enfrentan cotidianamente es el del *problema de agencia*: problema directamente asociado con la estructura del capital. Los acreedores de la empresa pueden estar presionando a la aseguradora para que ejecute políticas o mecanismos dirigidos a beneficiarlos, como puede ser el caso de que a cambio de la deuda y sus intereses obtengan seguros por debajo de sus costos lo que pone a la aseguradora en problemas de elevada siniestralidad.

Los *problemas de agencia* también se pueden presentar cuando la propia aseguradora, dada su posesión y propiedad de acciones y bonos emitidos por otras empresas, presiona a otras corporaciones para que tomen decisiones dirigidas a elevar su rentabilidad lo que mejora la posición accionaria de la compañía de seguros. También las políticas aplicadas por los administradores de la empresa aseguradora pueden divergir de los intereses de los propietarios o de los accionistas porque los primeros pueden interesarse en mantener su trabajo en el largo plazo y ejecutan estrategias para el crecimiento de la empresa a costa del reparto de utilidades lo que ven con malos ojos los accionistas.

I.4 Producción y venta de seguros: el perfil del inversionista asegurador

En la etapa de crisis las empresas productivas enfrentan un mercado restringido, por la incapacidad de compra de la población y de las empresas y porque el gobierno, frecuentemente el motor del desarrollo en el país, contrae su gasto, sobre todo en el marco de apertura y desregulación *neoliberal*. Por tanto, en esta etapa, y todavía más si se trata de una *larga etapa depresiva* (cuya presencia tiene más de un cuarto de siglo) las empresas productivas, por necesidad o por estrategia plenamente definida, buscarán los mercados de capitales como una alternativa de supervivencia y sólo algunas privilegiadas podrán emplearlos como herramienta de crecimiento. En esta etapa, la esfera en la que están puestas las *expectativas* del inversionista son fundamentalmente *financieras*, sin perder de vista que se aprovecharán todas las oportunidades de un capital corporativo devaluado para su compra ventajosa o una fusión que permita aumentar la escala productiva a fin de reposicionar a la empresa ante la difícil competencia internacional. El sector asegurador es un espacio productivo. Su posición estratégica lo sitúa con la posibilidad de ganar en el espacio de la producción y en el financiero, esto último por los cuantiosos recursos líquidos que maneja.

La actividad de aseguramiento es productiva porque genera pólizas, las administra en el proceso de producción de seguros, y genera plus-valor, lo que aumenta las utilidades. Por su ubicación estratégica tanto en las actividades productivas industriales y agroindustriales, como en el sector servicios permite que su orientación sea integral.

En la fase de auge económico la fuente principal de sus utilidades parece provenir de su utilidad operativa, es decir, de la venta de seguros, porque el mercado responde a la inversión y al gasto efectuado en esta etapa, lo que conduce al crecimiento económico que *jala* la actividad de aseguramiento.

Por el contrario, en la etapa de crisis y depresión económica, la venta de seguros disminuye y las tasas de interés son más elevadas lo que hace que los agentes económicos se vean atraídos por las actividades financieras, de manera deliberada o forzados por las circunstancias de crisis. Los mercados financieros, provocados por la especulación, generan ganancias financieras que contribuyen en la utilidad neta. En esta etapa,

La actividad de aseguramiento se adapta a las dos fases del ciclo económico: se puede dirigir a la venta de seguros o a la obtención de ganancias financieras generadas por los productos financieros, o ambas, dependiendo de la orientación estratégica empresarial.

En la fase de crisis, el proceso de valorización capitalista parece orientarse esencialmente a la obtención de la *ganancia financiera,* y la rentabilidad, mediante los mercados financieros sin descuidar su actividad productiva y sin que las aseguradoras se conviertan en empresas especulativas *puras*. En esta etapa, las aseguradoras no parecen dirigirse significativamente a la venta de seguros, su actividad sustantiva. Esto es así porque el mercado se encuentra contraído, salvo en el caso en que las corporaciones gocen de un poder oligopólico, o de nichos de mercado específicos.

Las condiciones de crisis inciden para que no se logre la utilidad operativa, el negocio de aseguramiento, propiamente dicho, y que sean los productos financieros — como resultado de la inversión financiera de las reservas técnicas y reservas de capital — los que contribuyan en las utilidades. El papel de las ganancias financieras ha sido central para que las utilidades netas del sector asegurador sean exclusivas y se encuentren, en los últimos 25 años, entre las más dinámicas de la actividad económica en su conjunto.

II. Principales tendencias internacionales del sector asegurador

Desde inicios de los años ochenta, la llamada *globalización financiera* privilegia el espacio financiero. El país promotor es Estados Unidos que también se ha convertido en el epicentro de las crisis económicas y financieras. A partir del acuerdo Reagan – Tatcher se ha hecho obligatoria la adhesión de los países, tanto *de facto* como *de jure,* a esta dinámica *global*, con el apoyo del Grupo de los Siete (G-7), del Fondo Monetario Internacional (FMI), del Banco Mundial (BM) (que son los creadores del *consenso de Washington* y de la doctrina *neoliberal*), de instituciones como la Organización Mundial de Comercio (OMC) y del Tratado de Libre Comercio de América del Norte (TLCAN). Las políticas de ajuste estructural han hecho el resto al reducir al mínimo el margen de acción de los países en cuanto a las formas de su *inserción internacional*, y los hace cada vez más dependientes de las decisiones de localización de las empresas transnacionales cuya penetración en el mercado asegurador mexicano ha sido significativa.

El sector asegurador se encuentra inmerso en la dinámica global y en la reestructuración de las finanzas internacionales. Estas últimas han experimentado el efecto de la ampliación y permanencia del riesgo y la incertidumbre bajo una cultura donde lo importante es rediseñar las actividades corporativas y de la política económica bajo el principio del riesgo como filosofía esencial; la globalización del financiamiento de las corporaciones y de la inversión de cartera; el fortalecimiento y redespliegue de los mercados bursátiles de los intermediarios financieros monetarios (banca comercial) y no monetarios (todas las instituciones financieras no bancarias)a escala mundial; el desarrollo de las innovaciones financieras (por ejemplo los productos derivados), y las fusiones y adquisiciones características del proceso de centralización de capitales [Ortiz, 2007].

Otros factores de la reestructuración de las finanzas a escala mundial están dadas por los *cracks* bursátiles y bancarios y sus efectos regionales e internacionales; la unificación de las monedas en una sola como *el euro*, o la dolarización de las economías; el impulso teórico de la economía financiera y sus expresiones en la ingeniería financiera y la aplicación de sofisticados paquetes de *software* para disminuir el riesgo y optimizar los rendimientos financieros [Ortiz, 2007].

A estos factores cabría agregar tres adicionales: el perfil financiero adoptado por las empresas, y como contraparte, el retiro del Estado de las actividades financieras para ceder su control a las corporaciones y, finalmente, la creación, implantación y diseminación a escala internacional de las plataformas informáticas y de telecomunicaciones para contar con información *al instante.*

En el sector asegurador destacan tres tendencias que se indican a continuación:

II.1 Tendencia a la globalización, desregulación, apertura e internacionalización del mercado de seguros

Las aseguradoras de los países industrializados o aseguradoras transnacionales (AT), han estado emigrando a los mercados emergentes por las siguientes razones:

1. Los mercados locales de las AT se caracterizan por una cierta saturación, conjuntamente con una pronunciada competencia de precios y la eliminación de empresas (concentración).
2. Los mercados de seguros de fuerte crecimiento de Asia, Latinoamérica y Europa Central y Oriental ofrecen a las AT una excelente oportunidad de abarcar nuevos mercados a fin de garantizarse futuros rendimientos potenciales y de elevar el rendimiento actual.

3. La reñida competencia y la consecuente precisión sobre los costos, derivada del proceso de *globalización*, generan posibilidades de diversificación de riesgos y reducción de costos.
4. La competencia con las aseguradoras de los países emergentes, ya que las AT son capaces de asumir riesgos que superan la capacidad financiera de los aseguradores de estos países.
5. Las aseguradoras grandes, cuentan con la ventaja adicional de aprovechar sus conocimientos técnicos sobre diversas gamas de productos, tarificación y gestión de riesgos.
6. En razón a que las autoridades de los países emergentes se enfocan a la regulación de la solvencia, las exigencias de capital y conocimientos técnicos aumentan para poder cumplir con esos requisitos lo que promueve la necesidad de establecer *asociaciones, fusiones o ventas* a las campañías grandes.
7. El Acuerdo General sobre Comercio de Servicios (AGCS) integrante de la Organización Mundial de Comercio (OMC), resultó muy beneficioso para las aseguradoras globales: además de abrir el mercado de los 102 países signatarios, les proporciona una mayor seguridad jurídica en cuanto a las barreras de acceso existentes y les ofrece una protección total contra la discriminación, ya que puede darse la preferencia o perjudicarse de forma arbitraria a oferentes extranjeros aislados. En el caso de México, se les otorga el *trato nacional*.

El proceso de liberalización ejecutado en el mercado asegurador internacional, se presenta en varias etapas: suprime los monopolios de reaseguro de los países nacionales; elimina la actividad común de las cesiones obligatorias a los reaseguradores locales y permite las actividades transfronterizas del reaseguro; flexibiliza paulatinamente las restricciones de participación para aseguradoras extranjeras y posibilita la equidad de las filiales de aseguradoras extranjeras con las sociedades nacionales. En los capítulos 3 y 4 se muestra cómo los procesos de concentración y centralización del capital se desarrollan de manera *sui generis* en el mercado de seguros mexicano.

En resumen, podemos decir que antes de que se implantaran en México las medidas financieras de 1994, la competencia se veía limitada por prolongados procesos de autorización y el control de tarifas reducía la competencia de precios. Las reformas de 1994 posibilitaron la competencia de éstos, el rápido acceso al mercado mundial de seguros, la introducción de nuevos productos y el abatimiento de costos para comerciar en el exterior, entre otros aspectos.

II.2 Tendencia a la concentración del mercado de seguros en los países industrializados
y tendencia a la centralización: fusiones y adquisiciones.

En 2005, los países industrializados — Norteamérica (Canadá y Estados Unidos), Europa Occidental y Japón- participaron con 87.5% del total de los ingresos por primas y los países emergentes con 12.5% restante. Tan sólo Norteamérica, participa con 36% del total, Europa Occidental con el mismo 36% y Japón con 13%. En los seguros de vida, los países industrializados controlan 87% de las primas y 13% restante se encuentra en los mercados emergentes. Norteamérica participa con el 28%, Europa Occidental con 38% y Japón con 19%. En los seguros no-vida (daños) los países industrializados participan con 88% del total, cifra muy similar a la del mercado de vida (87%), y los países emergentes con 12% restante. Norteamérica participa con 46% del total del mercado no-vida, casi la mitad, Europa Occidental con 33% y Japón con 7 por ciento (véase el cuadro 13 anexo).

Los países industrializados tienen 14.7% de la población y participan con 87.5% del mercado mundial de seguros. Los dos países más importantes en el sector son Estados Unidos y Japón que controlan más de la mitad de los ingresos por primas (47%) mundialmente, seguidos por Europa Occidental (Gran Bretaña, Alemania, Francia e Italia) que capta 36% de las primas.

En 2005, América Latina participó con 2.4% de los ingresos por primas mundiales y registró un ligero incremento de 1.9% con respecto a 2004 como consecuencia del efecto de la apertura del sector asegurador al capital extranjero y en ramos anteriormente de dominio del Estado. Ese incremento se complementó con la apreciación del peso mexicano. Brasil, México y Argentina controlaron 71% del mercado de seguros de la región, México concentra 22%. En ese año, el seguro de vida en la región latinoamericana retrocedió -2.2% en términos reales con respecto al 2004, *como consecuencia de la contracción económica en varios países de la región que repercutieron negativamente el mercado de seguros, esto último, principalmente en México y en Chile por las amplias reformas a la seguridad social que seguramente continuarán estimulando los seguros de pensiones en los próximos años*.

En los seguros no-vida (daños), América Latina experimentó en 2005 un crecimiento en términos reales de 4.6%, debido al efecto del crecimiento que registró Brasil 6.9%, Venezuela 22 y Argentina 6.2% que conjuntamente con algunos países centroamericanos, fueron los motores de crecimiento en la región. México registró una caída de -1.1%. El crecimiento de los seguros no-vida se sustentó en la colocación de los seguros de automóviles, salud, accidentes y responsabilidad civil. Por el contrario, las ramas industriales tradicionales — incendio, ingeniería y transportes — presentaron una evolución más moderada.

El desarrollo de la concentración en el mercado — incremento de la cuota de mercado de las compañías más grandes o de segmentos especiales de mercado — es muy heterogéneo. Si bien la concentración ha aumentado mundialmente, en Europa, Estados Unidos y Reino Unido, en Alemania el mercado no varió y en España se ha presentado un proceso de desconcentración (la disminución del proceso de concentración en términos totales, por la entrada de empresas extranjeras). En los países como España, México, Alemania y los Países Bajos *la desconcentración ha sido manifiesta*. Sin embargo, excluyendo a Japón que cayó en una depresión con la devaluación del yen, la concentración en escala mundial aumentó de 1994 a 1999:

> [...] los 80 grupos líderes de seguro de vida aumentaron su concentración de un 64% a un 70%. La mayor parte de ese incremento provino de los 20 grupos líderes, que

incrementaron su cuota en cinco puntos porcentuales, a un 37%. De este grupo, Axa, Aegon y AIG realizaron los mayores avances en la cuota de mercado.[65]

También, en los últimos años, se pueden observar en el mercado mundial de seguros, tendencias a las fusiones y adquisiciones en cuatro niveles interrelacionados: nacionales, internacionales, intrasectoriales (en el mismo sector) e intersectoriales (distintos sectores).

Las fusiones y adquisiciones más representativas son la de AXA–UAP en Francia y Comercial Unions–General Accident en Reino Unido ambas *intrasectoriales* con carácter nacional. La de Aegon–Transamérica y Allianz–AGF son *intrasectoriales internacionales.* Las fusiones del área bancaseguros – entre aseguradoras y algunas instituciones bancarias se encuentran Lloyds TSB-Scottis Windows, Citicorp–Travelers Groups y Credit Swisse–Winterhur son ejemplos de fusiones *intrasectoriales* nacionales.

Las fusiones y adquisiciones tienen el propósito de incrementar la rentabilidad de los accionistas, pero también persiguen el ahorro de costos y el incremento de la eficiencia, que sirven para asignar el capital más eficientemente, y se orientan a elevar la ganancia de los grupos. Si la rentabilidad disminuye o las sinergias dejan de producirse, se contrae el capital. En un estudio[66] se indica que

> [...] Las fusiones y adquisiciones han aumentado considerablemente desde 1994. Las primas de vida de las compañías adquiridas se han incrementado de 18 000 millones de dólares, o un 2% de las primas mundiales, en 1994; a 53 000 millones de dólares, o aproximadamente un 5% de las primas mundiales, en los primeros tres trimestres de 1999.

---

[65] Reaseguradora Swiss Re, *Revista Sigma*, Tendencias globales de consolidación "El Seguro de Vida: ¿Seguirá en marcha la ola de fusiones?", núm. 6, 1999, p. 22.
[66] Op. cit., *Tendencias globales de consolidación*, p.17.

El 86% de las fusiones se ha dado en las compañías con nivel de ventas menor a los 500 millones de dólares, evidentemente porque son más pequeñas y son las de mayor número, en mercados como el de Estados Unidos y el Reino Unido donde el mercado esta más disperso. Con respecto a las megafusiones, donde

> [...] el nivel de ventas de las compañías es mayor a los 5 000 millones de dólares, el número de operaciones es más pequeña, empezaron a tener lugar después de 1995. En 1996, sólo se efectuó una transacción de esta envergadura, en 1997 fueron dos, y cuatro entre 1998 y los dos primeros trimestres de 1999. Las operaciones en esta categoría incluyeron la fusión entre AXA y AUP, en 1996, la adquisición de Winterthur por Credit Swisse, en 1997, la adquisición de AMB por General y de Sudamérica por AIG, en 1998, así como la adquisición de Transamérica por MetLife, en 1999.[67]

El movimiento de fusiones entre instituciones bancarias y aseguradoras es impulsado por sinergias en la red de distribución y de gestión de activos y por oportunidades de venta cruzadas: "[...] las primas de vida adquiridas se incrementaron aproximadamente un 1% dentro del total de primas adquiridas, en 1994, a un 15% en 1999."[68]

La más importante fusión en este sentido es entre Credit Swisse y Winterhur.

Las cotizaciones bursátiles en aumento y los bajos tipos de interés han apoyado las fusiones debido a que los mercados bursátiles fortalecen la base del capital, sobre todo de compañías nuevas y con crecimiento, lo que posibilita la asociación. También resulta más sencillo financiar una absorción con préstamos baratos que cuando muestran características onerosas.

El proceso de fusiones se ve contrarrestado por la entrada en el mercado de nuevas aseguradoras que desafían a los participantes establecidos con productos innovadores, canales de distribución más

---

[67] Ibid, *Tendencias globales de consolidación.*
[68] Op. cit., p. 17.

eficientes o procesos comerciales de bajo costo, todo ello apoyado en la tecnología *Web*. Los mercados donde se ha dado un desarrollo importante de este tipo se encuentran en Estados Unidos, Japón, Australia y Reino Unido.

II.3 Tendencia a la utilización de nuevas tecnologías de la información

El sector asegurador sufre una profunda reestructuración no sólo a causa de los cambios en el marco regulador, sino también por la vertiginosa propagación de nuevas tecnologías de información. Las ventajas que representa la *Web* para las corporaciones son las siguientes: aumenta la transparencia de las características y las condiciones del seguro; disminuye la importancia de los canales tradicionales de distribución; abarata los costos operativos y de distribución y envío; agiliza y hace más eficiente la entrega de pólizas y su manejo administrativo; hacen posible que las compañías de seguros, por su difusión internacional, cuenten con perspectivas de éxito en el mercado; brinda información especializada y de alta calidad a los clientes; mejora el servicio; incrementa las ventas porque puede comercializar, vender y gestionar el seguro con mayor eficacia, y posibilita un mejor servicio en la suscripción, distribución, administración y liquidación de siniestros

> [...] Las nuevas tecnologías de la información, en especial de *Internet,* continuarán acrecentando la competencia, potencial y real, puesto que se pueden comparar mejor los productos de seguro que se distribuyen mediante plataformas informáticas, mercados virtuales con los que aumenta la transparencia del mercado. Además, la venta a través de *Internet* reduce los costos de acceso al mercado y la importancia de los canales de distribución tradicionales. Con la adopción de estrategias de negocio electrónico, las áreas de gestión de siniestros, tarificación y administración resultarán más eficientes e incluso se subcontratarán. Asimismo, se reducen los gastos de inversión irrecuperables (conocidos como costos con pérdida) que implica una entrada al mercado poco exitosa. Los aseguradores

extranjeros u otros oferentes del sector financiero, o de otros sectores, pueden intentar entonces ingresar a los mercados aseguradores nacionales. Tan solo ese potencial agudizará la competencia entre los aseguradores establecidos y ocasionará cambios estructurales [...] En 1999, el volumen de negocios del comercio electrónico entre empresas a través de *Internet* se estimó en 150,000 millones de dólares a escala mundial, con un volumen de mercado que se duplicará anualmente entre los próximos tres y cinco años hasta alcanzar 7.3 mil millones de dólares en el año 2004.[69]

Sin embargo, también se enfrentan riesgos por la explotación abusiva de datos, colapsos de sistemas, ataques de *piratas* informáticos y los poderosos virus que destruyen el *software* y el *hardware*. También la *Web* presenta algunas limitantes como la imposibilidad de que se establezca un vínculo entre el contratante y la aseguradora para la firma del contrato, así como el propio manejo de la jurisdicción ante dudas del propio asegurado o información suficiente para la comprensión de las pólizas y endosos correspondientes.

III. Reformas económicas, financieras y aseguradoras

El detalle de las reformas de tipo económico, financiero y las aplicadas específicamente en el sector asegurador se presentan enseguida.

III.1 Reformas económicas

[69] Reaseguradora Swiss Re, *Revista Sigma*, núm. 3, 2000, p. 13.

Tres son las grandes áreas hacia donde se dirigieron las reformas económicas en los ochenta: las liberalizaciones financiera, comercial y de la cuenta de capitales. La primera se detalla en el inciso b).[70]

Cobra relevancia que el FMI, con su política de apertura, dirigió su primer programa para resolver el problema de la deuda con el propósito de "[...] *desmantelar el desarrollo sustentado en la sustitución de importaciones"* [Huerta, 2006: 68].

A inicios de los ochenta, el programa de rescate financiero fue condicionado a la venta futura de petróleo para nutrir la reserva estratégica de EU [Álvarez, 2002: 377-378].

En 1983-1984 un importante suceso en la integración con Estados Unidos se origina con la firma de los acuerdos bilaterales en materia de subsidios e impuestos a la importación.

En julio de 1986, México se adhiere al Acuerdo General sobre Tarifas y Comercio Exterior (GATT, por sus siglas en inglés) lo que va sentando las bases de la apertura de la economía a los circuitos comerciales y de capital internacional, y la *desestructuración* de empresas públicas [Vidal, 2002: 97-98].

En 1987, a finales del sexenio de De la Madrid, se adopta un programa de apertura que suponía que la competencia externa traería por sí sola la modificación de la estructura tecnológica industrial [Rivera, 2000: 169].

Al iniciar el sexenio de 1988-1994, la reforma económica se dirige a imponer las *fuerzas del mercado* mediante la mayor apertura comercial que fortaleciera la competencia y el proteccionismo monopólico tanto de empresas públicas como privadas; la privatización de empresas donde el Estado dejaría de regular la transferencia de recursos y los pasaría al propio

[70] [...] [En materia de liberalización comercial:] 1) las licencias de importación casi universales en 1982 y que todavía cubrían el 92% de la producción de 1985, fueron abolidas en 1989, en etapas, pero en un corto período de cuatro años con el impacto en la reducción de las tarifas como un todo. 2) Ingreso al GATT en 1986 [...].
[...] [En materia de inversión extranjera directa:] Vasta liberalización de las regulaciones que restringían a la inversión extranjera en 1989. Incremento sustancial en el ingreso de ésta (cerca de 2 mil millones [de dólares] en octubre de 1989). Programa de intercambio de deuda por inversión [*swaps*] entre 1986 y 1988 (nuevo programa de intercambio de deuda por inversión después de la renegociación con la banca internacional) [Vidal, 2001: 39 y 41].

mercado; y la liberalización del sistema financiero que, como veremos, buscó hacer más eficiente la asignación del crédito al sector privado [Rivera, 2000: 177-178].

En la década de los noventa, las políticas de reforma económica instrumentadas están dirigidas a penetrar las bases económicas con agresivas medidas de liberalización financiera y comercial y de privatizaciones.

En materia de liberalización comercial, destaca la firma y aplicación del TLCAN; mientras que en las privatizaciones cobra relevancia la liberalización de sectores como las telecomunicaciones, puertos y aeropuertos, la venta de ferrocarriles y aeropuertos y las participaciones accionarias minoritarias en plantas petroquímicas (Pidiregas).[71] En 1999, el Congreso de la Unión frenó la privatización del sector eléctrico [Vidal, 2001: 42].

Cuadro III.1
Erogaciones en PIDIREGAS efectuadas por el Gobierno Federal (sin incluir PEMEX)
1997-2005

año	Millones de dólares
1997	1,000.0
1998	227.0
1999	167.1
2000	1,897.2
2001	1,170.2
2002	1,937.4
2003	1,279.0
2004	1,301.7
2005	3,927.2
Total	12,906.8

Fuente: Centro de Estudios de las Finanzas Públicas, de la H. Cámara de Diputados.

[71] De acuerdo con datos de la Revista *Fortuna* de mayo de 2005, la inversión total de Petróleos Mexicanos Pemex, destinada a los Proyectos de Infraestructura con Impacto Diferido en el Registro del Gasto (Pidiregas) ascendió a un billón 197 357 millones de pesos — 109.9 mmd al tipo de cambio de 2005 que fue de 10.89 pesos por dólar - monto que supera la deuda interna del país estimada por el Banco de México en un billón 125 877 millones de pesos.

Entre 1994 y 1999, destaca el manejo del presupuesto del sector público. El gasto presupuestario en relación con el PIB promedió 22.7%, mientras el crecimiento anual del PIB en ese período fue de 3.2%; por su parte, la relación de los ingresos tributarios con el PIB fue de 10.2% promedio anual [Huerta, 2006: 45]. Específicamente, en 1999 la política fiscal y monetaria restrictiva continuará en los años siguientes, como parte del acuerdo celebrado con los organismos financieros internacionales [Vidal, 2001: 18].

Desde inicios de la década de los noventa, las medidas implantadas por el FMI, el BM, el gobierno estadounidense y el BID se profundizan con el llamado programa del *Washington Consensus,*[72] que busca aplicar un decálogo en materia de política económica: disciplina fiscal; equilibrio en el gasto público y, por tanto, su restricción para alcanzar el superávit, acompañado por la supresión de los subsidios; simplificación tributaria; liberalización financiera (anulación de topes a las tasas de interés); el mercado debe fijar los niveles reales positivos de las tasas de interés, reducir o suprimir el encaje legal; eliminar los créditos dirigidos y modernizar la legislación bancaria (del mercado de capitales y de supervisión de las instituciones financieras); fijar un tipo de cambio competitivo; aplicar la liberalización comercial, poner en operación los aranceles y su reducción sistemática; liberalizar la entrada y salida de los flujos financieros y evitar la imposición o control de los mercados de dinero; privatizar las empresas públicas; avanzar en la desregulación y, finalmente, asegurar los derechos de propiedad.

Durante los años noventa, con base en la doctrina neoliberal y sustentada en las recomendaciones del BM y el FMI se profundizan las reformas estructurales y las políticas de contracción de la demanda a fin de profundizar la apertura de la economía para atraer los capitales a los mercados financieros del país — provocadas por las altas tasas de interés [Álvarez, 2002: 372], mercados productivos y financieros (como el asegurador) y las políticas fuertemente restrictivas que se utilizan para asentar estrategias anti-inflacionarias. El gobierno de 1988 a 1994 tenía

[72] Véase John Williamson [1990b].

como uno de sus objetivos centrales *la consolidación de grupos financieros con apoyo en la desregulación y las medidas de privatización que favorecieron a los grandes consorcios*.

El efecto de la crisis de 1994–1996 en la economía y específicamente en el sector asegurador (punto 2.5) se ve reflejado en el período 1997–2000 con la apertura al capital extranjero y, de esta forma, la mayor vinculación de la economía al exterior — lo que queda de manifiesto con el incremento del déficit de la balanza comercial, que busca ser compensado con el superávit de la cuenta de capitales, la inversión extranjera directa y de cartera —; la profundización en la aplicación de las reformas económicas, que insisten en las reformas de segunda generación (sector eléctrico, educación y salud);[73] y la contracción del gasto público. Todos estos factores agudizan la concentración y centralización de la economía en los sectores económicos, especialmente en las actividades clave, y significan la posesión de las empresas por el gran capital nacional y extranjero y la conglomeración, en un entorno de crisis de larga duración. Estos fenómenos tienen su expresión en el costo social que se fragua especialmente con el rescate de la banca mediante el Fobaproa. En 2000, el sexenio de Zedillo concluye con el apoyo de un programa de fortalecimiento financiero para *garantizar la estabilidad económica en el período de transición gubernamental*.

Para estos años, la desregulación, privatización y liberalización económica, y el TLCAN, ya habían aumentado la presencia del capital estadounidense y los niveles de concentración y centralización de la producción y de la propiedad ante la incapacidad de la mayoría de los productores nacionales para enfrentarlo [Huerta, 2006: 75].

El gobierno federal, comprometido fuertemente con los intereses del gobierno estadounidense y con el capital que representa,[74] insiste en

---

[73] El Banco Mundial, en su informe de 1997, insiste en la urgencia de avanzar en las reformas de *segunda generación* de educación y salud

> [...] e incluso en realizar reformas en los sistemas electorales y de partidos, en el régimen político y la estructura de los diferentes poderes del Estado, y en el sistema de administración de justicia, por citar algunos campos [Vidal, 2001: 123].

[74] Demasiado tarde se pone atención en la Unión Europea, para firmar un acuerdo de libre comercio en marzo de 2000.

ejecutar las reformas de segunda generación, en materia laboral, eléctrica y energética, y fiscal para poder *reanudar*, según se argumenta, *el crecimiento económico*. La expectativa de auge económico es difícil de creer porque, como ha sido señalado, desde inicios de los ochenta las reformas se han venido ejecutando sin reflejarse en el impulso de la economía y en su vulnerabilidad [Huerta, 2006: 131].

III.2 Reformas financieras

En materia financiera, la reforma avanza en los siguientes aspectos.

El 11 de marzo de 1983, el Fideicomiso contra el Riesgo Cambiario (Ficorca) es creado para apoyar a las empresas más grandes, a fin de renegociar sus pasivos externos que en ese año ascendía a 11 608 millones de dólares, poco más de 60% del saldo de la deuda externa privada registrado para 1982 [Vidal, 2002: 135].

En 1988, la liberalización de las tasas de interés se lleva a cabo con objeto de desregular la intermediación bancaria e incrementar la cartera de crédito.

En 1989, se llevan a cabo diversas medidas:

La reforma para eliminar la canalización selectiva del crédito de los bancos y fideicomisos de fomento; en ese mismo año, la anulación del encaje legal es puesta en práctica para frenar la expansión de mercados informales de crédito y *disminuir la escasez de crédito a sectores no prioritarios*.

Las reformas a la Ley de Instituciones de Crédito buscan dar congruencia a la desregulación operativa del sistema bancario: crean los certificados de aportación patrimonial (CAP) serie C para adquirir acciones del capital social de las sociedades nacionales de crédito; y eximen a los bancos de guardar el *secreto bancario* cuando la información se proporcione a quienes celebren operaciones de cesión o descuento, o ejecutan la transmisión o suscripción de un porcentaje significativo de su capital social o de la sociedad de grupos financieros.

La Ley General de Organizaciones y Actividades Auxiliares de Crédito libera y desregula las actividades de los intermediarios financieros no bancarios y promueve *su desarrollo equilibrado*. Con ello, la Ley reconoce jurídicamente a las empresas de factoraje, arrendamiento financiero, cajas de ahorro y almacenes generales de depósito, y en algunas de ellas permite la colocación de obligaciones.

A partir de diciembre 1989, la nueva normatividad a la Ley del Mercado de Valores está dirigida a promover la participación de los intermediarios en el exterior, incorporar nuevas formas de intermediación y atraer flujos de capital. También la Ley crea el Sistema Internacional de Cotizaciones referido a los valores extranjeros que sean objeto de intermediación en México. Con ello, se permitirá llevar a cabo operaciones de oferta pública de valores en territorio nacional. Las casas de bolsa pueden operar en el mercado exterior. La Ley autoriza la emisión de acciones para la adquisición del capital social de las casas de bolsa y especialistas bursátiles y a emitir obligaciones subordinadas.

Las reformas a la Ley de Sociedades de Inversión desregulan las operaciones de las sociedades de inversión y la intermediación de sus acciones en el mercado de valores; también crean el concepto de grupo financiero no bancario que opera mediante una sociedad controladora de acciones integrada por lo menos con tres intermediarios financieros no bancarios, para mantener 51% del capital pagado de cada uno de los integrantes.

Con la negociación del *Plan Brady*, el régimen de Carlos Salinas *resolvió* el problema de la deuda externa que había dejado a México fuera de los mercados internacionales de capital en el período 1983-1989, a cambio de abrir el sector financiero a la inversión extranjera. Para ello, antes de la entrada en vigor de ese plan, el gobierno anuncio tres importantes *reformas financieras*: en abril de 1989, la abolición de los controles sobre las tasas de interés internas; el cambio de reglamento sobre inversiones extranjeras y, en mayo de 1989, la apertura del mercado accionario nacional a los inversionistas extranjeros [Álvarez, 2002: 378].

A raíz de la crisis de 1994, en materia de liberalización financiera destacan los programas de apoyo fiscal al sistema bancario para respaldar la reestructuración de la cartera de los bancos; en 1996, las medidas para fortalecer el marco de regulación incluyen mayores requisitos de capital, nuevas normas para la clasificación de préstamos y una nueva metodología para la valoración de activos; y en 1997 los principios contables generalmente aceptados por los Estados Unidos son adoptados para mejorar la supervisión.

Especial mención requiere el saneamiento financiero de los bancos que llevaron a la crisis financiera de 1994-1995. En 1990, dos hechos significativos se presentan: la promulgación de la Ley para Regular las Agrupaciones Financieras a fin de regular la organización y operación de los grupos financieros y la creación del Fondo Bancario de Protección al Ahorro (Fobaproa).

En junio de 1992, la creación de la Ley para Regular las Agrupaciones Financieras busca *regular* las bases de organización y funcionamiento de los grupos financieros y establecer los términos bajo los cuales habrán de operar, previa autorización de la Secretaría de Hacienda y Crédito Público. Los grupos financieros estarán integrados por una sociedad controladora — que pueden contraer pasivos directos o contingentes con objeto de capitalizar a la sociedad — y por algunas de las entidades financieras: almacenes generales de depósito, arrendadoras financieras, empresas de factoraje financiero, casas de cambio, instituciones de finanzas, instituciones de seguros, sociedades financieras de objeto limitado, casas de bolsa, instituciones de banca múltiple, así como sociedades operadoras de sociedades de inversión y administradoras de fondos para el retiro. El conglomerado podrá conformarse con al menos dos tipos diferentes de entidades financieras: instituciones de banca múltiple, casas de bolsa e instituciones de seguros.

Después de la crisis de 1994-1996, la atención estuvo puesta en la cartera vencida de las instituciones de crédito, la situación del Fondo Bancario de Protección al Ahorro (Fobaproa), y los ilícitos de los banqueros [Vidal, 2002: 12]. Sin embargo,

> [...] El rescate bancario de la crisis de 1994–1995 se realizó sin ninguna garantía de que el problema de fondo estuviera

> resuelto, esto es, sin atacar el problema de las altas tasas de intermediación con que operaban los bancos, pues la creación del Instituto de Protección al Ahorro Bancario (IPAB) a finales de 1998 en sustitución del Fondo Bancario de Protección a los Ahorradores (Fobaproa),[75] no ha hecho otra cosa que intentar sanear financieramente a los bancos a costa de los recursos fiscales del Estado [Álvarez, 2002: 382].

A partir de diciembre 1998, la Ley de Protección al Ahorro Bancario establece que cuando se determine la liquidación de una institución, o bien, se declare la suspensión de pagos o su quiebra, el Instituto (IPAB) procederá a pagar las obligaciones garantizadas, líquidas y exigibles, a cargo de dicha institución crediticia, con los límites y condiciones previstos en la ley. Las distintas iniciativas enviadas al Congreso proponen la transformación del Fobaproa en dos nuevas entidades: Comisión para la Recuperación de Bienes (Corebi), y el Fondo de Garantía de Depósitos (Fogade) y la incorporación de los pasivos del Fobaproa a la deuda directa del gobierno federal. También, se reforma la Ley General de Deuda Pública para acotar la facultad del Ejecutivo federal en el otorgamiento de avales y otras garantías y, a partir de septiembre de 1999, se crea el Instituto de Protección al Ahorro Bancario (IPAB) con el propósito de finalizar las operaciones de reestructuración de los bancos otorgando apoyo financiero para habilitarlos. Al finalizar ese año se estimó que el costo fiscal total del rescate bancario y del programa de apoyo a los deudores equivaldría a cerca de 22% del PIB.

En 1997 el incremento de la deuda pública interna se aprobó al transformarse los *pagarés* documentados en pasivos contingentes garantizados por el gobierno federal. Con ello un compromiso de las instituciones crediticias se convierte en una obligación del gobierno federal y de la población en su conjunto[76] [Álvarez, 2002: 383].

---

[75] Se supone que el Fobaproa fue creado en 1990 con aportaciones ordinarias y extraordinarias de los bancos, situación que no ocurrió porque los bancos se encontraban descapitalizados.

[76] Los expertos nos recuerdan que los pasivos contingentes no generan intereses, la deuda directa sí. La conversión de la deuda privada en deuda pública, eleva la deuda interna de 8.4 a

En mayo de 1993, la autonomía al Banco Central se constituye en otra medida importante con el propósito de *consolidar y preservar la estabilidad de precios* como objetivo prioritario, aislado de presiones. Con ello, el Banco de México debe ser *autónomo* en sus funciones; debe procurar la *estabilidad del poder adquisitivo del tipo de cambio* y promover el *sano* desarrollo del sistema financiero al propiciar el buen funcionamiento de los sistemas de pagos.

En marzo de 1995, las *unidades de inversión* (UDI) son creadas con el fin de ofrecer un instrumento que contribuya a mitigar los problemas que la inflación ocasiona en ahorradores y prestatarios. En el mismo año, las autoridades establecen que la *tasa de interés interbancaria* debe reflejar las condiciones del mercado; para ello, el Banco de México expidió las disposiciones para calcular la tasa de interés interbancaria de equilibrio (TIIE). También, las autoridades monetarias establecen la *cuenta única* donde las instituciones de banca múltiple deben mantener un acumulado de saldos diarios mayor o igual a cero; con ese fin, las instituciones podrán sobregirarse hasta por el valor de los títulos bancarios y valores gubernamentales que previamente otorguen en garantía al Banco de México. Otra herramienta creada es el *sistema de pagos electrónicos de uso ampliado* (SPEUA) que permite realizar pagos de alto valor con fecha valor mismo día, entre cuenta-habientes de distintas instituciones de crédito mediante una orden electrónica que traspasa los recursos financieros; este mecanismo tiene el objetivo de sustituir a los cheques de alto valor y disminuir el riesgo de créditos. Una medida adicional se efectúa con la operación de *el programa de apoyo crediticio* que tiene como finalidad reducir la creciente problemática de la cartera vencida de esas instituciones e intermediarios, permitir la reestructuración en UDIS de créditos otorgados en moneda nacional y en dólares de Estados Unidos, disminuir las tasas de interés de dichos créditos y, en ocasiones, diferir el pago del principal durante periodos razonables.

En abril de 1995, la Ley de la Comisión Nacional Bancaria y de Valores es creada para consolidar en un solo órgano desconcentrado las

---

23.8% del PIB y aumentará la deuda pública total interna más IPAB y externa, de 31.4 a 43.3% del PIB [Álvarez, 2002: 383].

funciones atribuidas a la Comisión Nacional Bancaria y a la Comisión Nacional de Valores, en la nueva Comisión Nacional Bancaria y de Valores con objeto supervisar y regular a las entidades financieras, procurar su estabilidad y velar por su correcto funcionamiento.

En diciembre de 1995, la Ley del Servicio de Administración Tributaria pretende que el SAT cuente con autonomía en su gestión presupuestal y técnica para dictar resoluciones.

En abril de 1996, la Ley del Sistema de Ahorro para el Retiro es creado para regular el funcionamiento de estos sistemas, así como a sus participantes. Con ello, las Afores son facultadas para administrar las cuentas individuales, canalizar los recursos de las subcuentas que las integran, así como administrar sociedades de inversión (Siefores). A partir de su autorización la cuenta individual de cada trabajador está integrada por tres tipos de aportaciones bimestrales: la primera es para la vivienda cuyos recursos son administrados por el Infonavit y se constituye con las aportaciones del patrón que significan 5% del sueldo del trabajador, de éste con 2% y del gobierno federal con el otro 2%, en total 9% del sueldo del trabajador; la segunda cuenta se refiere a los recursos integrados para el retiro, cesantía y vejez, compuestos por aportaciones del patrón, en 3.15% del sueldo, el trabajador 1.125% y el gobierno federal 0.225%, en total el 4.5% del sueldo del trabajador, y la tercera, que se refiere a las aportaciones voluntarias del trabajador y que él podrá aportar voluntariamente.

En marzo de 1998, la Ley de Inversión Extranjera es reformada para que el capital extranjero pueda participar en el capital social de sociedades mexicanas, adquirir activos fijos, ingresar a la actividad económica o fabricar nuevas líneas de productos, abrir y operar establecimientos, o ampliar o relocalizar los ya existentes.

En junio de 1999, justo al finalizar el gobierno de Zedillo, las autoridades del Banco de México y de organismos internacionales anunciaron que el gobierno había pactado con el FMI un Programa de Fortalecimiento Financiero 1999-2000 por 23 000 millones de dólares,[77]

[77] Los 23 700 millones de dólares estaban integrados de la siguiente manera: el Acuerdo Financiero de América del Norte (NAFA) aportará 6 800 millones, el FMI 4,200 millones y 12

elegantemente bautizado como *blindaje financiero anticrisis* para garantizar un cambio ordenado de gobierno. El llamado *blindaje financiero* es más bien una medida pactada con la Reserva Federal estadounidense, el Banco Central de Canadá, el Departamento del Tesoro estadounidense, varios organismos multilaterales y el Eximbank a cambio de compromisos de nuevas privatizaciones, apertura al capital extranjero en sectores antes asignados exclusivamente al Estado y procesos de reforma estructural en el sector bancario, en el sector de la salud y en el sector educativo (las reformas de segunda generación). Desde el ángulo político parece tratarse básicamente de un seguro contra el ascenso electoral de la izquierda [Álvarez, 2002: 385].

Entre 2000 y 2005, las principales reformas financieras están dirigidas a ofrecer más instrumentos y servicios financieros, fomentar el desarrollo del sector y coordinar la inversión de capitales y de los créditos del exterior. En junio de 2001, todos estos aspectos quedan plasmados en la nueva Ley Orgánica del Banco del Ahorro Nacional de Servicios Financieros.

Por otra parte, en 2001, las reformas a la Ley General de Sociedades Cooperativas están dirigidas a fomentar la creación de este tipo de sociedades cooperativas y la participación de capital extranjero en ellas.

III.3 Reformas en el sector asegurador

En los años ochenta, en el caso específico de los seguros, se aplican las siguientes medidas.

El 7 de enero de 1981, se reforma la Ley General de Instituciones de Seguros que confirma que, para operar seguros, las corporaciones requieren una concesión; se instituye el Registro General de Reaseguradoras Extranjeras, todavía en vigor. También la reforma establece que las instituciones estarían facultadas para administrar las sumas que por concepto de dividendos o indemnizaciones les confiaran los asegurados o

---

700 millones con líneas de financiamiento o líneas comerciales – de los que 5 200 BM; 3,500 el BID, y 4 500 millones el Eximbank.

sus beneficiarios, con lo que se abre un nuevo campo de actividad para dichas instituciones.

El 18 de diciembre de 1985, las reglas para la Constitución de las Reservas de Riesgos en Curso de las Instituciones de Seguros son promulgadas ara precisar los términos de la constitución de la reserva de riesgos en curso de todo tipo de ramo, en particular en los ramos no-vida, con el procedimiento de la prima no devengada y disminuida del gasto de adquisición, calculada en *veinticuatroavos*.

El 3 de enero de 1987, la Reforma que Deroga Diversas Disposiciones de la Ley General de Instituciones y Mutualistas de Seguros pone en práctica la nueva clasificación de los ramos de seguros y la operación de *accidentes y enfermedades* para quedar integrada por ramos: *accidentes personales* y *gastos médicos*. En cuanto al ramo de *daños*, la cobertura de terremoto se separó de la de incendio, constituyéndose como ramo de *terremoto y otros riesgos catastróficos* con el incremento correspondiente en las primas.

Todas estas reformas están dirigidas a fortalecer a las corporaciones aseguradoras como un importante intermediario financiero no bancario, pero también apoyan la constitución de las reservas técnicas con el fin de darle solvencia a las instituciones de seguros para hacer frente a sus compromisos de siniestros (pasivos). Esto se da en el contexto en el que muchas empresas nacionales, grandes y pequeñas, se encuentran en serios problemas de endeudamiento, especialmente en dólares.

En la década de los noventa, las reformas al sector asegurador se dirigieron esencialmente a lo siguiente.

El 3 de enero de 1990, el decreto que reforma la Ley General de Instituciones y Sociedades Mutualistas de Seguros (LGISMS) hace referencia a la división de la Comisión Nacional Bancaria y de Seguros en Comisión Nacional Bancaria y de Valores y en *Comisión Nacional de Seguros y Fianzas*; confirma el principio de *autorización,* ahora sí, en lugar del de concesión anteriormente aplicado; permite a las instituciones de seguros y de reaseguro realizar operaciones de *reafianzamiento*, y al capital extranjero participar en el *capital pagado* en forma limitada, aunque posteriormente su intermediación es ilimitada.

El mismo ordenamiento establece la desregulación del procedimiento del cálculo de las tarifas o precio de las primas de los seguros — inicialmente se aplicaba la misma tarifa para el mercado —, fija el capital mínimo pagado para cada operación y ramo, el *capital de garantía* y el *capital mínimo de garantía* para conocer el grado de solvencia de la institución.

En otro nivel, el mismo precepto legal — en congruencia con las disposiciones de la Ley para Regular las Agrupaciones Financieras — autoriza la conglomeración de una institución de seguros con instituciones de crédito, almacenes de depósito, arrendadoras financieras, casas de bolsa, empresas de factoraje e instituciones de fianzas, entre otras. La integración de grupos financieros originó la posibilidad de que las instituciones bancarias pudieran vender seguros con lo que se crean los *bancoseguros*. Por último, en ese año cambia la denominación de la paraestatal Aseguradora Nacional Agrícola y Ganadera por la de Agroasemex, única aseguradora estatal vigente.

El 14 de julio de 1993, las reformas a la LGISMS estrechan la vinculación de las operaciones de seguros a las que realizan los bancos, como es el caso de las operaciones de fideicomisos y similares; establece características precisas sobre los nombramientos de consejeros, director general, comisarios y funcionarios; autoriza la microfilmación de libros, registros y documentos; confirma la disposición de la Ley de 1935 respecto de la constitución de sociedades anónimas de capital fijo y variable — en este caso estaría integrado por acciones sin derecho a retiro — y presenta la nueva *tabla de mortalidad de vida individual*, en vigor a partir de inicios de 1992 y la tabla para los seguros de grupo de vida, en vigor años después.

En 1994, México se integra como miembro fundador a la *Internacional Association of Insurance Supervisors.*

Desde enero de 1994, en el marco del Tratado de Libre Comercio de América del Norte, la normatividad de seguros permite incrementar, gradualmente, la participación accionarial de aseguradoras estadounidenses y canadienses en la sociedad local en coinversión: de 30% en 1994 a 51% en 1998, hasta alcanzar 100% en el año 2000; la constitución de filiales con una participación máxima de 6% en el mercado, hasta 12% al finalizar

1999 y con un límite individual de 1.5% del mercado, que se eliminarían a partir del primero de enero de 2000. A partir del 1 de enero de 1996, las compañías ya asociadas con aseguradoras mexicanas podrían incrementar hasta 100% su participación accionaria. Por último, podrán establecerse filiales en la prestación de servicios auxiliares y de intermediación de seguros.

Con estas medidas, se da un retroceso que va más allá de 1935 cuando se fijan las reglas de la nacionalización de estas compañías.

Las corporaciones de seguros estadounidenses son las ganadoras del TLCAN, ya que hasta ahora, en el mercado local, no hay presencia de compañías de seguros canadienses y, a su vez, no hay de compañías aseguradoras mexicanas en los otros dos mercados que integran el Tratado.

En noviembre de 1995, en el marco de las Nuevas Reglas de Inversión de las Reservas Técnicas se confirma que la inversión de estas reservas constituidas por pólizas que otorguen sumas aseguradas indizadas podrán efectuarse en UDIS; y se establece que la inversión en *warrants* y productos derivados podrá ser por un monto máximo equivalente a la prima pagada. También identifica que la inversión de reservas técnicas en monedas extranjeras deberá incluir una reserva para riesgos asumidos en esos tipos de cambio.

El 22 de mayo de 1996, las disposiciones de la Secretaría de Hacienda y Crédito Público instauran los Udibonos como instrumentos de inversión de las reservas técnicas.

El año siguiente, el 3 de enero de 1997, se crea el decreto para operar el ramo de salud en las compañías aseguradoras a efecto de restaurar este tipo de atención. Por su parte, el mismo ordenamiento estipula que el ramo de terremoto debe separarse del ramo de incendios y crear el de *terremoto y otros riesgos catastróficos* con el significativo efecto en las primas. Asimismo, se autoriza la inversión de las instituciones de seguros en el capital social de otras instituciones financieras, y en autorizadas para operar el ramo de reaseguro.

El 26 de febrero de 1997, se publican las reglas de operación para los seguros de pensiones derivados de las leyes de la seguridad social. Esto implica la autorización para crear instituciones de seguros especializadas, propiedad de las mismas aseguradoras independientemente de las Afores y Siefores, para ofrecer el seguro de pensiones. Adicionalmente, para la operación del reaseguro de pensiones las disposiciones determinan que el capital mínimo pagado por dichas instituciones será el equivalente a 28 millones de UDIS en moneda nacional.

El 24 de julio de 1997, la Comisión Nacional de Seguros y Fianzas (CNSF) mediante circular (S-22.4) da a conocer la documentación contractual para los beneficios básicos de los seguros de pensiones derivados de las leyes de seguridad social.

El 5 de marzo de 1998, se promulga un nuevo reglamento de la CNSF que la faculta para atender todas las actividades del sector, dadas las modificaciones efectuadas en la última década. Asimismo, unifica la metodología para la supervisión y control de las instituciones.

Entre 2000 y 2005 las autoridades hacendarias y de seguros formalizaron un conjunto de reformas dirigidas al fortalecimiento de las corporaciones aseguradoras como intermediarias financieras y a reposicionarlas en el sistema financiero en su conjunto.

A finales de 2000, la CNSF instruye la creación, en cada institución de seguros, de un *Comité de Riesgos*, lo que fortalece la institucionalización de la *cultura del riesgo* en las corporaciones responsable de la administración integral de riesgos financieros en materias de crédito, legal, liquidez, mercado y operativo.

En 2001, las autoridades de seguros fijan los porcentajes a invertir en instrumentos financieros a corto plazo para cada tipo de reserva con el fin de garantizar su liquidez.

La reforma del 18 de julio de 2001 establece la conglomeración al ampliar el tipo de instituciones financieras con las que las corporaciones de seguros se pueden asociar: instituciones de crédito, almacenes de depósito, arrendadoras financieras, casas de bolsa, empresas de factoraje, instituciones de seguros y de fianzas, entre otras. La integración de grupos financieros originó la posibilidad de que las instituciones bancarias pudieran vender seguros con lo que se crea la figura de los *bancoseguros*.

En enero de 2002 se emite el Decreto que reforma la *Ley General de Instituciones y Sociedades Mutualistas de Seguros* (LGISMS) a efecto de *homologar* la regulación del sector asegurador en los mismos términos que los otros organismos financieros, y adecuar la supervisión y regulación a los estándares internacionales. Este ordenamiento abre las fuentes de financiamiento de las instituciones de seguros y se les autoriza *emitir acciones (capital) y obligaciones (deuda)*. También se les concede a las sociedades controladoras, a que se refiere la *Ley para Regular las Agrupaciones Financieras*, la posibilidad de invertir en el capital social pagado de las corporaciones de seguros. Con ello, se fomenta la integración y expansión de los grandes conglomerados financieros.

Las disposiciones de 2003 facultan a las aseguradoras a contratar el *reaseguro financiero.*[78] Así, las corporaciones aseguradoras en problemas financieros podrán hacer uso de recursos por medio de la reaseguradora y no sólo como tradicionalmente se hace, para enfrentar los riesgos de pago de siniestros para las coberturas de los seguros establecidos en sus pólizas.

La apertura económica y del sector asegurador, también implica supervisar a las autoridades y a los asegurados. Con respecto a lo primero, en 2001, las autoridades de seguros mexicanas fueron sujetas de evaluación por el BM y el FMI, en materia de cumplimiento de los estándares de supervisión emitidos en la *Asociación Internacional de Supervisores de Seguros* (*Internacional Association of Insurance Supervisors,* IAIS). Con respecto a lo segundo, en 2004, en la *Ley de Instituciones de Crédito* se establece la necesidad de tener el conocimiento de los clientes y usuarios considerando, en el momento de su aseguramiento, antecedentes adecuados, condiciones específicas, actividad económica o profesional y la plaza donde operan.

En ese año, la CNSF difunde nuevas formas de operación para la presentación de los estados financieros derivados de los métodos de valuación de las reservas de riesgos en curso, los siniestros reportados respecto de los cuales no hubo comunicación de su monto y el registro de inversión en valores extranjeros, con el fin de tener transparencia en el manejo y administración de las reservas y en su régimen de inversiones.

---

[78] El reaseguro financiero es definido como el contrato de reaseguro o de reafianzamiento en virtud del cual una institución de seguros o de fianzas realiza una transferencia significativa de *riesgo de seguro* o de *responsabilidades asumidas por fianzas en vigor*, pactando como parte de la operación la posibilidad de recibir financiamiento del reasegurador o reafianzador.

Por último, en este año de 2006, se promulga el acuerdo que hace posible otorgar la renovación de la inscripción a diversas entidades del exterior en el *Registro General de Reaseguradoras Extranjeras, para Tomar Reaseguro y Reafianzamiento del país para el año 2007*. Esta disposición incluye 350 reaseguradoras extranjeras. De esta forma se busca constituir el *blindaje* del seguro mexicano — término similar al utilizado al finalizar el gobierno de Zedillo de *blindaje financiero*.

En síntesis, durante estos años, la normatividad en materia de seguros, trabaja de manera integral para reestructurar y redimensionar al sector. Las reformas se aplican especialmente en tres niveles: el primero para adecuar rápidamente las disposiciones normativas a las directrices de aseguramiento de los países más desarrollados, especialmente de los Estados Unidos; el segundo, con el fin de ampliar la intervención de los intermediarios financieros, y las aseguradoras en nuestro caso, así como impulsar los productos e instrumentos financieros. El tercer nivel se refiere a la conglomeración, el nuevo resorte para la integración de los grupos financieros con la incorporación de las aseguradoras en su espacio de dominio.

IV. Situación económica y financiera por tipo de aseguradoras: AGF, AGI y API

Para los años 1994, 2001 y 2005 y con base en la información generada y concentrada en los principales indicadores financieros del sector asegurador (véase el cuadro 3 anexo) podemos destacar lo siguiente:

Las aseguradoras integradas a grupos financieros (AGF). En 2005, esas empresas concentran 34.1% del mercado asegurador medido por su nivel de ventas. Las AGF son las más rentables porque conforman una estructura administrativa y financiera que les permite combinar la máxima productividad del sector, con bajos costos administrativos y el excelente manejo de sus recursos financieros, de forma tal que las convierte en las empresas con la mayor tenencia de fondos líquidos del mercado. De esta forma, las AGF logran posesionarse estratégicamente para que su nivel de *rentabilidad* — medido mediante la relación entre las utilidades y las ventas y entre aquéllas y el capital invertido — sea el máximo del sector asegurador en su conjunto, a pesar de que el crecimiento de su producto ha sido el menor, incluso negativo como en el período 2001-2005. Entonces, si el producto de las AGF está disminuyendo, pero logran ese nivel de rentabilidad es porque logran conservar los negocios de aseguramiento más rentables, pero sobre todo porque son expertas en el manejo y generación de portafolios financieros al aprovechar su posición estratégica en los mercados financieros que les permite elevar sus ganancias financieras al máximo.

Otros elementos que influyen en la rentabilidad de las aseguradoras integradas es que logran bajos gastos de adquisición y de operación del mercado, ya que emplean técnicas intensivas en capital que se reflejan en los reducidos gastos por empleado. Por otro lado, aunque cuentan con altos costos de siniestralidad porque sus negocios de seguros pagan sumas aseguradas muy elevadas, también tienen bajo su custodia a una elevada colectividad asegurada.

Es interesante observar que a pesar de que en las AGF el impacto de los productos financieros en la utilidad neta ha sido el más bajo del sector asegurador, también el efecto negativo de la utilidad operativa en la utilidad neta fue el menor, el resultado del efecto combinado de los dos factores es que las aseguradoras integradas lograron sacar el mejor provecho. Esto se da en un contexto donde ninguna aseguradora ha presentado utilidades operativas de manera consistente, es decir, aparentemente *no hay negocio de aseguramiento*, lo que comprueba el perfil corporativo enfocado a las ganancias financieras, ante la caída de las utilidades provenientes del negocio, que constituye la actividad sustantiva de las corporaciones de seguros.

En 2005, el monto de utilidades generadas por el conjunto de las AGF fue mayor que el de las AGI y las AMP. Dos elementos adicionales son determinantes para alcanzar los valores tan altos de la rentabilidad de las aseguradoras integradas: el primero es la productividad de su personal, que se sitúa por arriba de la obtenida por las AMP sólo superada por la de las AGI, no obstante que emplean un número de trabajadores mayor que en las empresas grandes no integradas, aunque mucho menor que en las empresas medianas y pequeñas. El segundo elemento se refiere a que el nivel de su fuerza de ventas es el máximo del mercado, su papel es clave en la promoción de sus productos, elemento que se complementa con una importante infraestructura de ventas a nivel nacional porque las AGF aprovechan las instalaciones de la red bancaria y de otras empresas del conglomerado para colocar sus productos, a pesar de que la productividad de cada agente es la más baja del mercado.

También destaca la estructura financiera de las AGF diseñada para combinar bajos niveles de capitalización con elevados montos de inversiones financieras, lo que les permite situarse como las empresas que detentan la *máxima capacidad para administrar el capital financiero* en el mercado de seguros. En efecto, en 2005 el más alto rendimiento de la inversión (utilidad neta/activos) se presentó en estas empresas, que las distingue por ser las más *financiarizadas*. También las AGF son empresas solventes solo superadas por las AMP, sus pasivos se encuentran más que cubiertos por sus activos, éstos constituyen fundamentalmente activos financieros de muy corto plazo como se aprecia al analizar sus inversiones financieras en proporción con sus activos totales, otro indicador que apoya la estructura *financiarización* de éstas corporaciones y, por ello, tienen la menor proporción de inversiones inmobiliarias (de largo plazo) del mercado asegurador. Como contrapartida, las AGI se acercan a la insolvencia.

La mayor concentración de activos financieros de las AGF se debe a que reúnen las mayores reservas técnicas en relación con sus pasivos respecto a las otras aseguradoras del mercado asegurador, es decir, sus compromisos son esencialmente con sus asegurados, y no con otros acreedores, lo que les permite programar muy bien sus erogaciones porque conocen matemáticamente y con apoyo en la técnica actuarial los pagos de seguros en que incurrirán.

La sociedad por acciones tiene su máxima manifestación en los grupos financieros: con reducidas inversiones de capital logran la máxima rentabilidad. Así parece mostrarlo el importe del patrimonio o capital contable de las AGF el cual se ha venido reduciendo, a la vez que estas empresas se posicionan en niveles de alta estabilidad (relación capital/activos) solamente superadas por las AMP; por ello, la proporción de su capital por empleado es mayor con respecto a las AMP, aunque menor que en las oligopólicas independientes (AGI).

Por otro lado se encuentran las aseguradoras grandes independientes (AGI) que concentran 38.2% del mercado por su nivel de ventas. Estas empresas cuentan con el más elevado nivel de rentabilidad del capital y el de sus ventas sólo es superado por el de las AGF, porque el crecimiento del producto de las AGI es el mayor; también registran el más elevado nivel de gastos de adquisición y de operación, incluso superior al de las AGF y las AMP y tienen bajos niveles de siniestralidad sólo superiores al de AMP.

La repercusión que tienen los productos financieros en la utilidad neta de las grandes empresas independientes es superior al de las AGF, aunque menor que en las AMP; pero el efecto negativo de la utilidad operativa en las utilidades netas fue el más elevado del sector. El efecto combinado de los dos elementos las llevó a que registraran el mayor nivel de crecimiento de las utilidades netas.

También las AGI son las empresas más productivas (medidas por la relación personal empleado/ingresos) y el ritmo de crecimiento de la productividad de su personal es el mayor del sector asegurador, aunque son las menos eficientes económicamente ya que emplean al menor número de personas por unidad producida al hacer uso de técnicas intensivas en capital. Con respecto a su fuerza de ventas podemos señalar que emplean a un reducido número de agentes, superado por las AGF y las AMP, lo que les permite contar con la mayor productividad de los agentes en el sector asegurador.

Por su parte, el rendimiento de su inversión es más alta que en las AMP pero menor que en las AGF. Son las empresas más solventes del mercado asegurado, de acuerdo con la relación inversiones financieras a reservas técnicas; y son las menos solventes por la relación pasivos/activos. También cuentan con elevadas inversiones inmobiliarias (inversiones de largo plazo), sólo superadas por las AMP. Por esos elementos el nivel de *financiarización* de las aseguradoras oligopólicas sólo es menor que en las empresas integradas. También el nivel de las reservas técnicas de estas compañías, en relación con sus pasivos totales es muy elevado, superan a las AMP, lo que puede llevar a inferir a que tienen bajos niveles de endeudamiento con otros acreedores que no son los asegurados. Las AGI registraron la menor capitalización medida por la relación capital-activos, y también muestran un bajo nivel de capital por empleado sólo superado por las AMP.

Por último, las empresas pequeñas y medianas (AMP) sólo participan con 27.7% del mercado. Son empresas que tienen que dirigir su atención al negocio de aseguramiento más que a los mercados financieros, porque no cuentan ni con los volúmenes de recursos financieros ni con la infraestructura que les permita administrase en dichos mercados tan eficientemente como lo hacen los grupos financieros o las empresas grandes independientes. Por esta razón, registraron los más bajos niveles de rentabilidad (de ventas y de capital). Aunque poseen un adecuado crecimiento del producto, sólo superado por las AGI, también poseen los más altos niveles de gastos de adquisición y de operación. Su especialización en los productos les permite tener bajos niveles de siniestralidad debido a que generalmente ofrecen uno sólo,.

Por su parte, el mejor efecto de los productos financieros en la utilidad neta provino de estas empresas; sin embargo, el efecto negativo de la utilidad operativa en las utilidades netas también fue el más elevado del sector en su conjunto, el efecto combinado de ambos factores las situó con el más bajo nivel de utilidades netas.

También las AMP son las empresas menos productivas (personal empleado/ingresos), y el ritmo de crecimiento de su productividad ha sido el menor. Las medianas y pequeñas empresas del sector asegurador emplean al mayor número de personas, por lo que son las más *eficientes económicamente*, aunque son ineficientes financieramente.

El número de agentes de ventas que las AMP emplean es superior al de las AGI, aunque menor que el de las integradas, y la productividad de su fuerza de ventas es mayor que el de las AGF, pero menor que el de las AGI. Por su parte, el rendimiento de su inversión es el más bajo del mercado y por tanto son *ineficientes financieramente* lo cual es congruente con la teoría de la inversión y las expectativas; son las empresas con menor índice de financiarización de acuerdo con la relación de sus inversiones financieras con respecto a sus reservas técnicas; lo mismo sucede en la relación pasivos/activos. Como las *AMP* poseen los máximos niveles de inversiones inmobiliarias (inversiones de largo plazo) del mercado, y el menor nivel de concentración de reservas técnicas en relación con los pasivos totales, ambos factores influyen para posicionarlas con el menor grado de *financiarización (liquidez)* del sector asegurador. Aparentemente son las empresas más estables del mercado porque concentran los mayores márgenes de capital con respecto a sus activos, es decir, se encuentran situadas con el mayor patrimonio invertido en el mercado (en relación capital-activos), aunque el monto de capital global por empleado es el mínimo.

Con todo, podemos señalar que las empresas grandes AGI e integradas a grupos financieros (AGF) son intensivas en capital más que en mano de obra con respecto al resto de las empresas, porque son más productivas, emplean reducido personal, son *ineficientes económicamente* pero logran altas utilidades. Ambos grupos de empresas son muy eficientes financieramente porque administran con mayor capacidad los mayores volúmenes de recursos financieros (de corto plazo). Por esas razones se sitúan con niveles de rentabilidad mayores que el resto de las empresas.

La teoría del dominio bancario en los grupos financieros establece que no es la máxima prioridad de las empresas integradas la maximización de la utilidad en los mercados de capitales, ni la tasa de retorno sobre el capital, porque su estructura de organización se encuentra expresada en principios administrativos que responden a los acuerdos e *intereses de los empleados*. Por ello, teóricamente, la tasa de rendimiento será menor en las AGF que en las individuales, que tienen que producir utilidades y poner atención en la tasa de rendimiento. Sin embargo, en el sector asegurador mexicano hay fuertes evidencias que muestran que las AGF tienen la más elevada rentabilidad lograda por el empleo de técnicas intensivas en capital, que las sitúa en una posición de oligopolio, por los bajos costos, pero sobre todo por el excelente manejo de sus recursos financieros en los mercados de capitales: son empresas que invierten poco capital a cambio de los máximos márgenes de rentabilidad.

Postulamos que tanto en el corto como en el largo plazos la rentabilidad de las ventas de las aseguradoras integradas es mayor que el resto, y por ello el producto marginal debe igualar al costo marginal en un nivel más bajo que el mercado, lo que le permite obtener márgenes de utilidad más elevados, porque su capacidad oligopólica las sitúa en un nivel de precios que probablemente se encuentran por arriba del nivel de mercado o de la competencia; además sus ingresos son mayores porque ofrecen más productos, todo esto en el mercado de seguros. En los mercados financieros concentran grandes volúmenes de recursos líquidos que administran muy bien, lo que les permite lograr ganancias financieras mayores que las de aseguradoras pequeñas (AMP).

Las empresas pequeñas buscarán invertir sus reservas en bonos con plazos cortos para aprovechar oportunidades de proyectos de inversión más rentables, pero son menos estables que las grandes, por lo que no pueden garantizar elevados márgenes de rentabilidad; en realidad parecen situarse en los menores niveles. Las aseguradoras pequeñas no tienen fácil acceso ni a las fuentes de financiamiento bancarias ni a los mercados de capitales, por lo que para ellas financiarse es muy costoso, lo que *reduce sus márgenes de utilidad y rentabilidad*. Como hemos visto, en los últimos años las grandes empresas han disminuido su inversión de largo plazo y la han aumentado en bonos de corto plazo, lo cual es un rasgo del carácter altamente especulativo que han adquirido las corporaciones aseguradoras.

Por otro lado, no se tienen evidencias de que las AGF paguen menores rendimientos financieros a los inversionistas, más bien parece que el logro de los mayores niveles de utilidad y rentabilidad podrían hacer que los inversionistas obtengan mayores rendimientos y además a menor riesgo. Las mayores utilidades de las AGF parecen provenir de distintas fuentes: de los mercados internos al grupo, de los nichos de mercado de seguros *cautivos*, de los menores costos y mayor productividad, todo ello derivado de usos intensivos de capital, de las comisiones adicionales cobradas por los servicios especializados, del mayor nivel de ventas y, sobre todo, de las ganancias financieras obtenidas en los mercados financieros.

En síntesis, las diferencias financieras esenciales entre las empresas aseguradoras oligopólicas AGI y AGF y no oligopólicas son que en las primeras las utilidades son más altas tanto en el corto como en el largo plazo, tienen mayor estabilidad financiera, obtienen altos niveles de financiamiento y son menos riesgosas; tienen capacidad ociosa por el empleo de técnicas intensivas en capital, por lo que son ineficientes económicamente, aunque eficientes financieramente, y su valor en el mercado es más alto, mientras que las empresas no integradas medianas y pequeñas tienen utilidades bajas y son menos estables, obtienen bajos niveles de financiamiento, son más riesgosas, y más eficientes económicamente porque emplean técnicas intensivas en mano de obra aunque ineficientes financieramente porque su valor en el mercado es menor.

V. Afores (y siefores) y seguros de pensiones

En diciembre de 1995, la nueva Ley del Seguro Social cambia radicalmente el sistema pensionario de los trabajadores que se desempeñan en la iniciativa privada: de esta manera, se transita del mecanismo de *reparto* al *pay-as-you-go* con cargo a las reservas del IMSS, y de allí al sistema de *cuentas individualizadas* para otorgar pensiones, por un lado, de invalidez y vida, y por otro, de riesgo de trabajo. Actualmente, estas cuentas son administradas por las Administradoras de Fondos para el Retiro (Afores), que invierten los fondos por medio de las Sociedades Especializadas en Fondos de Retiro (Siefores).[79]

La nueva Ley del IMSS fija nuevos plazos para el otorgamiento de la pensión por edad avanzada o por vejez: anteriormente era de 60 años y 500 semanas de cotizaciones, mientras que ahora es de 65 años y 1,200 semanas de cotizaciones. En el caso del riesgo de trabajo que origina la

[79] Este sistema se implantó desde hace más de dos décadas en Chile. De acuerdo con estudios y por recomendación del Banco Mundial y de ese país, se extendió a gran parte de los países de América Latina.

incapacidad total permanente el trabajador debe contratar un seguro de sobrevivencia.

A manera de síntesis, la operación de las Afores (y Siefores) y de los seguros de pensiones es la siguiente: a todo trabajador que se emplea en la iniciativa privada se le asigna una Afore, elegida por la empresa, que se encarga de proporcionar los estados de cuenta de la llamada *cuenta única*. Esta cuenta se integra por tres tipos de aportaciones bimestrales: la primera es para la vivienda cuyos recursos son administrados por el Infonavit y se constituye con las aportaciones del patrón que significan 5% del sueldo del trabajador, de propio trabajador con 2% de su sueldo y del gobierno federal con el otro 2%, en total 9% del sueldo del trabajador; la segunda cuenta se refiere a los recursos integrados para el retiro, cesantía y vejez, compuestos por aportaciones del patrón, en 3.15% del sueldo, el trabajador 1.125% y el gobierno federal 0.225%, en total el 4.5% del sueldo del trabajador, y la tercera, que son las aportaciones voluntarias del trabajador y que él podrá aportar voluntariamente en los porcentajes que desee. Los recursos de la primera cuenta los administra el Infonavit y los de las últimas dos cuentas la Afore. Las Afores invierten los recursos en los mercados de capitales por medio de las Sociedades de Inversión del Sistema de Ahorro para el Retiro (Siefores) que constituye diversos fondos por períodos de edad de los trabajadores.

Los recursos se otorgan al trabajador cuando se cumplen los requisitos siguientes: si el trabajador cotiza desde antes de las reformas a la Ley del IMSS, es decir desde antes de 1994, entonces se apega al régimen 94, es decir, se le otorgan los recursos cuando haya cumplido 500 semanas de cotización al IMSS y los 60 años de edad. Por su parte, los trabajadores afiliados después de las reformas a la Ley, es decir a partir de 1995, se apegarán al régimen 97 para contar con sus recursos: deberán haber cumplido con 1 250 semanas de cotización y tener 65 años de edad.

Exclusivamente cuando se trata del régimen 97, y se han cumplido los requisitos para que se otorguen los recursos, el trabajador puede contratar un *seguro de pensiones*, que le administrará sus fondos derivados del retiro, cesantía y vejez, y vivienda; estos últimos siempre que el trabajador no haya hecho uso del crédito hipotecario o de recursos del

Infonavit. Si tuvo acceso a financiamiento, entonces este instituto continuará administrando sus fondos de vivienda.

De acuerdo con cifras de la Consar, para 2007, hay 28 Afores registradas, 20 se encuentran actualmente en operación, una está autorizada sin operar y siete han sido objeto de alguna operación de fusión. Estas Afores controlan 58 Siefores, 49 de ellas en operación, siete han sido fusionadas y dos tienen la autorización, pero aún sin operar.

Con base en los datos financieros de la Consar, a 2006 las Afores en operación son 21, con activos que ascienden a 17 734.5 millones de pesos, los pasivos son de 2 344 millones y su patrimonio o capital es de 15 390.5. Sus ingresos ascienden a 15 272.9 millones de pesos y registran utilidades netas por 2 344.5 millones. Su nivel de rentabilidad de ventas es de 53.4% y la rentabilidad del capital es de 15.2 por ciento.

También para 2006, las Siefores ascienden a 58, al considerar la totalidad de las que administran las cuenta básica 1 y 2 y a las Siefores adicionales, con activos por 740 871 millones de pesos, pasivos que ascienden a 16 599 millones y capital por 724 272 millones. Por su parte, sus ingresos totales son de 1 234 964.1 millones de pesos y lograron utilidades netas por 54 608.9 millones de pesos. El nivel de rentabilidad de las ventas es de 4.4% y la rentabilidad del capital de 7.5 por ciento.

La Afore tiene la obligación de enviar al domicilio del afiliado los estados de cuenta de la situación financiera de sus aportaciones al Infonavit y al SAR y el trabajador debe cumplir con los requisitos para poder acceder a los fondos.

Con respecto a los seguros de pensiones podemos señalar que en 2001 operan 14 aseguradoras administrándolos, con primas directas que ascienden a 13 929 millones de pesos que protege a una colectividad de 109 548 pensionados. Para 2004, el número de aseguradoras es de 11, tres menos que en 2001, con ingresos por 5 056 millones de pesos que aseguran una colectividad de 135 582 pensionados. En 2005 los ingresos por primas son de 4 504.3 millones de pesos para dar cobertura a una colectividad de 142 055 pensionados.

CAPÍTULO NOVENO

CUADROS ESTADÍSTICOS

CUADROS ESTADÍSTICOS

INDICE

1. Mercado mundial de seguros, volumen de primas por región y organizaciones, 2005
2. Productividad del personal empleado en el sector asegurador: 1990 -2005.
3. Estructura del sector asegurador mexicano, número de compañías que integran el sector asegurador mexicano: 1990-2006
4. Mercados internos a los grupos financieros (con y sin aseguradora) 2005

CUADRO 1

MERCADO MUNDIAL DE SEGUROS
VOLUMEN DE PRIMAS POR REGIONES Y ORGANIZACIONES, 2005

Negocio Total	Primas (mill. Dólares)		Crecimiento Real (%)	Participación Mundial (%)	Prima / PIB (%)	Primas Per Cápita (dólares)
	2005	2004		2004	2004	2004
AMERICA	1,280,234	1,228,539	-0.1	37.37	7.95	1,452.8
NORTEAMERICA	1,221635	1,179,226	-0.2	35.66	8.97	3,735.1
ESTADOS UNIDOS	1,142,912	1,109,291	-0.3	33.36	9.15	3,875.5
LATINOAMERICA Y EL CARIBE	58,599	49,313	1.9	1.71	2.35	105.7
MEXICO	*12,780*	*12,280*	*-3.4*	*0.37*	*1.66*	*121.3*
EUROPA	1,287,920	1,206,191	4.4	37.6	7.78	1,513.8
EUROPA OCCIDENTAL	1,241,107	1,163,643	4.6	36.23	8.44	2,482.8
EUROPA CENTRAL Y ORIENTAL	46,812	42,548	-2.1	1.37	2.66	141.8
ASIA	759,779	738,918	3.5	22.18	6.83	197.9
JAPON	476,481	494,735	0.7	13.91	10.54	3,746.7
SUDESTE ASIATICO	266,968	229,690	9.5	7.79	4.87	77.9
ORIENTE MEDIO	16,330	14,492	5.8	0.48	1.45	55.1
AFRICA	40,025	35,422	7.1	1.17	4.80	44.2
OCEANIA	57,756	54,088	0.1	1.69	6.38	1,789.3
MUNDO	3,425,714	3,264,158	2.5	100.00	7.52	518.5
PAISES INDUSTRIALIZADOS	2,998,694	2,894,193	1.9	87.53	8.96	3,286.8
MERCADOS EMERGENTES	427,020	369,965	6.9	12.47	3.58	76.5
OCDE	3,110,856	2,987,845	2.0	90.81	8.68	2,606.5
G7	2,557,021	2,485,240	1.4	74.64	9.30	3,512.0
UE (15 paises)	1,176,741	1,101,598	4.9	34.35	8.64	2,878.9
NAFTA	1,234,415	1,191,506	-0.2	36.03	8.58	2,854.8
ASEAN	30,405	27,823	5.7	0.89	3.37	59.9

Fuente: Revista Sigma, *Swiss Re* No. 5, 2006

CUADRO 2

Productividad del Personal Empleado en el Sector Asegurador: 1990-2005

años	Prima emitida miles de pesos nominal	real (2002=100)	Personal	Productividad	Crecimiento Productividad
1990	8,228,252	49,403,106	20,544	2,405	
1991	11,368,810	55,648,080	20,893	2,663	10.76
1992	15,868,883	67,247,203	20,687	3,251	22.05
1993	18,777,130	72,500,671	20,067	3,613	11.14
1994	21,370,484	77,140,479	20,332	3,794	5.01
1995	25,045,901	66,969,142	19,398	3,452	-9.01
1996	32,093,411	63,859,224	19,661	3,248	-5.92
1997	42,511,296	70,125,099	20,533	3,415	5.15
1998	59,307,612	84,389,711	21,397	3,944	15.48
1999	80,379,552	98,102,505	21,375	4,590	16.37
2000	107,833,791	120,201,080	21,513	5,587	21.74
2001	109,438,680	114,686,946	22,074	5,196	-7.01
2002	129,100,875	128,811,907	15,368	8,382	61.33
2003	121,316,239	115,780,208	18,051	6,414	-23.48
2004	141,324,951	128,835,528	17,675	7,289	13.64
2005	142,874,262	125,252,764	18,500	4,483	-38.50
Promedio	66,677,508	89,934,603	19,879	4,483	6.17

FUENTE:"RESULTADOS DE 25 AÑOS DEL SECTOR ASEGURADOR MEXICANO" PARA LOS AÑOS 1980-1999, ANUARIO ESTADISTICO DE SEGUROS Y FIANZAS" PARA LOS AÑOS 2000 A 2005, ESTOS DOS ULTIMOS DOCUMENTOS DE LA CNSF.

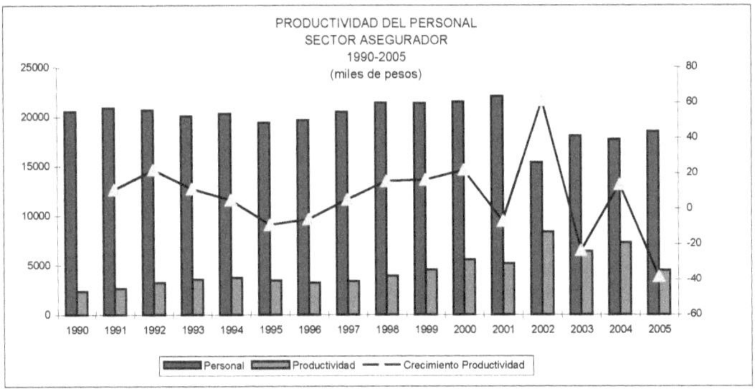

CUADRO 3

PENETRACIÓN DEL CAPITAL EXTRANJERO EN ASEGURADORAS EXISTENTES ANTES DE 1990

ASEGURADORA	FECHA DE CREACIÓN DE LA ASEGURADORA	PROPIETARIO	FECHA DE CREACIÓN DE LA FILIAL	NACIONALIDAD
ABA SEGUROS	9 SEP 1958	GMAC INSURANCE HOLDING 99% OTROS 1%	22 ABR 2002	EUA
ACE SEGUROS	1944	ACE INA HOLDINGS INC 100%	21 SEP 1999	EUA
AIG MEXICO SEGUROS INTERAMERICANA	11 ABRIL 1945	AMERICAN INTERNATIONAL GROUP (51%) Y AMERICAN INTERNATIONAL REINSURANCE COMPANY (49%)	28 MAY 1996	EUA
ALLIANZ MEXICO	6 MARZO 1964	ALLIANZ OF AMERICA INC (99.99%)	19 ABRIL 1995	ALEMANIA
ATRADIUS SEGUROS DE CREDITO	11 MAY 1970	ATTRADIUS CREDIT INSURANCE 100%	3 AGO 2004	HOLANDA
CHUBB DE MEXICO	12 MAY 1936	FEDERAL INSURANCE COMPANY (99.96%)	27 OCT 1994	EUA
GE SEGUROS	1 MAR 1943	GENERAL ELECTRIC CAPITAL ASSURANCE CORPORATION 99.6) Y OTROS 0.4)	1 JUL 2003	EUA
MAPFRE TEPEYAC	16 MAR 1944	MAPFRE AMERICA 55.6% Y GRUPO CORPORATIVO 44.4%	20 SEP 2002	ESPAÑA
MET LIFE (ASEGURADO HIDALGO)	21 MAY 1931	MET LIFE INC 99%	30 MAY 2003	EUA

ROYAL & SUNALLIANCE SEGUROS	1 OCT 1941	THE GLOBE INSURANCE COMPANY LIMITED (100%)	30 ENE 2002	GRAN BRETAÑA
SEGUROS COMERCIAL AMERICA	11 FEB 1933	VALORES CONSOLIDADOS (35.69%), CONGLOMERADO DE VALORES (34.29%)	16 NOV 1993	HOLANDA
SEGUROS MONTERREY NEW YORK LIFE	28 FEB 1940	NEW YORK LIFE INTERNATIONAL (99.99%)	23 FEB 2000	EUA
SEGUROS SANTANDER SERFIN	17 NOV 1941	GF SANTANDER SERFIN (99.99%)	23 MAY 2001	ESPAÑA
ZURICH, CIA DE SEGUROS	20 JUN 1950	ZURMEX CANADA HOLDINGS LIMITED (99.88%) OTROS (0.12%)	6 MAR 1995	SUIZA

CUADRO 4

PENETRACIÓN DEL CAPITAL EXTRANJERO EN ASEGURADORAS NUEVAS (1990-2005)

ASEGURADORA	FECHA DE CREACION	PROPIETARIO	NACIONALIDAD
AIG MEXICO	10 SEP 2002	AMERICAN LIFE INSURANCE CO. (99.99%)	EUA
ALLIANZ RENTAS VITALICIAS	21 MAYO 1997	ALLIANZ OF AMERICA INC (99.64%) Y ALLIANZ MEXICO (0.36%)	ALEMANIA
AMEDEX	31 JUL 2003	AMEDEX, INSURANCE COMPANY 99.9% Y AMEDEX, INVESTMENT CORPORATION 0.1%	NO DISPONIBLE.
AMERICAN NATIONAL DE MEXICO	16 JUN 1999	ANMEX INTERNATIONAL INC (99.99%)	EUA
ASSURANT DAÑOS MEXICO	24 SEP 2004	ASSURANT HOLDING DE PUERTO RICO 51% Y AMERICAN BANKERS INTERNATIONAL DIVISION 49%	PUERTO RICO
ASSURANT VIDA MEXICO	24 SEP 2004	ASSURANT HOLDING DE PUERTO RICO 51% Y AMERICAN BANKERS INTERNATIONAL DIVISION 49%	PUERTO RICO
COMBINED SEGUROS MEXICO	15 DIC 1994	COMBINED INSURANCE COMPANY OF AMERICA (99.67%	EUA
HSBC PENSIONES	15 MAY 1997	HSBC SEGUROS GRUPO FINANCIERO 100%	GRAN BRETAÑA
HSBC SEGUROS	4 JUN 1996	GRUPO FINANCIERO HSBC 100%	GRAN BRETAÑA
HSBC VIDA	4 MAY 1995	HSBC SEGUROS GRUPO FINANCIERO 100%	GRAN BRETAÑA

EL AGUILA	24 NOV 1994	WINDSOR INSURANCE COMPANY (99.99%)	EUA
EULER HERMES SEGUROS	16 DIC 2002	EULER ACI HOLDING 99.9% Y EULER AMERICAN CREDIT INDEMNITY CO. 0.1%	N.D.
GENERALI MÉXICO	18 MAY 1997	TRANSOCEAN HOLDING CO. (51.24%)	ITALIA
GERLING DE MEXICO SEGUROS	5 MAR 1996	GERLING AMERICA INSURANCE CO (99.52%)	ALEMANIA
MAPFRE SEGUROS CREDITO	11 SEP 2002	MAPFRE AMERICA CAUCION Y CREDITO 99.9% YMAPFRE TEPEYAC 0.1%	ESPAÑA
METLIFE PENSIONES MEXICO	29 NOV 2002	METROPOLITAN LIFE INSURANCE (97.47% OTROS (0.53%	EUA
PENSIONES BANAMEX	11 JUN 2002	GRUPO FINANCIERO BANAMEX 100%	EUA
PENSIONES BBVA BANCOMER	17 JUN 1997	GRUPO FINANCIERO BBVA BANCOMER 51% Y ESCIN TRES 49%	ESPAÑA
PREVENTIS	12 ABR 2002	GRUPO FINANCIERO BBVA BANCOMER 51% ESCIN3 24% Y ESCIN4 25%	ESPAÑA
PRINCIPAL MEXICO	18 OCT 1993	PRINCIPAL INTERNATIONAL INC (99%) Y PRINCIPAL HOLDING CO (0.10%)	EUA
PRINCIPAL PENSIONES	28 MAY 1999	PRINCIPAL INTERNATIONAL INC (99%) Y PRINCIPAL HOLDING CO (0.10%)	EUA
ROYAL & SUN ALLIANCE PENSIONES	17 FEB 2004	THE GLOBE INSURANCE COMPANY 100%	GRAN BRETAÑA
SALUD COMERCIAL AMERICA	1 FEB 2003	SEGUROS COMERCIAL AMERICA	HOLANDA

SEGUROS BANAMEX	14 ABR 1994	GF BANAMEX (100%)	EUA
SEGUROS BBVA BANCOMER	18 NOV 1996	GRUPO FINANCIERO BANCOMER 51% ESCIN3 24.1% Y ESCIN4 24.9	ESPAÑA
SKANDIA VIDA	5 ABR 1995	AMERICAN SKANDIA LIFE ASSURANCE CORPORATION (100%)	SUECIA
SOMPO JAPAN INSURANCE DE MEXICO	26 ENE 1998	SOMPO JAPAN INSURANCE COMPANY OF AMERICA	JAPON
STEWART TITLE GUARANTY DE MEXICO	6 JUN 2001	STEWART TITLE GUARANTY COMPANY (80%) OTROS (20%)	NO DISPONIBLE
TOKIO MARINE	10 NOV 1994	THE TOKIO MARINE DELAWERE CORPORATION (99.99%)	JAPON
VITAMEDICA	5 NOV 2003	VITAMEDICA SEGUROS BANAMEX 99.9% Y SERVICIOS CORPORATIVOS SBA 0.1%	EUA
XL INSURANCE MEXICO	1 JUL 2004	XL SWISS HOLDING LIMITED 99% Y CHRISTOPH GLATZ 1%	SUIZA
ZURICH VIDA	9 DIC 1994	ZURMEX CANADA HOLDINGS LIMITED (99.99%) OTROS (0.01%)	SUIZA

CUADRO 5

PENETRACIÓN DEL CAPITAL EXTRANJERO EN ASEGURADORAS DE CAPITAL MIXTO (NACIONAL Y EXTRANJERO)

ASEGURADORA	FECHA DE CREACION	PROPIETARIO	PARTICIPACIÓN NACIONAL Y EXTRANJERA (M)	NACIONALIDAD
ANA	8 SEP 1995	GRUPO MEXISEG 93.5% Y OTROS 6.5%	20 MAR 1997	MEXICO-ESPAÑA
GRUPO NACIONAL PROVINCIAL	21 NOV 1901	VARIOS (96.17%) Y BBVA BANCOMER (3.83%	24 NOV 1992	MÉXICO – ESPAÑA
PENSIONES BANORTE GENERALI	23 MAY 1997	GRUPO FINANCIERO BANORTE 51% , PARTICIPATIE MAATSACAPALLI 24.5% Y FLANDRIA PARTICIPATIONS FINANCIEREWS 24.5%	26 DIC 1997	MEXICO-ITALIA
PLAN SEGURO	3 FEB 1997	ARCEO Y GARCIA CONSULTORES 25% Y OTROS ACCIONISTA 75%	3 FEB 1997	MEXICO-CHILE
PROTECCIÓN AGROPECUARIA	30 NOV 1993	VARIOS (100%)	30 NOV 1993	MEXICO-ALEMANIA
QUALITAS	19 DIC 1993	JOAQUIN BROCKMAN 24.2%, OTROS SOCIOS 75.8%	19 DIC 1993	MEXICO-Y OTRO PAIS NO DISPONIBLE
QBE DEL ISTMO MEXICO	19 MAR 1997	GUILLERMO RETEG 30%, QBE DEL ISTMO COMPAÑÍA DE REASEGUROS 15% Y OTROS 55%	5 MAR 2002	MEXICO-PANAMA

SEGUROS ATLAS	13 NOV 1941	REPUBLIC UNDERWRITERS INSURANCE COMAPANY (30%)	1984	MEXICO-SUIZA
SEGUROS BANORTE GENERALI	27 OCT 1981	GF BANORTE (51%) BÉLGICA INSURANCE HOLDING (24.5%)	16 JUL 2004	MEXICO-ITALIA

CUADRO 6

ASEGURADORAS INTEGRADAS A GRUPOS FINANCIEROS, 1993-2005

ASEGURADORA	FECHA DE CREACION	PROPIETARIO	NACIONALIDAD
A. EXTRANJERAS:			
HSBC PENSIONES	15 MAY 1997	HSBC SEGUROS GRUPO FINANCIERO 100%	GRAN BRETAÑA
HSBC VIDA	15 MAY 1997 INCORPORADA 4 MAY 1995	HSBC SEGUROS GRUPO FINANCIERO 100%	GRAN BRETAÑA
HSBC SEGUROS	4 JUN 1996	HSBC GRUPO FINANCIERO 100%	GRAN BRETAÑA
PENSIONES BANAMEX	11 JUN 2002	GRUPO FINANCIERO BANAMEX	EUA
PENSIONES BBVA BANCOMER	17 JUN 1997 INCORPORADA 10 SEP 2003	GRUPO FINANCIERO BBVA BANCOMER 51% Y ESCIN3 49%	ESPAÑA
PREVENTIS	12 ABR 2002	GRUPO FINANCIERO BBVA BANCOMER 51% ESCIN3 24% Y ESCIN4 25%	ESPAÑA
SEGUROS BANAMEX	14 ABR 1994	GRUPO FINANCIERO BANAMEX 100%	EUA
SEGUROS BBVA BANCOMER	18 NOV 1996 INCORPORADA 12AGO 2002	GRUPO FINANCIERO BBVA BANCOMER 51% ESCIN3 24% Y ESCIN4 25%	ESPAÑA
SEGUROS SANTANDER SERFIN	17 NOV 1941 INCORPORADA 3 OCT 2003	GRUPO FINANCIERO SANTANDER SERFIN 99.9 Y OTRO 1%	ESPAÑA
B. CAPITAL MIXTO:			
PENSIONES BANORTE	23 MAY 1997	GRUPO FINANCIERO BANORTE	MEXICO-

GENERALI		GENERALI 51% Y OTROS 49%	HOLANDA
SEGUROS BANORTE GENERALI	18 MAY 1997 INCORPORADA 16 JULIO 2004	GRUPO FINANCIERO BANORTE 51%, FLANDIA PARTICPATIONS FINANCIERES 21.8% Y BELGICA INSURANCE HOLDING 5.2%	MEXICO-HOLANDA

C. NACIONALES:

ASEGURADORA INTERACCIONES	17 MAY 1966 INCORPORADA 15 MAR 1993	GRUPO FINANCIERO INTERACCIONES (99.98%)	MEXICO
PATRIMONIAL INBURSA	14 AGO 1908 INCORPORADA 23 OCT 2000	SEGUROS INBURSA GRUPO FINANCIERO 99% Y OTROS 1%	MEXICO
PENSIONES INBURSA	24 SEP 2002	GRUPO FINANCIERO INBURSA 99% E INMUEBLES CANTABRICA 1%	MEXICO
SEGUROS AFIRME	18 FEB 1998	AFIRME GRUPO FINANCIERO 99% Y OTRO 1%	MEXICO
SEGUROS INBURSA	7 MAR 1957 INCORPORADA 2 AGO 1994	GRUPO FINANCIERO INBURSA 100%	MEXICO

TOTAL: 16 ASEGURADORAS AUTORIZADAS (13 EN OPERACIÓN)

EXTRANJEROS = 9
MIXTOS = 2
NACIONALES = 5
TOTAL DE ASEGURADORAS EN GRUPOS FINANCIEROS = 16

HSBC	3
BANAMEX	2
BANCOMER BBVA	3
SANTANDER SERFIN	1
BANORTE	2
INTERACCIONES	1
INBURSA	2
AFIRME	1

TOTAL: 8 GRUPOS FINANCIEROS CON 16 ASEGURADORAS AUTORIZADAS Y 13 EN OPERACION

Kolibri 360 GmbH
Ferdinand-Jühlke-Straße 7
99095 Erfurt, Deutschland
produktsicherheit@kolibri360.de

Druck:
CPI Druckdienstleistungen GmbH
im Auftrag der
Kolibri 360 GmbH
Ferdinand-Jühlke-Str. 7
99095 Erfurt